대한민국 역대 정부

주요 정책과 국정운영

대한민국 역대 정부
주요 정책과 국정운영

4. 노태우 정부

한국행정연구원

도서출판 대영문화사

발간사

올해는 우리 민족이 일제로부터 해방된 지 70년이 된 해이며, 대한민국 초대 정부가 수립된 지 67년이 된 해입니다. 그동안 우리나라는 동북아의 작은 신생 국가에서 경제 규모 세계 13위권의 국가로 발전했습니다. 세계는 우리의 발전에 놀라워하고 있으며, 많은 개발도상국가들이 우리나라의 경험을 배우려 하고 있습니다.

이러한 놀라운 경제 성장의 배경에는 일차적으로 대한민국 역대 정부가 그 중심에 있었습니다. 1948년 이승만 정부가 수립된 이후 대한민국에서는 많은 정부가 들어섰으며, 이들 정부에 의해 다양한 정책과 국책사업이 추진됐습니다. 이들 정부의 정책과 국책사업으로 인해 대한민국은 전쟁의 상처를 극복하기도 했으며, 급속한 경제 성장과 민주화를 이루기도 했습니다.

물론 그동안 모든 정책이 크게 성공하여 국가 발전과 국민생활에 기여했던 것은 아닙니다. 일부 정책의 경우 기대한 성과에 미치지 못해 국민에게 실망을 안겨주기도 했습니다.

그러나 성공한 정책이든 혹은 실패한 정책이든 역대 정부의 정책들은 대한민국의 역사인 동시에 미래 정부의 정책결정과 집행에 반드시 참고해야 할 중요한 자료이기도 합니다. 따라서 과거 정부가 추진했던 정책과 국책사업들의 성공과 실패의 원인을 분석하고 미래 정책의 지표로 삼는 것은 당연하며 꼭 필요한 작업이라고 할 수 있습니다.

이에 한국행정연구원에서는 우리나라 역대 정부들이 어떤 정책을 어떤 배경에서 추진했으며, 어떤 성과를 냈는가를 재조명하기 위해 본 편찬사업을 계획하고 추진하여, 이번에 『대한민국 역대 정부: 주요 정책과 국정운영』이란 제목으로 전체 8권의 결과물을 발간하게 됐습니다.

2013년 말부터 계획 · 추진된 이 편찬사업에는 연구원 내외에서 총 78명의 학자가 참여하여 이승만 정부부터 이명박 정부까지 우리나라 역대 정부의 주요 정책과 국정운영의 현상들을 객관적이며 종합적인 안목에서 재조명하고 분석했습니다. 세부 주제는 한국행정연구원에서 선정했으나, 각 세부 주제의 집필 방향과 내용은 각 집필위원들의 분석 시각과 판단에 맡겼습니다.

한편 한국행정연구원은 이 편찬사업의 추진을 위해 7명의 전문가를 모시고 편집위원회를 구성했습니다. 2013년 말부터 활동했던 편집위원회에서는 연구에 담을 세부 주제를 선정해 주셨으며 그 주제에 적합한 집필자들도 추천해 주셨습니다. 또한 많은 집필자가 참여하는 사업인 만큼 연구의 통일성 유지 방안 등 여러 내용에 대해 논의, 결정했습니다. 특히 각 편집위원들께서는 연구의 중간 발표 및 최종 보고회 등 사업의 여러 과정을 주관해 주셨습니다.

편집위원회에 참여하여 수고를 아끼지 않으신 김성배 교수님(숭실대), 박양호 교수님(홍익대), 주재현 교수님(명지대), 이대희 교수님(광운대), 최흥석 교수님(고려대), 하미승 교수님(건국대), 한표환 교수님(충남대)께 깊은 감사를 드립니다.

또한 한국행정연구원은 편집위원회와는 별도로 자문위원회를 구성하여 이 편찬사업 전반에 대해 자문을 받았습니다. 자문위원회에서는 학술사업의 전반적 추진 방향을 비롯하여 국내외 편찬 사례, 연구 성과물 확산 방안 등 다양한 내용에 대해 자문을 해 주셨습니다. 자문위원의 역할을 기꺼이 맡아주신 정정길 울산대학교 재단이사장님(전 대통령실장), 안병만 전 교육과학부 장관님, 정형근 전 국회의원님, 김석준 안양대 총장님(전 국회의원), 이달곤 가천대 교수님(전 행정자치부 장관), 박영희 건국대 명예교수님, 윤정길 건국대 명예교수님께 깊은 감사의 말씀을 전합니다. 특히 안병만 전 장관님과 김석준 총장님께서는 본 연구사업의 서론과 결론 부분까지도 직접 집필해 주셨습니다.

이『대한민국 역대 정부 주요 정책 및 국정운영』은 제1권 이승만/장면 정부부터 제8권 이명박 정부까지 총 8권으로 구성되어 있습니다. 과도 정부였던 허정 내각과 최규하 대통령 재임기를 제외한 대한민국 역대 정부의 주요 정책과 국책사업 그리고 정부개혁의 내용이 모두 수록되어 있습니다. 본 연구사업의 서론은 제1권 앞부분에, 결론은 제8권 뒷부분에 수록되어 있습니다.

재임 기간이 짧았던 장면 정부를 제외한 각 정부의 내용은 크게 3편으로 구성되어 있는데, 제1편은 정부의 출범과 국정운영의 기초에 대한 내용으로 각 정부에 대한 개괄적 소개(제1장)와 각 국정운영의 목표와 방향(제2장)에 대해 분석하고 있습니다. 제2편의 내용은 각 정부에서 추진됐던 주요 정책 및 국책사업에 대한 분석으로 각 정부별로 5장 또는 6장으로 구성되어 있습니다. 각 정부 2편 내용의 선정은 편집위원들께서 담당했는데, 각 정부에서 추진됐던 정책 및 국책사업들을 검토하여 그중 정부가 가장 역점을 두어 추진했다고 판단되는 정책들과 당시 정부에서 국민적 논란이 됐던 정책 또는 국책사업 위주로 선정했습니다. 제3편은 정부개혁에 대한 내용이며 모두 3장으로 되어 있습니다.

이미 언급한 바와 같이 한국행정연구원에서는 이 연구 성과물의 발간에 앞서 여러 차례의 발표회를 가졌으며, 지난 해 12월 2일에는 대규모의 학술토론회도 개최했습니다. 발표회에서는 집필자 발표 내용에 대한 토론과 함께 내용의 중복성 방지를 위한 방안, 편집 방안 등을 논의했고, 학술토론회에서는 각 정부에 대한 연구 결과 발표 외에도 향후 정부의 정책 운영 방안에 관한 다양한 논의가 있었습니다.

한국행정연구원은 이 편찬사업에 그치지 않고 2015년에는 본 연구의 결과를 요약하여 영문으로 번역하여 출판할 예정입니다. 출판된 영문 책자는 한국행정연구원과 국제관계를 맺고 있는 외국 기관들은 물론 주요 외교 기관들에도 배포될 것입니다. 아울러 우리 연구원은 국제행정협력센터를 설치하여 ODA 관련 사업을 적극 추진하고 있는 바, 이 책자는 아주 유용하게 사용될 것으로 생각합니다.

끝으로 한국행정연구원 편찬사업에 참여해 주신 많은 집필진 여러분과 편집위원님 그리고 자문위원님께 다시 한 번 감사를 드립니다. 그리고 이 학술사업을 총괄・책임지고 수행한 양현모 선임연구위원과 이 사업을 총괄 지원한 장지원 전문연구원, 그리고 각 정부별 집필위원들과 소통하면서 간사의 역할을 수행한 김영록, 조세현, 오윤경, 임성근, 윤종설, 최순영, 황혜신, 허준영 박사와 이 사업을 행정적으로 지원한 김두진 행정원을 비롯한 연구원 직원들에게도 감사의 말씀을 드립니다. 아울러 원고를 정성껏 교정・편집해서 8권의 책으로 발간해준 대영문화사 임춘환 사장님께도 감사의 마음을 전합니다. 이외에도 이 책이 나오기까지 수많은 분의 노고와 정성이 있었으나 일일이 거론하지 못해 죄송한 마음입니다.

아무쪼록 이 책들의 내용이 향후 국민들의 학습과 연구 자료로 사용되는 것은 물론 우리나라 정부 정책 과정에 도움이 되는 정책 자료로도 널리 활용되기를 기대해 봅니다.

감사합니다.

2014년 12월

한국행정연구원 원장 **이은재**

총 목 차(1~8권)

제1권 이승만/장면 정부

제2권 박정희 정부

제3권 전두환 정부

제5권 김영삼 정부

제6권 김대중 정부

제7권 노무현 정부

제 8 권 이명박 정부

제4권

노태우 정부

제 1 편　노태우 정부의 출범과 국정운영의 기초
제 2 편　노태우 정부 주요 정책 및 국책사업
제 3 편　노태우 정부 정부개혁

목차

제1편 노태우 정부의 출범과 국정운영의 기초

제2편 노태우 정부의 주요 정책 및 국책사업

제 1 편

노태우 정부의 출범과 국정운영의 기초

제1장

노태우 정부의 출범 및 정부 소개

심상용
국방대학교

제1절 노태우 정부 출범에 대한 역사적·환경적 분석

1. 6월 민주항쟁과 6·29선언

1) 대통령 직선제 개헌 문제

6월 민주항쟁은 야당 측의 대통령 직선제 개헌 요구와 박종철 군 사망사건과 맞물려 일어났으며, 제6공화국 출범의 핵심 사건이 됐다.

특히 대통령 직선제 개헌 문제는 제13대 대통령 선거를 3년 정도 남겨둔 1985년 제12대 국회의원 선거 때부터 본격적으로 제기됐다. 신한민주당 등 야당은 국민들이 직접 대통령을 뽑고 싶어한다며 대통령 직선제 개헌을 요구했고, 반면에 여당인 민주정의당은 평화적 정권 교체의 전통을 수립하기 위해서는 대통령 단임제를 규정한 제5공화국 헌법을 개정해서는 안 된다고 헌법 개정을 반대하고 대통령선거인단에 의한 간접선거제를 고수하면서 팽팽하게 맞서왔다.

그러나 1986년 제12대 국회의원 선거 결과 신한민주당이 제1야당이 됐고, 이어 '1천만 개헌서명운동'을 벌이며 전두환 정부를 압박하기 시작했다.

이러한 상황 속에서 헌법 개정 문제에 대한 전두환 대통령의 입장은 몇 번의 변화를 겪어왔다. 전 대통령은 당시 현행 헌법으로 정권 교체만 이뤄져도 민주주의의 큰 발전이라고 여기는 사람이 많다고 생각했다. 이에 따라 1985년 2월 노태우 대표가 민정당 대표위원에 취임하자 "현행 헌법을 고수하라"는 지침을 내린 바 있다. 그러나 1986년 4월 5~21일에 걸쳐 영국・서독・프랑스・벨기에 등 4개국 순방을 마치고 귀국하자마자 의원내각제를 해야 한다는 지침을 내리기도 했으며(노태우, 2011: 314-315), 호헌 조치 선언 후 1987년 6월 22~24일에는 각계 지도자를 만난 후에 대통령 직선제를 도입해도 되지 않겠느냐고 노태우 대표를 설득하는 등 다양한 입장을 보였다(조갑제, 2007: 152-160).

2) 박종철 군 고문 사망

1987년 1월 14일 치안본부 남영동 대공분실(갈월동 소재)에서 서울대학교 언어학과 3학년인 박종철(21세) 군이 고문으로 사망한 사건이 발생했다. 경찰은 이 사건을 가족한테만 연락하고 사망 사실이 알려지는 것을 막으려 했으나, 1월 15일 사망 사건이 『중앙일보』 석간을 통해 보도되고, 『동아일보』가 즉각 취재에 들어가 그 날짜 지방판 사회면에 두 번째 큰 기사로 내보내면서 알려지게 됐다.

검찰과 경찰은 신문 보도에도 불구하고 아는 바가 없다고 부인하다가 더 이상 숨길 수 없는 상황으로 몰리자 "심문 시작 30분 만인 14일 오전 11시 20분경 수사관이 주먹으로 책상을 '탁' 치며 추궁하자 '억' 하며 쓰러졌다"라며, 고문으로 인한 사망이 아니라 쇼크사라고 강민창 치안본부장이 발표하게 됐다. 하지만 쇼크사라는 치안본부장 발표는 『동아일보』의 지속적인 취재 보도와 검안 의사의 검안소견서 등이 보도되면서 쇼크사가 아니라 고문에 의한 사망이라는 주장이 강력히 제기됐다.

더 이상 쇼크사로 위장할 수 없게 된 치안본부장은 조한경 경위와 강진규 경사를 「특정범죄가중처벌법」 위반 혐의로 구속했다고 발표했으며, 1월 20일 전두환 대통령은 '박종철 고문 사망사건'에 대해 유감을 표시하고 내무부 장관(김종호 → 정호용)과 치안본부장(강민창 → 이영창)을 경질했다.

『중앙일보』의 보도가 나간 이후부터 박종철 군 고문 사망에 대한 항의시위가 시작됐으며, 사태는 점점 확대돼 갔고, 민주대연합의 방향으로 진전되는 한 계기가 됐다(민주화운동기념사업회 한국민주주의연구소, 2010: 277-292).

3) 4·13 호헌 조치

야당 측 주요 인사인 김영삼과 김대중은 직선제 개헌을 강력히 추진하고자 1987년 4월 8일 가칭 '통일민주당' 창당을 선언했다. 이어 신당 창당 발기인대회를 4월 13일에 열기로 했는데, 이 날에 맞춰 전두환 대통령은 특별담화를 발표하게 된다. 이 발표에서 "이제 본인은 임기 중 개헌이 불가능하다고 판단하고, 현행 헌법에 따라 내년 2월 25일 본인의 임기 만료와 더불어 후임자에게 정부를 이양할 것"이라고 말하면서, 이른바 '4·13 호헌 조치'를 선언했다(민주화운동기념사업회 한국민주주의연구소, 2010: 292-293).

이 호헌 조치는 박종철 군 고문 사망사건에 이어 다시 민심에 불을 질렀고, 반공·경제단체들은 지지를 표명했으나,[1] 당일부터 다양한 형태의 4·13 호헌 조치 반대투쟁이 시작됐으며, 전국 각지에서 각계각층의 직업인들이 참여했다.[2]

4) 5·18 고문 조작 폭로와 민주대연합 강화

1987년 5월 18일, 전국 62개 대학에서 2,000여 명이 5·18 추모집회를 갖거나 시위에 나서면서, 5·18민주항쟁 7주년이 되는 이 날은 민주화운동사에서 또 하나의 전기를 마련하는 의미 있는 날이 됐다. 이 행사를 통해 4·13 호헌조치 반대투쟁을 한 단계 끌어올리고 민주화운동을 크게 고양시킨 고문 조작 폭로가 행해졌으며, 5월 18일의 고문 은폐·축소 조작 폭로로 정국과 사회 분위기가 바뀌면서, 4·13 호헌 조치 반대투쟁에 고무됐던 학생들은 문화행사나 학내 문제 투쟁에서 '고문·학살정권' 규탄과 군부독재정권 타도로 투쟁의 중심을 옮기게 됐다.

정부는 민심 수습의 일환으로 5월 26일 오전 긴급 소집된 임시국무회의에서 내각 일괄사표 제출이 있었고, 규모가 큰 개각이 진행됐다. 국무총리와 부총리, 국가안전기획부장, 내무부 장관, 법무부 장관, 재무부 장관, 법제처장, 그리고 검찰총장 등을 교체하는 대폭 개각이었다.

한편, 야당·재야·학생들의 민주대연합은 점점 강화돼 나갔다. 5월 20일 각 부문의

---

1) 대표적으로 대한상공회의소, 한국무역협회, 한국경영자총협회, 이북5도민회중앙연합회, 실향민호국운동중앙협의회, 한국반공연맹, 대한노인회 등 경제단체 또는 각종 안보궐기대회 등에 앞장섰던 단체들이다.

2) 여성단체연합, 문화단체, 문인, 연극인, 미술인, 법조인, 민주화실천가족운동협의회, 해직교사, 전·현직 의원, 의사, 약사, 한의사, 간호사, 영화인, 대중연예인 등 다양한 직업인들이 호헌 반대 성명서를 발표했다.

실무대표 약 15명이 모여 '호헌 철폐 및 민주헌법쟁취 국민운동본부'를 결성하기로 합의했고, 6월 민주항쟁에서 구심적 역할을 하는 '민주헌법쟁취국민운동본부'(약칭 국민운동본부)를 결성하기에 이르렀다.

6월 9일 서울, 부산 등 전국의 각 대학에서 '6·10규탄대회 총 궐기를 위한 실천대회'를 열고, 6·10대회 참가를 결의하는 출정식이 열렸다. 그런데 이날 오후 2시 연세대에서 열린 '구출학우 환영 및 6·10대회 출정을 위한 연세인 총궐기대회'가 끝난 뒤 학생들이 스크럼을 짜고 교문으로 나섰으며, 최루탄이 날아오는 등 격렬한 공방이 계속되고 일진일퇴를 거듭하던 중 오후 5시 5분경 학생 50여 명이 교문 밖 5m 지점까지 진출했다가 경찰 최루탄에 쫓겨 학교 안쪽으로 뛰어 들어가는 순간, 최루탄 10여 발이 뿌연 공기를 가르며 직격으로 날아들면서 최루탄 하나가 경영학과 2학년생인 이한열 군의 뒷머리를 강타하게 된다.

그는 '백골단'의 기습에 대응하기 위해 각목이나 화염병으로 무장해 전면에 배치된 학생 중 한 명이었다. 이한열 군의 뒷머리에서 나온 피가 얼굴로 흘렀고, 코에서도 피가 나는 상태에서 몸이 축 늘어졌다. 축 늘어진 이한열 군을 한 학생이 안고가는 모습이 다음날 아침 신문에 실리게 됐고, 신문은 거의 매일 이한열 군의 상태를 실황 중계하듯 보도했다. 이후 병실에서 이한열 군이 죽어가는 모습은 산 자로 하여금 오열을 삼키며 거리에서 자욱한 최루탄 가스를 뚫고 '독재 타도'를 외치게 했다(민주화운동기념사업회 한국민주주의연구소, 2010: 299-306).

5) 6월 민주항쟁의 전개

1987년 5월 27일에 결성돼 6월 1일 기독교회관에서 현판식을 가진 국민운동본부는 6월 5일에 고문과 공동대표 명의로 '6·10 국민대회에 즈음하여 국민께 드리는 말씀'과 '6·10 국민대회 행동요강'을 발표했다(민주화운동기념사업회 한국민주주의연구소, 2010: 307-308).

정부는 이에 대응해 서울에서 일제 검문을 시작했으며, 6월 8일 내무부 장관과 법무부 장관 합동으로 6·10대회는 불법이므로 원천 봉쇄하겠다는 내용의 담화를 발표했다. 반면 이날 오후부터 국민운동본부와 민주당은 6·10국민대회 안내와 참여를 촉구하는 내용의 전단을 뿌렸다. 경찰은 '6·10 갑호 비상령'을 내린 가운데 5만 8,000명을 투입해 봉쇄작전에 들어갔으며, 집결 장소인 성공회 대성당 등을 봉쇄하고 민주화추진협의회와 110개 대학을 야간에 전격 수색했으며, 6월 9일 아침부터 재야인사들을 가택 연금

했다.

한편, 6월 10일 오전 10시 민주정의당은 '제4차 전당대회 및 대통령 후보 지명대회'를 개최해 노태우 대표를 대통령 후보로 지명했다.[3] 전당대회장에서 전두환 대통령은 "정치권 밖에서 폭력으로 혼란을 조성하는 일은 평화적 정부 교체를 방해하는 행위로서 어떠한 희생이 있더라도 단호히 대처할 것"이라고 천명했으며, 노태우 대표는 지명 수락 연설에서 "양 대사(대통령 선거와 88올림픽) 이후에 내각제 합의 개헌을 관철하겠으며, 민주 발전을 위해 누구와도 대화하겠다"라고 말했다.

이날 전국의 시위가 수그러들 무렵인 밤 10시부터 약 350여 명의 인원이 6월 항쟁의 '태풍의 눈'으로 작용한 명동성당 점거 농성시위를 시작했다. 이와 동시에 각 대학에서 나온 학생들의 지원 시위가 계속돼 명동 부근에서는 연일 시위가 벌어지고, 일부 시민과 중산층까지 합세하기에 이르렀다. 시위대는 11일 낮 전두환 대통령과 미국 레이건 대통령의 허수아비를 만들어 화형식을 거행하고 미제국주의 추출과 군부파쇼 타도를 주장해 집권층을 크게 자극했다. 그러나 시위를 강제 진압하는 경우 여론이 악화될 것을 우려한 정부 내 온건파의 주장이 곁들여져 시국 수습 방안이 본격적으로 제기되기 시작했다. 한편 미국 측에서는 한국의 민주화 촉진을 위한 외교적 영향력을 가할 계획이 없음을 국무성 대변인의 성명을 통해 발표하기도 했다.

결국 6월 20일 국민운동본부는 성명을 내고 4·13 조치 철회, 6·10 대회 구속자 및 양심수 석방, 집회·시위 및 언론자유 완전 보장, 최루탄 사용 중지 등을 촉구하고 이에 대한 조치를 정부 측이 22일까지 밝힐 것을 요구했으며, 만일 반응이 없을 경우 '국민평화대행진'을 강행할 것이라고 밝혔다. 시위가 간단없이 계속되는 가운데 23일 국민운동본부는 그동안 수차례 미뤄오던 국민운동대행진을 26일 개최한다고 발표했다.

시위 사태가 절정에 이른 전야인 24일 전두환 대통령과 김영삼 민주당 총재가 만나 시국 수습 방안을 논의했다. 그 결과 단지 4·13 조치가 사실상 철회됐다는 것과 김대중 씨의 연금을 해제한다는 정도만의 성과 외에는 구체적인 진전이 없었던 것으로 알려졌다. 결국 김 총재는 회담 결과를 밝히는 자리에서 회담의 결렬을 발표했고, 국민운동본부는 이에 따라 평화 대행진을 강행한다고 선언했으며, 이어서 26일에는 또다시 전국적인 시위가 일어나고 막심한 피해를 초래하게 됐다.

---

3) 이에 앞서 전두환 대통령은 1987년 6월 2일 민주정의당 중앙집행위원 및 민정당 소속 국회의장단을 상춘재로 초청해 만찬을 함께하면서 미리 준비한 '추천의 말씀' 자료를 낭독하며 노태우 대표위원을 차기 대통령 후보로 공식 추천했으며, 참석자 전원은 만장일치로 동의한 바 있다(노태우, 2011: 328-329).

이것이 6월 항쟁 중 최대 규모인 이른바 '6·26 민주대행진'이었으며, 이의 시국수습에 부심하던 노태우 대표는 3일 후 직선제 개헌과 사면 복권을 포함한 고단위 처방인 '6·29선언'으로 '민주화'를 천명하면서 정국을 일변시켰다.

6) 6·29선언

4·13 호헌 조치를 비롯한 일련의 사건으로 학생들의 시위와 사회 각계각층, 특히 회사원들까지 시위에 가담하면서 6월 민주항쟁은 확산돼 갔고, 당시 제5공화국은 정치적 위기에 직면하면서 노태우 대표는 대통령선거 직선제 개헌, 김대중 사면 복권 및 구속자 석방 등을 비롯한 야당과 재야 세력이 주장해 온 한국의 민주화를 위한 요구를 대폭 수용해 8개 항의 시국 수습 방안(6·29선언)을 발표하게 된다.

6·29선언의 기본 정신은 한마디로 우리나라에 지속돼온 권위주의 체제의 종식을 기하고 민주주의에 대한 국민적 욕구를 과감히 수용한 '민주화 선언'이었다. 특히 6월의 극심한 갈등과 소요 속에 제시된 6·29선언은 그동안 정치, 경제, 사회, 문화 등 각 분야에 걸쳐서 우리나라 민주화의 새로운 전환점을 마련하는 계기가 됐다. 그 당시 민주화를 갈망하는 국민들의 열화와 같은 요구 속에 이 선언은 위기의 긴장감을 완전히 해소하고 국민들에게 새로운 희망을 안겨준 역사적이고 시대적인 의미를 갖는다(공보처, 1992: 35-38).

그러나 6·29선언은 전두환 대통령과 사전 교감 하에 이뤄졌다는 주장이 있다. 즉, 6·29선언의 효과를 극대화시키기 위해 노태우 대표위원이 독자적으로 선언하고 나중에 전두환 대통령이 추인하는 형식을 취하기로 미리 합의한 것이라는 견해다. 그렇게 한 것은 노태우 후보의 독자적인 결단으로 비쳐야 곧 있을 대통령 선거에 유리하다고 판단했기 때문이었다는 것이다(중앙선거관리위원회, 2009a: 450). 반면에 노태우 대통령은 이 부분에 대해 6월 27일 "청와대로 들어오라"는 연락은 있었으나, 청와대에 가지 않았고 청와대에 일절 알리지 않았으며, 선언 후인 7월 1일에 청와대를 방문해 사후에 이야기를 한 것으로 증언하고 있다(조갑제, 2007: 165-169).

결론적으로 이른바 '6월 항쟁'과 '6·29선언'은 제5공화국의 막을 내리게 하고 제6공화국을 출범케 한 중요한 계기가 됐다.

표 1-1-1 국민 대화합과 위대한 국가로의 전진을 위한 특별선언(6·29선언)

1. 여·야 합의 하에 조속히 대통령 직선제 개헌을 하고 새 헌법에 의한 대통령 선거를 통하여 1988년 2월 평화적인 정부 이양을 실현한다.
2. 직선제 개헌뿐만 아니라 민주적 실천을 위해 자유로운 출마와 공정한 경쟁이 보장되어 국민의 올바른 심판을 받을 수 있는 내용으로 대통령선거법을 개정한다.
3. 국민적 화해를 위해 김대중 씨 등을 사면·복권하고 시국 관련 사범들을 석방한다.
4. 인간의 존엄성은 더욱 존중되어야 하며, 국민 개개인의 기본적 인권은 최대한 신장시키기 위해 제도적 개선을 촉구하며, 인권 침해 사례의 즉각적 시정을 통해 실질적 효과를 거둔다.
5. 언론자유의 창달을 위해 관련 제도와 관행을 획기적으로 개선하며 언론의 자율성을 최대한 보장한다.
6. 사회 각 부분의 자치와 자율은 최대한 보장한다. 지방자치제와 대학의 자율화 및 교육자치제를 조속히 실현한다.
7. 정당의 활동을 보장하며 대화와 타협의 정치풍토를 마련한다.
8. 밝고 맑은 사회의 건설을 위해 과감한 사회정화 조치를 강구한다. 서민생활 침해사범을 척결하고 고질적인 비리와 모순을 과감히 시정한다.

자료: 노태우(2011: 346-351) 전문에서 발췌.

2. 헌법 개정

1) 헌법 개정 발의 경위

당시의 헌법(제5공화국 헌법)에서 헌법 개정의 발의는 대통령과 국회 재적의원 과반수가 할 수 있도록 규정돼 있었는데(구헌법 제131조), 이때 헌법 개정 발의는 국회에서 하게 됐다. 여당인 민주정의당과 제1야당인 통일민주당이 협상을 통해 헌법개정안을 만든 후 여야 국회의원 공동명의로 발의하게 됐다.

1987년 6·29 선언 이후 12월 16일 대통령 선거에 이르는 기간은 여·야간의 개헌 협상이 주된 정치 상황이었다. 이 개헌 협상은 8월 3일 정치회담이 시작된 시점으로부터 헌법 부칙이 완전히 타결된 9월 16일까지 45일간 계속됐다. 이 과정을 세분해 보면, ① 6·29 선언 이후부터 7월 24일 '8인 정치회담' 구성 합의 시까지, ② 본격 협상 시기로서 8월 3일 8인정치회담 개시 이후 8월 31일 전문 및 본문 130개 조항 완전합의 시까지, ③ 마지막은 부칙 협상기로서 9월 2일 노태우-김영삼 회담으로부터 9월 16일 총선 시기 합의 시까지로 고찰할 수 있다(공보처, 1992: 53-56).

첫째, 우선 개헌 협상 준비기에는 주로 민정·민주 양당이 개헌안 요강과 개헌 시안을 각각 발표해 협상에서 내놓을 각자 자기 당안(黨案)의 골격을 확정했다. 양당이 내놓은 개헌안을 비교해 보면, 대통령의 임기, 부통령제 도입 여부, 대통령 피선 자격에서의 국내 거주 요건, 선거권 연령, 국정감사권 부활 여부, 전문 중에 5·18 광주 의거, 군인의 정치 불개입, 국민저항권 규정 여부 등에 큰 이견을 나타내고 있었다. 이와 같은 주요 쟁점에 이견을 보인 여야는 7월 24일 4자회담(민주정의당 정석모 총장·이대순 총무, 통일민주당 김영배 총장·김현규 총무)에서 '8인 정치회담'[4)]이라는 개헌 협상 전담기구 구성 문제를 비롯, 5개항[5)]에 합의함으로써 협상이 본격화됐다.

둘째, 개헌 본격 협상기는 이른바 '8인 정치회담'이라는 개헌 협상의 전담기구에서 이견을 추출, 전원회의제 형식으로 주요 쟁점들을 타결해 나가는 방식을 택했다. 많은 의제 토의와 논란 끝에 8인 정치회담은 8월 31일 제19차 회의에서 대통령의 임기는 민주당 측에서 절충안으로 제시한 '5년 단임'으로 확정하고, 선거연령을 현행 헌법 조항에서 삭제한 후 하위법에 규정키로 하고, 부칙을 제외하고 전문과 본문 130개 조문을 확정했다.

셋째, 부칙 협상기에서는 개헌안의 주요 골격 합의 후 남은 문제로서 새 헌법의 발효 시기와 차기 총선의 시기가 주요 안건이 됐다. 최종 합의한 향후 정치일정은 9월 10일 임시국회에서 개헌안을 발의하고, 10월초 개헌안을 국회에서 통화시키며, 10월 말 전에 국민투표를 실시하고, 12월 20일 전 대통령 선거를 실시한다는 것이다. 그리고 부수법의 개정문제는 계속 8인 정치회담에서 다루기로 하고 개헌 협상은 45일 만에 완전 타결돼 헌정사상 처음으로 여야 합의에 의한 개헌을 이뤘다.

2) 국민투표 실시 공고

1987년 9월 18일 국회에서 발의해 정부로 이송된 헌법개정안은 대통령이 "20일 이상 기간 동안 공고하여야 한다"는 규정(헌법 제130조)에 따라 9월 21일 공고했고, 국회는 "헌법 개정안이 공고된 날로부터 60일 이내에 의결해 재적의원 3분의 2 이상의 찬성을 얻어야 한다"는 규정(헌법 제131조)에 따라 10월 12일 표결에 부쳤다. 이날 표결은 기명투표로 실시됐는데, 국회 재적의원 272명 중 258명이 참석해 찬성 254, 반대 4표로 통과됐다.

이어 "헌법개정안은 국회가 의결한 후 30일 이내에 국민투표에 부쳐야 한다"는 규정

4) '8인정치회담'은 민주정의당 측에서 권익현, 윤길중, 최영철, 이한동 의원과 통일민주당 측에서 이중재, 박용만, 이용희, 김동영 의원으로 구성됐다.

5) 당시 합의된 5개 항은 ① 양당 총재가 지명하는 각 4인으로 정치회담 구성, ② 정치회담에서 헌법 개정에 관한 모든 법안 협의, ③ 그 1차 회담을 내주 중 양 사무총장이 연락하여 개최, ④ 헌법개정안은 양당 합의 후 각 교섭단체가 참여하는 개헌특위를 구성해 성안, ⑤ 미석방자 석방 등 인권에 관한 문제는 국민 대화합의 대열에 동참할 수 있도록 양당 인권관계위원장을 중심으로 계속 협의 노력한다는 것 등이었다.

(헌법 제131조)에 따라 전두환 대통령은 국민투표를 1987년 10월 27일 실시한다고 10월 17일에 공고했다. 국민투표일이 공고됨에 따라 제6차 국민투표를 하게 됐다(중앙선거관리위원회, 2009a: 457).

3) 국민투표 결과

제6차 국민투표에 적용할 투표인명부는 1987년 9월 21일부터 9월 26일까지 구·시·읍·면의 장이 작성했으며, 투표인명부의 등재 대상자는 1967년 9월 22일 이전에 출생(헌법개정안 공고일 현재 20세 이상)하고, 투표권에 결격 사유가 없는 국민이었다. 투표인명부는 열람 및 공람과 이의신청 등의 절차를 걸쳐 10월 22일 확정됐다. 이때 투표인명부 확정 결과 투표인 수는 25,619,648명이었다.

10월 27일 실시된 국민투표에서 78.2%의 유권자(투표인 수 25,619,648명 중 20,028,672명 투표)가 투표에 참여했으며, 이 중 93.1%(18,640,625표)라는 사상 최대의 찬성률로 확정됐다(중앙선거관리위원회, 2009a: 469).

국민투표 결과 헌법 개정이 확정됨에 따라 1987년 10월 29일 전두환 대통령은 새 헌법을 공포했다. 새 헌법은 대통령의 임기가 끝나는 시점에 맞춰 공포일로부터 약 4개월 후인 1988년 2월 25일부터 발효됐다.

4) 헌법개정안 주요 내용

제9차 헌법개정안(제6공화국 헌법)은 전문, 본문 제130조, 부칙 제6조로 구성돼 있다. 이 헌법안은 제5공화국 헌법 조문의 약 37%를 개정한 것으로, 제5공화국 헌법에 비해 한층 민주적 요소가 반영됐다. 헌법 개정안의 주요 내용을 살펴보면 다음과 같다(중앙선거관리위원회, 2009a: 454-457).

(1) 통치기구 배열 순서

통치기구를 제1공화국 및 제3공화국 헌법과 동일하게 '국회 → 정부 → 법원 → 헌법재판소 → 선거관리'순으로 배열했다. 즉, 국민의 대표기구인 국회를 정부보다 앞 순위로 배열했다. 제5공화국 헌법은 '정부 → 국회 → 법원 →헌법위원회 → 선거관리'순으로, 국회를 경시하는 듯했다.

(2) 전문·총강

전문은 대한민국 임시정부의 법통성을 새로 인정하고 4·19 민주 이념의 계승과 조국의 민주개혁의 사명을 새로이 명시했다. 총강에서는 국가의 재외국민 보호 의무를 신설하고 국군의 정치적 중립 준수가 새로 명시됐다.

(3) 기본권

기본권의 자연권성과 불가침성을 재천명하고, 국민의 인신의 자유를 대폭 강화했다. 또한 최저임금제의 실시, 근로3권의 확대 보장, 여자·노인·청소년·생활무능력자의 복지 향상 보장, 국가의 재해 예방 노력 의무 신설, 쾌적한 주거환경권 신설, 모성보호규정 신설 등 새로운 유형의 생존권을 신설했다.

(4) 국회

국정감사권을 부활시키고, 국회 임시회 소집요구권을 국회의원 재적 3분의 1에서 4분의 1로 완화했으며, 정기국회의 회기를 90일에서 100일로 늘리고, 회기 제한 규정을 삭제하는 등 국회의 지위와 역할을 강화했다. 그러나 국회의 국무총리와 국무위원에 대한 해임의결권을 해임건의권으로 변경해 축소된 권한도 있었다. 대통령선거에서 최고득표자가 2인 이상인 경우에는 국회에서 선출하도록 하는 규정도 새로 도입했다.

(5) 대통령

제9차 헌법개정안의 가장 핵심적인 내용으로, 대통령의 선거 방식을 간접선거제에서

표 1-1-2 대통령 선거 관련 제5공화국 헌법과 제6공화국 헌법(개정안) 비교

구분	제5공화국 헌법	제6공화국 헌법(개정안)
대통령 선거 방법	대통령선거인단에 의한 간접선거	국민 직접선거
대통령 후보자 추천	정당 또는 대통령선거인단 추천	법률에 위임
대통령 임기	7년	5년
대통령선거 실시 시기 (임기 만료)	임기 만료 30일 전	임기 만료 70~40일 전
대통령 후보자가 1인일 때	재적 대통령선거인 과반수 찬성	선거권자 총수의 3분의 1 이상 득표
대통령 선거 결과 최고 득표자가 2인 이상일 때	-	국회 재적의원 과반수가 출석한 공개회의에서 다수표를 얻은 자를 당선인으로 결정

자료: 중앙선거관리위원회(2009a: 456).

국민직선제로 바꾼 것과 대통령의 임기를 7년 단임제에서 5년 단임제로 축소시킨 것이다. 또한 대통령 후보자가 1인일 때에도 선거를 실시해 선거권자 총수의 3분의 1 이상을 득표해야 당선될 수 있도록 했고, 대통령 피선거권과 관련해 5년 이상의 국내 거주요건을 삭제했다. 대통령의 비상조치권과 국회해산권을 폐지해 대통령의 권한도 축소했다.

(6) 법원

종전 대법원 판사의 명칭을 대법관으로 바꾸고, 대통령이 대법관을 임명할 때 국회의 동의를 얻도록 했다. 법관은 탄핵 또는 금고 이상의 형의 선고에 의하지 않고는 파면되지 않도록 했다. 제5공화국 헌법에서는 대법원장만 국회의 동의를 얻어 임명했고, 대법원 판사의 임명은 국회의 동의가 필요하지 않았으며, 법관은 탄핵 또는 형벌에 의하지 않고는 파면되지 않도록 규정하고 있었다.

(7) 헌법재판소

헌법위원회를 폐지하고 헌법재판소를 신설해 법률의 위헌 여부, 단핵, 정당 해산에 관한 심판, 국가기관 간 등의 권한쟁의, 헌법소원에 관한 심판 등을 관장하도록 했다. 제5공화국 헌법에서 헌법위원회는 법률의 위헌 여부, 탄핵, 정당의 해산에 관한 심판만 관장하도록 규정하고 있었다.

(8) 중앙선거관리위원회

중앙선거관리위원회 위원의 임기를 대법관이나 헌법재판소의 재판관과 같이 5년에서 6년으로 1년 연장했다. 법률에 저촉되지 않는 범위에서 내부규율에 관한 규칙제정권을 부여했다.

제2절 선거 과정 및 결과

1. 선거 전의 정치적 상황

제13대 대통령 선거는 비록 전임 대통령의 임기가 만료됨에 따라 실시됐지만, 대통령 직선제 개헌 문제를 놓고 큰 정치적 격동기를 겪으면서 헌법 개정 과정을 거쳐 대통령 직접선거로 실시됐다.

헌법 개정 후 제13대 대통령선거가 실시되기까지는 2개월 정도의 짧은 기간이었지만, '김영삼 총재와 김대중 상임고문의 후보 단일화 실패', '평화민주당 창당', '김종필 총재의 정계 복귀와 신민주공화당 창당' 등 많은 정치적 상황 변화가 있었다(중앙선거관리위원회, 2009a: 479-487).

1987년 8월 11일, 통일민주당 후보 선출 문제를 놓고 논란을 빚던 양김(兩金)은 김영삼 총재의 조기 후보 단일화 주장과 김대중 상임고문의 개헌 협상 후 조정 주장이 맞서면서 별다른 성과를 거두지 못했다. 이 후 지속적인 협상이 있었음에도 결국 결렬되고, 10월 10일 통일민주당을 장악한 김영삼 총재는 대통령 선거 출마를 선언하고 나서자 당내 경선에서 절대적으로 불리한 위치에 놓여 있던 김대중 상임고문은 10월 18일 통일민주당을 탈당하게 된다.

1987년 10월 28일 김대중 상임고문은 기자회견을 갖고 대통령 후보 출마와 신당 창당을 공식 선언하게 된다. 다음 날인 10월 29일 통일민주당 내 동교동계 국회의원(25명)을 비롯해 각계 인사 등 51명으로 창당준비위원회를 결성하고, 10월 30일에는 서울 종로구 천도교 수운회관에서 1,400여 명이 참석한 가운데 창당발기인대회를 개최했다. 이어 전국 32개 지구당의 창당등록을 마치고, 1987년 11월 12일 서울 세종문화회관에서 대의원 3천여 명이 참석한 가운데 창당대회 및 대통령 후보 지명 전당대회를 개최해 김대중 전 상임 고문을 총재 및 대통령 후보로 추대했다. 평화민주당은 창당대회를 마치고 중앙선거관리위원회에 정당 등록을 신청해 1987년 11월 13일 수리됨으로써 법적인 정당 설립 절차를 마치게 된다.

한편, 1987년 9월 28일 김종필 전 민주공화당 총재도 정계 복귀를 선언하고 신당 창당에 나서게 된다. 10월 5일 민주공화당 시절의 각료·국회의원 등이 주축이 돼 창당발기인대회를 개최하고, 이어 23개 지구당의 창당 등록을 마친 후, 10월 30일 중앙당창당대회를 개최해 신민주공화당을 창당했다. 이 과정에서 한국국민당 국회의원 6명이 탈당해 신민주공화당에 입당했다. 중앙창당대회는 서울 동숭동 흥사단 강당에서 대의원 3천여 명이 참석한 가운데 대통령 후보 지명을 겸해서 열렸는데, 김종필 전 총재를 총재 및 대통령 후보로 추대했다. 신민주공화당은 창당대회를 마치고 중앙선거관리위원회에 정당 등록을 신청해 1987년 11월 11일 수리됨으로써 법적인 정당 설립 절차를 마쳤다.

2. 선거제도

대통령 선거가 대통령선거인단에 의한 간접선거에서 국민들의 직접선거로 바뀜에 따라 「대통령선거법」을 새로 제정해야 했다. 직접선거는 1971년 제7대 대통령 선거 이후 16년 만에 실시하는 것이었으므로 제13대 대통령 선거에 적용할 「대통령선거법」은 제7대 대통령 선거 때의 선거제도를 근간으로 하고, 시대 변화상을 반영해 제정하게 됐다.

1) 선거법 제정 경위

제13대 대통령 선거에 적용할 「대통령선거법」은 민주정의당과 통일민주당의 중진 국회의원 4명씩으로 구성된 '8인 정치회담'에서 주요 골자를 결정하고, 국회 내무위원회의 선거관계법안심사소위원회에서 조문을 정리한 후, 본회의로 넘겨져 찬반 토론을 거친 후 확정하게 된다.

먼저 8인 정치회담은 1987년 9월 19일까지 협상을 마쳤으며 합의안을 국회 내무위원회에 넘기게 된다. 국회 내무위원회는 9월 24일 민주정의당 6명, 통일민주당 3명, 신한민주당 1명, 한국국민당 1명 등 총 11명의 국회의원으로 '선거관계법안심사소위원회'(위원장 구용상)를 구성해 법률안 입안 작업을 시작했다. 선거관계법심사소위원회는 민주정의당과 통일민주당 등 4개 정당이 제출한 안과 8인 정치회담에서 합의한 결과를 토대로 여섯 차례에 걸쳐 회의를 개최하고, 내무부와 중앙선거관리위원회 등 관계 기관의 의견도 수렴해 시안을 작성했다. 내무위원회는 10월 30일 선거관계법안심사소위원회에서 입안한 시안을 놓고 찬반 토론을 한 후 표결에 부쳐 찬성 17명, 반대 3명으로 원안대로 의결해 본회의에 넘겼다.

본회의에 넘겨진 법률안은 찬반 토론을 거쳐 표결에 부친 결과 출석의원 151명 중 148명이 찬성하고, 3명이 반대해 원안대로 가결됐다. 국회를 통과한 법률안은 정부로 이송돼 1987년 11월 7일 법률 제3937호로 공포돼 당일부터 시행됐고, 이전의 「대통령선거법」(법률 제3355호)는 같은 날 폐지됐다. 이로써 제13대 대통령 선거에 적용할 「대통령선거법」 제정이 마무리됐다.

2) 제정 선거법의 주요 내용

새로 제정된 「대통령선거법」은 대통령 선거사상 처음으로 기탁금제도를 도입하고, 연설회와 TV·라디오를 이용한 방송연설 및 대담·토론 등의 개최 횟수를 늘리는 등

선거운동의 기회를 확대했으며, 투표 과정의 공정성 확보장치를 강화했다는 특징을 가지고 있다.

표 1-1-3 제12대와 제13대 대통령 선거 주요 제도 비교

구분	제12대 대통령 선거	제13대 대통령 선거
선거 방법	대통령선거인에 의한 간접선거	국민의 직접선거
대통령의 임기	7년(중임 불가)	5년(중임 불가)
피선거권 (국내 거주 요건)	선거일 현재 계속하여 5년 이상 국내 거주	제한 없음(거주 요건 삭제)
후보자 추천	• 당원: 소속 정당이 추천 • 무소속: 대통령선거인 300인 이상 500인 이하의 추천	• 당원: 소속 정당이 추천 • 무소속: 선거권자 5,000명 이상 7,000명 이하의 추천
기탁금	(없음)	• 정당 추천 후보자: 5천만 원 • 무소속 후보자: 1억 원
선거운동 방법	3가지(선거공보, 신문광고, 방송연설)	9가지(선전벽보, 방송연설, 방송대담·토론, 경력방송, 신문광고, 연설회, 기호표, 표지판, 현수막)
선거비용	국가에서 부담	정당 또는 후보자가 부담
투표용지 가인	(없음)	• 구·시·군위원회: 정당 대리인 2명 가인 • 투표구위원회: 제1당과 제2당 정당추천위원 2명 가인
투표통지표 교부 입회인	(없음)	정당·후보자 등이 지명한 1인 참여
군인 등의 부재자투표 방법	(규정 없음)	그 시설 안에 설치된 기표소에서 투표
당선인 결정 방법	대통령선거인의 과반수를 얻은 후보자(과반수 득표자가 없을 때는 2차, 3차 결선 투표	유효 투표의 다수를 얻은 후보자

자료: 중앙선거관리위원회(2009a: 496).

3. 후보자 등록

제13대 대통령 선거 후보자 등록 기간은 1987년 11월 16일부터 11월 23일까지 8일간이었다. 이 기간에 중앙선거관리위원회에 후보자 등록을 마친 사람은 8명으로 정당추천 후보자 7명, 무소속 후보자 1명이었다.

후보자의 기호는 선거법 규정[6]에 따라 1번 노태우 후보, 2번 김영삼 후보, 3번 김대중 후보, 4번 김종필 후보순으로 부여됐고, 마지막 8번은 무소속 백기완 후보에게 돌아갔다. 각 후보자의 학력 및 경력 등은 〈표 1-1-4〉와 같다.

표 1-1-4 제13대 대통령선거 후보자 등록 상황

기호	소속 정당	성명	생년 월일	학력	경력	비고
1	민주 정의당	노태우	1932. 12. 4	육군사관학교 졸업	• 내무부 장관 • 서울올림픽조직위원장 • 민주정의당 총재	
2	통일 민주당	김영삼	1927. 12. 20	서울대학교 철학과 졸업	• 국회의원 7선 • 통일민주당 총재	
3	평화 민주당	김대중	1925. 12. 3	경희대학교 산업경영대학원 수료	• 1971년 대통령 후보 • 평화민주당 총재	
4	신민주 공화당	김종필	1926. 1. 7	서울대학교 사범대학 교육학부 수료	• 국회의원 5선 • 국무총리 • 신민주공화당 총재	
5	사회 민주당	홍숙자	1933. 7. 15	동국대학교 대학원 정외과 졸업(박사)	• 동국대학교 교수 • 세계여성단체협의회 회장	등록 무효
6	일체 민주당	김선적	1926. 4. 11	연세대학교 철학과 졸업	• 삼일국민회의 창립 • 일체민주당 총재	사퇴
7	한주의 통일 한국당	신정일	1938. 5. 3	경북대학교 대학원 철학과 졸업	• 사단법인 한얼교중앙회 이사장 • 한주의통일한국당 총재	
8	무소속	백기완	1932. 1. 24	황해도 은율 일도국민학교 졸업	• 유신 시 긴급조치 1호 위반으로 구속 • 명동 YMCA사건 구속 • 통일문제연구소장	사퇴

자료: 중앙선거관리위원회(2009a: 503)에서 재구성.

6) 「대통령선거법」에서는 국회에서 의석을 갖고 있는 정당의 추천을 받은 후보자, 국회에서 의석을 갖고 있지 않은 정당의 추천을 받은 후보자, 무소속 후보자 순으로 기호를 부여하도록 돼 있었다.

4. 선거 결과

1) 선거인 수

제13대 대통령 선거에 적용할 선거인명부는 1987년 11월 16일부터 11월 23일까지 구・시・읍・면의 장이 작성하고, 열람 및 공람과 이의신청 등의 절차를 거쳐 12월 9일 확정했다. 선거인명부에 등재대상자는 1967년 12월 17일 이전 출생자(선거일 현재 만 20세 이상)로서 선거권의 결격 사유가 없는 사람이었다.

선거인명부 확정 결과 선거인 수는 25,873,624명이었다. 시・도별 선거인 수는 서울이 6,486,710명으로 전체 선거인 수의 25.1%를 차지해 가장 많았으며, 그 다음은 경기도 3,352,554명(13.0%), 부산 2,290038명(8.9%), 경상남도 2,193,206명(8.5%)순이었다. 한편, 부재자투표 신고는 1987년 11월 16일부터 11월 23일까지였으며, 이 기간에 신고해 확정된 부재자 수는 854,700명이었다(중앙선거관리위원회, 2009a: 570).

2) 투표 상황

1987년 12월 16일(수) 오전 7시부터 오후 6시까지 전국 13,657개 투표소에서 제13대 대통령선거의 투표가 일제히 실시됐다. 투표 결과 총선거인 수 25,873,624명(부재자 854,700명 포함) 중 23,066,419(부재자 827,378명 포함)명이 투표해 89.2%의 투표율을 보였다. 이 투표율은 직선제를 마지막으로 실시했던 1971년 제7대 대통령 선거의 투표율(79.8%)보다 9.4%가 높았으며, 가장 최근에 실시한 1985년 제12대 국회의원 선거의 투표율(84.6%)보다 높았다(중앙선거관리위원회, 2009a: 574).

3) 후보자별 득표 상황

1987년 12월 16일 오후 6시 투표가 끝나고, 전국 245개 개표소에서 일제히 개표가 시작됐다. 개표관리를 위해 선거관리위원회가 동원한 인력은 전국적으로 24,659명(구・시・군선거관리위원회 위원 2,184명, 개표사무 종사원 22,475명)이었고, 정당이나 후보자가 선정한 개표 참관인 7,909명이 개표 과정을 지켜보았다.

개표 결과 민주정의당 노태우 후보가 유효 투표 수(22,603,411표)의 36.8%인 8,282,738표를 얻어 대한민국 제13대 대통령으로 당선됐다.

1987년 10월 29일 공포된 제6공화국 헌법 부칙에 의해 제13대 대통령의 임기는 1988년 2월 25일부터 개시하도록 돼 있었다. 이에 따라 노태우 대통령 당선자는 당선된

표 1-1-5 제13대 대통령선거 후보자별 득표 상황

(단위: 명, (%))

계 (투표 수)	후보자별 득표 수(유효 투표 수)						무효 투표 수
	소계	민주 정의당 노태우	통일 민주당 김영삼	평화 민주당 김대중	신민주 공화당 김종필	한주의 통일 한국당 신정일	
23,066,419	22,603,411 (100)	8,282,738 (36.6)	6,337,581 (28.0)	6,113,375 (27.1)	1,823,067 (8.1)	46,650 (0.2)	463,008

자료: 중앙선거관리위원회(2009a: 578)에서 발췌.

지 약 2개월 후인 1988년 2월 25일 여의도 국회의사당 앞마당에서 취임식을 갖고 5년 임기의 대통령 직무를 시작했다.

제3절 대통령, 국무총리, 장관 등 주요 관료 소개

1. 노태우 대통령

노태우 대통령은 대한민국 군인 출신의 정치인이다. 육군사관학교를 제11기로 졸업하고 육군소위로 임관한 후 육군대장으로 예편했으며, 1988년부터 1993년까지 대한민국의 제13대 대통령으로 재임했다.

대구공업중학교를 거쳐 경북중학교 4학년에 편입한 뒤 1950년 한국전쟁 중 학도병으로 헌병학교에 입대했다. 헌병으로 있던 중 1951년 진해에서 재개교한 육군사관학교에 입학, 1955년 육사 11기로 임관했다. 1961년에는 학생군사교육단(ROTC)의 창설준비요원으로, 1967년에는 베트남전쟁에 맹호사단 재구대대(1연대 3대대)장으로 참전했다. 1974년 장성으로 진급해 신군부의 2인자로 공수특전여단장, 청와대 작전차장보, 보안사령부 사령관 등을 역임했으며, 1980년에는 국가보위입법위원회 비상대책위원과 상임위원을 역임했다. 예편 후 정계에 들어와서 제5공화국에서는 1981년 정무2장관, 대통령 특사, 1982년 체육부 장관과 내무부 장관 등을 역임했다.

1984년 대한체육회 회장을 역임했으며, 동시에 1983년부터 서울올림픽조직위원회 위원장을 맡으면서, 86 아시안게임을 유치한 뒤, 1984년부터 1986년까지 서울 아시안게임준비위원장을 맡기도 했다.

1985년 민주정의당 대표최고위원으로 내정돼 당권 전부를 위임받았고, 1987년부터 민주정의당 총재로 1988년의 대통령 선거에서 대한민국 제13대 대통령에 당선됐다.

1993년 퇴임 후 1995년 비자금 사건 등으로 연루, 5·18 광주민주화운동 강제 진압과 12·12 내란음모사건에 가담한 혐의로 재판을 받고 구속되기도 했으며, 1997년에 특별사면을 받고 복권됐다.

2. 내각

제6공화국 노태우 정부의 초대 국무총리로는 이현재 총리가 임명됐다. 즉, 노태우 대통령 당선인은 1988년 2월 11일에 새 정부의 국무총리로 이현재 전 서울대학교 총장을, 그리고 대통령비서실장에 홍성철 전 내무부 장관을 내정했다(경향신문, 1988. 2. 11일자: 1면). 이어 2월 19일에는 부총리 겸 경제기획원 장관에 나웅배 상공부 장관을 내정하는 등 16명을 새로 임명했으며, 최광수 외무부 장관 등 7명을 재기용해 2월 25일 출범하는 새 정부의 내각 인선을 완료했다(경향신문, 1988. 2. 19일자: 1-4면, 11면).

또한 이날 청와대 5명의 수석비서관에 대한 인선도 발표했는데(경향신문, 1988. 2. 19일자: 1-2면), 정무수석비서관에 최병렬 민주정의당 의원, 행정수석비서관에 이연택 국무총리 행정조정실 조정관, 경제수석비서관에 박승 중앙대 대학원장, 공보수석비서관에 이수정 MBC 전무, 의전수석비서관에 노창희 외무부 본부대사 등을 임명했다. 한편, 노태우 정부의 국무총리 및 각부 장관 등의 재임 기간을 정리하면 다음과 같다.

표 1-1-6 노태우 정부 국무총리

직위	대수	이름	임기
국무총리	서리	이현재(李賢宰)	1988년 2월 25일~1988년 3월 1일
	20대		1988년 3월 2일~1988년 12월 4일
	서리	강영훈(姜英勳)	1988년 12월 5일~1988년 12월 15일
	21대		1988년 12월 16일~1990년 12월 26일
	서리	노재봉(盧在鳳)	1990년 12월 27일~1991년 1월 22일
	22대		1991년 1월 23일~1991년 5월 23일
	서리	정원식(鄭元植)	1991년 5월 24일~1991년 7월 7일
	23대		1991년 7월 8일~1992년 10월 7일
	24대	현승종(玄勝種)	1992년 10월 8일~1993년 2월 24일

표 1-1-7 노태우 정부 부총리 겸 경제기획원 장관

직위	대수	이름	임기
부총리 겸 경제기획원 장관	16대	나웅배(羅雄培)	1988년 2월 25일~1988년 12월 4일
	17대	조 순(趙 淳)	1988년 12월 5일~1990년 3월 18일
	18대	이승윤(李承潤)	1990년 3월 19일~1991년 2월 16일
	19대	최각규(崔珏圭)	1991년 2월 17일~1993년 2월 25일

표 1-1-8 노태우 정부 부총리 겸 통일원 장관

직위	대수	이름	임기
국토통일원 장관	14대	이홍구(李洪九)	1988년 2월 25일~1990년 3월 18일
	15대	홍성철(洪性澈)	1990년 3월 19일~1990년 12월 26일
부총리 겸 통일원 장관	초대	최호중(崔浩中)	1990년 12월 27일~1992년 6월 25일
	2대	최영철(崔永喆)	1992년 6월 26일~1993년 2월 25일

표 1-1-9 노태우 정부 외무부 장관

직위	대수	이름	임기
외무부 장관	21대	최광수(崔侊洙)	1986년 8월 26일~1988년 12월 5일
	22대	최호중(崔浩中)	1988년 12월 5일~1990년 12월 27일
	23대	이상옥(李相玉)	1990년 12월 27일~1993년 2월 26일

표 1-1-10 노태우 정부 내무부 장관

직위	대수	이름	임기
내무부 장관	49대	이상희(李相熙)	1988년 2월 25일~1988년 5월 6일
	50대	이춘구(李春九)	1988년 5월 7일~1988년 12월 4일
	51대	이한동(李漢東)	1988년 12월 5일~1989년 7월 18일
	52대	김태호(金泰鎬)	1989년 7월 19일~1990년 3월 18일
	53대	안응모(安應模)	1990년 3월 19일~1991년 4월 28일
	54대	이상연(李相淵)	1991년 4월 29일~1992년 3월 30일
	55대	이동호(李同浩)	1992년 3월 31일~1992년 10월 8일
	56대	백광현(白光鉉)	1992년 10월 9일~1993년 2월 25일

표 1-1-11 노태우 정부 법무부 장관

직위	대수	이름	임기
법무부 장관	36대	정해창(丁海昌)	1987년 5월 26일~1988년 12월 4일
	37대		
	38대	허형구(許亨九)	1988년 12월 5일~1990년 3월 18일
	39대	이종남(李種南)	1990년 3월 19일~1991년 5월 26일
	40대	김기춘(金淇春)	1991년 5월 27일~1992년 10월 8일
	41대	이정우(李正雨)	1992년 10월 9일~1993년 2월 25일

표 1-1-12 노태우 정부 국방부 장관

직위	대수	이름	임기
국방부 장관	26대	오자복(吳滋福)	1988년 2월 25일~1988년 12월 4일
	27대	이상훈(李相薰)	1988년 12월 4일~1990년 10월 8일
	28대	이종구(李鍾九)	1990년 10월 8일~1991년 12월 20일
	29대	최세창(崔世昌)	1991년 12월 20일~1993년 2월 26일

표 1-1-13 노태우 정부 문교부 장관

직위	대수	이름	임기
문교부 장관	29대	김영식(金永植)	1988년 2월 25일~1988년 12월 4일
	30대	정원식(鄭元植)	1988년 12월 5일~1990년 12월 26일
교육부 장관	초대	윤형섭(尹亨燮)	1990년 12월 27일~1992년 1월 22일
	2대	조완규(趙完圭)	1992년 1월 23일~1993년 2월 25일

표 1-1-14 노태우 정부 문화공보부 장관

직위	대수	이름	임기
문화공보부 장관	11대	정한모(鄭漢模)	1988년 2월 25일~1988년12월 4일
	12대	최병렬(崔秉烈)	1988년 12월 5일~1989년12월 27일
문화부 장관	13대	이어령(李御寧)	1989년 12월 28일~1991년 12월 19일
	14대	이수정(李秀正)	1991년 12월 20일~1993년2월 25일
공보처 장관	13대	최병렬(崔秉烈)	1989년 12월 28일~1989년12월 27일
	14대	최창윤(崔昌潤)	1990년 12월 20일~1992년6월 6일
	15대	손주환(孫柱煥)	1992년 6월 6일~1992년10월 9일
	16대	유혁인(柳赫仁)	1992년 10월 9일~1993년2월 25일

표 1-1-15 노태우 정부 체육청소년부 장관

직위	대수	이름	임기
체육부 장관	6대	조상호(曺相鎬)	1987년 7월 14일~1988년 12월 4일
	7대	김 집(金 潗)	1988년 12월 5일~1990년 3월 18일
	8대	정동성(鄭東星)	1990년 3월 19일~1990년 12월 26일
체육청소년부 장관	초대	박철언(朴哲彦)	1990년 12월 27일~1991년 12월 19일
	2대	이진삼(李鎭三)	1991년 12월 20일~1993년 2월 25일

표 1-1-16 노태우 정부 농림수산부 장관

직위	대수	이름	임기
농림수산부 장관	39대	윤근환(尹勤煥)	1988년 2월 25일~1988년 12월 5일
	40대	김 식(金 湜)	1988년 12월 6일~1990년 3월 19일
	41대	강보성(姜普性)	1990년 3월 20일~1990년 9월 18일
	42대	조경식(曺京植)	1990년 9월 19일~1992년 3월 30일
	43대	강현욱(姜賢旭)	1992년 3월 31일~1993년 2월 25일

표 1-1-17 노태우 정부 상공부 장관

직위	대수	이름	임기
상공부 장관	33대	안병화(安秉華)	1988년 2월 25일~1988년 12월 5일
	34대	한승수(韓昇洙)	1988년 12월 5일~1990년 3월 19일
	35대	박필수(朴弼秀)	1990년 3월 19일~1990년 12월 27일
	36대	이봉서(李鳳瑞)	1990년 12월 27일~1991년 12월 20일
	37대	한봉수(韓鳳洙)	1991년 12월 20일~1993년 2월 26일

표 1-1-18 노태우 정부 동력자원부 장관

직위	대수	이름	임기
동력자원부 장관	9대	이봉서(李鳳瑞)	1988년 2월 25일~1990년 3월 18일
	10대	이희일(李熺逸)	1990년 3월 19일~1991년 5월 26일
	11대	진 념(陳 稔)	1991년 5월 27일~1993년 2월 25일

표 1-1-19 노태우 정부 건설부 장관

직위	대수	이름	임기
건설부 장관	21대	최동섭(崔同燮)	1987년 12월 15일~1988년 12월 4일
	22대	박 승(朴 昇)	1988년 12월 5일~1989년 7월 18일
	23대	권영각(權寧珏)	1989년 7월 19일~1990년 9월 18일
	24대	이상희(李相熙)	1990년 9월 19일~1991년 2월 18일
	25대	이진설(李鎭卨)	1991년 2월 19일~1991년 12월 19일
	26대	서영택(徐榮澤)	1991년 12월 20일~1993년 2월 25일

표 1-1-20 노태우 정부 보건사회부 장관

직위	대수	이름	임기
보건사회부 장관	22대	권이혁(權彝赫)	1988년 2월 25일~1988년 12월 5일
	23대	문태준(文太俊)	1988년 12월 5일~1989년 7월 19일
	24대	김종인(金鍾仁)	1989년 7월 19일~1990년 3월 19일
	25대	김정수(金正秀)	1990년 3월 19일~1991년 5월 26일
	26대	안필준(安弼濬)	1991년 5월 27일~1993년 2월 25일

표 1-1-21 노태우 정부 노동부 장관

직위	대수	이름	임기
노동부 장관	5대	최명헌(崔明憲)	1988년 2월 25일~1988년 12월 4일
	6대	장영철(張永喆)	1988년 12월 5일~1989년 7월 18일
	7대	최영철(崔永喆)	1989년 7월 19일~1990년 12월 26일
	8대	최병렬(崔秉烈)	1990년 12월 27일~1992년 6월 25일
	9대	이연택(李衍澤)	1992년 6월 26일~1993년 2월 25일

표 1-1-22 노태우 정부 교통부 장관

직위	대수	이름	임기
교통부 장관	32대	이범준(李範俊)	1988년 2월 25일~1988년 12월 4일
	33대	김창근(金昌槿)	1988년 12월 5일~1990년 3월 18일
	34대	김창식(金昶植)	1990년 3월 19일~1990년 12월 27일
	35대	임인택(林寅澤)	1990년 12월 27일~1992년 3월 31일
	36대	노건일(盧健一)	1992년 3월 31일~1993년 2월 25일

표 1-1-23 노태우 정부 체신부 장관

직위	대수	이름	임기
체신부 장관	36대	오 명(吳 明)	1987년 7월 14일~1988년 12월 4일
	37대	최영철(崔永喆)	1988년 12월 5일~1989년 7월 8일
	38대	이우재(李祐在)	1989년 7월 19일~1990년 12월 26일
	39대	송언종(宋彦鍾)	1990년 12월 27일~1993년 2월 25일

표 1-1-24 노태우 정부 정무 제2장관

직위	대수	이름	임기
정무 제2장관	초대	조경희(趙敬姬)	1988년 2월 25일~1988년 12월 4일
	2대	김영정(金榮禎)	1988년 12월 5일~1990년 3월 18일
	3대	이계순(李季順)	1990년 3월 19일~1991년 12월 19일

표 1-1-25 노태우 정부 총무처 장관

직위	대수	이름	임기
총무처 장관	10대	김용갑(金容甲)	1988년 2월 25일~1989년 3월 6일
	11대	김용래(金庸來)	1989년 3월 17일~1990년 3월 18일
	12대	이연택(李衍澤)	1990년 3월 19일~1991년 12월 19일
	13대	이상배(李相培)	1991년 12월 20일~1992년 6월 25일
	14대	이문석(李文錫)	1992년 6월 26일~1993년 2월 25일

표 1-1-26 노태우 정부 과학기술처 장관

직위	대수	이름	임기
과학기술처 장관	10대	이 관(李 寬)	1988년 2월 25일~1988년 12월 4일
	11대	이상희(李祥羲)	1988년 12월 5일~1990년 3월 18일
	12대	정근모(鄭根謨)	1990년 3월 19일~1990년 11월 9일
	13대	김진현(金鎭炫)	1990년 11월 10일~1993년 2월 25일

표 1-1-27 노태우 정부 환경처 장관

직위	대수	이름	임기
환경처 장관	초대	조경식(曺京植)	1990년 1월 3일~1990년 9월 19일
	2대	허남훈(許南薰)	1990년 9월 19일~1991년 4월 26일
	3대	권이혁(權彛赫)	1991년 4월 26일~1992년 6월 26일
	4대	이재창(李在昌)	1992년 6월 26일~1993년 2월 26일

제4절 정부조직 체계

1. 제5공화국의 행정기구 개편 개관

제5공화국 출범과 함께 중앙행정기구는 많은 변화를 겪었는데, 1980년 10월 공직사회의 정화와 사회기강 확립을 위해 '사회정화위원회'를 신설했으며, 1981년 4월에는 노동행정의 강화를 위해 노동청을 '노동부'로 승격시켰다.

1981년 10월에는 소위 '10·15 행정개혁'을 통해 비대화된 상위직이 많이 정비됐고, 행정개혁위원회·국가안전보장회의 사무국·경제과학심의회의 사무국, 그리고 국무총리 기획조정실 등이 폐지됐다. 1981년 12월 31일 「정부조직법」 개정으로 중앙정부의 기구는 2원 15부 4처 4청 4외국 2위원회 체제로 축소됐다.

1982년 3월에는 1986년 아시안게임과 1988년의 올림픽 개최에 대비하기 위해 '체육부'를 신설했고, 정무장관 '3인 이내'로 두도록 된 것을 '2인 이내'를 둘 수 있게 했다(정부조직법 개정법률〈법률 제3540호〉, 1982. 3. 20). 1984년에는 원호처의 명칭을 '국가보훈처'로 변경했으며, 1986년에는 산림청의 소속을 내무부에서 농림수산부로 이관하고, 농수산부의 명칭을 '농림수산부'로 변경했으며, 전매청을 공사화하도록 함에 따라 재무부 장관이 전매에 관한 사무를 관장하도록 하고, 전매청의 설치 근거 규정을 삭제했다. 이로써 제5공화국의 정부조직은 '2원 16부 4처 13청 3외국 1위원회' 체제로 개편됐다(정부조직법 개정법률〈법률 제3854호〉, 1986. 12. 20).

대통령 직속기구의 개편을 보면, '평화통일정책자문회의'와 '국정자문위원회'가 신설됐다. 그리고 중앙정보부를 '국가안전기획부'로 개칭하면서 그 권한도 약화됐다. 또한 국무총리 직속기구인 '행정개혁위원회'가 폐지되고 그 기능은 총무처로 흡수됐으며, '경제과학심의회의'가 폐지됐다.

2. 노태우 정부 출범 시의 정부조직 체계

1) 정부조직

노태우 정부는 제5공화국의 '2원 16부 4처 13청 3외국 1위원회' 체제를 그대로 이어받아 조직개편 없이 출범했다.

2) 청와대 조직(대통령비서실)

6・29 선언과 합의 개헌을 바탕으로 국민의 직접선거에 의해 탄생한 노태우 정부는 민주 발전의 주요 과제로 권위주의 청산을 표방하면서 출발했다. 이에 따라 그 노력의 일환으로 대통령비서실을 축소시켰고, 내각이 국정의 중심이 되도록 이전 정부와는 다른 국정운영을 하고자 했다. 더욱이 4・26 총선에서 사상 처음 여당이 과반수 의석을

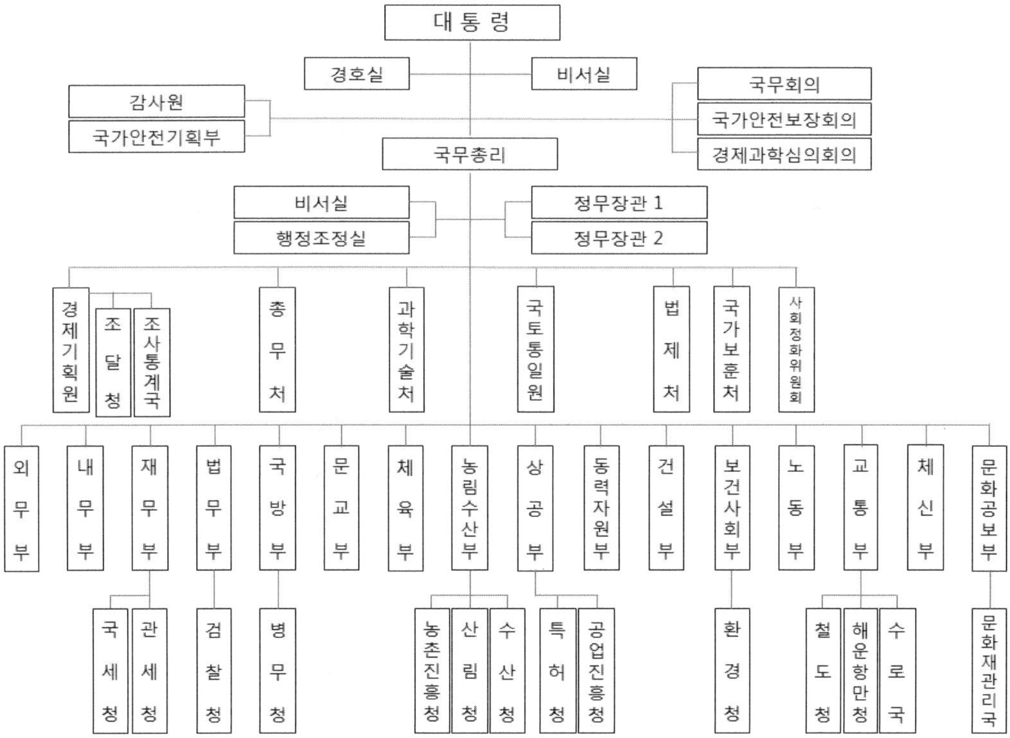

그림 1-1-1 노태우 정부 출범시 정부기구도(1988. 2. 25): 2원 16부 4처 13청 3외국 1위원회

자료: 행정자치부 행정관리국(1998: 168).

획득하는 데 실패해 여소야대 정국을 맞이하게 됐고, 그 결과 새 정부의 정당성을 공고히 하기 위해 홍보를 통한 지지 세력 확대에 중점을 두었다.

이러한 국내 정치 상황과 맞물려 청와대 비서실의 기능과 기구는 커다란 변화를 보였다. 초기에는 비서실 규모와 기능을 축소했으나, 이후 점진적인 규모 확대가 이뤄졌고 그 기능도 다시 강화됐다. 결국 초반기의 축소 노력에도 불구하고 노태우 정부의 비서실은 어느 정권 못지않게 강력한 영향력을 행사하는 비서실이 됐다.

노태우 정부의 청와대 비서실의 기구 개편은 취임 초인 1988년 2월에 이뤄졌으며, 이 후 일부 보완적인 개편이 이뤄졌다.

1988년 2월의 기구 개편은 주로 노태우 대통령의 리더십과 관련돼 있다. 우선 법무수석실과 사정수석실 폐지는 대선공약의 수행이라는 측면에서 살펴볼 수 있다.[7] 동시에 노태우 대통령의 전두환 정부에 대한 차별화 정책의 하나로 볼 수 있을 것이다. 다음

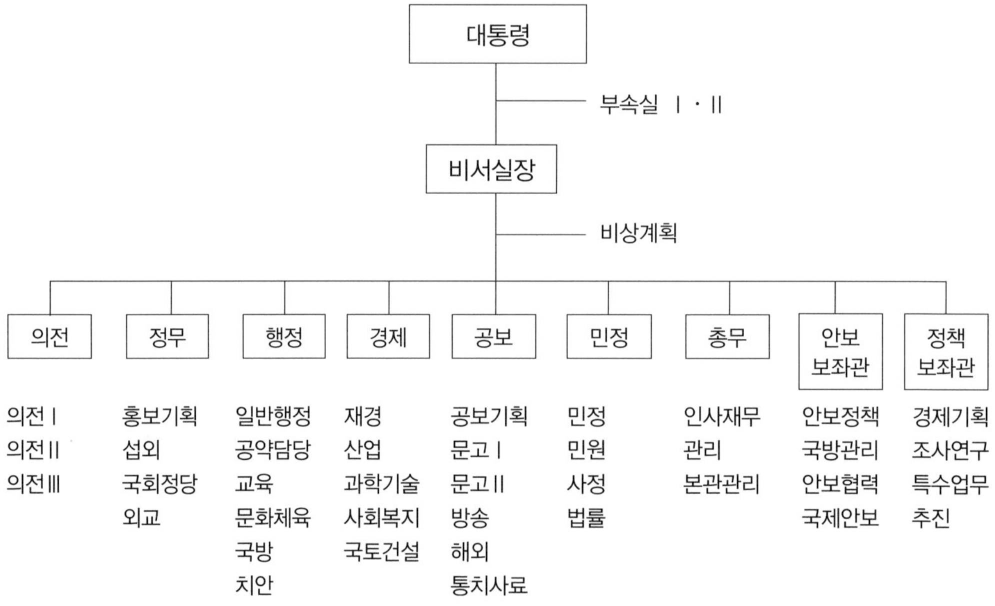

그림 1-1-2 대통령비서실 기구(1988년 2월)

자료: 청와대 총무비서실(1997).

7) 대통령 선거 당시 노태우 후보는 국민들의 원성이 되고 있는 국가안전기획부 등 소위 '기관'의 기능 축소와 함께 청와대 기구의 축소를 공약한 바 있다.

으로 정책보좌관 신설은 엽관제적 성격의 '정치적 충원'인 동시에 대통령 지지 세력의 양성이라는 관점으로 볼 수 있다. 즉, 엘리트 관료들로 충원된 정책보좌관실은 국가안전기획부가 주관하던 대북한 북방정책의 창구 역할을 인수했고, 그로 인해 국가안전기획부의 권력이 축소됐다.

1988년 2월에 개편된 노태우 대통령의 청와대 비서실은 커다란 변화 없이 제6공화국 동안 지속됐다. 다만, 이후 몇몇 조직 개편이 일어나는데, 1988년 12월에 정치특별보좌역 신설, 1989년 8월에는 정책보좌관제가 폐지되기도 했다.

1990년 이후에는 1990년 10월의 정책조사보좌관의 신설, 1990년 12월의 사정수석실 설치, 1992년 2월의 외교안보수석실의 신설과 이어진 경제수석실의 확대와 같은 변화를 가져왔다.

3) 기타 위원회 및 자문기구 등

(1) 민주화합추진위원회

국민의 직접선거에 의해 선출된 노태우 대통령 당선자는 제6공화국 국정운영 방향에 관한 의견을 수렴하고 대통령 선거 과정에서 표출된 지역 간·계층 간·종교 간·세대 간 갈등의 매듭을 풀기 위한 목적으로 구상해 온 '민주화합추진위원회'를 1988년 1월 11일 발족시키게 된다(동아일보, 1988년 1월 11일자, 제1면).

위원은 독립운동 원로, 구(舊)정계, 종교계, 법조계, 학계 등 각계 대표 52명으로 발족됐으며, 민주 발전, 국민 화합, 사회개혁 등 3개 분과위원회를 구성해 광주사태와 관련한 화합책 및 대사면령, 제5공화국까지 누적돼 온 각종 부정 비리에 대한 개혁적 차원의 대책, 권위주의 체제 종식을 목표로 한 각종 민주 발전 대책 등을 마련하는 데 목적을 두었다.

이 위원회는 3개 분과위와 전체회의의 활발한 토론을 거쳐 민주화합 새시대에 부합하는 각종 정책 비전을 마련, 보고서 형식으로 제시했으며, 대통령 취임까지 40일 동안 한시적으로 운영됐다.

(2) 국가원로자문회의

노태우 정부가 출범한 이후에도 5공 세력은 6공에 강한 영향력을 행사했는데, 그 대표적인 기구가 '국가원로자문회의'였다. 이 기구는 「헌법」 제90조와 「국가원로자문회의법」에 의해 설립됐는데, 직전 대통령이 의장이 돼 영향력을 행사할 수 있는 제도적 장치까지 구체적으로 마련돼 있었으며, 실제로 1988년 말까지[8] 노태우 대통령이 국무총리·장관·고위 군 장성 인사조차 자율적으로 행사하지 못했고, 이 기구가 폐지되는 1989년 봄까지 노태우 정부는 5공 세력으로부터 독립해 자율적으로 정부조직을 개편할 수도 없었다(하태수, 2011: 8).

(3) 행정개혁위원회

행정개혁위원회는 '민주화합추진위원회'의 행정개혁을 위한 민관 합동의 위원회를 설치할 필요가 있다는 건의에 따라 1988년 5월 13일 발족했다.

이 위원회는 총무처의 주도로 학계·언론계·법조계·경제계·노동계·여성계 등 민간의 각계 대표 21인으로 구성했고, 총괄·일반행정·경제과학·사회문화 등 4개 분과위원회로 조직됐다. 각 분과위마다 실무자 1인, 학계 1인, 전문위원 2인이 배치됐다. 그리고 그 밑에 다시 총 40명의 조사연구관 및 조사원 등을 두었다.

위원회의 활동 중간에 '사회정화위원회'[9]와 '국가원로자문회의'의 폐지를 건의했고, 1989년 7월에 「행정개혁에 관한 건의」라는 최종보고서를 발표했다(하태수, 2011: 8).

3. 노태우 정부의 정부조직 체계 개편

노태우 정부 출범 후 급변하는 행정환경 변화에 능동적으로 대처할 수 있는 정부조직 개편안과 이와 관련된 행정제도의 개선안을 마련하기 위해 '행정개혁위원회'를 설치했다. 1989년 7월까지 한시적으로 운영된 이 위원회는 「행정개혁에 관한 건의」라는 보고서를 통해 행정개혁의 기본 방향으로 민주화 추진과 인권 보장, 민간의 자율성과 창의성 신장, 통일 염원의 실현, 국제화 시대에 대응, 지방화 시대에 대비, 지속적인 경제성장, 복지 형평의 구현, 행정 체제의 효율성 증진을 설정하고, 정부와 민간의 역할 재정립, 중앙과 지방의 관계 재정립, 부처 조직의 개편, 행정제도 및 행정 행태의 개선과 관련된 47개의 개혁과제를 확정해 건의한 바 있다.

그러나 결과적으로는 행정개혁위원회의 건의 가운데 극히 일부분만 수용됐다. 노태우 정부는 '사회정화위원회'와 '국가원로자문회의' 등을 폐지한 것을 제외하고는 기존의

8) 전두환 전 대통령이 1988. 2. 25~11. 23까지 재임했으며, 1989년 3월 29일 「국가원로자문회의법」이 폐지됐다.

9) 사회정화위원회는 '국가보위비상대책위원회'의 대체기구로 등장했으며, 제13대 국회(1989년 2월)에서 사회정화위원회의 작동 기제이자 지원 체계인 「사회정화운동조직육성법」을 폐지시켰으나, 1989년 4월 국무총리 소속의 사회정화위원회의 조직과 인원을 흡수해 '민간단체'로 발족시킨 것이 지금의 '바르게살기운동중앙협의회'다.

부처 조직을 오히려 확대하는 방향으로 조직개편을 추진했다. 노태우 정부의 최초 정부 조직 개편은 1989년 말에 「정부조직법」을 개정해 문화공보부를 '문화부'와 '공보처'로 분리하고, 환경청을 국무총리 소속의 '환경처'로 승격시켰다(정부조직법 개정법률〈법률 제4183호〉, 1989. 12. 30). 그리고 국제화·산업화·도시화에 대응해 외무부, 보건사회부, 노동부, 교통부의 일부 기능을 강화하고 체육부와 문교부의 일부 기능을 이관·조정하는 조치를 취했다.

이어 1990년 2차 개편에서는 국토통일원의 명칭을 '통일원'으로 개칭하고 통일원장관을 부총리로 격상했다. 또한 문교부를 '교육부'로, 체육부를 '체육청소년부'로 명칭 변경을 했다. 아울러 경제기획원 조사통계국이 '통계청'으로 개편되고, 중앙기상대가 '기상청'으로 승격됐으며, 내무부 치안본부를 '경찰청'으로 개편하고 '경찰위원회'를 설치했다(정부조직법 개정법률, 법률 제4268호, 1990. 12. 27).

결론적으로 노태우 정부는 행정개혁위원회 등을 통해 정부조직 개편작업을 추진하면서 '작은 정부'의 구축을 표방했으나, 정치적 리더십의 부족으로 말미암아 겉으로 내세운 정책 목표와는 달리 집권 기간 동안 오히려 기구와 인력이 팽창되는 결과를 초래했다(이대희 외, 2001: 386). 그 결과 노태우 정부의 최종 정부조직은 출범 초기에 비해 2처 3청이 증편된 2원 16부 6처 15청 2외국의 체제가 됐다(행정자치부 행정관리국, 1998: 170).

제5절 입법부 및 사법부와의 관계

1. 제6공화국 헌법 개정과 국회의 위상 변화

1) 헌법에 나타난 국회의 새로운 정치적 위상

6·29 선언으로 대통령 직선제를 포함한 헌법 개정이 이뤄지면서 기존 헌법이 담고 있는 권위주의적 요소 제거를 포함해 민주주의 정치를 실현할 수 있는 다양한 제도적 기반도 마련하고자 했다. 특히 여야 간 합의에 의한 헌법 개정을 통해 국민의 민주적 열망을 최대한으로 반영하고자 했으며, 종래 정치적 위상이 매우 약했던 입법부의 기능을 강화할 수 있는 제도 마련에 노력했다.

특히 제5공화국 헌법에서 대통령이 보유했던 '국회해산권'을 철폐하고 국회의 '국정감사권'을 부활시킨 것을 포함해 대통령제 민주정치 발전에 적합하도록 제도적 조건을 상당히 개선했다. 「국회법」도 국회의 권능을 강화하는 방안으로 지속적으로 개선돼 왔다. 이를테면 국회가 행정부의 감독이나 국민의 의혹을 해소하기 위해 개최하는 '청문회제도'의 도입이 그것이고, 13대 총선에서 대통령 소속 당이 의석의 과반수를 점유하지 못하는 선거 결과가 나타나 과거와 같이 대통령이 국회에 대한 관계에서 일방적 우위를 갖기 어려운 정당정치적 요건도 조성됐다(한국행정연구원, 2008: 420).

구체적으로 개정 헌법에 반영된 국회의 위상을 제고할 수 있는 제도적 변화는 다음과 같다.

첫째, 헌법 개정 과정에서 여야가 똑같이 대통령의 국회 해산권을 폐지하도록 제안함으로써 대통령과 행정부의 독주를 막고 헌법기관으로서 국회의 독자적인 위상을 회복하게 됐다.

둘째, 새 헌법에는 1972년 유신 이래 오랫동안 폐기됐던 국회의 국정감사권을 부활시켜 국회의 대행정부 견제 기능을 강화해 행정부와 입법부 간의 권력분립을 이루도록 조치했다. 종래에는 국정조사권만 부여했고, 이러한 조사권마저 재판 중인 사건은 다룰 수 없도록 했으나 개정 헌법에는 국정감사권의 신설과 함께 과거에 있었던 국정조사권을 존치하고 재판 중인 사건에 간섭할 수 없다는 조항도 삭제했다.

셋째, 임시국회의 소집을 요구할 수 있는 요건을 종래 '재적의원 3분의 1'에서 '4분의 1'로 개정해 국회에서 국정을 다루는 기회가 많아지게 됐다. 이 밖에도 국회의 연간 회기 일수의 제한을 삭제하고, 정기국회의 회기를 90일에서 100일로 늘렸다.

한편, 대통령의 국회소집권을 제한하는 대신, 국회의 국무총리 및 국무위원 해임의결권을 '해임건의권'으로 변경해 행정부와 입법부 간의 권력분립을 더욱 공고히 했다. 그리고 개정 헌법에는 종래 대법원장의 제청으로 대통령이 임명하던 대법관을 국회의 동의를 얻어 임명하도록 추가함으로써 국회의 권한을 높였다.

2) 1988년 「국회의원선거법」 개정

헌법을 개정하면서 여야 합의로 개정 헌법 부칙에 헌법 발효 후 6개월 이내에 새 국회를 구성하도록 명기함으로써 새로 국회의원을 선출하도록 돼 있었다. 즉, 제12대 국회는 비록 임기가 4년이었으나 약 3년 만에 해산하게 됐다.

1988년 1월 들어 각 정당은 선거법 개정 협상을 위해 접촉을 가지기 시작했으며, 선거법 협상에서 가장 핵심적인 사항 중의 하나는 당략(黨略)에 따라 소선거구제냐, 중선거구제냐, 또는 1구 1~3인의 혼합 선거구제냐 하는 것이었다. 결국 각 당의 이해 득실에 얽혀 합의에 의한 원만한 법안 처리가 되지 못하고 민주정의당 주도로 1988년 3월 8일 새벽 2시경「국회의원선거법」개정안이 전격적으로 통과됐다.

새로 마련된 선거법은 소선거구제를 16년 만에 부활하는 것으로 지역구 총수는 224개로 종전의 지역구 의원정수인 184명보다 40명이 늘었으나 전국구 의원정수는 지역구 의원 총수의 3분의 1로 75명을 선출하도록 돼 있다. 이에 따라 의원정수는 276석에서 299석으로 늘어났다. 그리고 전국구 배분 방식에서 제1당에 2분의 1을 우선 배분하고 나머지 5명 이상의 지역구 당선자를 낸 정당에 의석 비율에 따라 배분하도록 했다.

3) 제13대 국회의원 선거와 대정부 관계

1988년 4월 26일 국회의원 선거제도가 16년만에 소선거구제로 전환돼 실시된 제13대 국회의원 총선거는 지역구 224명, 전국구 75명을 두고 선거가 실시됐다.

이 선거에서 유권자 26,198,205명 중 19,850,815명이 투표해 75.8%의 투표율을 기록했다(중앙선거관리위원회, 2009b: 111-114).

선거 결과, 민주정의당은 총 125석(지역구 87석, 전국구 38석)을 획득해 제1당의 지위를 유지했으나, 과반수 의석 확보에는 실패했다. 그리하여 우리나라에 정당정치가 정착된 이래 최초로 여소야대 국회가 탄생했다.

표 1-1-28 제13대 국회의원 선거 결과

(단위: 명)

구분	계	민주정의당	평화민주당	통일민주당	신민주공화당	한겨레민주당	무소속
계	299	125	70	59	35	1	9
지역구	224	87	54	46	27	1	9
전국구	75	38	16	13	8		

자료: 중앙선거관리위원회(2009b: 119)에서 발췌.

4)「국회법」개정

여소야대 4당 체제로 출범한 제13대 국회는 개정 헌법에 의해 막강한 권한을 획득하게 됐는데, 개원 국회에서 의장단을 선출하고 국회법 개정특위를 구성한 후에 별도의 임시국회를 열어 나머지 7개의 특별위원회[10]를 구성하기로 했다.

새로 개정된 「국회법」의 주요 내용을 보면, 첫째, 행정위(내무위에서 분리), 동자위(상공위에서 분리), 노동위(보사위에서 분리) 등 3개 상임위원회를 신설해 종래 13개에서 16개로 상임위원회가 늘어났다. 이는 행정부의 업무 분담에 따른 국회의 기능 강화와 우리 사회의 산업화 심화에 따라 노사문제가 주요한 정치적 이슈로 등장함에 따른 문제를 의회 차원에서 해결하려는 6공화국의 의지의 반영이라 할 수 있다.

둘째, 개정된 국회법에는 의정사상 처음으로 청문회를 도입했다. 이 제도는 국회의 행정부 견제 기능에 크게 기여할 것으로 판단됐다.

셋째, 개정된 국회법에는 정기국회 회기를 90일에서 100일로 하여 국회 활동을 활성화하고, 그 권한을 강화할 수 있는 방편으로 마련한 것이다. 이 밖에도 헌법 개정 사항인 국정감사권의 도입과 국정조사권을 재판이 계류 중인 사건에 대해서도 할 수 있도록 조치한 사항들을 새로 국회법에 반영했다(법률 제6266호, 2000. 2. 16).

제13대 국회가 개원된 후 첫 번째 열린 142회 임시국회는 국회법 개정과 상임위원장 선출 및 과거 청산을 위한 7개의 특별위원의 구성 등이 합의됨으로써 새로운 국회상을 정립할 수 있는 계기를 마련했다.

2. 제6공화국 헌법 개정에 따른 사법제도 개선

1) 개요

6·29선언 이후 꾸준히 추진된 기본권 보장을 위한 일련의 노력은 행정부와 사법부와의 관계에서 사법부의 독립성을 강화하고, 그동안 제한되거나 유보됐던 국민의 자유와 권리를 포함한 국민의 기본적 인권을 신장시키기 위한 제도 개선으로 요약된다.

제6공화국 정부가 출범하면서 국가안보와 생존권이 지나치게 강조돼 국민의 기본적 인권을 규제했던 법률들을 폐지 내지는 개정하고, 인권 침해로 오해받던 제도의 권한 행사 범위를 명확하게 함으로써 본연의 임무를 충실하게 수행할 수 있도록 정비했다. 즉, 인권에 대한 침해행위가 금지되고 죄형법정주의의 원칙이 엄격하게 지켜지는 등 신체의 자유가 보장되는 것을 비롯해서 표현의 자유, 집회·결사 및 시위의 자유, 사상 및 양심의 자유, 학문 및 예술의 자유를 보장하는 것들이 여기에 해당된다.

10) 국회법 개정특위 외의 과거 청산을 위한 특별위원회는 ① 제5공화국에 있어서의 정치권력형 비리조사특위, ② 5·18 광주 민주화운동 진상조사 특위, ③ 민주 발전을 위한 법률개폐 특위, ④ 양대선거 부정조사 특위, ⑤ 지역감정 해소 특위, ⑥ 올림픽 지원 특위, ⑦ 통일관계 특위 등이다.

결론적으로 6·29선언을 바탕으로 상식이 통하는 사회, 법이 상식의 테두리로 이해되는 시대의 출발을 강조한 제6공화국은 진정한 법치 시대의 개막이라는 노태우 대통령의 개혁 의지를 통해 민주사회로의 발전에 걸림돌의 됐던 많은 비민주적 법령, 제도, 그리고 관행들을 폐기하거나 개선하고자 했다.

개정 헌법에서는 대법원장을 국회의 동의를 얻어, 대법관은 대법원장의 제청으로 국회의 동의를 얻어 대통령이 임명하고, 대법관 이외의 법관은 종전처럼 대법원장이 임명하되 대법관회의의 동의를 얻는 절차를 신설했다. 법관의 신분 보장에 있어 종전의 "형벌에 의하지 않고는 파면되지 않는다"는 규정을 "금고 이상의 형의 선고에 의하지 않고는 파면되지 않는다"고 규정했다. 그리고 헌법 재판을 전담할 '헌법재판소'를 설치했다(한국행정연구원, 2008: 437).

특히 개정 헌법에서는 새로이 기본권의 보장이 강화됨과 동시에 이러한 헌법상의 기본권을 제도적으로 보장하는 헌법재판제도가 도입됐다. 특히 과거와는 달리 헌법소원제도가 인정돼 헌법의 기본권 보장 기능이 획기적인 진전을 보게 됐으며, 이러한 헌법의 정신을 구체화하기 위해 「헌법재판소법」이 제정됐다. 또한 인권이 제대로 보장될 수 있도록 하기 위해 「법원조직법」을 개정해 법원의 독립성과 민주화를 도모했으며, 「검찰청법」을 개정해 검찰 운영에서 민주화의 기틀을 마련하고자 했다.

2) 「헌법재판소법」의 제정

개정 헌법에서는 위헌법률심판, 정당해산심판, 권한쟁의심판, 그리고 헌법소원심판을 관장하도록 하고 있다(헌법 제111조).이러한 여러가지 심판 절차와 방법, 헌법재판소 구성과 운영 등에 관한 사항을 정하기 위해 「헌법재판소법」이 제정됐다(법률 제4017호, 1988. 8. 5).

「헌법재판소법」의 내용 중 기본적 인권과 관련해 특히 중요한 것은 '위헌법률심판'과 '헌법소원심판'이다. 위헌법률 심판에서 그 이전의 헌법위원회법에서는 대법원이 법률의 위헌성을 인정한 경우에만 헌법위원회가 심판하도록 하고 있어 위헌법률 심판을 억제하는 결과를 가져왔었다. 그러나 헌법재판소법 하에서는 소송을 진행하고 있는 법원이 위헌성을 인정한 경우에는 그 법원의 제청에 의해 자동적으로 위헌법률 심판이 개시되게 했다(헌법재판소법 제41조). 또한 만약 법원이 법률의 위헌성을 인정하지 않아 위헌법률 심판을 제출하지 않는 경우에도 소송당사자가 헌법재판소에 법률의 위헌 여부에 관한 헌법소원을 직접 할 수 있게 하여 헌법소원 심판제도가 크게 활성화되는 계기를 마련했다.

3) 「법원조직법」의 개정

개정 헌법에서 대법원 판사를 대법관으로 명칭을 변경하고, 판사의 임명에 대해 대법관회의의 동의를 받게 함에 따라 법원조직법에 이 내용을 수용하게 됐다(헌법 제102조 및 제103조). 이러한 내용을 수용하기 위해 정부는 1987년 11월 법원조직법 개정안을 국회에 제출했으며, 국회 의결을 거쳐 1987년 12월 4일 개정 공포했다(법률 제3992호, 1987. 12. 4.).

개정된 내용 중 가장 중요한 것은 대법관회의의 의결 사항에 판사 임명의 동의를 추가해(법원조직법 제17조) 법관 인사에서 민주적 운영을 보장함으로써 인권 보장의 최후 보루가 되는 법원의 독립성과 민주화에 이바지하게 한 것이다.

4) 「검찰청법」의 개정

노태우 정부는 검찰 운영의 민주화를 보장하기 위해 검찰총장 임기제(2년)를 도입하고 중임을 제한하는 방향으로 「검찰청법」을 개정했다(검찰청법 제12조 제3항). 개정안은 1988년 11월 정부안으로 제안돼 국회 의결을 거쳐 1988년 12월 31일 개정, 공포했다(법률 제4043호, 1988. 12. 31). 이와 같은 검찰총장 임기제의 도입으로 2년의 임기가 보장되는 검찰총장이 그 기간 동안 형사사법제도의 운영에 전적인 책임을 지게 함으로써 검찰이 준사법기관으로서 독립성을 유지할 수 있도록 하는 동시에 민주적이고 공정한 운영을 기할 수 있도록 했다.

참고 문헌

갈봉근(1988). 새 개정헌법과 노태우 정부의 출범. 민족지성. 25, 서울: 민족지성사: 168-184.

강원태 편(2012). 노태우 시대의 재인식: 전환기의 한국사회. 파주: 나남.

공보처(1992). 제6공화국 실록 - 노태우 대통령 정부 5년. 서울: 삼화인쇄주식회사.

국회 행정위원회(1995). 역대 정부 조직변천 자료집.

김병문(2012). 그들이 한국의 대통령이다. 성남: 북코리아.

노재봉 외(2011). 노태우 대통령을 말한다. 파주: 동화출판사.

노태우 (2011). 노태우 회고록(상권): 국가, 민주화, 나의 운명. 서울: 조선뉴스프레스.
민주화운동기념사업회 한국민주주의연구소 (2010). 한국민주주의 운동사 3. 파주: 돌베개.
바른 사회를 위한 시민회의 (2002). 정부조직 개편과 관리혁신. 바른사회를 위한 시민회의 제18차 정책 심포지엄.
박찬욱 외 (2008). 한국행정 60년: 입법부-행정부 관계. 국회보. 통권498호. 국회사무처: 30-33.
안병만 (1998). 한국행정론[제3판]. 서울: 다산출판사.
______(2001). 행정부와 사법부의 역학 관계: 사법부의 자율성과 통합 기능의 회복. 사회과학논총, 19(1): 71-103. 한국외국어대학교 사회과학연구소.
이대희 외 (2001). 한국의 행정사. 서울: 대영문화사.
조갑제 (2007). 노태우 육성 회고록. 서울: 조갑제닷컴.
조석준 (1991). 청와대비서실의 조직에 관한 연구. 행정논총, 29(2): 33-51. 서울대학교 행정대학원.
중앙선거관리위원회 (2009a). 대한민국 선거사 제4집(1980. 1. 1~1988. 2. 24), 과천: 중앙선거관리위원회.
______(2009b). 대한민국 선거사 제5집(1988. 2. 25~1993. 2. 24), 과천: 중앙선거관리위원회.
청와대 총무비서실 (1997). 대통령비서실 편람.
총무처 (1988). 정부기구 도표.
하태수 (2011). 노태우 정권의 정부조직법 개정 분석. 한국사회와 행정연구, 22(1): 1-26.
한국행정연구원 (2008). 한국행정60년 1948-2008. 파주: 법문사.
행정개혁위원회 (1989). 행정개혁에 관한 건의.
행정자치부 행정관리국 (1998). 대한민국 정부조직 변천사(상・하).

경향신문. 1988년 2월 11일자; 1988년 2월 19일자.
동아일보. 1988년 1월 11일자.

제 2 장

노태우 정부 국정운영의 목표 및 방향

김근세
성균관대학교

제 1 절 국정운영의 비전 및 목표

노태우 정부의 제6공화국은 6·29선언이 계기가 되어 정치·사회적으로 민주화와 자율성이 확대되는 상황에서 출범했다. 정치의 민주화와 더불어 인권 보장과 참여 확대, 개방화와 세계화 등 사회 및 경제적 환경 변화에 대응하기 위한 국정운영의 필요성이 대두됐다.

노태우 대통령은 1988년 2월 25일 취임식에서 민족 자존의 새 시대를 선언하고, 민주개혁과 국민 화합을 국정운영의 지표로 제시했다(공보처, 1992: 58). 1988년 6월 국무회의에서 '보통사람들의 위대한 시대를 연다'를 슬로건으로 제시했다. 즉, 6공화국의 국정지표는 6·29선언 이후 제창해온 '보통사람들의 위대한 시대'를 구현하는 것이다.

그리고 취임사의 내용을 정리해보면, 노태우 대통령의 국정운영의 목표는 다음과 같이 정리할 수 있다. 정치적 목표는 정치적 탄압과 권력 남용의 근절과 평화적 정권 교체의 전통을 확립하는 것이다. 경제적 목표는 빈곤으로부터의 해방에 두고 있었다. 사회적 목표는 국가 성장을 위한 국민 참여를 강조하고 화해와 토론을 통한 총의를 창출하고, 자유민주주의 사회를 통한 개방사회를 지향함과 동시에 국민의 복지를 기약하는 복지산업국가로의 도약을 국정운영 목표로 제시했다. 그리고 대외정책과 관련해 통일 목표, 외교·국제 관계 및 국방 목표를 제시하고 있었다. 한반도 평화 정착을 통한 평화통일 달성, 북한의 폐쇄성을 지적하고 개방을 촉구함과 동시에 남북 상호 간의 신뢰 조성을 목표로 했다. 또한 국가안보를 최우선으로 강화 태세를 갖출 것을 강조하고 전쟁 위협으로부터의 완전한 해방을 목표로 했다.

제 2 절 국정기조 및 국정과제

1987년 6월 항쟁 이후, 격변기 속에서 탄생한 노태우 정부는 5공화국 계승의 성격을 가지는 반면, 지역과 계층적 불균형 해소와 권위주의 해체 등의 사회적 요구를 수용해야 하는 정치적 과제를 안고 있었다. 내부적으로 복지사회와 더불어 부의 재분배를 강조함과 동시에 북방외교, 통일정책과 대외 정책을 추진하게 된다(김창룡·신호창, 1998: 94-95).

노태우 대통령은 취임 후 1989년 국정운영의 기조를 민주질서의 정착, 안정적 경제성장, 복지사회 구현, 통일 자주외교의 강화, 주도적 21세기 대비로 밝히고 있다(공보처, 1992: 60).

출범 직후 노태우 정부의 민족자존, 민주화합, 균형발전, 통일번영이라는 4대 국정운영 방향을 제시했다. 제6공화국의 국정지표는 노대통령이 6·29선언 이후 줄곧 제창해 온 '보통사람'의 위대한 시대를 구현하는 것이다. 이것은 선량한 국민이 특권 혹은 피해받음 없이 떳떳이 주인이 되는 나라를 만드는 것이며, 국민이 참여하는 위대한 시대를 창조하는 것이라고 주장했다.

첫째, 국정기조로는 국민의 개개인의 긍지와 자존심을 가지고 세계의 경쟁 속에서 국가의 능력을 발휘할 수 있도록 자주정신을 고취하기 위해 민족자존을 제시했다. 국민의 능력, 긍지, 자주성을 확인하고 세계로부터 인정받는 주체가 되고자 함이었다. 올림픽을 전후로 문화 창조 능력이 동서 문화의 창조적 융합을 달성하고 선진국이 앞서고 있는 정보화 사회에서 능력을 발휘할 것이라고 보았다. 이를 계기로 정부와 국민 간의 신뢰 회복과 민주정부에 대한 지지 기반을 구축하고자 했다.

둘째, 민주주의 발전을 위해 이전의 권위주의적 통치를 철폐하고 민주화합을 도모하는 것이다. 6공화국에서의 민주주의 실현을 지역 간, 계층 간, 세대 간 혹은 집단과 개인의 이해와 화해로 삼았다. 아울러 고도의 산업화와 기능의 다원화를 인정하고 획일적인 행정지도 위주의 관리 방식에서 벗어나야 한다고 주장했다. 따라서 민주화합을 위한 민주화 개혁 조치를 실현하고자 했다.

셋째, 6공화국은 고도 성장의 경제사회 발전과 함께 급격한 산업화 과정에서 온 부작용을 인식하고 있었다. 때문에 흑자 시대와 개도국에서 벗어난 시점에서, 국정운영의 방향을 정치, 사회, 문화 등의 분야에서 균형 발전을 지향하게 됐다. 이것은 경제우선주의로부터 국가발전전략을 정신적 가치와 삶의 질을 동시에 추구하고 조화시키려는 노력으로 이해하고 있었다.

마지막으로, 통일번영의 기조는 국가 외교의 활동을 국력 신장과 연결했다. 이것은 외교 분야에서 정부와 공산권과의 교류를 확대하고 이들과의 관계를 공식화는 것을 통일외교 정책에 일환으로 삼는 것이다. 외교와 통일노력의 역량을 집중해 북한과 한반도 주변 국가들과의 관계를 동시에 개선하고자 했다. 이러한 국정기조는 경제 및 문화 등의 각 분야에 걸쳐서 과제로 시행됐다.

6공화국 노태우 정부의 네 가지 국정운영의 기조 방향과 국정과제를 〈표 1-2-1〉과 같이 요약할 수 있다.

민주화합이라는 국정기조는 6·29선언을 실천함으로써 민주주의의 제도적 완성을 실천하고자 했다. 이것은 민주화 개혁 및 민주 개발 분야의 정책기조 혹은 국정과제로 나타났으며, 이 분야의 과제는 국민의 기본권 신장, 언론 및 출판의 자유 보장, 자유민사회의 구현, 국민생활의 보호, 민주적 노사관계의 정착, 행정의 민주화 등을 추진했다.

균형발전의 기반 마련을 위한 국정과제는 노태우 대통령의 국정연설을 통해 '선진화합경제' 정책에 주요 내용을 포함하게 된다. 첫째, 농어촌 도시 저소득층 및 영세민의 자활 기반 확충 등을 중심으로 계층 간 불균형을 축소하는 것이다. 둘째, 지역 및 수도권 편중을 고려한 서해안지역 개발 등의 사업을 계획해 추진했다. 셋째, 세제 기능을 이용한 소득재분배를 실현하고 경제력의 집중 완화를 위한 재벌기업에 대한 규제를 강화했다. 넷째, 기업의 활동과 국민생활에 불편을 주는 각종 규제와 법령을 정비하는 것이다. 다섯째, 경제의 개방화와 국제수지 흑자의 적정 수준 유지를 위해 수입제한제도를 대폭적으로 축소했고, 이를 통해 공산국가 및 개도국과의 경제협력 기반을 마련하게 됐다.

표 1-2-1 6공화국의 국정과제

민주화 개혁	• 6 · 29 선언의 실천 • 지방자치의 실현 • 선거문화의 혁신 • 행정의 민주화 • 민주사회의 질서 확립
경제 선진화 및 국민생활 향상	• 경제 안정 기반의 조성 • 산업경쟁력 강화 시책 • 국민생활 향상과 복지 증진 • 경제효율의 향상과 국제화의 증진
교육개혁 및 문화 창달	• 교육개혁 • 문화 창달 • 체육 증진 및 청소년 교육 • 여성 권익 신장
북방정책 및 통일 기반 조성	• 통일 기반 조성 • 북방외교 • 자주국방 태세의 강화

자료: 국무총리행정조정실(1993) 재구성.

이와 같은 국정과제들은 농어민 부담 경감 대책, 농어가 소득 증대 정책, 저소득 층 주거 안정 200만 호 주택 건설, 영세민 주거환경 개선, 토지종합세제 및 금융실명제 등 경제 분야의 주요 공적 사업으로 이어졌다.

통일번영의 시대를 위한 '7 · 7 특별선언'에서 강조한 정책의 기본 골격은 다음과 같다. 북한과의 대결 구조에서 벗어나 북한의 국제적 고립에서 탈피하고, 개방을 유도해 한반도 평화를 위한 남북관계 개선을 주도해 나가는 것이다. 그리고 미국과 소련 간의 화해와 중국 및 동구권의 개혁에 따른 개방정책 등 국제적 환경 변화에 대비하고자 했다. 이와 같은 기조 하에 6공화국의 통일 · 북방외교정책을 통해 실현하게 됐다.

제3절 노태우 정부 시기 정치적·사회적 이슈와 이에 대한 정부의 대응

1. 정치적 이슈와 대응

직선제에 의해 수립된 노태우 정부는 이전 정권과는 다르게 정당성 측면에서 비교적 자유로웠다. 이전 정권의 군사 엘리트에 의한 지배구조를 계승함과 동시에 민주화라는 의무를 이행해야 하는 상황에 놓여 있었다. 초기 6공화국의 과제는 이전 정권(제3·4·5공화국)에서 추진해 왔던 경제 성장 위주의 정책들이 낳은 구조적인 모순을 극복하고 정치 및 경제 체제에서 경제민주화를 구현하는 것이다. 따라서 정치·경제·사회 모든 영역에서 수평적인 형평과 더불어 수직적인 형평을 구현하는 사회정책을 강조하게 된다(강길봉, 2009: 319-320).

노태우 정부 초기에는 정당의 권력 구도는 여소야대였다. 따라서 이 시기에는 경제민주화의 논리가 민간 주도 경제의 논리를 통해 우위를 점할 수 있었다. 경제력 집중 억제시책, 금융실명제 및 토지공개념 추진, 대규모 주택단지 조성 등은 경제민주화를 위한 개혁 시도로 볼 수 있다 . 그러나 집권 세력이 3당 합당으로 다수의 의석을 점하게 됐고, 그동안 추진하던 경제민주화 정책들이 친자본 성격의 정책들로 전환했다(김일영, 2008: 230-231).

노태우 정권의 안보전략은 국제 정치구조의 변화에 영향을 받았다. 당시의 미국은 공산권에 대해 적극적으로 정책을 추진했다. 그리고 지속적으로 시장민주주의 체제를 공산권 국가들에 확산시키는 전략을 추구했다. 1988년부터 1992년까지 한국의 안보 및 외교전략은 외부 환경적으로 열린 정책공간에서 상대적으로 자율적인 정책을 추진할 수 있었던 것이다. 이후에도 한국의 안보전략은 새로운 국제정치의 변화와 함께 진행됐다(전재성, 2008: 150).

1980년대에는 대외적으로 동서 진영 간에 1950년대 이후 계속돼온 이념적 대결과 체제 경쟁이 크게 감소됐고 화해와 협력 등 새로운 분위기가 조성됐다. 중국과 소련을 비롯한 공산권 내부에 개혁·개방·자유화·민주화 및 다원화의 물결이 크게 확대되는 등 세계 정세와 국제정치의 기본질서가 근본적으로 변해가는 움직임이 나타났다. 대내적으로 노대우 대통령의 6 · 29선언 이후 각계각층에서는 민주화 물결과 함께 통일에 대한 논의가 활발하게 일어났으며, 6공화국은 올림픽 개최 이후 자주역량 축적과 국제 지위 향상으로 대(對)북한 절대 우위를 확보하게 됐다. 따라서 국제무대에서 북한을 제압하기 위한 소모적인 '경쟁대결 외교'의 필요성이 없어졌다. 반면, 북한은 대남 공산화 통일의 기본 전략과 대외정책에서의 경직성을 버리지 못하고 있었다. 북한을 건설적인 대화의 장으로 유도하기 위해 중국과 소련을 비롯한 동구권 국가와의 정상 관계 수립의 중요성이 높아졌다(공보처, 1992: 157-173).

2. 경제적 이슈와 대응

6공화국의 경제적 환경은 이전 정권이 낳은 문제를 해결하고 산업의 민주화와 경제적 정의를 실현하고자 했다. 그리고 기존 정부와의 차별화를 모색한 것이며, 동시에 시장 민주주의 체제 국가들과의 개방을 이루는 시기로 볼 수 있다.

'6 · 29선언'과 함께 대통령 직선제를 통한 노태우 대통령의 취임은 국내 환경의 가장 큰 변화로 볼 수 있다. 새로운 정권 출현 등으로 상징화된 정치적 · 경제적 자유화는 성장 위주의 정책기조에서 억압돼온 노사관계가 대기업 중심으로 폭발하게 됐다. 실제로 '제7차 경제사회개발 5개년계획안'에는 고용보험을 포함했고, 3대 복지입법과 함께 기업의 사내복지기금법을 도입했다. 이 밖에도 근로자의 생활자금 지원과 주택자금대부사업을 통해 사회적 형평성을 고려한 정책을 추진했다.

그리고 6공화국의 대외적 경제환경은 본격적인 글로벌화가 이뤄지기 이전의 시기였다. 우루과이 라운드(UR) 협상이 타결된 것은 1994년이었으며, 이후에 세계무역기구(WTO)가 설립됐다. 노동자, 농민 등의 노동집단에서 기존의 성장 위주의 정책을 반대하는 분배를 둘러싼 갈등이 경제 및 사회적 요구로 증가하기 시작한 시기였다.

이와 같은 대외적 환경과 '3저 호황'이라는 현상은 소득재분배를 위한 정책들이 이뤄지게 되는 배경이 됐다. 즉, 중소기업에 대한 금융 지원 확대와 대기업에 대한 여신 공급에 대한 제약이 동시에 이루는 시기였다. 더불어 경상수지 흑자로 인한 통화 증발에 대비해 통화신용 정책의 일환으로 통화안정증권 발행을 확대했다. 그리고 '3저 호황' 현상은 자연스럽게 금융시장 개방 압력에 집중하게 되는 계기로 작용했다. 따라서 노태우 정부에서는 금융자유화와 금융개방을 지향하기 시작했다(윤영진, 2008: 6-10).

3. 사회적 이슈와 대응

6공화국 초기에는 민주화 개혁 분야에서 언론에 대한 자유와 국민 기본권 보장을 위한 정책을 마련했다. 하지만 6공화국의 사회적 환경은 민정당, 민주당, 공화당의 3당 합당을 기점으로 변화를 겪게 된다. 1990년 대대적인 공안정국을 형성하기 위해 범죄와의 전쟁을 선포했다.

이 시기 사회운동의 확산은 국가정책 전반에 많은 문제 제기를 불러일으켰다. 노동, 환경, 경제, 안보, 통일 등 주요 현안에 대한 시민단체의 직・간접적인 대안 제시와 투쟁은 국가정책 입안, 결정, 집행 과정에서 국민적 관심을 촉발시켰다(김성주, 2008: 281). 결과적으로는 민주화 이후 2년 간 수출이 악화되고 성장률이 둔화되는 경제적 상황과 더불어 노동자의 조직화 추이는 지속적으로 상승했다. 민주화 이후 경제정의실천연합, 환경운동연합, 참여연대, 전국농민회총연맹 결성 등 공익적 시민운동이 이어졌으며, 사회 각 부문으로 확산돼 갔다.

경제, 여성, 환경 등과 관련된 사회운동이 증가하면서 이전 정부에 비해 사회정책 영역에 대한 관심이 높아졌다. 국내・외 경제적 여건 악화로 인한 재정지출 축소에 관한 정책과 동시에, 사회복지・노동・문화 등의 사회정책 영역에서 '복지 공세'의 재정지출 확대를 발전을 가져왔고 이것은 중앙정부기구의 변화로 연결된다.

제4절 정부 정책기조 및 추진체계

1. 정책기조

1) 민주화 개혁

민주 개발 분야에서 민주화의 기반을 다지기 위한 정책을 실현하고자 했다. 먼저, 국민의 기본적 인권을 최대한 보장하는 것이며 제도 개선의 과제를 이행했다. 사법제도를 보완하고 형사상 국민의 기본권 침해를 방지하기 위한 형사소송법 개정 및 형사보상법 개정됐고, 사회안전법의 폐지와 사회보호법 및 국가보안법이 개정됐다. 그리고 광주 민주화운동 치유 대책이 강구됐다.

둘째, 언론 및 출판의 자유 보장의 경우, 방송의 공정성과 자율성을 보장을 위해 한국방송공사를 정부투자기관관리기본법 적용 범위에서 제외시켰다. 노동조합의 조직 확대를 통해 민주적이고 자율적인 노사관계의 정착을 실현했다.

셋째, 30년 만의 지방의회를 구성해 지방화 시대를 열게 됐다. 공정한 선거풍토 조성을 위한 제도적 개선이 이뤄졌고 대통령선거법, 국회의원선거법, 선거관리위원회법과 국민투표법 등의 변화를 보였다. 정치 환경과 선거풍토 정착을 위해 선거운동의 변화를 가져왔다.

행정의 민주화 정책은 사회 각 부문에 걸쳐서 자치와 자유를 보장하고 시대적 요구에 따른 정부의 권위주의 행태를 탈피하는 것이다. 행정규제를 완화하고 정부 주도 추진의 한계를 보완하기 위한 민간자문위가 설치됐다. 더불어 공개 행정을 추진해 국민의 행정 참여를 확대했고, 국민의 불만 해소를 위한 민원행정을 구현하고자 했다. 6공화국에서는 공직자의 도덕성 확립 등의 대내적인 행정민주화 과제를 이행했다. 행정조직 내부에서 일어나는 비민주적 관행을 개선했다. 이 밖에도 행정의 과학화와 전문화 정책들이 이뤄졌다.

마지막으로 민주주의 사회의 질서를 바로잡기 위한 법질서 확립을 위한 정책들이 마련됐다. 범죄 대응 능력에 대한 강화 및 국민이 체감하도록 치안을 개선하는 데 중점을 두었다.

2) 경제 분야

1980년대 후반으로 접어들면서 경제는 산업 구조조정의 지연으로 성장 원동력이 점차 약화됐고, 분배의 불균형과 경제 운용의 불공정에 따른 문제점이 제기됐다. 대외적으로는 통상 마찰, 국내시장 개방 압력 등 선진국으로부터의 견제가 심해지는 환경에 처해 있었다. 초기에는 '경제 안정 성장과 선진 화합경제 추진대책'이 시행됐고 종합토지세제가 도입됐다. 1982년에 무산됐던 금융실명제는 부정부패 근절과 조세의 공정성을 제고하기 위해 실시돼야 할 개혁 조치로 인식됐다. 1987년에는 당시 노태우 대통령 후보의 선거 공약으로 금융실명제가 부각됐다. 이와 같은 경제정책들은 성장 위주의 경제 불균형 현상을 불식시키고 균형 발전의 국정기조 방향의 일환이 됐다(임원혁, 2002: 410-411). 동시에 경제적 능률과 형평을 고려해 자력 성장 기반을 구축하기 위한 정책을 마련하고자 했고, 6공화국의 경제정책의 기조는 다음과 같이 제시됐다.

첫째, 산업구조 조정을 통한 성장 잠재력을 배양하는 것이다. 유망제조업 분야를 중심으로 산업 체질 강화를 시도했고 성장 원동력을 구축했다. 중소기업의 육성 발전으로 산업 저변의 내실을 다지고자 했다. 선진국의 개도국에 대한 기술 이전 기피 현상에 대처하고자 자체 기술력을 개발해 품질의 고급화를 시도함과 동시에 생산성 향상을 위한 저변 산업기술을 향상시키고자 했다.

둘째, 경제의 자율화 및 개방화를 추진하게 됐다. 경제에 대한 국내외 환경 변화에 능동적으로 대처하기 위해 자율경쟁을 기반으로 시장경제 질서를 정착하고자 했다. 이를 위해 정부는 경제 분야와 관련된 규제를 조정하고 역할을 재조정하게 됐다. 또한 금융시장을 발전시키기 위한 금융자율화를 추진했고 경쟁력 강화를 목표로 대외개방화가 점진적으로 확대됐다. 각종 규제의 완화, 대규모 기업집단의 자회사 출자 총액 제한, 상호출자 억제 조치, 금리자유화, 관세 인하라는 제도적 변화 과제로 이어졌다. 금융기관의 실질적 민영화, 금리의 자유화, 외환거래의 자유화 등은 자유시장 경제 원리 확립과 더불어 개방화라는 정책목표를 달성하기 위한 제도가 됐다. 동시에 분배의 불균형을 시정하기 위한 세제 개편 정책과 토지과다보유세를 신설하고 대기업에 편정된 여신을 억제하기 위한 제도가 마련됐다. 이 밖에도 세제와 관련 정책에서는 부가세 과세특례자를 확대해 적용했고 국민주 보급 등의 정책이 시행됐다.

셋째, 노태우 정부의 마지막 해인 1992년에는 '경제 행정규제 완화를 위한 종합대책', '기업활동의 활성화를 위한 금융 운용 방향'은 기업의 경제활동 활성화를 위한 정책으로 볼 수 있다. '3저 호황'(1986~1988년)이 퇴조함과 동시에 부작용들이 결합돼 1989년부터 인플레이션, 부동산 투기, 고임금과 노사관계 불안 국제수지 악화 및 기업활동 위축 등이 한국 경제를 지배하게 됐다. 이에 따라서, 노태우 정부는 경제 성장 동력의 위축을 막기 위한 '경제활성화 종합대책'을 마련했다. 이는 노사관계 불안과 수출량 감소에 따른 기업의 의욕 저하를 줄이고 설비 투자를 촉진해 수출 감소세를 보완하려는 취지의 경제정책을 제시한 것이다. 구체적으로 금융실명제 실시를 유보하고 여신에 대한 규제를 완화하는 것을 목표로 삼았다.

넷째, 1982년에 무산됐던 금융실명제는 부정부패 근절과 조세의 공정성을 제고하기 위해 실시돼야 할 개혁 조치로 국민들에게 인식됐다. 이것은 1987년 민주화 이후 금융실명제가 선거의 이슈로 부각되는 바탕이 됐고 당시 노태우 대통령 후보의 선거 공약이었다. 1988년 '경제 안정성장과 선진 화합경제 추진대책'을 통해 토지 기록 전산화와 종합토지세제를 도입하고 이것이 정착되는 1991년부터 금융실명제와 금융자산에 대한 종합과세 등의 과제를 제시했다. 1989년 4월에는 금융실명 거래 실시준비단이 발족돼 금융실명제 도입에 필요한 실무적 준비를 본격적으로 시작했다. 이와 같은 정책은 성장위주의 경제정책이 심각한 불균형 현상을 야기함에 따라서 형평성 증진을 위한 제도개혁의 필요성을 강조했다(임원혁, 2002: 410-11).

다섯째, 산업경제활동에 대한 보장과 자금지원책으로, 산업의 경쟁력 있는 신기술에 대한 개발과 투자를 촉진했다. 이것은 이전의 부동산 투기에 대한 억제를 강화하고 경제활성화 대책을 보완하려는 종합적 경제정책으로 판단된다. 즉, 제조업 경쟁력 강화, 경제 안정과 성장을 동시에 추구하기 위한 3저 호황 후의 경기 둔화에 초점을 맞춘 정책인 것이다.

여섯째, 8·10 부동산 종합대책은 부동산 가격의 상승을 막고 물가 안정 기반을 다지려는 정책으로서 다음의 과제들을 제시하고 있었다. 첫째, 올림픽 이후 부동산 가격 상승에 대한 기대심리를 불식하는 것이다. 과세 특정 지역 추가고시와 투기소득에 대한 과세의 내용을 담게 됐다. 구체적으로, 1가구 2주택 양도소득에 대한 감면 요건 기간을 단축했고, 부동산 업자에 대한 단속과 고발이 이뤄졌다. 둘째, 저렴한 공공주택 공급의 확대하는 것이다. 서울 주변 개발 가능 지역을 대상으로 택지를 지정하고 완전공영 용도의 주택으로 개발하는 것이다. 이것은 5년간 임대주택 60만 호 건설이라는 계획으로 이어졌다. 셋째, 부동산 거래 질서의 정상화를 위해 제도를 정비하는 것이다. 토지거래허가제를 확대하고 투기 목적의 유휴지에 대한 대책을 강구하기 시작했다. 부동산 보유과세의 대폭적인 강화가 이뤄졌고 양도소득세에 대한 누진 과세와 개발부담금제를 시범적으로 도입했다. 넷째, 토지공개념을 적용해 토지제도의 근본적 개혁을 위한 입법을 추진하게 됐다. 이를 위해 도시계획지역 내 택지보유 상한제를 추진했고, 농지와 임야는 실수요자만이 구입하는 방안을 마련했다. 부재지주 소유 농지에 대한 재산세 중과가 이뤄졌다. 부동산 공급의 한계성과 수요의 급증, 가격의 과도한 상승, 개발이익의 사유화 및 토지 소유의 편중에 따른 사회와 경제적 문제점을 해결하고자 했다.

마지막으로, 6공화국 경제정책의 주요한 특징은 국토의 균형적인 발전을 경제정책을 마련한 것이다. 지역 간 균형 발전과 지방경제의 활성화를 위해 수도권 내 공장 증축을 억제하고 지역경제권 형성에 필요한 도로 포장과 통신장비에 대한 지원 등 사회기반시설을 확충해 나갔다. 수도권, 부산, 제주의 신국제공항 건설과 경부고속철도 건설 등은 6공화국에서 시행한 사회간접시설을 확충하는 대규모의 공적 사업이었다. 농촌근대화 촉진을 위해 농어촌 종합대책을 마련했고 농가소득 증대를 위한 농공단지 건설 등이 이어졌다.

3) 사회·문화·복지 분야

복지 분야에서의 정책기조는 국민생활의 향상과 복지 증진을 목표로 하고 있었다. 기본적인 국민생활을 위해 소득과 생활 수준을 높이자 함이었다. 이와 관련해, 첫째, 주택 200만 호 건설계획의 추진, 농어촌 지역의 생산기반 확충 등이 주요 과제로 시행 됐고, 영세민 및 근로자의 복지 증진을 목표로 함과 동시에 서민주택 건설, 상하수도시설의 확충 및 환경오염 방지사업의 강화 등 국민생활의 기본적인 건강과 직결되는 사회간접자본 시설에 대한 지원이 이뤄졌다. 도시교통난의 해소 및 환경오염 개선 등의 과제가 추진됐다.

둘째, 복지 부문에서 전 국민의 의료보험, 국민연금제, 최저임금제 등의 주요한 사회복지제도가 본격적으로 도입됐다. 그리고 근로자·저소득층·노인·청소년·여성을 대상으로 제도가 시행됐다. 최저임금제 적용의 확대, 산재 예방을 위한 지원 강화, 산업재해보상보험법의 적용 범위 확대, 근로자의 복지시설과 장학기금 조성 등의 제도가 마련됐다. 장애인 직업훈련원과 근로자를 위한 직업훈련대학이 설립됐고 여성 직업훈련원이 신설됐다. 그리고 의료보험 적용 대상을 농어촌 지역으로 확대하기 위한 노력을 기울였고, 주민보험료의 일부와 조합관리운영비에 대한 지원과 보건소와 같은 지역의료기반 확충 사업을 지속적으로 실시했다. 구체적으로 '농어촌 의료보험제도'가 시행됐다. 전반적으로 사회근로 복지의 적용 범위가 확대됐고, 1990년의 「장애인 고용촉진법」의 제정과 1991년의 「사내복지기금법」을 통해 근로자와 소외계층에 대한 재산 지원 및 생활안정기금 대출과 장학 지원 등의 제도가 마련됐다(양재진, 2008: 13).

셋째, 국민편익시설의 확충을 위해 소형 국민주택 및 임대주택 공급 확대를 통해 무주택 저소득층의 주거생활 안정을 위한 지원을 대폭 강화했다. 물 문제의 조속한 해결을 위해 수도권 3단계, 남강 계통 및 태백권 광역 상수도 사업을 추진했다. 용담댐과 금호강 계통 광역상수도 사업을 계속적으로 추진하고 섬진강 계통 광역상수도 사업을 추가적으로 진행했다. 생활편익시설에 대한 지원은 공업지역과 도시지역의 하수도 사업으로 확대돼 추진됐다.

문화 예술 분야의 정책은 문화를 향유하는 국민 중심으로 변경됐고 문화 참여의 공간을 도심에서 지방 혹은 소외지역으로 확산됐다. 6공화국에서의 문화정책은 전통문화·생활문화·창작문화 등의 영역으로 나뉘어 정책이 시행됐다. 문화 정책 방향을 다음과 같다.

첫째, 민족 전통문화의 창달하는 것이다. 민족문화유산의 보존과 계승을 목표로 5대 문화권 정비사업이 실시됐다. 이와 연계돼 조선왕궁 복원과 민속마을 보존 및 정비 사업을 진행했다. 국립국어연구원을 발족하고 언어문화 발전 기반을 구축하고자 했다.

둘째, 국민의 문화 향유권과 참여 기회의 확대가 이뤄졌다. 문화관광과 휴식의 편의 제공이 동시에 이뤄졌으며 전국 각 문화지역권을 중심으로 문화벨트를 조성했다. 이전의 중앙박물관을 역사민속박물관으로 조성하고 국악중학교를 신설하는 등 문화 예술사업에 대한 지원을 강화했다. 또한 올림픽에 대비해 체육시설을 확충하고 체육의 과학화와 각종 체육사업의 진흥에 지원을 강화했다.

4) 교육·과학·인적 자원 분야

6공화국에서는 경제개발계획의 일환으로 '과학기술 부문계획' 이외에 '과학 및 산업기술발전 기본계획'(1990년 7월)과 '선도기술개발사업'(G7 프로젝트, 1991년)을 추진했다. 과학기술정책과 함께 이전 정권의 조직개편을 단행했고, '국가과학기술자문회의'[1]를 설치했다. 기존의 과학기술담당 비서관제도를 폐지하고, 국가과학기술자문회의와 과학기술진흥회의에서 과학기술정책을 주도하고자 했다. 그리고 기초과학보다 제조업의 성장잠재력을 뒷받침할 수 있는 기술 중심의 지원정책이 주를 이뤘다.

6공화국의 과학기술 분야의 정책기조는 다음과 같다. 먼저, 과학기술 주도정책의 일관성을 확보하는 것이었다. 기본적으로 6공화국의 과학기술 진흥정책은 과학기술 주도정책을 확립해 지속함으로써 과학과 기술을 중심으로 경제 및 산업 발전을 촉진시키고자 했다. 이를 위해 우선적으로 시행한 것은 기능의 중복을 정리하는 구조조정을 단행해 과학기술처로 일원화돼 관리되던 정부출연 연구기관들은 각 부처 소속으로 환원시켰다.

둘째, 모방에서 창조의 연구개발 체제의 전환을 제시했다. 6공화국 시기의 과학기술을 둘러싼 국제적 환경은 산업화 과정과는 달리 기술 도입이 어려운 전망이었다. 그렇기 때문에 과학기술 개발은 기초연구의 선행 발전을 통한 과학기술 방식을 채택하게 됐다. 나아가 '국제연구개발사업'을 확대해, 정보산업 및 반도체·소프트웨어·컴퓨터 등 지식산업을 수출전략 산업에서 중점적으로 육성하고자 했다. 이를 위해 대학 등의 기초

---

1) 국가과학기술자문회의는 과학기술의 혁신과 정보 및 인력의 개발 등 과학기술 기본정책 발전에 관한 사항, 과학기술 개발을 촉진하기 위한 제도 발전에 관한 사항과 기타 과학기술 분야에 관해 대통령이 부의하는 사항 등 주요과학기술정책에 관해 대통령의 자문에 응하는 기능을 수행했다(임상규, 2007: 117).

연구 활성화와 과학기술 인재의 육성 등에 투자하게 됐다.

셋째, 산·학·연 협동의 촉진과 연구개발 주체 간의 적정한 역할을 분담하는 것이었다. 국외의 기술 경쟁에 대한 능동적인 대응과 기술혁신을 가속화하기 위해 산업기술연구조합에 대한 지원 및 육성이나 '특정연구개발사업'을 통한 공동연구의 확대를 주요 과제로 삼았다. 이전의 연구개발 활동은 정부의 출연연구소에 의해 주도돼 왔지만, 대학은 기초과학연구를 기업은 상품화 개발을 담당하고 정부의 출연은 이들 간 교량 역할을 수행하도록 했다. 더불어 민간 주도 기술혁신 체제의 정착을 유도하기 위한 정책이 마련되기도 했다. 결과적으로 6공화국 시기에는 과학기술의 연구개발은 민간부문이 정부부문보다 적극적으로 대응하게 되면서 연구개발의 주체가 확실하게 민간으로 전환됐다.

넷째, 과학기술 투자 확대와 안정적인 투자 재원을 확보하는 것이었다. 과학기술 투자 규모 및 인력에 대한 확대를 GNP 대비 3% 수준으로 끌어올리는 목표를 삼았다. 이를 위한 특별회계 설치 방안 등의 과제가 시행됐다. 그리고 과학기술 개발의 전국적 확산과 국제화 촉진전략을 세웠다. 정부는 현지법인 형태로 연구소의 해외 진출과 현지의 기술 집약형 기업에 대한 투자 확대 및 선진국과의 공동 연구개발을 추진하게 됐다. 과학기술 분야에서는 반도체, 유전공학, 정밀화학 등 첨단과학기술 부문의 국내 자체기술 개발 능력 배양을 위해 '특정연구개발사업'을 대폭 확대했다. 고급 과학기술 인력의 양성 및 확보를 위해 과학기술대학 및 과학기술원의 학사 운영을 강화하고, 정부출연 연구기관의 연구 활동 강화를 위해 연구 사업비를 지원했다. 과학기술원과 같은 서울 소재의 중추연구기관을 대덕연구단지 이전 건설계획 등으로 추진했으며, 기상시설 및 장비현대화에 대한 재정 지원을 강화했다.

교육 분야에서의 정책 방향은 다음과 같다.

첫째, 초중등 교육의 내실화를 통해 민주화 시대의 이념에 부응하고자 균형적 발전을 도모했다. 이를 위해 유아교육에 대한 확대와 소외계층에 대한 무상교육을 실시했고 특수학교와 학급을 신설했다. 교육환경 개선 특별회계가 설치됐고, 그 밖에도 균형적 발전을 위해 서울 등 7개 시·도에서는 지방교육자치제를 실시하게 됐다.

둘째, 교원의 사회적·경제적 위상을 향상해 신뢰받는 교직사회를 조성하고자 했다. 교원 지위 향상을 위한 특별법이 제정해 급여상의 특별우대 시책을 도입하고 신분 보장과 교직단체의 위상 제고 및 명예퇴직 제도 등을 도입하게 됐다.

셋째, 산업사회에 맞는 교육 체제를 확립해 21세기를 대비하는 교육제도를 마련하고자 했다. 이것은 고등교육에서 실업계 고등학교를 증설하고 산업체의 기능 인력난을 해소하기 위한 정책이 됐다. 더불어 전문대학의 신설과 고도의 정보산업에 필요한 고급 기술인력 양성을 위한 이공계 대학 정원과 대학 및 대학원 정원을 확대했다.

넷째, 평생교육 체제의 기반을 확충하고 재외국민 교육을 강화했다. 정보화 사회와 고령화 시대를 대비하기 위해 방송통신대학의 학과를 증설하고 교육 프로그램을 다양화하는 등의 노력을 기울였다. 그 밖에도 교육 전담 방송 등을 이용한 독학에 의한 학위 취득이 가능하도록 제도가 마련됐다.

다섯째, 사립학교법 개정과 사학진흥기금 마련 등 사립대학 재정 지원을 통해 사학의 자율성과 공익성을 제고하고자 했다. 교육 분야에서 정책들이 각각의 연계 과제로 원활히 이뤄지도록 교육정책 자문회의, 중앙교육심의회의 등이 설치됐다.

인적 자원 분야의 정책은 경제·과학·교육정책에서 기술력 향상과 더불어 전문인력에 대한 복지정책으로도 이어졌다. 경제 및 복지 분야에서는 근로자의 최저임금제의 적용을 확대한 것으로 볼 수 있으며, 임금 격차를 줄이기 위한 총액임금제가 시행됐다. 그리고 노동 관련 연구기관으로 한국노동연구원이 설립돼 전문 노사 교육기관으로 한국노동교육원을 발족했다. 6공화국의 인적 자원 정책은 직업훈련 대학을 확충을 주된 과제로 삼았다.

5) 외교·통일·국방 분야

노태우 정부는 1988년 '민족자존과 통일 번영을 위한 특별선언'과 1989년 '한민족공동체 통일방안'을 제시했다. '7·7선언'[2]은 북한을 대결의 상대가 아니라 '선의의 동반자'로 간주했다. 이는 남과 북이 함께 번영을 이룩하는 민족공동체적인 관계로 발전시켜 나가는 것이 통일조국을 실현하는 지름길이라는 인식을 바탕으로 남북 간 대결 구조를 화해구조로 전환시키기 위한 기본 방향[3]을 제시한 정책선언이다. '7·7선언'은 민족공

---

2) 대공산권과 대북정책을 담은 선언은 ① 남북한 적극적 교류 추진과 해외동포의 자유 왕래를 위한 문화 개방, ② 이산가족들의 생사 및 주소 확인과 서신 왕래, ③ 남북한 간 교역에서의 문화 개방, ④ 남한 측 우방과 북한 간 비군사적 물자 교류 불반대, ⑤ 남북한 간 경쟁 및 대결 외교의 종식과 상호협력, ⑥ 남북한은 우방국 관계에 대해 양자 협력 관계 구축을 주요 골자로 한다.

3) 구체적으로 한민족 공동체 통일방안은 통일 과정을 화해 협력 단계, 남북연합 단계, 통일국가 단계 과정으로 설정했다. 1단계인 화해와 협력 단계에서 남북한이 화해를 증진하고 각 분야에서 협력을 확대한다. 2단계인 남북연합 단계에서 '남북연합헌장'을 채택해 남북한이 대외적 주권을 유지해, 정상회의, 연합회의, 연합각료회의, 연합회의 사무처 등의 제도를 갖춰 1민족 2국가 2체제, 2정부를 특징으로 하는 남북관계를 제도화하는 것이다(공보처, 1992: 220-222).

동체 형성을 위해서는 무엇보다 남북 간 인적·물적 교류협력이 활성화돼야 한다는 인식에 따라 실천 조치들과 정책 방향을 제시하게 됐다. 특별선언에서는 민족통일을 실현하기 위한 원칙들을 제시하며 다음의 당면 정책을 구체화하고자 했다. 첫째, 남북한 동포 간 적극적인 상호 교류 추진과 해외동포의 남북한 자유 왕래를 위한 문호 개방을 요구했다. 둘째, 이산가족의 생사 및 서신 왕래와 방문을 적극 추진하는 것이다. 셋째, 남북한 교역의 문호를 개방하고, 넷째, 우방국과 북한의 비군사적 교역을 방지하는 것이다. 다섯째, 국제사회에서의 남북한 자유 접촉과 협력을 촉진하는 것과 마지막으로, 북한과 남한의 우방국과의 관계 개선 추진하는 것이다. 그리고 기본적으로 필요한 제도적 기반을 마련하기 위해 「남북 교류 협력에 관한 법률」과 「남북 교류 협력 기금법」이 제정됐다.

본격화된 '북방정책'[4]이 추구하는 목표는 동북아 및 한반도의 영구적 평화와 안전 구축, 교역 확대로 인한 국익 증대, 국제적 지위 향상과 평화통일 환경 조성이다. 북방정책의 추진과 1989년의 공산주의 몰락으로 인해 국제사회의 탈냉전 분위기는 외교관계를 수립하게 되는 계기가 됐다. 전통 우방국과 제3세계와의 관계의 개선 및 강화를 추진했다. 6공화국의 적극적인 외교 관계는 헝가리를 시작으로 러시아, 중국, 베트남과의 수교를 맺게 됐다. 더불어 동구권의 9개 국과의 12회의 걸친 정상회담을 통해 협력관계를 발전시키게 됐다. 결과적으로 구소련 및 중국 등 대부분의 사회주의 국가와 외교 관계를 수립했고 다수의 재외공관들을 설치하게 됐다. 그리고 무역 규모의 대폭적 증가와 경제, 통상외교 등의 경제 분야의 정책으로도 연결됐다. 대외적으로는 1991년 9월, UN 총회의 남북한 가입이 결정됐다.

국방 분야에서는 자주국방 태세 강화의 정책 기조를 다음과 같이 이행했다. 먼저, 대북 우위의 군사전략 환경을 형성했고, 총체적인 자주방위 역량을 확충했다. '장기 국방태세 발전'을 위한 기반을 구축하고, 동시에 한·안보 협력 관계 개선을 추진했다. 예비군 복무제도 개선, 군생활 여건 및 처우의 개선, 고도정밀 무기의 국산화와 한미군사협력 관계의 재조정 등의 과제를 이행했다.

4) 북방정책은 공산권국가인 대소와 대동독과 관련한 정책이다. 이 당시의 통일안보환경 개선을 위한 '대북한 혹은 대공산권 유화정책'이라고 한다. 일반적으로 북방에 포함되는 나라는 북한, 소련, 중국과 그 밖의 동구 공산국가를 의미한다(이상우, 1898: 159).

2. 추진체계와 행정자원의 변화

노태우 정부의 중앙행정기관 개편은 과거 청산, 새로운 행정 수요, 민주화라는 요구에 부합하고자 이뤄졌다. 문화공보부는 문화부와 공보처로 분리했고, 체육부와 문교부 기능이 이관 및 조정됐다. 국토통일원의 명칭은 통일원으로 바뀜과 동시에 부총리에 해당하는 지위를 가지게 됐다. 환경청이 국무총리 소속 환경처로 승격했다. 청의 경우는 기상청과 통계청이 신설됐다. 1991년에는 내무부 치안 기능이 경찰청으로 개편됐고 새롭게 경찰위원회를 설치했다. 이 밖에 사회정화위원회와 국가원로자문회의가 임기 중에 폐지됐다. 그러나 1992년까지 중앙행정기관의 증감수 자체는 크지 않은 것으로 나타났다(〈표 1-2-2〉, 〈표 1-2-3〉 참조).

표 1-2-2 노태우 정부 중앙행정기관의 변화

	신설	폐지	명칭 변경	지위 변경
1988				
1989				환경청→환경처
1990	공보처 기상청 통계청		국토통일원→통일원 문교부→교육부 문화공보부→문화부	
1991	경찰청		체육부→체육청소년부	
1992				

표 1-2-3 노태우 정부 중앙행정기관 변화(1988~1992)

(단위: 개)

구분		부	처	청	위원회	합계
연도	1988	18	4	14	9	45
	1989	18	5	13	9	45
	1990	18	6	15	7	46
	1991	18	6	15	7	46
	1992	18	6	16	7	47
증감 수		0.0	+2	+2	-2	+2
변화율(%)		0.0	50.0	14.3	-22.2	4.4

자료: 유홍림 외(2010: 51).

그리고 권위주의 청산을 표방하면서 대통령 비서실을 축소했는데, 이전의 10개보다 2개가 축소된 8개의 비서실로 구성했다. 그러나 사정수석실이 민정수석실로부터 분리·신설되고 특별보좌관이 마련되는 등 비서실의 규모가 점진적으로 확대됐다(박중훈, 1996: 66).

6공화국 초기부터 추진한 민주화정책은 국가행정기구에 반영됐다. 먼저, 지방분권의 변화에 따른 시도교육위원회의 업무가 이양됐고 지방교육청이 확대됐다. 또한 1989년에는 대학생 군사교육의 폐지에 따라 학생군사교육과 직제가 사라졌다. 그리고 6공화국의 조직구조상의 변화는 문교부의 예술원 지원사무의 문화부 이관과 체육부 학교급식사무의 문교부 이관 등이 있다(전영한·권태욱, 2008: 208).

클라크와 디어(Clark & Dear, 1984)의 국가 기능과 기구 모형을 적용해 노태우 정부의 중앙행정 기구를 분류하면 〈표 1-2-4〉와 같다.

경제정책의 경우, 주로 생산 기능에서의 공적 생산과 국고 기구를 통해 이뤄졌다. 경제 분야에서 금융 감독과 관련한 정책은 집행 기능의 관리기구와 규제기구에 해당되는데, 각각은 예산실과 교육경제기획국을 제외한 경제기획원, 무역위원회, 공정거래위원회, 임금심의위원회에서 수행했다. 경제 분야에서 대부분의 국토 건설 및 교통과 해양수산 관련 정책은 생산 기능에서 공적 제공 기구에 속한다. 농업 관련 정책은 생산 기능에서 공적 제공기구와 공적 생산기구에서 집행했다.

사회정책의 경우, 보건복지정책은 보건의료 기반 확충, 전 국민 대상의 의료보험 확대와 국민연금제도의 실시 등이 주된 정책을 이뤘다. 이들 정책은 통합 기능의 복지기구를 통해 실시했다. 근로자의 금융공제기구 설립, 사내근로복지기금법의 제정 등의 노동 분야의 정책은 통합 기능 내 복지기구에서 이뤄졌고, 최저임금심의위원회의 신설을 통해 근로자의 임금 교섭 여건을 마련하게 됐다.

교육·과학·인적 자원 분야는 '과학기술혁신 종합대책' 및 '제7차 5개년 과학기술부문계획'을 통해 특정연구개발사업, 공업 기반의 기술개발사업, 원자력 연구개발계획 수립 등이 시행됐는데, 이 정책은 생산 기능의 공적 기구에서 대부분 시행됐고, 교육 분야의 정책은 통합 기능의 복지기구에서 이뤄졌다.

외교와 통일 분양의 정책의 경우, 북방정책을 중심으로 동구권 국가와의 수교와 함께 남북 교류 협력을 위한 법제도 정비 등의 정책이 추진됐다. 이들 분야의 정책은 합의 기능의 정치기구에서 시행됐다.

표 1-2-4 노태우 정부 국가 기능과 기구

구분		부·처	청·국	위원회·실
합의	정치	내무부, 통일원, 외무부 안기부(대외정보 수집 및 공작)		국회 선거관리위원회 평통회의
	법	법무부	검찰청	대법원 헌법재판소
	억압	내무부(국립과학수사연구소), 안기부(수사), 국방부, 법무부(교도행정)	경찰청 병무청	
생산	공적 생산		농촌진흥청 산림청, 공진청 철도청, 기상청	
	공적 제공	내무부(지역경제국) 농림수산부, 상공부 동력자원부, 건설부 교통부, 과학기술처	수산청 해운항만청	
	국고	기획원(예산실) 재무부	국세청, 관세청 전매청	
통합	복지	보건사회부, 환경처, 교육부, 체육청소년부 보훈처, 노동부		
	이데올로기 제조	기획원(경제교육기획국) 문화부, 공보처(홍보) 안기부(보안감사), 체신부 공보처(방송/신문행정국)	문화재관리국	
집행	관리	감사원, 기획원	통계청, 조달청	대통령실 총리실 안보회의
	규제		특허청	사회정화위원회 무역위원회 공정거래위원회 노동위원회 임금심의위원회

자료: 정용덕·최태현(1999) 재구성.

1) 인력의 변화

노태우 정부 기간 공무원의 인력 규모의 변화를 국가 기능별로 살펴보면, 합의 기능과 집행 기능이 크게 증가했고, 상대적으로 생산 기능이 정체됐다. 특히, 6공화국에서의 주된 인력 변화는 특정직 공무원의 지속적인 증가에서 찾을 수 있다.

합의 기능을 수행하는 사법 및 치안 유지활동과 관련한 경찰 인력과 교정활동에 필요한 인력이 매년 크게 증원됐다. 그리고 입법활동에 필요한 전문 인력과 검찰청의 특정직 공무원 수가 크게 증가했다. 1991년 내무부 소속의 경찰청이 신설됨으로써, 합의 기구 내 인력 증가의 큰 비중을 차지하게 됐다. 합의 기능의 정치기구인 국토통일원의 경우, 1989년 이후로 증가했다. 결과적으로 합의 기능의 정치・법・억압기구의 인력은 고용직 공무원을 제외하고 모두 증가했다.

표 1-2-5 국가 기능별 인력의 변화 (단위: 연도별 평균 명, 증감률 %)

기능별		인력 수					
		정무직	별정직	특정직	일반직	기능직	고용직
기관 유형	합의 기능	21 (14.2)	879 (41.2)	72,472 (65.1)	19,892 (36.1)	6,323 (800.3)	4,768 (-61.6)
	생산 기능	22 (0.0)	746 (2.1)	73 (21.2)	39,530 (9.5)	37,755 (27.4)	1,493 (-100.0)
	통합 기능	20 (22.2)	807 (-12.8)	264,834 (11.6)	23,796 (20.0)	29,199 (66.6)	1,743 (-100.0)
	집행 기능	13 (16.7)	689 (35.3)	0 (0.0)	3,079 (30.3)	1,393 (661.5)	260 (-100.0)
총계		76	3,121	337,379	86,297	74,670	8,264

2) 예산의 변화

노태우 정권의 예산은 합의, 생산, 통합, 집행 기능 순의 비중을 차지했다. 합의 기능에서 가장 높은 비중을 차지한 것은 법기구와 억압기구에서 집행된 예산이다. 치안과 교정활동에 필요한 운영비용을 위한 예산이 크게 증가했다. 6공화국에서의 경제 운용은 생산 기능과 통합 기능의 국가기구들에 집중됐다. 6공화국 초기인 1989년의 전체 세출 예산에서 경제개발 비용이 차지하는 비중이 증가했는데, 이것은 민간부문이 담당할 수 없는 사회간접자본에 대한 투자와 균형 발전을 위한 정부의 국정기조에 따른 과제 이행의 결과라고 볼 수 있다. 결과적으로 생산 기능의 국가기구의 예산 증가율이 가장 높았다. 균형 발전이라는 국정기조에 따라서 국책사업과 함께 정부의 복지 지출이 증가함에 따라, 통합 기능을 이행하는 국가기구들의 예산이 세출예산에서 상당 부문 차지하게 됐다.

예산의 총 증감률은 국가 생산 기능과 통합 기능에서 높은 수준으로 증가했다. 기능별 예산 변화는 다음과 같다. 합의 기능에서 정치기구에 해당하는 외무부의 운영 예산이 크게 증가했다. 특히, 1990년에는 예산 증가율에서 외교활동 예산의 증가율이 가장 높았고, 이것은 우방 및 아시아 태평양 지역의 국가와의 협력과 북방외교의 결과다. 마찬가지로 외교 및 대외 협력에 필요한 재외 공관에 필요한 예산이 높은 비중을 차지하게 됐다. 법기구의 검찰청 및 대법원 등의 재판소 운영 예산, 억압기구에 해당하는 검찰청의 예산과 법무부의 교도행정 예산은 지속적으로 증가했다. 그 밖에도 억압기구의 국방비로 소요되는 예산은 1989년 일반회계를 기준으로 이전 연도 대비 증감률은 8.6%로 증가했다.

생산 기능의 국가기구인 건설부와 교통부는 주택 200만 호 건설과 서해안 고속도로와 같은 지방의 도로 건설에 집중했다. 교통부는 부산항 개발, 군산, 광양항 등의 건설과 김포공항을 비롯한 지역의 공항을 확장했다. 이 밖에도 서울과 부산 지역 등 일부 지하철과 고속전철을 위한 기본 설계비 지원 등에 예산을 집행했다.

통합 기능의 국가기구는 전 국민 의료보험, 국민연금제도와 최저임금제도 등 3대 복지 시책을 시행하고 영세민과 장애인을 위한 정책을 이행했다. 1989년 7월부터 도시지역까지 의료보험을 확대 실시해 전국민 의료보장을 실현했다. 해당 연도의 전 국민 의료보험과 영세민 생계 및 자활 보호를 위한 예산이 각각 74.%와 14.4%로 증가했다. 전국민의료보장을 실현하기 위해 총보험 재정의 50%를 정부가 부담했다. 균형 발전의 국정기조를 실현하기 위해 농어촌종합대책 등으로 소득의 불균형 완화를 위한 예산을 정부가 부담하게 됐다. 1989년 균형 발전을 위한 농어촌 지원 도로의 확장 및 포장 등에 소요된 재정 지원으로 1.5% 증가했다. 그 밖에 국민연금제도 지원과 임금실태조사, 최저생계비조사 등으로 예산이 집행됐다. 저소득층 임대주택 9만 호 공급, 무주택 저소득층의 주거생활 안정을 위한 지원 등의 정책에 예산을 집행했다.

그리고 특별회계의 경우에는 6공화국 초기보다 1조 6,679억 원이 증액됐고, 도로사업특별회계, 재정투융자특별회계와 국립대학부속병원특별회계 등으로 생산기구의 집행 예산이 대폭 증가하게 됐다. 결과적으로 6공화국의 국정기조에 따른 정부정책은 합의 기능, 생산 기능과 통합 기능의 기구에서 많은 예산이 집행돼 국책사업을 실시했다. 일반회계의 총 증감률보다 특별회계의 총 증감률이 높은 이유는 각 부처별로 균형 발전, 복지 증진과 경제 선진화를 위한 과제들을 이행한 결과로 볼 수 있다.

균형 발전의 국정기조는 '농어촌종합대책', '농어가부채경감대책'과 '농어촌경제활성화대책' 등의 주요 정책으로 이행됐다. 국가의 공적 생산기구에서는 농업의 생산성 향상 및 농어촌 소득 증대의 기반을 대폭 확충하기 위한 예산이 집행됐다. 1989년에는 농업 생산성 향상을 위한 예산이 이전 연도보다 16.1%의 증가율을 보였다. 대폭 증가된 교육부문에서의 세출예산은 교육환경 개선사업과 교원 처우 개선 등 교육부문의 제반 문제를 해결하기 위한 과제를 이행했다. 그리고 환경처는 수질개선 종합정책 과제의 일환인 '맑은 물 공급대책'을 수행하기 위해 수도권을 비롯한 팔당호와 대청호 상수원 등 정화시설을 설치 등 예산을 집행했다. 결과적으로 생산 기능과 통합 기능에서 가장 높은 예산의 증가율을 보인 것은 6공화국 초기의 초·중등교육비가 8.7% 증가했다. 국민주택건설 지원을 위한 예산이 18%의 비중을 차지했으며, 서해안지역 개발은 25.3% 예산을 차지하고 있었다.

표 1-2-6 국가 기능별 예산 및 증감률

(단위: 연도별 평균, 천 원)

기능별		예산	총 증감률
기관 유형	합의 기능	12,682,494,278	98.5
	생산 기능	11,626,754,164	149.1
	통합 기능	9,350,773,761	136.5
	집행 기능	1,643,971,361	-9.0
계		35,303,993,564	

6공화국에서는 대부분의 국가 집행 기능을 사회정화위원회, 무역위원회, 공정거래위원회, 노동위원회와 사회임금심의위원회 등 규제기구에서 시행했다. 이와 관련한 과제는 주로 경제 및 사회 분야와 인적 자원에 관한 규제 혹은 제도의 관리 감독에 관한 것이다. 집행 기능에서의 예산의 증감률과 비중이 적은 것은 이들 과제에 따른 사업에 필요한 별도의 예산이 소요되지 않았기 때문이다.

3) 법령의 변화

6공화국은 현행 법제를 정비하는 것을 시작으로, '6·29선언 및 대통령선거공약 실천을 위한 법제 개선', '헌법 개정에 따른 법제 개선'과 '민주 발전을 위한 법률 개폐'의 추진 과제를 수행하게 됐다. 13대 국회에서는 '민주 발전을 위한 법률개폐특별위원회'를 구성했다. 그리고 특별위원회에서는 정치 관계 법률, 경제 관계 법률, 사회 관계 법률 및 기타 법률로 구분해 민주 발전 분야에서 38개 법률 개폐를 검토했다. 이후 6공화국의 법제 개선의 기본 과제는 법률 608건, 대통령령 1636건, 총리령 · 부령 1,322건 등 총 3,569건의 법제도 개선에 관한 과제를 이행했다.

표 1-2-7 국가 기능별 법령의 변화

(단위: 연도별 평균 수, 증감률 %)

기능별		법령 수		
		법률	대통령령	총리령·부령
기관 유형	합의 기능	296 (8.4)	353 (-0.3)	225 (7.3)
	생산 기능	278 (9.0)	514 (-1.6)	560 (4.5)
	통합 기능	190 (8.6)	295 (-1.1)	303 (12.2)
	집행 기능	136 (4.5)	260 (-2.3)	190 (-3.7)
총계		900	1422	1278

6공화국에서는 공정한 법질서를 재정립하고자 하는 노력을 기울였다. 결과적으로 국가의 합의 기능과 생산 기능의 기구에서 주요한 과제들이 이행됐다. 사회개발 분야에서는 불합리하고 비현실적인 법령에 대한 정비작업을 추진해 국민 권익을 보호하기 위한 법령들에 관한 정비가 이뤄졌다. 1989년에는 지방자치제도를 위한 법 개정이 본격적으로 이뤄졌고, 무엇보다도 직선제를 위한 대통령선거법을 제정해 사회 분야의 선거풍토를 바로잡기 위한 노력을 기울였다. 1980년대 전반의 노사분규는 생존 차원의 노동운동이었던 반면에 1987년의 노사분규는 임금 인상, 근로조건 개선 등을 요구하는 데서 비롯됐다. 정부의 경제 정책기조는 경제적 안정과 동시에 노동자의 권익 보호와 합리적 노사관계의 정립을 추구하게 된 것이다. 정부는 노동 3권의 보호 및 노사협상의 규범을 정립하기 위해 「노동관계법」과 시행령을 대폭 개정했다.

그리고 1989년에는 균형 발전과 관련해 개발이익 환수에 관한 법률과 토지공개념 도입에 필요한 법이 마련됐다. 동시에 국민생활 개선에 관련된 법제도 개선이 이뤄졌고, 환경보존 정책을 위한 법률이 제정됐다. 1990년에는 「남북교류협력에 관한 법률」과 「광주 민주화운동 관련자 보상 등에 관한 법률」이 제정됐다. 이 기간은 대통령령이 345건의 법제 개선 과제가 시행됐는데, 이것은 남북고위회담의 성과와 북방외교의 목표를 수행한 소련과의 수교의 영향이라고 볼 수 있다. 그리고 국가의 통합 기능과 합의 기능에서는 독점 규제 및 공정 거래에 관한 법률과 환경보전법 등 관련한 189개 법령을 정비했다. 특히, 집행 기능에서는 사회정화를 위한 법령, 사회정화운동조직육성법, 병역법에 관한 법률 등 137개 법령을 정비했고, 건축법과 식품위생법 등 274개 법령을 정비했다(법제처, 1993: 32-38).

1990년도 이후 합의 기능에서의 법률은 국가의 생산 기능과 집행 기능과는 다르게 법률이 대통령령·총리령·부령에 비해 높은 비중을 차지하고 있다. 이것은 1987년도와 1998년대 이후부터 내무부, 통일원, 외무부 등 합의 기능의 기구에서 사회개발 분야와 외교·통일 정책의 과제를 적극적으로 추진했기 때문이다. 동일한 시기에 사회 분야에서는 민법·상법·민사소송법·형사소송법 등 기본 법률의 개정이 주로 이뤄졌으며, 치안행정을 위한 보호관찰법 등이 제정됐다. 그리고 노태우 정부 기간 통합 기능에 법령의 증가가 가장 크다. 이는 이 시기 사회복지 분야의 정책 개발이 활발히 추진된 결과로 보인다.

4) 조직의 변화

노태우 정부의 국가 기능 중 생산 기능의 비중이 가장 크게 차지하고 있으며, 1988년 대비 1992년 13.9% 증가했다. 그런데 국가 기능에서 생산 기능의 구성비를 살펴보면, 정권 초기부터 정권 말기까지 생산 기능의 비중이 꾸준히 감소하고 있음을 알 수 있다. 이는 노태우 정권이 출범할 당시 경제 사정은 '단군 이래 최대의 호황'이라 불릴 만큼 낙관적이었고 실제로 노태우 정권 하에서 경제는 중요한 정책 과제가 아니었기 때문으로 보인다(정승건, 1994). 반면, 통합 기능의 경우 1988년 대비 1992년 25.9% 증가했으며, 네 가지 국가 기능 중 가장 많이 증가했다.

또한 국가기구별 조직 변화를 살펴보면, 생산 기능의 공적 제공기구가 가장 많은 비중을 차지하고 있으며, 정권 말기인 1992년 공적 제공기구의 비율은 18.9%다. 합의 기능의 억압기구 경우 정권 말기인 1992년을 제외하면 지속적으로 감소하고 있으며, 1988년 대비 1991년 억압기구는 10.5% 감소했다. 노태우 정부 초기의 억압기구 감소 패턴은 전 정부와의 차별성 확보, 즉 권위주의 청산을 위한 행정기구 내부의 변화로 보이며, 정권 스스로 행정 민주화의 명분으로 물리적 행사를 담당하는 기구들을 축소를 감행해

표 1-2-8 국가 기능별 행정조직 규모의 변화(실/국, 과/담당관)

국가 기능 국가기구		연도					총 증감률 (%)
		1988	1989	1990	1991	1992	
합의	정치	159	171	182	188	189	18.9
	법	67	68	70	71	75	11.9
	억압	191	193	189	171	230	20.4
생산	공적 생산	179	179	201	210	212	18.4
	공적 제공	306	319	315	334	342	11.8
	국고	111	111	119	124	125	12.6
통합	복지	222	223	243	258	262	18.0
	이데올로기 제조	79	80	111	114	117	48.1
집행	관리	180	183	199	197	199	10.6
	규제	36	36	51	55	62	72.2
계		1,530	1,563	1,680	1,722	1,813	18.5

야 했기 때문이다.

통합 기능에서 가장 큰 증가율을 보인 것은 이데올로기 제조 기구다. 1991년 기존의 문화공보부는 문화부와 공보처로 신설됐고, 이데올로기 제조 기구의 조직 증가의 주된 원인이다. 특히 1990년에 국내외 홍보 · 여론조사 · 언론 · 보도 및 방송에 관한 사무를 전담하는 기구로서 국가 기능을 나누게 됐다. 또한 집행 기능의 규제기구는 1988년 대비 1992년 총 증감률이 72.2%로 가장 많이 증가했음을 알 수 있다. 이는 1990년에 개정된 공정거래위원회의 직제 개정에 따라 경제기획원 공정거래실에서 담당했던 위원회가 분리되면서 조직의 수가 증가했기 때문이다.

제 5 절 결론

노태우 정부의 행정자원의 변화를 통해 정부의 국정기조와 과제를 종합적으로 분석하면 다음과 같이 정리할 수 있다.

첫째, 국가 합의 기능에 투입된 행정자원의 변화가 두드러지게 나타났다. 무엇보다도 6공화국의 예산 규모는 합의 기능의 국가기구에서 높은 비중을 차지했다. 이것은 정권 초기의 국정기조인 민주 화합을 이루기 위한 민주화 개혁을 단행했기 때문이다. 권위주의 청산, 법제도의 개선, 노동 3권의 보장, 언론 자유의 창달, 선거문화의 혁신과 지방자치 등은 합의기구에서 수행된 주된 과제였으며, 각 과제는 합의 기능의 정치, 법, 억압 기구를 통해 수행됐다. 1990년 이후에는 북방정책의 국정기조를 이행하면서 본격적으로 각국과의 외교 활동을 추진한 결과, 외무부와 통일원 등의 정치기구에서 인력과 예산의 높은 증가율을 보였다. 국가 합의 기능의 행정자원의 이용을 통해 살펴본 북방정책은 자주국방 태세의 확립 등 다른 정책과 과제에 비해 물질적 투입을 요구하지는 않았다. 결과적으로 외교활동을 다각화해 민족 자존과 통일 번영의 시대를 도모한 것은 당대 정권의 외교 분야의 높은 성과였다고 볼 수 있다.

둘째, 국가 생산 기능의 행정자원에서 높은 수준의 변화를 보인 것은 예산의 측면이었다. 생산 기능에서 대부분의 예산 집행은 산업 및 과학기술 분야와 사회간접자본에 대한 투자로 이뤄졌다. 다목적 댐 건설, 항만, 공항, 도로 등의 시설 확충과 대덕연구단지의 이전 건설 등과 같은 국책사업이 전국적으로 시행된 것은 노태우 정부가 산업경쟁력을 확보하고 균형 발전의 국정기조를 이행하려는 노력의 일환으로 평가할 수 있다. 그리고 경제안정 기반을 위해 중소기업 활성화 및 지원정책을 시행했다. 이들 정책은 중소기업구조조정기금 및 신용보증기금 등으로 이행됐다. 경제 분야의 정책은 행정자원 변화로 이어졌고, 무역위원회, 공정거래위원회, 노동위원회와 임금심의위원회를 비롯한 규제기구의 조직과 인력 증가의 요인이 됐다. 이 밖에도 경제 선진화와 안정 기반을 조성하기 위해 시행됐다. 하지만 토지공개념과 금융실명제 등은 노태우 정권의 임기 내 국정 운영의 뚜렷한 결과물로 나타나지는 않았다.

기본적으로 교육 분야와 복지정책은 노태우 정부의 국정운영에서 지속적으로 추진됐다. 행정자원의 변화를 고려할 경우, 예산과 인력이 통합 기능의 국가기구에서 높은 비중을 차지하고 있다. 6공화국의 복지와 교육 분야의 정책기조와 과제를 위한 행정자원의 규모는 이전 정권과는 물론, 다른 분야 정책을 집행한 국가기구와 비교했을 경우에도 높은 수준임을 알 수 있다. 그리고 국민생활 향상을 목표로 주택 200만 호 건설과 3대 복지정책에 행정자원을 집중적으로 투입했다. 이들 정책과 더불어 문화 창달의 국정과제는 1988년 올림픽 이후에 본격적으로 이행됐다. 문화부와 공보처의 신설은 동일한 이데올로기 제조기구 내에서 정책 기능을 수행함으로써, 조직과 인력 증가의 변화를 가져왔다. 문화예술 분야의 정책 기능과 방송 및 홍보의 기능을 분리해, 언론 및 홍보

활동과 문화예술 활성화정책 등의 과제를 원활히 이행하기 위함일 것이다.

결과적으로, 민주 화합과 균형 발전의 국정운영 방향은 민주적 제도 개선과 국민생활 안정 등의 정책 과제로 이어졌고, 대부분이 합의 기능의 국가기구에서 이행됐다. 그리고 통일 번영을 위한 북방정책은 6공화국의 외교정책에서 가장 큰 성과라고 볼 수 있다. 민족자존의 국정기조는 경제 선진화와 더불어 국민생활 향상을 목표로 하는 경제정책과 복지정책을 이루고자 한 것이다. 무엇보다도 이 시기의 산업 발전과 국가경쟁력 향상을 위한 국책사업들은 이전 정권과 비교해 활발하게 추진됐다고 평가할 수 있다.

참고 문헌

강길봉 (2009). 우리나라 복지정책의 전략과 구조에 관한 연구. 한국정책연구, 9(1): 305-329.

경제기획원 (1988). 예산개요, 1988.

______ (1989). 예산개요 1989.

______ (1990). 예산개요 1990.

______ (1991). 예산개요 1991.

______ (1992). 예산개요 1992.

공보처 (1992). 제6공화국 노태우 대통령 정부 5년. 공보처.

국무총리행정조정실 (1993). 제6공화국 국정평가 및 향후 과제.

______ (1993). 제6공화국 정부 5년: 노태우 대통령 공약 실천.

권해수 (1998). 한국 행정개혁에 대한 비판적 고찰: 노태우, 김영삼, 김대중 정부를 중심으로. 한국 사회와 행정 연구, 9(2): 29-40.

김병섭 외 (2005). 한국의 정부개혁: 성과, 문제 그리고 과제. 한국행정학회 하계학술대회 발표 논문집.

김성주 (2008). 민주화시대 한국 외교정책의 결정 요인과 과제. 한국정치외교사논총, 29(2): 271-292.

김연수 (2007). 정부혁신과 제도. (주) 한국학술정보.

김일영 (2008). 정치적 맥락(1): '발전국가' 형성과정, 한국행정연구원 (편), 한국행정 60년, 1948-2008. 파주: 법문사.

김창룡 외 (1998). 정부 PR 발전 방안 연구. 한국언론연구원.

대한민국정부 (1988). 행정백서 1988.

______ (1989). 행정백서 1989.

박경원 (1992). 북방정책과 행정체제의 변화 방향. 사회과학논집, 2(1): 1-11.

박기덕 (1994). 노태우정부의 체제 공고화와 개혁주의의 퇴조: 개혁이론의 정립을 위한 시도. 한국정치학회보, 28(1): 123-161.
박수경 (2006). 역대 한국정부의 조직개혁 변천사. 한국행정사학지, 19: 81-120.
박중훈 (1996). 대통령비서실의 조직과 기능. 한국행정연구원 보고서.
법제처 (1993). 법제개선백서: 제6공화국 5년의 발자취.
양재진 (2008). 한국 복지정책 60년: 발전주의 복지체제의 형성과 전환의 필요성. 한국행정학보, 42(2): 327-349.
염재호 (2004). 정부관료제의 역사적 형성과 제도 변화: 중앙행정기관 조직시스템 변화에 대한 역사적 제도주의 접근을 중심으로. 정부학연구, 10(1): 5-49.
오석홍 (2014). 행정개혁론. 서울: 박영사.
유홍림 외 (2010). 미래 환경 변화에 따른 정부조직 운영전략 재설계 방안. 행정안전부 정책보고서.
유현석 외 (2002). 노동개혁: 민주화 이후 노동법 개정사례. 한국경제연구원 연구보고서.
윤영진 외 (2008). 금융통화정책. 한국정책학회 세미나, 2008(1): 1-26.
이병태 (2001). 한국 중앙정부 조직개편의 성격. 한국정책과학학회보, 5(3): 225-252.
이상우 (1989). 한국의 북방정책, 현대공론.
이종찬 (2004). 6공 경제개혁의 정치경제: 시장주도 산업조정의 환상과 실태. 사회비평, 12호.
임상규 (2007). 우리나라 과학기술행정체제의 진화에 관한 연구. 중앙대학교 박사학위 논문.
임원혁 (2002). 금융실명제: 세 번의 시도와 세 번의 반전. 한국경제연구원 연구보고서.
임혁백 (1997). 지연되고 있는 민주주의의 공고화. 최장집·임현진 공편, 한국사회와 민주주의, 서울: 나남.
전영한 외 (2008). 교육·환경행정조직, 한국행정연구원 (편). 한국행정 60년, 1948-2008. 파주: 법문사.
전재성 외 (2008). 국제정치와 안보, 한국행정연구원 (편), 한국행정 60년, 1948-2008. 파주: 법문사.
정승건 (1994). 한국의 행정개혁과 변동: 정치권력과 관료정치. 한국행정학보, 28(1).
정용덕 외 (1999). 한국 자본주의 국가의 기능과 기구: 1982~1997. 행정논총, 37(1): 21-56.
정의창 (2005). 정부조직 변화의 경로의존성. 의정연구, 11(1): 61-96.
정해구 (2008). 정치적 맥락(2): '운동정치', 한국행정연구원 (편), 한국행정 60년, 1948-2008. 파주: 법문사.
조성렬 (1996). 노태우 정권의 경제개혁과 국가전략의 변화. 한국정치학회보, 30(2): 187-208.
주재현 (2008). 사회·문화행정조직, 한국행정연구원 (편). 한국행정 60년, 1948-2008. 파주: 법문사.
하태권 외 (2008). 한국정부의 이해. 서울: 법문사.
함성득 (1998). 우리나라 국가과학기술 종합조정 및 자문기구의 변천사. 과학과 기술, 31(8): 47-50.
______ 외 (2012). 한국 대통령의 과학기술 리더십 연구: 민주화 이전과 이후의 비교론적 관점에서. 한국정치학회보, 46(1): 141-173.
행정개혁위원회 (1989). 행정개혁에 관한 건의.
황성돈 외 (2003). 행정개혁과 국가경쟁력. 서울: 나남출판.

현원복 (2005). 대통령과 과학기술. 서울: 과학사랑.

황혜신 (2008). 행정개혁, 한국행정연구원 (편). 한국행정 60년, 1948-2008. 파주: 법문사.

Clark, G. & M. Dear (1984). *State apparatus: Structures and language of legitimacy*. Allen & Unwin, Inc.

Lake, W. Anthony (1996). *The Enduring Importance of American Engagement in the Asia-Pacific Region*, US Department of State Dispatch.

제 2 편

노태우 정부의 주요 정책 및 국책사업

제 1 장

북방정책

김규륜
통일연구원

제 1 절 정책의 추진 배경

북방정책은 노태우 정부가 집권하면서 수립한 한국의 새로운 대외정책을 지칭하는 것으로서, 동서냉전 시대에 한국이 공산권에 대해 취했던 대외정책을 변화시키는 획기적인 발상을 기반으로 했다. 또한 북방정책은 북한과의 교류를 추진해 남북한 관계를 발전시켜서 한반도 평화통일을 이룩하겠다는 구상도 동시에 담고 있었다. 여기에서는 노태우 정부 시기 추진됐던 북방정책 관련 사안을 추진 배경, 추진체계, 추진 과정 및 내용을 중심으로 정리 및 분석하고, 북방정책의 성과를 평가하고자 한다.

북방정책은 광의로는 공산국가였던 중국을 포함한 아시아 사회주의 국가들과 소련 및 동구권 사회주의 국가들을 대상으로 한 외교정책과 북한에 대해 구사했던 정책을 통틀어서 정의하고 있다. 하지만 북한은 통일의 직접적 대상자이며 한민족 공동체의 구성 주체라는 점에서 대북정책의 대상으로 특수하게 규정하는 경우를 상정하면 북방정책의 대상에서 제외하기도 한다.[1] 따라서 협의의 북방정책은 사회주의권 국가들에 대해 새롭게 국교 정상화를 추진했던 북방외교를 지칭한다고 할 수 있다. 이러한 북방정책의 범위에 대한 논의는 한반도가 분단돼 있다는 특수성을 반영하는 것이지만, 북방외교의 중요한 목표 중의 하나가 한반도 평화 정착 및 통일을 위한 것이었다는 점에 대해서는 이견이 없는 것도 사실이다. 이러한 점에 대해서는 우리 정부의 공식문서인 외교백서에서 북방외교의 개념을 "한반도의 평화 정착과 궁극적인 통일 여건 조성을 위하여 소련, 중국, 동구 제국 등 공산주의 국가와의 관계 개선을 적극적으로 모색코자 하는 외교적 노력을 총체적으로 의미"한다고 규정하고 있다는 점에서 분명하게 나타나고 있다(외무부, 1990: 43). 따라서 여기에서의 논의는 광의의 북방정책을 대상으로 하며, 협의의 북방정책에 대한 논의를 전개할 경우에는 북방외교와 같은 의미로 사용하기로 한다.

이와 같이 북방정책과 관련해서 광의와 협의의 개념이 존재하는 이유는 초기에 북방정책을 구상했던 정부 당국자들이 국제환경의 미래적 상황에 대해 분명하게 알기 어려웠던 점에서 기인한다고 할 수 있다. 즉, 노태우 정부 출범 당시에 소련을 비롯한 공산권 국가들의 사회주의 체제가 붕괴될 것이라고 예측했던 전문가가 국내외를 막론하고 거의 없었다는 점을 반영하는 것이었다. 또한 공산권 붕괴 과정과 맥을 같이하는 독일의 통일도 그 당시에는 상정하기 쉽지 않았을 것으로 판단된다. 따라서 북방정책을 입안하기 시작한 초기에는 공산권 붕괴와 독일 통일이라는 거대한 역사적 변혁을 염두에 두고 정책 방향을 설정했다기보다는 당시에 예정돼 있던 서울올림픽 개최의 성공을 위한 정책환경을 조성한다는 단기적 목표가 좀 더 중요하게 작용했을 것으로 분석할 수 있다. 한편 북방정책의 초기 성과는 우리 정부가 좀 더 활발하게 대(對)공산권 정책을 구사하는 원동력이 됐으며, 이후 연속적으로 개최된 남북회담의 전개에도 영향을 미침으로써 정책이 점진적으로 확대돼 나가는 성격을 보였다고 할 수 있다.

북방정책의 추진은 전두환 정부 7년에 이어 출범한 노태우 정부가 맞이한 국내적 정치경제 상황과 국제적 차원에서 진행되고 있었던 공산진영의 약화로 대표되는 동서냉전 상황의 변화 분위기 가운데서 이뤄졌다. 따라서 북방정책의 추진 배경을 파악하기 위해서는 국제적 차원과 국내적 정책환경을 동시에 고찰해 볼 필요가 있다. 또한 국제적 차원의 변화는 한반도에서 분단국가로 존재하고 있는 남한과 북한 간 관계를 변화시킬 것

---

1) '한민족공동체 통일방안'에서도 확인되고 있는 바와 같이, 북한은 외교정책의 대상이 아니라, 민족 내부관계의 동반자로 설정함으로써 일견 북방정책의 직접 대상으로 포함되지 않는 듯 하지만, 북방정책과 통일정책이 상호 유기적인 연관성 속에서 작용하는 개념이라고 할 때, 북방정책을 광의로 규정할 때는 북방정책과 대북·통일정책을 포함하는 것으로 이해하는 것이 타당할 것이다(양영식, 1990: 7).

이라는 점을 예고하는 것이었기 때문에 당시의 한반도 차원 상황도 분석하는 것이 필요한 것으로 판단된다.

1. 국제적 차원

북방정책은 제6공화국의 주요 외교정책이었기 때문에 추진 배경을 알아보기 위해서는 당시의 국제적 차원 정세 변화에 대해 분석할 필요가 있다. 한반도는 해방 이후 분단됐으며 북한의 남침으로 인한 한국전을 치른 바도 있기 때문에, 이러한 제2차 세계대전 종전 이후 노정된 국제관계의 전개는 우리의 대외정책 및 대북정책에 직접적 영향을 미치는 요인으로 작용해 왔다. 특히 미국을 대표로 하는 자본주의 진영과 소련을 비롯한 사회주의 진영 간의 동서냉전은 한반도에 그대로 투영돼 남한과 북한은 상호간에 서로 대립된 관계를 유지해 왔고 상대방의 우방에 대해 적대적 태도를 취했던 것이다.

하지만 1960년대의 미・소 데탕트와 1970년대의 미・중 관계 정상화 등 국제환경의 변화 분위기는 한국이 공산권 국가들에 대한 문호를 개방하겠다는 의사를 표시하게 하기도 했다. 즉, 1973년의 '6・23 평화통일 외교선언'은 최초의 북방에 대한 정책 의사표명으로 일컬어지고 있는 바, 국제정세 변화를 반영해서 한국도 당시까지 지속해 왔던 '할슈타인 원칙'[2]을 수정하겠다는 점을 밝히게 된 것이다. 이 선언은 "한반도의 평화는 반드시 유지돼야 하며, 남북한은 서로 내정에 간섭하지 않으며, 북한 유엔 가입을 반대하지 않을 것"과 "한국은 호혜 평등의 원칙 하에 이념과 체제를 달리하는 국가들에 대한 문호 개방" 등의 내용을 포함하고 있다. 이와 같은 북방정책의 효시라 할 수 있는 1970년대의 한국 정부의 공산권 국가에 대한 조치에 대한 내용을 간단히 살펴보면 다음과 같다. 우리 정부는 1971년 8월 31일에 공산국가들과의 교류를 가능하게 하는 법적 조치를 취했으며, 1972년 12월 30일에는 공산권과의 수출입 활동을 가능케 하는 법적 조치를 취했다. 1973년 8월 20일에는 교통부 훈령으로 한국과 공산국가 간 상호 선박의 항구 입항 및 기항을 허용하는 조치를 취했고, 1974년 4월 12일 재무부훈령으로 공산국가의 상사가 한국 내 입찰에 참가할 수 있도록 하는 조치를 강구했다. 이러한 한국의 대(對)공산권 문호개방정책의 일련의 시도는 1980년대 말까지는 실제적인 결실을 맺지 못했고, 소련 내에서 개최되는 국제학술회의 및 스포츠 등 다자간 행사를 통한 소련과

---

2) 할슈타인 원칙은 공산국가뿐 아니라 북한과 수교하고 있는 국가들과는 수교를 하지 않겠다는 정책의 원칙을 일컬음.

의 접촉 이외에는 거의 단절된 상태였다고 할 수 있다.

이후 1980년대 전반에 북방외교정책에 대한 한국 정부의 언급도 있었던 바, 1983년 6월 23일 이범석 외무부 장관이 '6·23선언' 10주년을 맞이해 국방대학원에서 행한 연설에서 중국과 소련을 겨냥한 북방정책의 필요성을 강조했던 사례가 있다. 즉, '북방정책'이라는 용어를 한국 정부 차원에서 최초로 사용한 것으로 기록되고 있는 것이다. 한편, 그 당시의 상황을 회고해 보면, 1981년 바덴바덴 IOC 총회에서 1988년 하계 올림픽의 한국 유치가 결정된 이후였다는 점을 알 수 있다. 따라서 중국과 소련 등 공산권 국가들의 서울올림픽 참여를 유치할 필요성에 직면한 한국의 외교적 환경 변화를 짐작할 수 있는 것이다. 하지만 1983년에 발생한 소련 전투기에 의한 대한항공 여객기 격추사건 및 북한에 의한 아웅산 테러사건 발생 등의 사건은 북방정책을 추진할 수 없게 한 국제적 정책환경을 조성한 것이었다고 분석할 수 있다.

이러한 북방정책의 연원을 배경으로 실질적 정책을 추진하게 된 것은 노태우 정부의 출범을 계기로 88 서울올림픽을 전후해서 본격화한 것으로 보는 것이 타당하며, 북방정책 추진의 배경이 되는 당시의 국제환경은 미국과 소련이 주축이 되어 구축했던 동서냉전 체제의 와해 과정과 맥을 같이하는 것이다. 특히, 공산권의 맹주를 자처하고 있던 소련은 1985년에 고르바초프가 집권한 이후 사회주의 체제의 구조적 병폐 누적으로 인한 노동생산성의 저하와 경영의 불합리성 및 기술의 낙후성 등 구조적 경제적 발전을 저해하는 난관을 타개하기 위해 미국과의 군비경쟁을 지양하고 적극적인 국내적 개혁과 대외적 개방정책을 추진했다. 한편 미국의 레이건 행정부도 제2기에 들어서 재무 및 무역적자의 누적과 같은 경제적 어려움을 극복하기 위해 소련과의 군비경쟁을 완화해야 할 필요성에 직면했다. 즉, 미국과 소련은 국내 경제적 어려움을 타개해야 하는 공통된 문제를 안게 됐으며, 양국 간 군비경쟁을 줄이기 위해 수차례에 걸친 정상회담을 통해 핵무기 및 재래식 무기 감축협상에서 상당한 진전을 보였다. 이러한 미국과 소련 간 군비경쟁 완화 분위기는 신데탕트라고 일컬어졌으며, 전 세계적으로도 동서 양 진영 간의 긴장을 완화하는 효과를 가져왔다.

한편 소련은 유라시아 국가로서 아시아·태평양지역으로의 진출을 통해 새로운 활력을 찾고자 했으며, 이 과정에서 중공과의 관계를 개선할 필요성에 직면했다. 그 결과 세계적 강대국인 미국과 소련 및 중국이 화해 분위기를 조성한 결과를 만들어 내게 된 것이 1980년대 말의 상황이었다. 이러한 국제적 환경 변화를 배경으로 1988년의 서울올림픽은 그 이전의 올림픽이 이념적 대립으로 인해 파행을 겪은 점을 극복해 전 세계

국가들이 참여하는 계기가 돼야 한다는 분위기 속에서 개최하게 됐다. 즉, 제2차 세계대전 이후 형성된 공산진영 대 자유진영 간 군사안보적 대립구조가 완화되는 기로에서 개최된 88 올림픽의 성공 여부는 전 세계적 관심사였다고 할 수 있다.

이와 같은 국제적 정세 변화는 한국으로 하여금 북방에 위치한 공산국가들에 대한 새로운 접근을 하도록 하는 가장 중요한 요인으로 작용했으며, 서울올림픽의 성공적 개최에 고무된 한국 정부의 좀 더 적극적인 대외정책 추진은 향후 북방정책을 더욱 확대하게 했다. 한편 88 올림픽 개최 이후의 국제정세는 사회주의권의 몰락으로 표현되는 공산권의 와해 현상이었다. 이 과정에서 소련은 해체되어 러시아와 독립국가연합으로 재구성됐으며, 동구 사회주의 국가들도 연이어 탈사회주의 과정을 겪게 됐다. 이러한 유럽지역 사회주의 국가들의 정치적 민주화와 시장경제화의 체제 전환은 한국의 북방정책이 활발하게 추진되도록 하는 국제적 요인으로 작용했다. 한편 아시아 지역의 사회주의 국가인 중국과 베트남은 정치적으로 사회주의 체제를 유지하지만, 경제 면에서는 개혁과 개방정책을 채택해 시장경제화를 모색했다. 이러한 사회주의권 국가들의 시장경제화 추진은 해외로부터의 투자를 요구하게 됐으며, 88 올림픽을 성공적으로 개최함으로써 전 세계적으로 역동성 있는 경제력을 갖춘 국가로 자리매김한 한국과의 관계 발전은 이들 국가에 매우 필요했다. 또한 사회주의권의 붕괴 과정에서 비롯된 동독의 탈사회주의화와 독일의 통일 과정도 북방정책의 추진을 가속화하는 국제적 환경 요인으로 작용했다고 할 수 있다.

2. 한반도 차원

한국의 북방정책 추진 배경에는 위와 같은 국제환경의 변화뿐 아니라 남한과 북한 간 관계적 측면에서 비롯되는 한반도 차원의 정책환경 변화도 중요하게 작용했다고 할 수 있다. 남한과 북한 간 관계는 1945년 해방 이후 1948년 각각의 정부 수립과 1950년 북한의 남침에 의한 한국전쟁 이후 1950~60년대는 각각의 전후 복구 및 대내적 정권 안정화에 치중함으로써 상대방에 대해 신경을 쓸 겨를이 없었던 시기였다고 할 수 있다. 1970년대에는 전후 복구를 통해 어느 정도 물적 기반을 갖춘 남한과 북한 양측이 체제 경쟁을 본격적으로 전개한 시기라고 할 수 있으며, 1974년의 '7 · 4 남북 공동성명'과 같이 통일 추진의 원칙과 상호간의 존재를 인정하는 합의를 내놓은 바도 있었다. 이 성명의 내용은 첫째, 통일은 외세에 의존하거나 외세의 간섭을 받음이 없이 자주적으로 해결해야 한다. 둘째, 통일은 상대방을 반대하는 무력 행사에 의거하지 않고 평화적 방법으로 실현해야 한다. 셋째, 사상과 이념 · 제도의 차이를 초월해 우선 하나의 민족으로서 민족적 대단결을 도모해야 한다는 것이다.

이후 한국 정부는 1982년 1월에 제의된 '민족화합 민주통일 방안'을 제시했다. 이 방안은 상호 체제를 인정하고 내정불간섭과 호혜 평등의 원칙에 따라 상호관계 유지를 골자로 하는 남북한 기본 관계 잠정협정 체결의 내용을 담고 있으며, 신뢰 구축을 통한 민주통일을 강조함으로써 북한의 체제와 정권을 공식적으로 인정하는 방향으로 대북관계의 변화를 명시하고 있다. 한편 북한은 1980년 10월에 개최된 제6차 당 대회에서 김일성이 밝힌 '고려민주연방공화국안'을 반복 주장하는 양상을 보였다. 북한의 주장은 남 · 북의 현 사상과 제도를 그대로 두고 완전한 연방제 성격의 통일을 주장해 남한의 체제를 인정하는 모습을 보이고 있으나, 이를 위해서는 4개항의 전제조건, 즉 남한의 현 정부 퇴진, 남한사회 민주화, 반공정부 및 국가보안법 철폐, 남북정당 및 사회단체, 해외동포가 참여하는 민족통일촉진대회 개최, 주한미군 철수를 선결문제로 내세움으로써 공식적인 한국 정부 인정을 유보하는 태도를 보이는 것이었다.

1980년대 후반에 들어와 한국은 국제 정세의 변화와 국민의 직접선거에 의한 제6공화국 정부의 출범 및 1986년 아시안 게임의 성공에 의한 자신감을 바탕으로 1988년 서울올림픽 개최의 성공적 개최를 위한 조치의 일환으로 '민족자존과 통일번영을 위한 7 · 7 특별선언'을 발표했다. 이 선언에서는 과거 북한을 공식적으로 인정하는 수준에서 진일보해 북한을 경쟁과 대결의 상대로서가 아니라 협력과 동반의 대상으로 파악하면서 남북의 직접 교섭은 물론 북한의 대(對)서방세계의 접근도 반대하지 않음으로써 남북한이 민족공동체를 형성해 통일의 길을 모색하고자 하는 구상을 밝히고 있다. 반면 북한은 그 당시까지도 본질적인 변화를 보이지 않았으며, 한국이 제시한 남북한 최고책임자회의는 거부하는 모습을 보였다.

남북관계 차원에서의 북방정책 추진의 배경의 요체는 북한이 개방정책을 채택해 국제사회의 책임 있는 일원이 됨으로써 한민족의 염원인 평화통일을 이룩해야 한다는 민족적 사명을 완수해야 한다는 시대적 요청인 것으로 파악된다. 그럼에도 불구하고 당시의 북한은 시대적 조류인 시장경제 체제의 채택을 통한 경제 발전의 도모와 세계 각국과의 무역을 자유롭게 추진하는 개방정책을 추진하지 아니하는 자세를 취했던 것이다. 어쨌든 북방정책의 중요한 한 축인 북한의 변화 유도를 통한 평화통일 추진은 이후 지속되고 있는 것이 사실이다. 즉, 북방정책 추진의 한반도 차원의 가까운 배경에는 1988

년의 서울올림픽에 대한 북한의 테러 기도를 사전에 차단하는 것이 중요했으며, 이후 전개된 전 세계적 사회주의 붕괴 현상 분위기는 북한으로 하여금 남한 정부를 전복해서 통일하겠다는 공세적 자세를 당분간 변화시켜 남한과 대화 및 협상을 통해 어려운 국면을 모면해 보겠다는 입장을 취하도록 했다. 즉, 북한은 사회주의 종주국인 소련이 붕괴되고 인접국인 사회주의 대국 중국이 개혁과 개방정책을 채택하는 와중에서 중단 및 감소된 원조로 인해 경제적으로 매우 어려운 상황에 처하게 됐으며, 외교적으로도 고립될 수밖에 없었다. 따라서 한국이 북한에 상호간의 존재 인정을 전제로 대화를 제의한 것은 북한의 입장에서는 북한 정권의 생존을 당분간 담보할 수 있는 것으로 인식됐던 것이다.

3. 국내적 차원

북방정책 추진의 국내적 배경은 정치적 민주화와 경제의 지속적인 성장을 통한 민족적 자신감에 기인한다고 볼 수 있다. 한편 민주화 과정을 통해 각계각층의 의사가 폭발적으로 분출하는 가운데 한민족의 관심사인 통일과 분단의 극복이라는 과제는 중요한 우선순위를 가지게 됐다. 이러한 점에서 남북한 간 긴장 완화와 통일을 향한 정책 추진은 민족적 일체감과 단일성 회복을 가져올 수 있다는 잠재력이 있었으며, 국민의 통일에 대한 염원은 한국 정부가 북방정책을 적극적으로 추진할 수 있는 바탕이 됐다고 할 수 있다.

이와 같은 정치적 민주화의 진전과 함께 경제 성장에 의한 시장 다변화의 필요성은 새로운 수출 및 투자 지역에 대한 요구를 증대시켰다. 사실상 1980년대 중반까지 한국의 대외경제 관계는 미국 및 일본과의 경제협력을 위주로 한 것이었다. 한국 경제의 고도 성장에 따른 경제 규모의 확대는 교역 상대국의 확대와 다변화를 요구했으며, 개발도상국으로부터의 경제협력 요구를 증대시켰다고 할 수 있다. 이러한 과정에서 한국 경제가 새로운 시장을 찾게 된 것은 자연스러운 일이며, 그동안 축적된 경제 성장 경험을 새로운 대상국가들과 공유하는 수요가 증대되고 있었던 것이다. 즉, 한국은 그 당시 내수시장이 제한적이었기 때문에 경제 성장의 동력을 외부에서 찾아야 하는 상황이었으며, 고도 성장에 익숙한 기업가들과 경제관료를 포함한 경제 주체들도 새로운 시장 개척을 적극적으로 요구하고 있었던 것이다.

북방정책 추진 배경을 요약하면 국제적으로는 동서 진영 간 화해 분위기, 한반도 차원에서는 남한의 남북관계에서의 우위 확보와 북한의 수세적 자세, 국내적 차원에서는 경제 규모 확대에 따른 새로운 시장 확보 요구 증대의 3대 요인이 작용했던 것으로 판단된다.

제 2 절 정책의 추진체계

북방정책은 대내외적인 여건 변화를 활용한 적극적인 통일외교 정책이었으며, 동서 화해 분위기의 확산, 소련·동구권의 개혁·개방정책, 한국의 국제적 지위 향상 등 긍정적 요인이 정책 추진의 배경이 됐다. 그러나 이러한 긍정적 요인만 존재했던 것은 아니고 부정적 내지는 불안정한 요인도 상존했던 것도 사실이다. 즉, 공산권의 변화를 당시 상황에서 보면 불안정한 모습을 드러내고 있었고, 중국과 소련의 전통적인 대북한 우호관계의 유지, 북한의 변화를 거부하는 경직된 태도 등은 우리의 북방정책 추진에 제약 요인으로 작용하고 있었다.

따라서 한국 정부는 이와 같은 제약 요인을 극복하기 위해 북방외교의 추진 방향을 아래와 같이 설정하고 추진했다(외무부, 1990: 31-32).

첫째, 북방외교는 북방정책 목표 달성에 기여하는 방향으로 추진한다. 북방정책의 궁극적인 목표가 한반도 평화 정착과 궁극적인 통일 여건 조성에 있는 만큼, 북한의 고립화를 피하고 개방을 유도해 남북한 간 평화 공존 관계를 수립하는 데 기여하는 방향으로 추진되도록 고려한다. 즉, 동구권과의 관계 개선은 소련·중국과의 관계 개선을 앞당기는 데 도움이 될 뿐만 아니라 궁극적으로 이는 한반도의 현실 인정과 평화 공존에 기여하도록 한다.

둘째, 전방위 외교 관점에서 추진한다. 대서방, 비동맹 위주의 한국 외교가 북방 사회주의 국가까지 외교 영역을 확대함으로써 명실상부한 전방위 외교의 기틀을 마련하고, 이들 국가와의 각종 교류협력을 심화 발전시킴으로써 입체적인 관계 설정을 도모한다.

셋째, 북방외교는 국가안보, 우방과의 협력관계와 상호주의 원칙 등을 고려하면서 북방 사회주의 국가와의 관계 정상화를 목적으로 추진한다. 이를 위해 제반 교류를 관계 개선을 위해 활용하는 방향으로 정부의 조정 역할을 강조한다. 또한 관계의 심화 발전을 위해서도 정부 차원의 제도적 보장장치를 마련한다. 특히 북방외교 추진은 우방국과의 굳건한 안보협력이 그 바탕이 돼야 하므로 기존 우방과의 관계를 더욱 건전화·내실화하는 방향으로 추진한다.

넷째, 북방사회주의 국가와의 실질 관계 심화로 제반 경제적 실익을 추구하는 방향으로 추진한다.

다섯째, 북방외교는 국민외교의 관점에서 추진한다. 특히 분단국이라는 특수한 상황에서 제한된 외교 역량을 극대화하기 위해서는 각 분야의 모든 정치, 경제, 사회·문화 등 자원을 효율적으로 동원할 필요가 있으며, 국민적 합의에 기반한 국민외교의 중요성이 강조되는 이유도 여기에 있다.

한편, 북방교류 협력을 추진할 때는 이에 수반되는 각종 안보 위해 요소에 대한 대비책을 고려해 추진한다. 즉, 북방외교와 남북교류로 인한 이념상의 혼란을 최소화할 수 있도록 북방외교의 개념, 동구권의 개혁·개방과 한국의 실리 추구 입장 등에 대한 명확한 인식 제고를 위한 각종 홍보활동의 적극 전개는 물론 공산권 국가기관 등의 한국 상주 증가에 따른 대비책을 강구하면서 추진한다.

북방정책을 체계적으로 추진하기 위해 한국 정부는 1989년 5월 '북방교류 협력에 관한 기본지침'을 제정 시행했으며, 이 기본지침은 북방사회주의 국가와의 각종 교류협력에 관한 업무 처리의 기준, 주요 절차, 방법 등을 규정함으로써 북방 사회주의 국가와의 관계 개선과 교류협력 업무를 효율적으로 추진했다.

이와 같은 원칙에 따라 국무총리 산하에 '남북 및 북방 교류협력조정위원회'를 설치해 북방정책을 총괄하며, 그 산하에 대북한 업무의 효율적 수행을 위한 남북교류협력추진협의회와 북방외교추진협의회를 각각 통일원과 외무부에 설치 운영했다. 남북교류협력추진협의회는 통일원장관이 위원장이 됐다. 북방외교추진협의회의 위원장은 외무부장관이며, 산하에 북방외교추진협의회 실무협의회를 구성해 외무부 차관이 위원장이 됐다. 또한 대외협력위원회를 설치해 북방경제 업무를 관장하며 위원장은 경제기획원 장관이 되며, 그 산하에 북방경제정책실무협의회를 설치해 기획원 차관이 위원장이 됐다. 이와 같이 북방정책의 추진체계는 대북, 외교, 경제의 3대 축을 중심으로 해서 통일원, 외교부, 경제기획원을 각각 중심으로 하는 것이며, 전체를 총괄하는 역할을 국무총리에게 부여했다.

한편 북방정책의 추진 결과 입안된 조치들을 간추려서 소개하면 다음과 같다(통일원, 1990: 178-192).

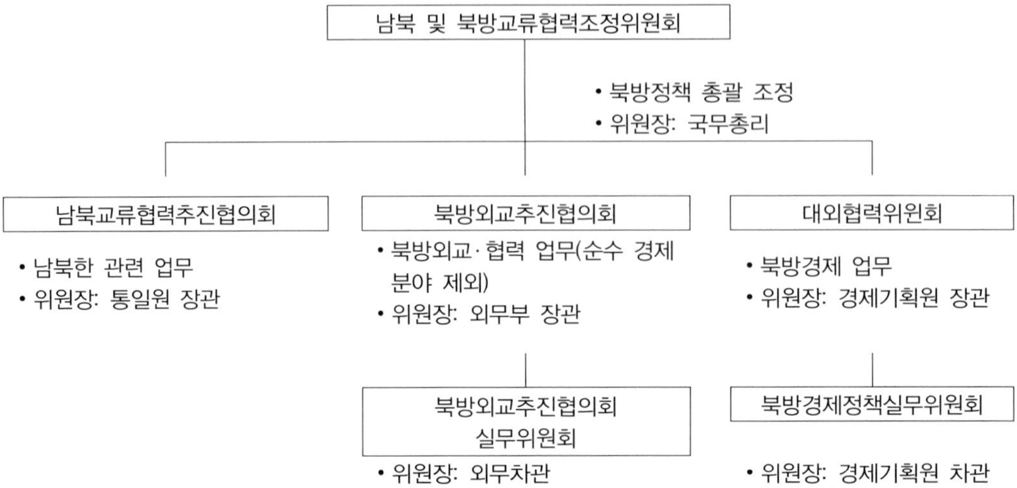

그림 2-2-1 북방정책 추진체계

자료: 외무부(1990: 33).

첫째, 한국 정부는 1989년 3월 31일 남북간의 상호교류와 협력에 관한 주요 정책을 심의·조정하기 위해 통일원 장관을 위원장으로 하고 관계 부처 차관급 14인 이내의 위원으로 구성되는 '남북교류협력추진위원회'를 설치해 운영했다. 이후 이 위원회는 남북간의 교류협력 추진에 관한 제반 사항을 규정하기 위해 '남북교류협력에 관한 기본지침'을 마련해 1989년 6월 12일부터 시행했으며, 그 시행에 관해 필요한 사항을 규정하기 위해 1989년 7월 21일 '남북교류협력 세부시행지침'을 제정해 시행했다. 이후 정부는 1990년 8월 1일 「남북교류협력에 관한 법률」을 공포했으며, 1990년 8월 9일 「남북교류협력에 관한 법률 시행령」을 공포했다. 남북교류협력에 관한 법령의 주요 내용은 남북한 주민 간 접촉, 남북한 왕래, 남북한 간 교역, 남북한 협력사업에 관한 것을 규정하고 있다.

둘째, 7·7선언이 발표되고 남북한 간의 교류협력을 제도적으로 보장하기 위해 남북교류협력에 관한 기본지침을 잠정적으로 제정 시행한 이후 인적·물적 교류가 점진적으로 증대되기 시작함에 따라 정부는 이를 지원하기 위해 남북협력기금법을 제정했다. 우선 1990년 2월 22일 국무회의에서 남북협력기금법안을 의결하고 1990년 3월 5일 제148회 임시국회에 이 법안을 제출했으며, 1990년 8월 1일 「남북협력기금법」이 공포됐다. 동 법의 주요 내용은 남북협력기금은 남북간 제반 교류와 협력사업에 소요되는 경비의 지원 및 융자 등에 사용하도록 하는 내용을 담고 있으며, 기금의 운용 및 관리는 통일원 장관이 하되 사무를 금융기관에 위탁하도록 했다.

제3절 정책의 추진 과정 및 내용

1. 추진 과정

북방정책은 한반도의 평화 정착과 궁극적인 통일 여건 조성을 위해 소련, 중국, 동구 국가 등 공산주의 국가와의 관계 개선을 적극적으로 모색하는 것이었기 때문에 북방정책의 추진 과정은 이들 국가와의 수교 과정과 맥을 같이하고 있다. 즉, 북방외교는 중·소를 비롯한 북방 사회주의 국가와 정상적인 국가 관계를 설정함으로써 한반도의 현실에 대한 국제적 인정을 추구하고, 북한으로 하여금 이를 받아들이도록 함으로써 한반도 정세 안정과 평화 정착을 이룩하는 데 주안점이 있었다. 동시에 우리 우방이 북한과의 관계를 개선하는 데 반대하지 않음으로써, 북한으로 하여금 고립 상태에서 벗어나 국제사회의 책임있는 일원이 되도록 유도하는데도 그 목표가 있었다(외무부, 1990: 43).

북방정책의 단계별 추진 과정을 보면 대략 5단계로 추진됐다는 것을 알 수 있다. 첫째 단계에서는 '민족자존과 통일번영에 관한 대통령 특별선언'(이하 7·7선언)을 발표해 북방정책의 기본 방향을 제시했다. 둘째 단계에서는 동구 사회주의권 국가들과의 관계 정상화를 추진했다. 셋째 단계에서는 소련과의 수교를 성사시켰으며, 넷째 단계에서는 중국 및 나머지 공산권 국가와의 수교를 추진했다. 마지막 단계에서는 남북관계 발전을 위한 회담을 전개하고 기본합의서를 체결했다.

첫째 단계에서는 사실상 북방정책을 본격적으로 추진하기 위해 정책 방향을 천명하는 작업을 수행했다. 우선적으로 서울올림픽을 성공적으로 개최하기 위한 환경 조성의 일환으로 1988년 7월 7일 노태우 대통령이 특별선언을 통해 통일 및 외교정책의 방향을 국내외적으로 천명했다. 또한 동년 10월 18일 제44차 유엔총회 연설에서 남북한이 한민족으로서 번영을 위해 서로 협력하는 동반자로서의 관계를 진전시켜나갈 뜻을 대내외에 밝혔다. 이후 1989년 9월 11일에는 노태우 대통령이 국회 특별연설을 통해 국내외 환경 변화에 능동적으로 대응하고 통일문제에 대한 국민의 다양한 여론을 수렴해 마련한 '한

민족공동체 통일방안'을 발표했다.

둘째 단계에서는 이상과 같은 정책 원칙을 바탕으로 공산권 국가들과의 수교를 실질적으로 성사시키는 것이 가장 큰 과제로 등장했던 바, 한국 정부는 동유럽에서 가장 먼저 시장경제화를 추진했다고 할 수 있는 헝가리와의 수교를 첫 번째 목표로 했으며, 1989년 2월 헝가리와의 수교를 성사시켰다. 이후 폴란드 및 유고와 1989년 11월과 12월에 각각 수교했으며, 1990년 3월에는 체코, 불가리아 및 루마니아와도 수교했다. 또한 아시아 지역의 몽골과도 1990년 3월 외교관계를 수립했다.

셋째 단계에서는 전 단계에서의 성과와 경험을 바탕으로 공산권의 맹주라고 할 수 있는 소련과의 수교를 성사시키는 과제를 수행했다. 당시에 소련은 1917년 볼셰비키 혁명 성공 이후 운영해 온 사회주의 체제를 버리고 시장경제 체제를 도입하는 동시에 민주주의를 도입하고자 하고 있었기 때문에, 체제 전환의 과도기적 상황으로 인해 매우 혼란스러운 상황이었다. 따라서 앞에서의 동구 공산권 국가들과의 수교보다 복잡하면서도 어려운 과정을 겪을 수밖에 없었지만, 1990년 9월 30일 한・소 국교정상화를 이룩했다.

넷째 단계에서는 중국과의 수교와 나머지 공산권 국가들과의 관계 정상화를 이룩했는데, 한국과 중국의 수교는 여러가지 복잡한 요인으로 인해 쉬운 일이 아니었다고 할 수 있다. 우선적으로 중국은 6・25전쟁 시기 북한을 지원한 이후 지속적으로 북한의 후견국 입장을 가지고 있었으며, 시장경제를 도입했지만 사회주의 체제는 고수하겠다는 자세를 취하고 있었기 때문에, 한국과의 수교가 용이한 것은 아니었을 것이라고 판단된다. 한국의 입장에서는 전통적으로 중국과 대만 사이에서 자유주의 진영이었던 대만과의 돈독한 관계가 있었기 때문에 중국이 요구하는 '하나의 중국' 원칙을 받아들이는 것도 난해한 문제였다. 이러한 문제로 인해 한국과 중국은 한・소 수교보다 2년 늦은 1992년 8월 24일 한・중 수교에 관한 공동성명에 서명함으로써 대사급 외교관계를 수립했다.

다섯째 단계는 북방정책을 통한 공산권 국가들과의 관계 개선 성과를 바탕으로 남북관계를 개선하는 작업을 추진했다고 할 수 있는데, 동구 및 아시아의 공산주의 국가들이 시장경제와 민주주의 채택을 통한 체제 전환을 모색하고 있었음에도 불구하고, 북한은 사회주의를 고수하겠다는 입장을 보이고 있었다. 하지만 북방정책의 궁극적 목적이 남북한 통일이라고 할 때, 남북관계 개선은 매우 중요한 과제였으며, 노태우 정부는 1989년 2월 남북고위급회담의 예비회담을 시작으로 일련의 회담을 통해 1991년 12월 13일 남북기본합의서에 합의했다. 이후 기본합의서는 1992년 2월 19일에 발효했다.

2. 추진 내용

북방정책은 한반도 평화통일을 궁극적 목표로 하고 있으나, 북한의 지속된 고립적 국가 운영과 남한과의 관계 개선 거부 등으로 인해 통일이 언제 달성될지 모르는 상황이 지속되는 가운데 추진됐다고 할 수 있다. 따라서 당시의 정책결정자들은 북방정책의 궁극적 목표를 성취하기 위한 단계적 접근의 추진 방안을 구상했다고 할 수 있다. 이러한 측면에서 볼 때, 북방정책의 단계적 목표는 우선적으로 안보의 확보였던 것이며, 경제적 성장을 지속할 수 있는 협력 대상의 확대가 두 번째 중요한 목표였다. 이와 같은 안보와 경제의 양대 측면에서의 북방정책 추진은 남북관계 개선을 통한 평화통일의 기반을 마련하는 것으로 간주됐다고 할 수 있다.

첫째, 북방정책의 안보적 목표와 관련해서 볼 때, 남한은 냉전 체제 하에서 인접 국가인 중국과 소련이 공산주의를 유지하고 있었기 때문에 상시적인 안보적 불안 상태에 놓여 있었다고 할 수 있다. 이러한 안보 불안을 해소하기 위한 최선의 방법 중의 하나가 중국 및 소련과의 관계를 개선하는 것이었는데, 이러한 기회가 냉전 체제의 해체와 공산주의권의 와해로 인해 동북아지역에도 도래했던 것이다. 아울러 냉전 체제의 해소라는 기회를 통해 북한의 호전적 공산주의 체제의 변화를 도모해, 남한과 북한간 관계를 개선함으로써 한반도의 평화와 안정을 모색하고자 하는 것이 북방정책의 가장 중요한 세부 목표라 할 수 있다.

둘째, 북방정책의 경제적 목표와 관련, 한국은 1980년까지의 경제 성장의 결과 상당한 경제력을 보유하게 됐지만, 선진국으로 발돋움하기 위해서는 당시까지의 경제 운영 방식을 탈피해 새로운 시장을 발굴해야 하는 과제를 안고 있었다. 이러한 상황에서 소련과 동구 사회주의 국가의 시장경제 체제로의 편입은 한국에 새로운 시장이 열리는 절호의 기회였던 것이다. 따라서 당시의 정책 입안자들과 기업가들은 이들 국가의 체제 전환의 기회를 포착하기 위해 협력해서 관계 개선의 길을 열었다고 할 수 있다. 즉, 북방정책의 두 번째 세부 목표는 한국의 경제적 활력을 유지하기 위한 새로운 시장의 개척을 통해 한국 경제가 지속적으로 발전하도록 하는 것이었다고 할 수 있다. 이와 같은 북방정책의 궁극적 목표와 세부 목표에 대한 분석을 바탕으로 북방정책의 추진 내용을 앞에서 언급한 5단계와 연계해서 살펴보면 다음과 같다.

1) 정책 방향 천명

우선적으로 북방정책의 실제적 추진 내용 중에서 가장 먼저 실행된 것은 1988년 서울올림픽을 앞두고 행해진 '민족자존과 통일번영을 위한 대통령 특별선언'(이하 7 · 7선언)이라고 할 수 있으며, '7 · 7선언'의 내용을 살펴보면 다음과 같다. 노태우 대통령은 자주 · 평화 · 민주 · 복지의 원칙에 입각해 민족 구성원 전체가 참여하는 사회 · 문화 · 경제 · 정치 공동체를 이룩함으로써 민족자존과 통일번영의 새 시대를 열어 나갈 것임을 천명하면서 6대 항을 선언했다.

① 정치인, 경제인, 언론인, 종교인, 문화 · 예술인, 체육인, 학자 및 학생 등 남북 동포 간의 상호교류를 적극 추진하며 해외동포들이 자유로이 남북을 왕래하도록 문호를 개방한다.
② 남북적십자회담이 타결되기 이전이라도 인도주의적 견지에서 가능한 모든 방법을 통해 이산가족들 간에 생사 · 주소 확인, 서신 왕래, 상호방문 등이 이루어질 수 있도록 적극 주선 · 지원한다.
③ 남북 간 교역의 문호를 개방하고 남북간 교역을 민족 내부 교역으로 간주한다.
④ 남북 모든 동포의 삶의 질을 향상시킬 수 있도록 민족경제의 균형적 발전이 이루어지를 희망하며 비군사적 물질에 대해 우리 우방들이 북한과 교역을 하는 데 반대하지 않는다.
⑤ 남북 간의 소모적인 경쟁 · 대결 외교를 종결하고 북한이 국제사회에 발전적 기여를 할 수 있도록 협력하며, 또한 남북대표가 국제무대에서 자유롭게 만나 민족의 공동이익을 위하여 서로 협력할 것을 희망한다.
⑥ 한반도의 평화를 정착시킬 여건을 조성하기 위하여 북한이 미국 · 일본 등 우리 우방과의 관계를 개선하는 데 협조할 용의가 있으며 또한 우리는 소련 · 중국을 비롯한 사회주의 국가들과의 관계 개선을 추구한다.

2) 공산권 국가와의 수교

북방정책의 정책 원칙이 천명된 가운데 1988년의 서울올림픽이 성공적으로 추진됐으며, 이러한 성과를 바탕으로 동유럽의 사회주의 국가들에 대한 한국의 관계 개선 조치가 시작됐다. 우선 구체적인 북방외교 추진의 일환으로 헝가리와의 관계 정상화를 적극 추진했으며, 헝가리 지도층도 개혁 · 개방정책 추진의 일환으로 대외관계에서 전향적이고 현실주의적인 외교정책을 전개, 한국이 이룩한 경제 발전을 인식하고 대(對)한반도 정책에서 현실주의적 입장을 보여주었다. 이에 따라 한국과 헝가리 양국은 1988년 8월

26일 상주대표부 교환 설치에 합의한 이후, 1988년 10월 25일 및 12월 27일 부다페스트와 서울에 각각 상주대표부를 개설해 양국 간 협력관계를 급속히 진전시켰다. 최호중 외무부 장관은 1989년 1월 29일부터 2월 1일까지 방한한 호른 쥴라 헝가리 외무담당 국무비서와 양국간의 상주대표부를 상주대사관으로 격상시키기로 합의하고, 2월 1일 수교의정서에 서명함으로써 한국과 헝가리 양국은 같은 일자로 대사급 외교관계를 수립했던 것이다. 헝가리와의 수교는 한국 정부 수립 41년 만에 동구 사회주의 국가와 최초로 이뤄진 것이었으며, 1989년 11월 22일부터 24일까지 노태우 대통령이 헝가리를 방문하기도 했다(외무부, 1990: 56-58).

한국은 폴란드와의 관계 정상화를 추진했으며, 88 서울올림픽을 계기로 증진된 한국과 폴란드 양국간 제반 분야에서의 교류를 바탕으로 대한무역진흥공사와 폴란드 대외무역회의소 사무소가 1989년에 교환 개설됨으로써 양국간 공식관계 발전을 견인했다. 1989년 11월 1일 서울에서 최호중 외무부 장관과 마예프스키 폴란드 외무부 차관이 수교의정서에 서명함으로써 한국과 폴란드 양국은 대사급 외교관계를 수립했다. 한국은 유고와도 1988년에 무역사무소 교환 개설을 했으며, 1989년 12월 27일 대사급 외교관계를 수립했다(외무부, 1990: 59-60).

1990년 3월 22일 최호중 외무부 장관이 체코를 공식 방문해 양국 간 수교의정서에 서명함으로써 한국과 체코 양국은 같은 일자로 대사급 외교관계를 수립했다. 이후 한국은 1990년 3월 23일 불가리아와 수교했으며, 1990년 3월 30일자로 루마니아와 외교관계를 수립했다(외무부, 1991: 62-63).

3) 소련과의 수교

소련은 고르바초프 등장 이래 '신사고' 외교정책[3]에 의거한 현실적 대외정책 시각으로 한반도 문제를 보기 시작하면서 적극적인 대아시아 진출정책의 일환으로 대(對)한반도 정책을 추진했으며, 소련은 그 당시 한반도의 정세 불안이 자신의 개혁정책 및 대아시아·태평양정책 추진에 장애 요인으로 작용할 수 있다는 인식하에 한반도 정세 안정을 추구했던 것으로 분석된다. 즉, 고르바초프는 1986년 7월 블라디보스톡을 방문해 행한 연설에서 아시아에서의 군축을 포함한 과제를 제시했고, 1988년 9월 크라스노야르

3) 신사고 외교정책의 기본 발상은 핵무기 시대에 승자란 있을 수 없다는 것, 핵무기 감축을 통해 미소 간의 무의미한 핵경쟁을 포기해야 한다는 것, 체제를 선택하는 것은 자유이지만 서로 다른 체제가 상호간의 간섭 없이 공존해야 한다는 것 등이라고 할 수 있다(하용출 외, 2003: 78 참조).

스크 연설을 통해 ① 아태지역의 핵 동결, ② 태평양의 해군력 및 공군력의 감축과 소련, 중국, 일본, 남북한 당사자들의 군사 대결 완화책 강구, ③ 다자간 안보협의 기구의 제안을 했다(하용출 외, 2003: 80 참조). 고르바초프의 이러한 제안은 사실상 유럽에서 이뤄지고 있던 헬싱키 프로세스를 아태지역에 적용하자는 것이었다. 소련은 이에 따라 고르바초프가 1989년 5월 중국을 방문해 중소분쟁 이후 적대적 관계에 있었던 중국과 양국 화해의 길을 열었으며, 한반도에 대해서는 체제를 달리하는 두 개의 국가가 실재한다는 현실을 사실상 수용하면서 한국과 관계 개선을 추진했던 것으로 볼 수 있다.

한국과 소련의 양국 관계는 1989년 4월 대한무역진흥공사와 소련 상의가 최초로 상호 상주사무소를 설치하는 데 합의해 양국 간 무역 증진을 위해 노력을 경주키로 했으며, 소련의 대외정책에 영향을 미치는 국제관계 연구소의 고위연구원들과 우리의 학자들이 교류해 양국 관계 발전에 전향적인 구상들을 제시했다. 이러한 관계 진전의 바탕위에서 1989년 11월 상호 영사 업무를 수행하는 영사처를 교환 설치키로 합의했다(외무부, 1990: 50).

이후 1990년 3월 정부 여당의 당・정 대표단이 소련을 방문해 고르바초프 대통령을 비롯한 소련 고위층과 대화를 함으로써 관계 발전에 기여했으며, 1990년 6월 역사적인 샌프란시스코 정상회담은 한・소 관계 정상화와 동북아에서 평화 및 화해의 새 시대 도래를 예고했다. 양국은 1990년 9월 한국과 소련은 외상회담을 통해 관계 정상화를 이룩했으며, 1990년 12월과 1991년 4월에 양국 정상이 교환 방문을 실현해 2차례의 정상회담을 가지고 정치, 경제, 사회, 문화 등 제반 분야에서 협력관계를 내실있게 추구해 나갈 기반을 확고히 했다(외무부, 1991: 48).

특히 1991년 4월의 제주도 정상회담에서는 한반도 문제, 유엔 가입, 북한의 핵안전조치협정, 양자간 협력 증진, 아・태 안보협력, 아・태지역 다자간 경제협력 등에 대한 내용을 논의했다. 우선 한반도 문제와 관련해서는 남북대화의 재개와 한반도의 평화와 안정을 위한 소련의 건설적 기여와 지원 필요성에 의견이 일치됐다. 둘째로 한국의 유엔 가입에 대한 소련의 지지 입장이 좀 더 구체적으로 표명됐다. 셋째로 북한이 IAEA 핵안전조치협정을 조속 체결하도록 한국과 소련 양국이 공동으로 노력하기로 했다. 넷째, 양자 관계에서 향후 경제 분야 등 실질 협력 심화를 위해 노력해 나가기로 했고, 교역량을 지속적으로 늘려나가기로 했다. 다섯째, 아・태 안보협력 구상에 대해 소련측은 고르바초프 방일 시 제의한 내용을 포함해 설명했으며, 한국은 아・태지역 안보협력의 관건인 한반도 문제 해결 등 여건 조성 필요성을 강조했다. 여섯째, 고르바초프 대통령은 양국 관계의 좀 더 역동적인 발전을 위해 1990년 12월 노 대통령의 방소 시 서명된 '모스크바 선언'을 제도화할 것을 제의하고 이를 위해 선린·협력 조약 체결을 제안했다(외무부, 1991: 51).

4) 중국과의 수교

중국과의 수교문제는 사실상 북방정책 추진의 대외적 차원에서 가장 중요한 사안이라고 할 수 있었다. 왜냐하면, 중국은 6·25전쟁에 참전해서 북한 측을 지원했을 뿐만 아니라 1953년 정전협정의 서명 당사국이면서, 북한과는 긴밀한 동맹관계를 맺고 있는 국가였기 때문이다. 또한 중국은 한반도와 인접한 지정학적 위치로 인해 한반도의 안정을 그 어떤 나라보다도 원하고 있었으며, 당시에는 중국이 사회주의 경제를 시장경제로 전환하는 중요한 시기에서 해외로부터의 투자가 절실했다. 이러한 점을 고려할 때, 중국은 한국과의 수교를 매우 원하고 있었지만 북한과의 특수한 관계 때문에 급격한 변화를 추구하지 못하는 입장이었다. 따라서 중국과의 수교는 다른 사회주의권과의 수교가 마무리되는 시점에 가장 늦게 성사됐다고 할 수 있다.

하지만 중국과의 인적·물적 교류는 지리적 인접성으로 인해 수교 이전에도 꾸준히 증대됐는바, 1988년의 서울올림픽 개최를 앞 두고 한·중 간에 교류가 확대됐다. 1988년 6월에는 한국의 민간경제조사단이 중국의 산동성 및 요녕성을 방문해서 산동성 측과는 민간무역사무소 설치, 요녕성 측과는 민간무역회사 지점 설치에 원칙 합의하는 등 성(省) 차원의 협의가 본격화됐다. 또한 올림픽 개최 직전인 1988년 8월에 중국 정부는 한국에 대한 관광 개방 조치를 취했으며, 산동성 경제대표단이 방한해서 지방 차원의 무역사무소 교환 설치에 원칙 합의했다. 또한 중국은 아프리카 및 중동 선수단의 올림픽 참가를 위해 대한항공이 중국 영공을 통과하는 수송로를 사용하는 것을 허가하기도 했다. 1988년 11월에 들어서는 중국은행과 한국의 외환은행, 신탁은행 간에 환거래 계약이 체결됨으로써 직접적인 신용장 개설, 대금 결제를 통한 간접교역이 본격적으로 이뤄지게 됐으며, 1988년에 수교 이전이었음에도 불구하고 중국이 한국의 5대 무역상대국으로 부상했다.

1989년에는 중국에서 천안문 사태가 발생했음에도 불구하고 한국과 중국 양국 간 인적·물적 교류가 꾸준히 증대된 바, 1989년 1월에는 중국 국제무역촉진위원회가 한국의 KOTRA에 대해 중앙 차원의 사무소 설치 교섭을 제의해, 상호간에 협의했으나 성사되지 않았다(외무부, 1990: 46-47). 이후 1990년 10월 20일에 한국 측에서는 KOTRA 이선기 사장이, 중국 측에서는 중국국제무역촉진위원회(CCPIT) 정홍업 회장이 중국국제상회(CCOIC) 회장 명의의 무역대표부 교환 설치 합의서에 서명했다(외무부, 1991: 48). 이에 따라 1991년 1월 무역대표부가 설치됐으며, 1992년 8월 24일 이상옥 외무 장관과 전기침(錢其深) 중국 외교부장이 한국과 중국 양국 간 수교에 관한 공동성명에 서명함으로써, 과거 냉전의 구시대를 청산하고 대사급 외교관계를 수립했다.

한국과 중국은 수교 후 1992년 9월 27~30일간 노태우 대통령은 중국 양상곤(楊尙昆) 국가주석 초청으로 한국의 국가원수로는 처음으로 국빈으로서 중국을 공식 방문했다. 양국은 한·중 양국 관계 증진 방안과 동북아의 평화와 번영을 위한 협력 방안은 논의했으며, 양국 간 선린협력 관계를 발전시키는 것이 양국 국민의 이익에 부합될 뿐만 아니라, 아시아와 세계의 평화와 발전에 중요한 의의를 가지고 있다는 데 인식을 같이했다. 특히 양국은 기존의 민간무역협정과 투자보장협정을 정부간 협정으로 대체하고, 과학기술협력협정과 경제·무역·기술 공동위원회 설치협정을 체결함에 따라 양국간 교역과 경제협력을 더욱 증대시킬 수 있는 기반을 구축했다.

5) 남북관계 개선

남북한 간 대화와 관련, 북한도 1988년 신년사에서 남북 공존의 필요성을 표명한데 이어 남한과의 대화를 모색하고 1988년 11월 16일에 북남고위급 정치군사회담을 제의했다. 이에 강영훈 국무총리는 1988년 12월 28일 상호 비방 및 중상 중지문제, 상호존중 및 불간섭 문제, 다각적인 교류협력 실시 문제, 군사적 신뢰 구축 문제, 남북 정상회담 개최 문제 등과 북한 측이 제기한 실효성 있는 신뢰 구축과 긴장 완화 방안을 동시에 협의하기 위해 총리를 단장으로 하는 남북고위당국자회담을 북측에 제의했다. 이에 대응해 북한 측은 1989년 1월 16일 정무원 총리 연형묵 명의의 서한을 통해 쌍방 총리를 단장으로 하고 군 실권자를 포함한 7명의 대표로 구성되는 북남 고위급 정치·군사회담을 서울과 평양에서 개최하자고 제의했다. 이후 남한의 팀스피리트 훈련을 구실로 두 번이나 중단됐다가 재개된 남북 고위급 회담의 결과 1991년 12월 10일부터 13일까지 서울에서 개최된 제5차 남북 고위급 회담에서 남북기본합의서가 채택되기에 이르렀다.

이러한 과정에서 한국의 노태우 대통령은 1989년 9월 11일 국회에서의 시정연설을 통해 서로 다른 두 체제가 평화 공존 과정을 거쳐 민족공동체 건설을 통해 통일을 이룩하자는 한민족공동체 통일방안을 발표했다.

이와 같은 남북기본합의서의 채택과 발효는 분단 이후 반세기 가까이 흐른 뒤에 이뤄진 것이었다. 이후 남한은 대북한 교류협력 정책을 유지함으로써 1990년대 초반에는 남북 교류협력의 확대 발전에 기대를 가지고 남한 내의 수많은 대기업과 중소기업이 대북사업을 추진하고자 했다. 이에 따라 남한의 대표적인 대기업 총수들이 북한을 직접 방문해 경제협력 사업에 대해 논의하기도 했으며, 북한으로부터의 물자 반입이 이뤄지기도 했다. 하지만 김영삼 정부 시기 북한의 핵개발이 영변에서 진행되고 있었던 것으로 판명됨으로써 북한 핵문제가 남북관계 진전을 가로막는 가장 큰 장애물로 등장해 남북관계는 다시 경색 국면으로 돌입하게 됐으며, 이후 미국과 북한 간 북한 핵문제에 대한 제네바합의가 이뤄지게 됨에 따라 북한에 대해 경수로 건설을 지원하기로 하는 등 남북관계 개선의 실마리가 보이기도 했고, 그 이후 여러 차례의 핵개발 관련한 위기로 인해 남북관계 개선은 부침을 거듭하는 양상을 보이고 있다.

한편, 1991년 9월 17일 한국은 북한과 나란히 유엔에 정회원국으로 가입했다. 이는 한국 정부가 첫 유엔 가입 신청서를 제출한 지 43년 만에 이뤄진 것으로 북방정책의 중요한 성과 중의 하나였다. 즉, 1948년 대한민국 정부 수립 이후 1970년대 중반까지 한국과 우방이 14차례, 북한과 소련이 5차례 등 모두 19차례에 걸쳐 남북한의 유엔 단독 가입 또는 남북한 동시 가입이 제의된 바 있었다.

남북한 유엔 동시 가입은 사실상 북방정책의 일환으로 추진됐던 일련의 외교 노력의 결과였다. 1988년에 노태우 대통령은 국내적으로는 '7·7선언'을 발표했고, 10월 18일에는 우리나라 국가원수로서는 최초로 유엔총회 연설을 했다. 이에 따라 우리나라의 유엔 가입 당위성에 대한 세계 여론의 지지가 매우 높아짐에 따라, 북한은 종전의 남북한 유엔 가입이 분단을 고착화한다는 논리를 변화해서 단일 국호로 단일 의석 하에 가입해야 한다는 주장을 했다. 이후 한국이 소련과 수교하고 1991년 4월 한소 정상회담에서 소련의 고르바초프 대통령이 한국의 유엔 가입 지지 의사를 표명하고 중국도 우리의 입장을 지지하게 됨에 따라 북한은 마침내 1991년 5월 28일 외교부 성명을 통해 유엔 가입 의사를 표명하게 됐다.

냉전의 해체 과정에서 비롯된 사회주의 국가들의 시장경제의 채택은 자본주의 대 공산주의의 체제의 경쟁이 사회주의의 완전한 실패로 귀결됐음에도 불구하고 북한은 사회주의 체제를 고수했다. 하지만 북한도 국제 정세의 변화를 심각하게 받아들여서 남한과의 대화를 추진했던 것으로 판단된다. 이러한 남북관계 개선의 과정을 북방정책 추진과 관련해서 보면, 1988년의 '7·7선언'에 의해 시작된 한국 정부의 대북한 정책 변화가 대화 분위기를 조성했던 것이다. 아래에서는 이후 발표된 '한민족공동체 통일방안'의 내용과 남한과 북한이 합의한 기본합의서 및 비핵화 공동선언의 내용을 살펴보고자 한다.

(1) 한민족공동체 통일방안

한민족공동체 통일방안이 천명된 배경을 보면, 한국이 '민족화합 민주통일방안'을 1982년 1월 22일에 발표한 이후 국내외적 정책환경의 변화를 반영해 바람직한 통일방안을 새롭게 마련해야 한다는 여론을 수렴한 것이라 할 수 있다. 즉, 국내적으로는 사회 각계의 민주화 추세 속에서 통일 논의가 활성화되고, 통일에 대한 관심과 열망이 분출하는 가운데, 특히 88 서울올림픽의 성공적 개최와 북방정책의 활발한 추진 등으로 대북 자신감이 제고됨으로써 통일정책 추진에 대해서도 전향적인 자세가 요청됐다고 할 수 있다. 또한 대외적으로는 동서 화해와 공산권의 개방과 개혁 물결에 따라 세계 질서의 재편 움직임에 따라 한반도 주변 정세도 남북한 관계의 개선과 통일문제를 풀어나가는 데 능동적인 대처가 필요한 것이었다.

이러한 새로운 통일방안 마련의 배경을 토대로 노태우 정부는 국민적 합의 기반을 바탕으로 분단 종식의 실천적 방향을 제시하고 통일 민족사를 전개하려는 정부와 국민의 자신감을 반영해 한민족공동체 통일방안을 발표했으며, 그 내용은 아래와 같다(통일원, 1990: 76-83).

첫째, 한민족공동체 통일방안의 기본 구도는 남북대화의 추진으로 신뢰 회복을 기해 나가는 가운데 남북정상회담을 통해 민족공동체 헌장을 채택하고, 남북의 공존공영과 민족사회의 동질화, 민족공동 생활권의 형성 등을 추구하는 과도적 통일 체제인 남북연합을 거쳐, 통일헌법이 정하는 바에 따라 총선거를 실시해 통일국회와 통일정부를 구성함으로써 완전한 통일국가인 통일민주공화국을 수립하는 것으로 되어 있다. 그리고 남북연합에는 민족공동체헌장에서 합의되는데 따라 남북정상회의와 남북이 동등한 자격으로 참여하는 각료회의, 평의회, 공동사무처 등의 기구를 두고, 비무장지대 내에 평화구역과 통일평화시를 설치하도록 되어 있으며, 통일헌법은 남북평의회에서 안을 마련해 민주적인 방법과 절차를 거쳐 확정하는 것으로 되어 있다. 이와 함께 한민족공동체 통일방안은 통일의 원칙으로 자주・평화・민주를 제시하는 한편 통일국가의 미래상은 자유・인권・행복이 보장되는 민주국가여야 한다고 규정하고 있다.

둘째, 통일의 원칙과 관련, 한민족공동체 통일방안은 우선 통일을 추진하면서 지녀야 할 기본 입장과 자세로서 '자주・평화・민주'의 3원칙을 제시하고 있다. 여기서 '자주'란 통일은 결국 우리 민족끼리 해결할 문제이므로 어떤 외부 세력의 간섭을 받지 않고 겨레 스스로가 결정해야 한다는 것이며, 민족자결의 정신에 따라 남북한의 당사자끼리 서로 협의해 스스로의 뜻과 힘으로 통일을 이룩해야 한다는 것을 의미한다. '평화'란 아무리 통일이 민족 지상의 과제이고 모두에게 가장 절실한 염원이 된다 할지라도 이것을 실현시키기 위해 민족의 희생을 강요하는 무력이나 폭력을 사용해서는 결코 안 되며, 반드시 평화적인 방법으로 이룩돼야 한다는 것을 말한다. '민주'란 통일을 이룩하는 모든 과정이 민주적 원칙에 입각한 절차와 방법에 따라야 될 뿐만 아니라, 통일을 실현한 뒤에도 이 땅에 사는 모든 사람이 주인이 되어 인간답게 살 자유와 권리가 함께 보장되는 사회가 될 수 있어야 한다는 것을 뜻한다.

셋째, 통일의 과정과 관련, 한민족공동체 통일방안에서는 통일로 가는 중간 단계로서 남과 북인 연합(남북연합)하여 더불어 살아가는 가운데 단일 민족사회를 꾸린 다음 마침내 하나의 완전한 민족국가(통일민주공화국)를 세워 통일을 이 땅에 실현한다는 점진적인 통일에의 접근 과정을 밝히고 있다. 즉, 통일로 가는 길목에서 먼저 남과 북은 서로 다른 두 체제가 한반도 안에 엄연히 존재하고 있다는 현실을 받아들여, 서로가 상대방을 인정하는 가운데 더불어 살아가면서 남북으로 나뉘어 있는 민족사회가 하나로 합쳐질 수 있는 바탕을 점차 키워 나가지 않으면 안 된다는 것이다. 이렇게 하여 사회·문화·경제 등의 각 분야에서 서로 도우며 함께 살아가는 하나의 민족공동체를 다시 이룩할 수 있는 기반을 하나씩 키워 나간다면, 머지않아 정치적으로도 하나로 합칠 수 있는 여건과 환경이 만들어질 수 있을 것이라는 것이다.

넷째, 남북연합의 기구와 관련, 남북연합에는 최고 의사결정기구로 남북의 수뇌가 만나 상의하는 남북정상회의가 두어지고, 쌍방 정부의 대표로 구성하는 남북각료회의와 남북의 국회의원으로 구성하는 남북평의회가 설치된다. 여기서 남북각료회의는 남북 쌍방의 총리를 공동의장으로 하고 각기 10명 안팎의 장관급 위원으로 구성된다. 이 각료회의안에는 이산가족 재회와 같은 인도적인 문제를 다루는 분과위원회를 비롯해 정치·외교, 경제, 군사, 사회·문화 등 각 분야에 걸쳐 상임위원회가 두어지게 된다. 각 상임위원회는 이산가족들의 재결합 문제, 정치적 대결 상황 완화 문제, 국제사회에서의 민족역량 낭비 방지 및 해외동포의 권익 신장 문제, 남북 사회 개방과 다각적인 교류·교역·협력 추진 문제, 민족문화의 창달 문제, 공동번영을 위한 경제권 형성 문제, 군사적 신뢰 구축과 군비통제 문제, 현 휴전협정 체제의 평화 체제로의 대체 문제 등과 같은 남북 간에 해결돼야 할 모든 문제와 민족 고유문화의 계승 발전 방안과 같은 민족공동의 과제들을 협의 조정하는 일을 담당한다. 또 남북평의회는 양측의 국회의원 중에서 같은 수를 뽑아 총 100명 내외로 구성하며, 남북각료회의가 요구하는 자문에 응하면서 앞으로 세워질 통일조국의 기본 설계도라 할 수 있는 통일국가의 헌법안을 만드는 일 외에 통일을 구체적으로 실현할 방안과 정차를 서로 의논해 마련하는 일을 맡게 된다.

또한 한민족공동체 통일방안은 통일을 이룩하기 위한 당면조치로서 남북간에 화해와 통일의 전기를 마련하기 위해 남북의 최고 당국자가 하루속히 만나 남북 협력과 통일의 새 시대를 열 '민족공동체 헌장'을 의논해 결정해야 한다고 촉구했다.

(2) 기본합의서

남한과 북한은 1991년 12월 31일 '남북 사이의 화해와 불가침 및 교류협력에 관한 합의서'를 채택 · 서명하고, 1992년 2월 19일 '한반도 비핵화에 관한 공동선언'과 더불어 공식 발효시켰다. 아래에서는 기본합의서의 내용을 살펴보기로 한다(통일원, 1992: 114-118).

남북기본합의서는 통일을 한민족의 공동 번영을 위한 과정으로 전제하고 남북관계 개선과 평화통일을 향한 기본틀을 제시하고 있다는 점에서 무엇보다도 큰 의의가 있다. 남북기본합의서는 합의서의 서문에서 당시의 남북관계를 통일 과정의 '잠정적 특수관계'라고 규정하고 남북한이 당장 통일을 이룩할 수 없는 현실을 감안해 서로 상대방의 체제를 인정하고, 군사적으로 침범하거나 파괴 · 전복하지 않으며, 교류 · 협력을 통해 민족동질성을 회복함으로써 단계적으로 통일을 이룩해 나가야 한다는 약속을 내외에 천명하고 있다.

남북기본합의서는 남북관계를 국가 간의 관계가 아니라 민족 내부의 특수관계로 규정함으로써 남북한이 각각 상대방을 국가로 인정하지 않으려는 의사를 표명하고 있으며, 기본합의서의 성격이 일반 국가 간의 조약이 아니라 분단국을 구성하고 있는 두 정치 실체인 남북간에 적용되는 특수한 합의문서임을 분명히 하고 있다.

또한 남북기본합의서는 통일을 향한 과정의 제1단계인 남북한 간의 '화해 · 협력 단계'의 남북관계를 규율하는 기본 규범이라고 할 수 있다. 즉, 통일을 위한 단계적 접근 방법은 여러가지 유형을 상정해 볼 수 있으나, 과도기적인 평화 체제와 정치적 통일에 의한 민족통일 단계로 나눌 수 있으며, 평화 체제는 다시 남북연합이 제도화되는 단계와 그 이전 단계인 화해 · 협력 단계로 나눌 수 있다. 이러한 단계적 통일 접근 방법에 비춰볼 때, 남북기본합의서는 통일을 향한 제1단계인 화해 · 협력 단계의 기본 규범이라는 점에서 남북연합의 기본 규범인 '민족공동체헌장'과 그 위상을 달리함은 물론, 통일국가의 기본 규범인 '통일헌법'과도 그 위상이 다르다고 할 수 있다.

남북기본합의서는 서문과 함께 제1장 남북화해, 제2장 남북불가침, 제3장 남북교류·협력, 제4장 수정 및 발효 등 4장 25개조로 구성돼 있다. 먼저 서문에서는 남북한이 서로 "정치·군사적 대결 상태를 해소하여 민족적 화해를 이룩하고 무력에 의한 침략과 충돌을 막고 긴장 완화와 평화를 보장하며 다각적인 교류·협력을 실현하여 민족공동의 이익과 번영을 도모"함으로써 평화통일을 성취하기 위해 함께 노력할 것을 다짐하고 있으며, 남북관계를 "나라와 나라 사이의 관계가 아닌 통일을 지향하는 과정에서 잠정적으로 형성되는 특수관계"라는 데 인식을 같이하고 있음을 밝히고 있다.

제1장에서는 ① 상대방 체제의 인정·존중, ② 내부문제 불간섭, ③ 비방·중상 중지, ④ 파괴·전복행위 금지, ⑤ 현 정전 상태를 남북 사이의 공고한 평화 상태로 전환, ⑥ 국제무대에서의 대결과 경쟁 금지 등 남북 사이에 쌓인 불신과 대결의 장벽을 헐고 민족 성원 상호간에 화해와 신뢰를 쌓아 나아가기 위한 실천 과제를 제시하고 있다.

제2장에서는 불가침에 대한 쌍방의 확고한 약속을 대내외에 선언하면서 그 이행을 보장해 나갈 구체적인 실천 조치로서 ① 무력 불사용과 무력 침략 포기, ② 의견 대립과 분쟁문제의 평화적 해결, ③ 불가침의 경계선과 구역의 명시, ④ 불가침의 이행과 보장을 위한 남북군사공동위원회의 구성·운영과 동 위원회에서 협의·추진한 사항의 명시, ⑤ 쌍방 군사당국자 간 직통전화의 설치 등을 규정하고 있다.

제3장에서는 남북 간의 교류와 협력을 통해 민족 전체의 복리 향상과 민족공동체의 회복·발전을 촉진하기 위한 실천적 조치로서 ① 경제교류·협력, ② 과학, 문화, 보건, 체육 등 여러 분야에서의 교류·협력, ③ 자유로운 인적 왕래 및 접촉, ④ 서신 거래, 상봉 등 인도적 문제 해결 대책 강구, ⑤ 철도·도로·연결 및 해로·항로 개설, ⑥ 우편·전기통신 교류, ⑦ 국제무대에서의 다각적인 협력과 대외 공동 진출 등에 관한 규정을 두고 있다.

(3) 비핵화 공동선언

노태우 정부는 1991년 11월 8일 '한반도의 비핵화와 평화 구축을 위한 선언'을 통해 ① 핵에너지의 평화적 이용 및 핵무기의 제조, 보유, 저장, 배비, 사용 금지, ② 한국 내의 핵시설과 핵물질의 국제사찰, 핵연료 재처리 및 핵농축시설의 불보유, ③ 핵무기·무차별 살상무기·화학생물무기의 전면 제거를 위한 국제적 노력에의 참여와 협력 등 3개 항의 비핵화정책을 천명했으며, 1991년 12월 18일에 "이 시각 우리나라 어디에도 단 하나의 핵무기도 존재하지 않는다"는 핵부재 선언을 발표함으로써 북한이 남한 내

주한미군의 핵무기를 구실로 내세워 더 이상 핵안전조치협정의 서명과 국제 사찰을 회피하지 못하도록 명백한 입장을 밝혔다. 이후 남북한은 1991년 12월 31일 '한반도의 비핵화에 관한 공동선언' 문안에 합의하기에 이르렀으며, 이를 1992년 2월 19일 공식 발효시켰는바, 주요 내용은 다음과 같다(통일원, 1992: 120-121).

이 공동선언은 서문에서 "남과 북은 한반도를 비핵화함으로써 핵전쟁 위험을 제거하고, 우리나라의 평화와 평화통일에 유리한 조건과 환경을 조성하며, 아시아와 세계의 평화와 안전에 이바지하기 위한 것"이라고 그 목적을 밝히고 있다.

남과 북은 ① "핵무기의 시험, 제조, 생산, 접수, 보유, 저장, 배비, 사용을 하지 아니한다"(1항), ② "핵 에너지를 오직 평화적 목적에만 이용한다"(2항), ③ "핵재처리시설과 우라늄농축시설을 보유하지 아니한다"(3항), ④ "한반도의 비핵화를 검증하기 위하여 상대측이 선정하고 쌍방이 합의하는 대상들에 대하여 남북핵통제공동위원회가 규정하는 절차와 방법으로 사찰을 실시한다"(4항), ⑤ "공동선언이 발효된 후 1개월 안에 남북핵통제공동위원회를 구성·운영한다"(5항)는 것을 내용으로 하고 있다.

제 4 절 성과 및 평가

1. 성과

노태우 정부 시기에 추진한 북방정책의 단기적 목표가 특정한 공산권 국가와의 수교였다는 점을 앞에서 적시한 바 있는 바, 이러한 측면에서 보면 북방정책은 매우 성공적으로 이뤄졌다고 할 수 있다. 특히 소련 및 중국과의 수교를 성공시킨 점과 이를 위해 동구 사회주의 국가들과의 국교 수립 과정에서 얻어진 경험을 순차적으로 적용해서 과거의 적대국이었던 국가들과 수교를 성사시켰던 것이다. 즉, 북방정책의 국제적 차원의 성과는 헝가리와의 수교로부터 시작해서 소련을 포함한 유럽의 사회주의 국가 및 아시아 사회주의 국가인 몽골과 중국과의 수교라는 당시로서는 획기적인 성과를 거뒀던 것이다.

한편, 북방정책의 또 다른 중요한 한 축인 한반도 통일의 달성이라는 차원에서는 성과를 거두지 못했다고 할 수 있다. 하지만 한반도 통일이라는 궁극적 목표를 달성하기 위해 남한과 북한 간 관계 개선을 도모한다는 것을 북방정책의 단기적 목표라고 한다면, 한반도 차원에서도 일정한 성과를 거뒀다고 할 수 있다. 즉, 앞에서 살펴본 바와 같이 남한과 북한은 기본합의서를 체결했으며, 한반도 비핵화 공동선언에도 합의했던 것이다. 이러한 일련의 북방정책의 단기적 목표는 사실상 노태우 정부 시기에 성과를 이뤘던 것이다. 다시 말하면 노태우 정부 시기의 남북관계는 그 이전에 비해 매우 발전됐던 양상을 보였으며, 남북관계 전반을 규정짓는 기본합의서를 남한과 북한 간에 도출함으로써 남북관계가 지속적으로 발전할 것이라는 기대를 가지게 했던 것이다. 하지만 북방정책의 남북관계 차원 행위로서 남북한 간 협상을 북한 측이 국제 정세상 불리한 국면을 모면하기 위한 목적 하에 실질적으로 지키지 않을 사안에 합의하는 숨은 의도를 가지고 의도적으로 이용했던 것이라면 기본합의서 체결이라는 성과가 무엇인가에 대한 문제가 발생한다고 할 수 있다.

북방정책의 성과를 종합해서 보면, 분단국가의 남쪽에 존재하고 있던 대한민국이 미국 중심 서방세계의 소련 중심 공산세계에 대한 승리라는 세계 정세의 변화를 배경으로 시장경제와 민주주의 기반 국가의 우월성을 증명하게 된 것이 중요하다고 할 수 있다. 또한 남한이 접근할 수 없었던 구 사회주의권 국가들과의 수교는 한국에게 막대한 경제적 기회를 제공하는 것이었으며, 우리의 외교적 지평을 넓히도록 하는 효과를 가져왔다. 한편 남북관계 차원에서도 남한과 북한이 직접적 협상을 추진함으로써 경험을 축적할 수 있었다는 점도 중요한 성과라 할 수 있다. 즉, 북방정책 수행 이전의 남북관계는 남한과 북한이 마치 상대방이 지구상에 존재하지 않는 것과 같이 간주하고 국가를 운영하고 있었던 것과 비교하면, 남한과 북한이 실질적 접촉과 교류를 할 수 있다는 것을 보여준 성과가 있었던 것이다.

2. 평가

북방정책의 평가를 수행 당시의 한국적 상황을 감안해서 평가한다면 성공적이었던 것이라고 평가할 수 있을 것이다. 하지만 노태우 정부가 완전한 민주주의를 구현한 상태에서 정책을 구사했다고 할 수 없다면 다른 평가를 할 수 있을 것으로 판단된다. 이러한 측면에서 볼 때, 북방정책의 평가는 국제와 남북관계 및 국내의 3대 차원의 결과를 감안해서 판단해야 할 것이다. 또한 북방정책의 성격상 대외정책 차원의 정책과 대북정책 차원의 정책이 구분되는 것이므로 이에 대한 별도의 평가가 이뤄져야 할 것이며, 정책 성과의 평가에서 시간대적 고려도 필요한 것으로 사료된다.

첫째, 국제적 차원의 북방정책 성과를 평가한다면 매우 성공적이었던 것이라고 할 수 있다. 특히 1980년대 말 당시 한국 정부의 외교 역량이나 국력을 감안해서 보면, 한국이 미국을 중심으로 한 서방 진영과의 외교라는 협소한 틀에서 벗어나서 동구 사회주의 국가들과 국교 수립을 시도했다는 사실 자체가 매우 획기적인 일이었던 것이다. 이와 같은 한국의 외교 지평 확대는 이후 사회주의권의 맹주라고 할 수 있는 소련 및 중국과의 수교로 이어졌으며, 이와 같은 국교 정상화는 한국 기업들의 경제적 활동을 대폭적으로 확대할 수 있는 계기를 마련했고, 김영삼 정부 시기 세계화의 추진으로 자연스럽게 연결되는 발판을 마련했다고 할 수 있다.

한편, 정책 성과를 평가하는 데 유사한 정책을 다시 추진할 경우를 대비해서 그 당시 정책환경을 다시 한 번 분석해 볼 필요가 있다. 즉, 북방정책 성공의 이면에는 한국의 경제력 상승이라는 중요한 요인과 함께 세계 질서에서 미국을 대표하는 자본주의 진영의 우월성이 증명되는 시대적 상황이 있었다는 점이다. 다시 말하면, 우리가 북방정책과 유사한 정책을 다시 추진한다면 과연 성공할 수 있겠는가 하는 문제 제기인 것이다.

또한 북방정책의 추진 이유 중 하나가 88 서울올림픽의 안정적 개최였지만, 북방정책을 성공적으로 마무리하게 된 데에는 서울올림픽이 매우 성공적으로 개최돼 한국의 국제적 위상이 높아졌다는 요인도 작용했다는 점이 중요하다. 즉, 대외정책의 성공에는 국제적 환경이 우호적이어야 한다는 중요한 사실과 함께 선행 정책의 성공이 후행 정책 추진에 도움이 되는 선순환적 고리가 연결되는 것도 중요하다는 교훈을 얻을 수 있는 것이다.

둘째, 위와 같은 북방정책의 국제적 차원 성과에 대비되는 것이 남북관계의 발전이라는 단기적 목표와 궁극적으로 통일의 달성이라는 장기적 목표를 가지고 추진한 한반도 차원의 정책 성과에 대한 평가의 문제가 대두된다. 우선적으로 볼 때, 북방정책은 단기적인 남북관계의 발전을 이뤘다고 볼 수 있다. 즉, 북방정책의 결과 분단 이후 최초로 남한과 북한의 대표들이 만나서 일련의 회담을 거쳐 기본합의서를 체결했으며, 비핵화 공동선언도 발표했다. 따라서 남북관계의 발전을 이뤘다고 단순히 평가할 수 있지만, 노태우 정부 종료 이후 김영삼 정부 출범과 함께 대두된 북한의 핵개발 문제는 남북관계를 또다시 경직시켰기 때문에 북방정책의 결과 성취된 남북관계 발전이 과연 성공적인 것이었다고 평가할 수 있는가 하는 문제다. 한편, 김영삼 정부 시기 경직됐던 남북관계가 김대중 정부 시기에는 역사상 최초의 남북 정상회담이 개최됐으며, 금강산 관광과 개성공단 가동을 위시한 남북한 간의 경제 교류협력과 함께 사회문화 교류협력이 활발하게 진행됐다. 또한 노무현 정부 시기에는 이러한 남북 교류협력이 가일층 확대됐으며, 두 번째 남북 정상회담도 개최된 바 있다. 하지만, 이명박 정부 시기에는 남북관계가 또다시 경색돼 개성공단을 제외한 남북 교류협력은 거의 단절되다시피 했다. 즉, 이와 같은 남북관계의 부침과 북방정책의 성과는 어떠한 연관성을 가지고 있는가 하는 문제를 고려해 보면, 사실상 매우 의문시된다 하겠다. 좀 더 직접적으로 본다면 기본합의서 체결이 대표적 북방정책의 성과라 할 수 있는데, 현재 시점에서 평가해 볼 때 기본합의서가 남북관계를 어떻게 규정짓고 있는지에 대한 의문이 생기는 것도 사실이다.

셋째, 북방정책의 추진 성과를 평가할 때 우리가 고려해야 할 마지막 차원은 국내적 요인의 고려다. 북방정책의 추진 당시 노태우 정부는 완전한 문민정부라 하기 어려운 측면이 있었기 때문에 북방정책의 추진 과정이 전반적으로 권위주의적인 면이 많았다고 할 수 있다. 다시 말하면, 북방정책의 기획과 입안 및 실행에서 시민사회의 참여가 크지 않았다고 할 수 있다. 물론 이러한 문제는 한국 민주주의의 역사적 발전 궤도와 맥을 같이하는 것이지만, 여기에서 이 문제를 제기하는 것은 북방정책의 추진이 정부 주체뿐 아니라 다양한 비정부 주체들과 좀 더 긴밀한 협조관계 하에 이뤄졌다면 훨씬 더 큰 성과를 거둘 수 있지 않았겠는가 하는 아쉬움 때문이다. 이러한 정책 추진 주체의 확장성 문제는 비단 북방정책에만 국한된 문제는 아니지만, 북방정책의 한 축인 남북관계 발전 및 통일 달성은 전 국민의 관심사이기도 하면서 삶에 직접적으로 영향을 미치는 문제이기 때문에 초기에서부터 일반 시민사회와 함께하는 것이 좀 더 필요하지 않았는가 하는 문제 제기가 가능한 것이다. 이와 같은 북방정책의 추진 형식은 후에 남한 사회에 팽배하게 된 남북관계 및 통일문제를 둘러싼 진보와 보수의 갈등을 예고하게 된 것이 아닌가 하는 판단을 할 수 있다.

결론적으로 북방정책은 노태우 정부 시기의 성과를 중심으로 본다면 성공적인 것으로 볼 수 있지만, 이후 전개된 남북관계를 보면 북방정책의 성과는 미흡한 것으로 볼 수 있다는 것이다. 따라서 향후 한국이 궁극적으로는 통일을 이룩해야 한다는 정책적 수요를 충족하기 위해서는 북방정책에서 통일 관련 정책사안 기획과 입안 및 실행에서 부족했던 것이 무엇인가를 주도면밀하게 살펴보는 것이 중요하다 하겠다.

이러한 문제점을 극복하기 위한 첫 번째 과제는 역시 남한 내부의 결집된 통일 의지라 할 수 있다. 남한은 분단 이후 매우 호전적인 북한을 상대로 해서 끊임없는 도발을 견뎌냈으며, 경제 발전과 민주화를 이룩했다. 우리는 이러한 우리 내부의 역량을 남남 갈등에 낭비하지 말고 통일을 이룩하기 위한 실제적 정책을 고안하고 실천해야 할 것이다.

한편 한반도 통일은 남한과 북한만의 문제가 아니라 주변국의 협조가 필요하다는 점을 정확히 인식해서 미국, 일본, 중국, 러시아 등 4강을 포함한 전 세계의 국가가 한반도 통일을 지지하도록 하는 노력을 적극적으로 기울여야 할 것이다.

또한 한반도 통일을 향한 발걸음의 가장 중요한 조치 중의 하나는 우리의 정책을 북한이 신뢰하도록 해야 하는 것이다. 즉, 한반도 통일을 위해서는 북한이 개혁과 개방을 통한 변화를 통해 남한의 발전에 대한 공감대를 가지고 남한과 통일을 도모해야겠다는 신뢰적 관계가 형성돼야 한다는 것이다.

마지막으로 북방정책의 궁극적 목표인 한반도 통일은 국내, 대북, 국제의 세 가지 차원의 정책이 상호간에 유기적으로 연계돼 추진돼야 효과를 발휘할 수 있다는 점을 강조하고자 한다.

참고 문헌

국가안전보장회의 (1989). 북방정책 추진에 따른 한국의 안보. 서울: 국가안전보장회의 비상기획위원회.
김국진 (1990). 북방외교와 태평양외교의 연계전략 연구. 서울: 외교안보연구원.
양영식 (1990). 북방외교를 위한 초당적 참여방안연구. 서울: 정무제1장관실.
외무부 (1990). 한국의 북방외교. 서울: 외무부.
______ (1990). 1990 외교백서. 서울: 외무부.
______ (1991). 1991 외교백서. 서울: 외무부.
______ (1992). 1992 외교백서. 서울: 외무부.
______ (1993). 1993 외교백서. 서울: 외무부.
이종훈 (1992). 북방정책의 평가와 향후 과제. 서울: 국회도서관 입법자료분석실.
전인영 외 (1988). 북방3각관계의 변화와 한국의 정책 방향. 서울: 국제평화연구소.
조병선 (1989). 북방정책의 실상과 전망. 부산: 열음사.
통일부 (1999). 통일부 30년사. 서울: 통일부.
통일원 (1990). 1990 통일백서. 서울: 통일원.
______ (1992). 1991 통일백서. 서울: 통일원.
하용출 외 (2003). 북방정책: 기원, 전개, 영향. 서울: 서울대학교출판부.

제 2 장

토지공개념제 도입

서순탁
서울시립대학교

제 1 절 정책의 추진 배경

1970년대 우리나라는 고도 경제 성장으로 인구 및 산업의 도시 집중이 가속화되면서 도시지역을 중심으로 토지 수급 불균형이 심화됐고, 1970년대 후반기에는 지가가 급등하고 부동산 투기가 극심했다. 이에 정부는 1978년 부동산 투기 억제 및 지가 안정을 위한 종합대책(이른바 8·8조치)을 발표했다. 이 대책은 수요관리에 중점을 두고 있어 일시적인 효과를 거둘 수는 있었으나, 공급 확대와 같은 근본적인 대책이 고려되지 못해 한계가 있었다.

그러다가 1987년 하반기 이후 다시 부동산 가격이 폭등하고 투기가 재발했다. 이른바 3차 폭등기(1988~1990)[1]로 불리는 이 시기에는 연평균 지가상승률이 26.6%에 이를

1) 1차 폭등기(1965~1969)에는 연평균 지가상승률이 34.9%, 2차 폭등기(1975~1979)에는 30.6%나 급등한 것으로 나타났다.

정도로 땅값이 급등했다(이규황, 1999: 162). 이와 같은 토지 및 주택가격의 폭등은 무주택 서민의 생계를 위협하는 등 사회 안정을 위협하는 상황까지 초래하자, 정부는 1988년 '8 · 10 부동산대책(이른바 8 · 10조치)'을 통해 토지공개념에 바탕을 둔 토지제도의 근본적인 개편방침을 발표하지 않을 수 없게 됐다. 여기에는 단기적으로 양도소득세제 강화, 검인계약서제 실시 및 등기의무화 추진, 종합토지세제 도입, 지가체계 일원화를 추진하는 한편, 장기적으로는 토지공개념을 바탕으로 한 근본적인 토지제도의 개혁을 검토하는 방안이 포함됐다(박헌주 외, 1998: 16).

위와 같은 정부의 노력은 여론의 압도적인 지지를 받았다. 당시 국민들은 부동산 가격의 반복적인 급등, 만성적인 주택난, 일부 부동산 소유계층의 과시적인 소비 행태 등으로 부동산문제의 근원적인 해결을 원하고 있었다. 그러던 차에 국토개발연구원이 슈퍼컴퓨터로 내무부의 토지전산자료를 분석해 토지 소유의 독과점 실상, 즉 토지소유자 상위 5%가 민유지의 62.5%를 소유하고 있다는 토지 소유 편중 실태를 발표했다. 그러자 국민들 사이에서는 더 이상 토지문제를 방치해서는 안 된다는 사회적 공감대가 형성됐고, 이는 한국 사회가 토지공개념제도를 확대 도입하는 데 결정적인 역할을 했다(이규황, 1999: 227).

표 1-2-1 지역별 민유지의 계층별 소유 현황

(단위: %)

구분	전국	서울	부산	대구	광주	대전	수원	성남
상위 5%	65.2	57.7	72.3	72.6	55.7	65.1	58.6	71.9
상위 10%	76.9	65.9	81.4	82.4	69.4	76.4	73.0	83.5
상위 25%	90.8	77.8	89.5	92.4	88.4	88.2	88.9	95.1

자료: 국토개발연구원(1985: 35).

그러나 이러한 여론의 지지에도 불구하고 당시 토지공개념이 무엇을 의미하는지에 대한 이해가 충분치 않았으므로 토지공개념 연구위원회는 토지공개념의 개념부터 명확히 해야 했다. 토지공개념이라는 말은 1970년대 후반 당시 건설부 장관이 처음으로 사용[2]한 이후, 토지문제가 거론될 때마다 정책담당자나 학자들이 토지문제에 대한 근본적인 해결책으로 이 용어를 거론한 적이 있을 뿐이다(권태준, 1985: 49-59; 서원우, 1985:

2) 신형식 건설부 장관이 "유일한 국토자원을 전체 국민의 공동 번영을 위한 공통기반으로 유효적절하게 사용해야 한다는 공공복지 우선의 새로운 토지정책의 근본 이념"으로서 토지공개념을 주장한 바 있다(허재영, 1993: 317).

67-71). 논의 끝에 동 위원회는 토지공개념을 "토지의 개인적 소유권 그 자체는 인정하되, 그 이용을 공공복리에 적합하게 규제해야 한다는 뜻"으로 규정했다(허재영, 1993: 317). 이처럼 토지공개념은 실정법상의 용어가 아니라 토지소유권을 제한함으로써 토지의 공공재적 성격을 강조하기 위해 편의상 사용되는 용어라고 할 수 있다.

또한 토지공개념 위원회는 토지공개념의 도입은 공공에 의한 토지의 소유 또는 점유를 확대하려는 시도가 아니며, 토지소유권에 대해 혁명적 변화를 요구하는 것이 아님을 분명히 했다. 그 이전에도 토지 소유·거래·이용의 측면에서 각종 규제와 세제를 통한 공공부문의 정책 개입이 계속돼 왔고, 따라서 토지공개념은 새로운 개념이 아니라는 결론이 내려진 것이다. 이러한 맥락에서 당시 토지공개념 관련 제도의 도입은 토지공개념의 '도입'이 아니라 '확대 도입'인 것으로 표현됐다(박헌주 외, 1998: 17).

그러나 엄밀한 의미에서 토지공개념제도란 1989년 12월 정기국회에서 입법 조치된 것으로 택지 소유 상한에 관한 법률에 의한 택지소유상한제, 개발이익 환수에 관한 법률에 의한 개발부담금제, 토지초과이득세법에 의한 토지초과이득세를 지칭한다. 이른바 토지공개념 3법에 의한 세 개의 제도 가운데 택지소유상한제와 개발부담금제는 토지공개념 연구위원회의 연구 결과를 제도화한 것이지만, 토지초과이득세는 당시 재무부가 독자적으로 구상한 제도였다.[3)]

토지공개념의 입법과는 별도로 1988년부터 1990년까지는 부동산 관련 제도에 대한 개혁이 잇달아 추진됐는데, 종합토지세와 공시지가제도의 도입, 부동산 등기 의무화 조치, 기업의 토지 과다 보유 억제대책(5·8조치) 등이 바로 그것이다.[4)]

제2절 정책의 추진체계

단기 대책만으로 당시의 부동산 투기를 진정시키기에는 한계가 있으므로 부동산 투기를 근절하고 토지문제를 근본적으로 해결하기 위해서는 토지공개념을 확대·도입해

3) 토지공개념 연구위원회 4개 분과 중 '실수요자에 의한 거래규제'와 '기업의 토지투기 억제'를 연구했던 분과의 연구 결과는 산림법 개정을 통한 임야매매증명제 도입, 지방세법 시행령 및 법인세법 시행규칙 개정을 통한 업무용 토지 판정 기준의 강화 등으로 제도화됐다.

4) 이때, 결실을 거두지는 못했으나 토지기본법을 제정하려는 노력도 있었다.

야 한다는 의견이 사회 각계각층으로부터 일자, 정부는 1988년 8월 10일 부총리 겸 경제기획원 장관을 위원장으로 하는 부동산정책위원회와 경제기획원 차관을 위원장으로 부동산실무대책위원회를 설치했다. 부동산정책위원회가 그 다음날 토지공개념연구위원회를 구성할 것을 의결하자, 부동산실무대책위원회에서는 학계, 연구기관, 실무부처의 공무원이 참여하는 토지공개념연구위원회를 구성했다. 이 위원회는 국토개발연구원장을 위원장으로 하고 경제기획원 기획국장, 건설부 토지국장, 학계, 국토개발연구원에서 각 1명씩 참여해 4명의 간사를 두었다. 이 위원회는 토지의 소유 제한(분과위원장: 김남진 고려대 교수), 토지의 거래규제(분과위원장: 서원우 서울대 교수), 개발이익환수제도(분과위원장: 황명찬 건국대 교수) 그리고 기업의 토지 과다 보유 억제대책(분과위원장: 홍원탁 서울대 교수) 등 4개 분과로 나뉘었다. 또한 경제학, 행정학, 공법, 사법 등 부동산 관련 학계 인사 5명을 중심으로 자문위원회를 구성하고 국토개발연구원, 한국개발연구원, 한국농촌경제연구원의 전문가와 관계 부처 공무원을 실무위원으로 위촉해 위원회를 지원했다. 토지공개념연구위원회는 토지제도 개혁 방안을 연구하고 외국 사례를 분석해 입법에 참고하도록 제도 개선 방안을 건의하는 역할을 수행했다(이규황, 1999: 222-223).

토지공개념 연구위원회는 1989년 초에 중간 연구 결과를 부동산정책위원회에 보고하고, 정책토론회(1989.2.23.~24.)와 국민대토론회(1989.4.20.)를 개최해 연구 결과를 제도화하는 기반을 구축해 갔다(국토개발연구원, 1990: 14~15). 이 연구위원회의 활동과 동시에 정부도 토지공개념 도입대책반(위원장: 건설부 차관)을 설치해 연구위원회의 연구 결과

표 2-2-2 추진 경위 및 주요 활동

일자	주요 활동
1988년 8월 10일	8·10조치에 의거 부동산정책위원회(부동산실무대책위원회) 설치
1988년 8월 11일	토지공개념연구위원회 구성
1988년 9월 9일	토지공개념연구위원회 1차 회의 개최
1988년 9월 15일	토지공개념연구위원회 분과별 위원회 개최
1988년 9월 30일	토지공개념연구위원회 2차 회의 개최
1988년 11월 11일	토지공개념연구위원회 1차 시안 작성
1988년 12월 23~24일	토지공개념 확대 도입 방안에 관한 정책토론회 개최
1988년 12월 29~30일	토지공개념 확대 도입에 관한 정책간담회 개최
1989년 4월 20일	토지공개념 확대 도입을 위한 국민토론회 개최

자료: 국토개발연구원, 토지공개념백서(1990: 14-15)에서 일부 발췌.

를 바탕으로 구체적인 제도 도입 방안을 협의하고 법률안을 준비해 나갔다. 토지공개념 도입대책반은 토지공개념연구위원회가 보고한 최종 결과보고서를 토대로 '택지소유상한에 관한 법률(안)', '개발이익 환수에 관한 법률(안)'을 확정했다. 이 대책반은 네 차례의 대책회의와 여섯 차례의 실무회의를 거쳐 토지공개념의 입법과 제도화의 기초를 마련하고 활동을 마쳤다.

토지공개념 확대 도입계획에 따라 토지공개념 도입대책반에서 검토한 택지소유 상한에 관한 법률(안), 개발이익 환수에 관한 법률(안)을 1989년 7월 11일 입법 예고했다. 그리고 당정협의(9.11)를 통해 입법 예고 기간 중에 제출된 관계 기관의 의견을 조정한 후, 경제장관회의(9.21)와 국무회의 의결(10.5)을 거쳐 정부안으로 확정돼 국회로 이관(10.13)됐다.

국회로 제출된 두 개의 법률안에 대해 당시 야당의 입장은 국민 여론과 언론을 의식해 총론적으로는 찬성하는 것처럼 보였으나, 각론에서는 다른 입장을 보였다. 평민당과 민주당은 대체로 정부안을 지지하는 입장이었으나, 공화당은 정부안에 대해 반대하는 입장이었다. 반면 재계는 토지공개념제도의 제도화 과정에서 적극적으로 반대 의견을 표명한 반면, 시민단체인 경제정의실천시민연합(경실련)은 토지공개념제도의 도입을 적극 지지했다.

제3절 정책의 추진 과정 및 내용

1. 택지초과소유부담금제

1) 추진 과정

택지소유상한제는 택지의 고른 소유를 유도하고 택지의 공급을 촉진해 국민의 주거생활에 안정을 도모하려는 제도다. 이러한 목적을 달성하고자 개인의 경우에는 일정면적 이상의 택지를 소유하지 못하도록 제한하고, 법인은 불필요한 택지 과다 보유를 억제하기 위해 원칙적으로 택지 소유를 금지했다. 이를 어기는 경우에는 초과소유부담금을 부과했다.

초과소유부담금제는 1989년 12월 30일 택지 소유 상한에 관한 법률이 제정됨에 따라 도입됐다. 2년의 유예 기간을 거쳐 1992년 3월 1일부터 법 시행 당시의 상한 초과 택지에 대해 초과소유부담금이 부과되기 시작했다. 이후 1995년 9월 26일 건설교통부 훈령으로 택지초과소유부담금 부과·징수업무처리규정이 마련됨으로써 제도가 완비됐다.

그러나 초과소유부담금이 부과되기 시작하자, 택지소유상한제에 대한 불만이 적지 않았다. 고율 부과에 대한 납부 저항은 물론, 부과 징수와 관련된 크고 작은 민원[5]이 계속됐다. 부담금 부과·징수와 관련된 행정소송[6]도 적지 않았다. 소송 원인별로는 아파트지구·맹지 등 사실상의 건축 불능을 이유로 한 경우와 불법 용도 변경 및 무허가 건축물과 관련된 경우가 가장 많았다(국토연구원, 1998: 254).

이에 정부는 택지소유상한제 도입 후 여러 차례에 걸쳐 제도를 보완했다. 제도 개선의 큰 줄기는 택지소유상한제의 적용 범위 축소와 초과소유부담금 부과 대상의 축소, 택지 취득 허가의 대상 범위 확대, 처분 또는 이용·개발 의무 기간의 확대 등이었으며, 민원 해소 및 행정절차 합리화를 위한 것도 있었다. 구체적인 내용은 다음과 같다(국토연구원, 1998: 255).

첫째, 부과금 부과 대상을 축소했다. 건축규제로 건축 허가가 불가능한 택지와 행정지도에 의해 착공이 제한된 택지 등을 부담금 부과 대상에서 제외했다. 도시계획시설로 결정 또는 입안 중인 도시계획시설용 택지, 산업합리화 대상업체가 소유한 택지, 개발의무 기간 중에 공익사업에 편입된 택지, 주택건설업체가 토지공사와 주택공사에 매각한 택지에 대해서도 부담금을 면제했다.

둘째, 민원 해소 및 행정절차의 합리화다. 나대지에서 제외되는 부설 주차장의 최소기준 면적 산정 시 건축물 내부 또는 부속토지 안에 설치된 부설 주차장에 해당하는 면적을 제외했다. 부담금 환급 시 이자를 지급할 수 있는 근거를 마련하고, 이자 지급 대상 기간을 납부일로부터 실제 지급일까지로 개선해 민원을 해소하고자 했다. 또한 행정절차를 합리화하려는 제도 개선으로는 취득 시기가 동일한 2필지 이상의 토지보유시에 부담금의 부과 대상에 순위를 부여하고, 부담금 산정 시 택지가격에 적용되는 지가변동률을 시·군·구별로 택지의 종류 및 지목에 따라 달리 적용하도록 한 것을 들 수 있다.

---

5) 1992~1993년에만 2,038건의 민원이 접수됐는데, 이 가운데 동일한 내용이 10회 이상 접수된 경우가 22건이었다.
6) 1992~1996년 말까지 총 289건의 행정소송이 제기됐다.

2) 주요 내용

초과소유부담금은 소유 한도를 초과하는 택지에 대해 부과하도록 되어 있으며, 초과

표 2-2-3 초과소유부담금제의 주요 내용

구분	내용
대상	• 가구별 택지소유 상한 초과분 • 법인소유 택지
부과 제외	• 처분 · 이용 · 개발 의무 기간 내의 택지 • 시가화 조정구역 · 개발제한구역 내의 택지(별장 · 고급주택의 택지 제외) • 주택건축 금지 · 불가능한 나대지 • 주택이 건축된 택지로서 소유상한 초과분에 건축이 불가능한 가구별 1택지 • 주택이 건축된 택지로서 5년치의 부담금을 납부한 1가구 1택지 • 외국정부 소유 택지 • 자경농민의 가구별 1택지인 주택용 택지 • 지정문화재 • 기타(미관지구 내 택지 등)
납부 의무자	• 공부상의 소유자(사실상의 소유자가 따로 없을 경우) • 2인 이상의 가구 구성원은 소유택지가액에 비례해 부담
부담금의 산정	• 부담금: 부과 기준일 택지가격 × 부과율 • 부과 기간: 부과대상 택지 해당 일부터 부과 기준일까지 • 가구별 택지 2필지 이상: 취득 시기가 늦은 택지부터 부담금 산정 대상으로 봄
택지가격	• 공시지가를 기준으로 산정한 금액
부과율	• 부과 대상일부터 2년 이내: 연 6%(주택이 건축된 택지: 4%) • 부과 대상일부터 2년 초과: 연 11%(주택이 건축된 택지: 7%) • 택지 무소유자가 허가받아 취득한 주택이 건축된 택지: 7% • 의무 기간 내 처분 · 이용 · 개발하지 않은 택지: 11%
부과 기준일	• 매년 6월 1일 • 대리개발자 지정일 • 처분일: 부과대상 택지를 부과 기준일 이전에 처분 시 • 건축허가일: 부과 대상택지에 주택건축 시 • 임대 개시일 • 부과대상 제외 사유 발생일
신고	• 부과 기준일부터 20일 이내 초과소유부담금 부과 대상택지 신고서의 제출 • 신고 시 부담금의 5%를 공제
부과 징수	• 부과 기준일부터 3월 이내에 부과 • 납부 기한: 납부 고지일로부터 1월 이상 3월 이내

자료: 국토개발연구원(1998: 257).

소유택지의 공시지가에 법정부과율을 곱해 산정된다. 부과율은 2년 기준으로 부과대상 택지를 구분하고, 주택 건축 여부에 따라 법정부과율을 달리했다. 2년 이내이고 주택이 건축돼 있는 택지에 대해서는 공시지가의 100분의 4를, 건축물이 건축돼 있지 아니한 택지는 100분의 6을 부과했다. 2년을 초과하고 주택이 건축돼 있으면 100분의 7을, 미건축택지에 대해서는 100분의 11을 부과했다.

초과소유부담금은 금전으로 납부하는 것이 원칙이나, 당해 택지로 물납할 수도 있다. 또한 부담금 납부 의무자는 건설교통부 장관에게 당해 택지의 매수를 청구할 수 있다. 택지초과소유부담금의 부과 대상·부과율 등 주요 내용을 정리하면 〈표 2-2-3〉과 같다(국토개발연구원, 1998: 256).

2. 토지초과이득세제

1) 추진 과정

토지초과이득세제는 유휴토지에서 발생하는 토지초과이득을 환수하는 제도다. 이때 유휴토지란 지가 상승을 기대하며 놀고 있는 토지를 말한다. 이 제도의 목적은 지가 상승으로 얻은 불로소득적인 자본 이득에 대한 과세를 통해 유휴토지의 공급을 촉진하기 위한 것이다.

당초 토지초과이득세는 개발부담금과 짝을 이뤄 작동되도록 구상됐다. 개발부담금이 개발사업에서 발생하는 개발이익을 사업 시행자로부터 환수하는 제도라고 한다면, 토지초과이득세는 개발사업뿐만 아니라 사회·경제적 요인으로 발생하는 지가 상승 이익까지 토지 소유자로부터 환수하는 제도다. 즉, 개발부담금이 개발사업지구에서 발생하는 개발이익을 환수하는 수단이라면, 토지초과이득세는 개발사업 주변에서 발생하는 지가 상승 이익을 환수하는 수단이라 할 수 있다. 또한 토지초과이득세는 양도소득세와도 차이가 있는데, 양도소득세가 실현된 개발이익을 환수하는 세제라 한다면, 토지초과이득세는 미실현 자본이득을 환수한다는 점에서 차이가 있다. 이는 당시 양도소득세만으로는 토지 양도 시까지는 지가 상승 이익을 환수할 수 없다는 점을 고려해 보유 단계에서도 지가 상승 이익에 대해 과세할 수 있도록 토지초과이득세를 신설한 것이다.

토지초과이득세는 시행 초기부터 적지 않은 반발과 조세 저항이 이어졌다. 미실현 이익에 대한 과세라는 점에서 헌법소원이 제기됐고, 마침내 헌법불합치 판정을 받았다.

1994년 7월 29일 헌법재판소는 토지초과이득세법에 대해 헌법에 불합치한다고 결정했다.[7] 헌법 불합치 결정에 따라 토지초과이득세법은 헌법재판소의 지적 사항을 반영해 개정됐다. 개정 법률에서는 국민의 재산권 보호를 강화하고 적정한 세 부담을 위해 초과누진세율을 도입하며, 지가 하락 시에 대비해 보완 규정을 마련했다. 또한 징수비용을 절감하고 조세 마찰의 가능성을 해소하기 위해, 정기과세의 경우 지가가 안정된 시기에는 전국 단위 과세를 중지하고 지가 급등 지역만 과세하는 등 미비점을 보완했다. 〈표 2-2-4〉는 다음은 헌법 불합치 결정의 이유와 이에 따른 제도 개선의 주요 내용이다(국토개발연구원, 1998: 248).

표 2-2-4 헌법 불합치 결정에 따른 제도 개선

구분	헌법 불합치 결정 사항	제도 개선 사항
과세 표준	• 공시지가 산정의 적정성 문제 • 과표 산정 기준의 시행령 포괄 위임(조세법률주의 위반)	• 표준지수 확대(30만→45만 필지) • 지가 산정 근거를 법률에 명문화
세율	• 높은 단일 비례세율(50%) • 양도소득세와의 이중과세, 지가 등락에 따른 원본 잠식 가능성	• 2단계 누진세율 체계로 전환 - 1,000만 원 이하: 세율 30% - 1,000만 원 초과: 세율 50% • 토지초과이득세와 양도소득세 간의 상계 장치를 양도 시 정산 체계로 보강 - 과세 후 3년 내 양도 시 100% 공제 - 과세 후 6년 내 양도 시 60% 공제
과세 대상	• 유휴 토지의 과세 대상 범위 - 임대토지 과세 기준 및 범위제한 필요 - 무주택자 소유 나대지의 과세 제외 한도와 택지소유 상한에 관한 법률에 의한 소유 상한 과의 부조화	• 유휴 토지 판정 기준의 완화 - 건축 신축 부지: 과세 유예기간 연장(1년→3년) - 대용토지: 건축물 부속토지 기준면적 응용, 법인 소유농지 수입금액 기준으로 완화 - 무주택자 소유 나대지: 가구당 1필지에 한해 200평까지 과세 제외 - 법령상 사용 제한 토지에 대한 과세 제외 및 취득일 조정
과세 요건	• 보유 기간 중 지가 하락에 대한 보완 규정 미비	• 정기과세도 지가 안정 시 전국 과세 중지(국세청에 재량권 부여)

자료: 국토개발연구원(1998: 249).

7) 헌재 1994. 7. 29 선고 92헌바49, 92헌바52 결정.

2) 주요 내용

토지초과이득세는 토지초과이득이 발생한 유휴토지 소유자를 납세 의무자로 하며, 지가상승분에 대해 3년 단위로 과세하도록 돼 있다. 다만, 지가 상승이 정상 지가상승분의 1.5배를 초과하는 경우에는 그 초과분에 대해 매 1년마다 예정과세를 한다. 이때 정상지가상승률은 전국 평균 지가상승률과 이자율(331/1,000) 가운데 높은 율로서, 국세청장이 과세 기간 종료일의 다음 연도 3월 31일까지 고시한다.

토지초과이득세의 과세표준은 과세 기간 종료일의 지가에서 과세 기간 개시일의 지가를 공제한 금액에서 다시 당해 과세 기간의 정상 지가상승분과 개량비와 자본적 지출액을 공제한 금액으로 한다. 세율은 당초에는 50%였으나, 헌법 불합치 결정 이후 과세표준 1,000만 원 이하인 경우에는 30%, 1,000만 원 초과에 대해서는 50%로 변경됐다. 개인과 법인의 과다 보유 토지나 비업무용 토지가 과세 대상이 되는 유휴토지에 해당한다. 다만, 국가, 지방자치단체가 소유한 토지는 과세 대상에서 제외됐으며, 정부투자기관이 개발 사업용으로 보유한 토지에 대해서는 세액의 50/100을 감면했다.

3. 개발부담금제

1) 의의 및 변천

1960년대 이후 산업화와 도시화의 진전에 따라 대규모 개발과 투자가 이뤄지면서 막대한 개발이익이 발생했다. 그러나 개발이익을 환수할 수 있는 제도적 장치가 미비해 거의 대부분 사유화됐다.[8] 이처럼 불로소득이 사유화됨으로써 소득구조의 불균형이 심화되고 계층 간의 갈등이 초래됐다. 투기 억제 및 지가 안정에 주안점을 두고 있던 기존의 정책 수단들은 개발이익 환수 기능이 취약해 별다른 성과를 거두지 못하자, 개발이익 환수 기능에 초점을 맞춘 제도로 도입한 것이 개발부담금제도다.

개발부담금제는 택지개발사업 등의 각종 개발사업의 시행으로 인해 발생하는 개발이익을 사업 시행자로부터 환수함으로써 토지 투기를 방지하고 토지의 효율적 이용을 촉진하는 것을 목적으로 한 제도다. 즉, 개발부담금제는 행정청의 개발과 관련한 인·

8) 1990년 당시 개발이익 규모(다음 연도 총지가에서 당해 연도 총지가를 차감한 지가)는 240조 3,400억 원 규모로 추정되며, 이를 광의의 개발이익환수 규모(개발부담금 + 기타 부담금 + 조세)인 9,270억 원으로 나눠 보면, 개발이익 환수 수준은 0.38% 수준으로 추정된다.

허가로 인해 발생한 토지의 증가(增價)를 환수하는 제도적 장치라 할 수 있다. 토지의 증가를 환수하는 제도를 도입하는 과정에서 유휴토지에서 발생하는 토지의 증가는 조세로 따로 환수하도록 함으로써 개발이익의 환수제도는 개발부담금제와 토지초과이득세제로 이원화됐다. 동시에 개발이익 환수제도의 도입으로 종래 운영하던 수익자부담금제를 폐지했다.[9)]

개발부담금제는 1989년 12월 30일 제정한 개발이익 환수에 관한 법률에 의해 도입·시행됐다. 그 후 이 제도는 시행 과정에서 도입 당시에 비해 많은 변화가 있었다. 초기에는 토목공사 등 물리적인 개발사업뿐만 아니라 건축물의 건축으로 지목이 변경되는 경우 등에도 개발부담금을 부과할 수 있도록 부과 대상 사업을 확대했다. 또한 용도지역을 변경한 후 토지를 개발하는 경우에는 개발부담금의 부과 개시 시점을 앞당겨서 용도지역 변경으로 인한 지가 상승 이익까지 환수할 수 있도록 했다. 개발부담금 부과를 위한 지가 산정 시에 공시지가로 산정하기 곤란한 경우를 제외하고는 모두 공시지가로 산정하도록 했다. 또 몇 차례에 걸친 시행령 개정에서는 개발부담금이 부과되는 대상사업을 조정함으로써 개발부담금 부과 대상 사업 간의 형평을 기하고, 개시 시점 지가 및 종료 시점 지가의 산정 방법 등 개발부담금의 부과 기준을 명백히 하여 개발부담금의 적정 부과를 도모하는 등 시행 과정에서 나타난 제도의 미비점을 보완했다. 그러나 그 이후에는 기업 경쟁력 강화와 규제 완화 그리고 지역 투자 활성화 차원에서 부과 대상 사업의 범위 및 규모를 조정하고, 부담률 면제 및 인하 등이 주를 이뤘다(〈표 2-2-5〉 참조).

2) 주요 내용

개발부담금은 일정 규모 이상의 택지개발사업 등 법령에 나열된 사업들에 대해 부과되며, 국가나 지방자치단체의 장 또는 그 위임을 받은 자로부터 개발사업의 인허가를 받은 사업 시행자를 납부 의무자로 하고 있다. 개발부담금의 부과 기준 금액, 즉 개발이익은 사업 완료 시의 지가에서 착수 시점의 지가, 정상 지가상승분, 개발비용을 공제하여 계산하며, 부과율은 개발이익의 50%였다. 처음에는 물리적 개발행위가 수반되는 경우에만 개발부담금이 부과됐지만, 학교용지를 대지로 변경해 건축하는 경우와 같은

---

9) 개발이익 환수에 관한 법률이 제정됨으로써 종래 개별법에서 규정하고 있던 수익자부담금제는 폐지됐다. 도시계획법(제65조), 도시재개발법(제59조), 토지구획정리사업법(제75조), 산업기지개발촉진법(제12조), 특정지역종합개발촉진에관한특별조치법(제23조), 도로법(제66조), 자연공원법(제32조)에서 규정하고 있던 것들이 바로 그 예다(개발이익 환수에 관한 법률 부칙 제3조 1항).

표 2-2-5 법률 개정에 따른 개발부담금제의 변천 과정

구분	시기	개정 배경	주요 개정 내용
제1차 개정	1993. 6. (법률 제4536호)	토지이용규제 완화에 따른 개발부담금제 보완 필요성 제기	- 지목 변경사업을 부과 대상에 추가 - 임차하여 개발사업을 시행할 경우 납부의무자는 토지소유자 - 주택조합이 해상된 경우 조합원이 납부의무자 - 인가 등을 받기 전에 토지이용계획 변경이 있는 경우 토지이용계획 변경 전에 취득한 경우 개시 시점은 취득일
제2차 개정	1997. 1. (법률 제5285호)	경쟁력 10% 이상 높이기	- 산업단지개발사업에 대해 개발부담금을 면제 - 부담금 50% 감면: 중소기업이 시행하는 공장용지조성사업·중소기업용 공업단지 조성사업(수도권 제외) 및 국민주택 건설을 위한 택지개발사업 등
제3차 개정	1997. 8. (법률 제5410호)	개발제한구역의 지정·관리	- 개발제한구역 지정 당시의 토지소유자가 개발사업을 실시하는 경우 개발부담금 부담을 완화 - 개발제한구역 지정 당시부터 소유자의 경우 개발이익의 20%만 부담금을 부과 - 종료 시점 지가의 정산제도 폐지
제4차 개정	1998. 9. (법률 제5572호)	IMF로 기업 자금난 심화로 인한 개발사업의 침체 개선	- 모든 개발 사업에 대해 1999. 12. 31까지 한시적으로 개발부담금 면제, 부담률 인하, 납부 기간 연장 - 2000. 1. 1 이후에 인가받은 사업은 부담률을 25%로 인하
제5차 개정	2000. 1. (법률 제6202호)	정상지가상승분의 적정 산정	- 전국의 평균지가 변동률 대신 개발사업을 시행한 당해 시군구의 평균지가 변동률을 적용 - 개발사업의 시행자가 조합인 경우 조합이 해산하지 않더라도 조합의 재산이 부족한 경우 조합원에게 개발부담금을 부과·징수
제6차 개정	2005. 12. (법률 제7709호)	행정중심복합도시와 국가균형발전정책 발표에 따른 지방부동산 투기심리 확산	- 2004. 1. 1부로 중지됐던 개발부담금을 8·31 부동산대책에 따라 재부과 - 2002. 1. 1 이후 인가 등을 받은 사업은 개발부담금을 징수하지 않도록 하고 있는 부담금관리기본법 관련 조항 삭제 - 2006. 1. 1 이후 인가 등을 받은 사업에 대해 개발부담금을 재부과(전국적으로 25%)
제7차 개정	2008. 3. (법률 제9045호)	기업환경 개선대책 및 서비스산업 경쟁력 강화대책	- 중소기업이 공장용지를 조성하는 경우 개발부담금의 50% 감면 - 물류업체의 산업활동이나 일반기업의 물류활동 및 서비스업에 대해 감면 조항 신설 - 개발부담금 부과 개시 시점이 예외적으로 인가일 이전 토지 취득일이 되는 경우에 대한 적용 한도를 설정 등
제8차 개정	2009. 3. (법률 제9538호)	지역투자활성화 유도	- 관광단지 조성사업 및 물류단지 개발사업에 대한 개발부담금 면제 조항 신설 - 개발부담금의 추가 경감 조항 신설

자료: 국토해양부(2009: 53).

단순 지목 변경과 용도지역 변경으로 인한 지가상승분까지도 개발이익에 포함시키도록 부과 대상사업이 확대됐다. 국가나 지방자치단체가 시행하는 개발사업에 대해서는 개발부담금을 부과하지 않으며, 한국토지공사 등과 같은 정부투자기관이 시행하는 개발사업에 대해서는 50%를 감면했다. 징수된 개발부담금은 개발이익이 발생한 토지가 속하는 지방자치단체에 50%를 귀속시키고, 나머지는 토지관리 및 지역균형개발 특별회계를 통해 토지 매수나 낙후지역 개발에 사용하고 있다.

제 4 절 성과 및 평가

1. 주요 정책의 평가와 성과

1) 택지소유상한제

택지소유상한제의 시행 효과는 다소 있었던 것으로 보인다. 1990년 말 기준으로 소유상한을 초과하는 택지가 33,441건(개인 29,224건, 법인 4,217건)이었으나, 택지초과소유부담금을 부과하기 시작한 1992년에는 건수 기준으로 약 21.3%, 면적 기준으로 약 63.2%가 감소한 것이 이를 뒷받침해준다. 당시 정부는 신고제와 직권조사를 병행해 택지 소유실태를 조사하고 소유 상한을 초과하는 가구별・법인별 택지카드를 작성・관리했다.

이후 초과소유부담금의 부과 대상이 되는 택지는 점차 감소하는 경향을 보여왔다. 〈표 2-2-6〉에서 보는 바와 같이, 연도별 소유상한 초과택지는 1992년 26,652건에 1,940만㎡로 건수로는 약 1.5%, 면적으로는 약 10.6% 감소했다. 1995년 기준으로 볼 때, 개인

표 2-2-6 연도별 소유상한 초과택지 현황(1992~1995) (단위: 건, 천㎡)

구분	1992		1993		1994		1995		1992~1995 증감	
	건수	면적	건수	면적	건수	면적	건수	면적	건수	면적
계	26,032	21,712	30,461	23,799	28,478	19,998	25,652	19,403	-380	-2,309
개인	21,532	15,523	25,471	17,520	23,524	15,070	20,568	13,549	-964	-1,974
법인	4,500	6,189	4,990	6,279	4,954	4,928	5,084	5,854	584	-335

자료: 박헌주 외(1998: 51).

은 건수 및 면적 모두 감소 현상을 보이고 있으나, 법인은 건수는 증가하고 면적은 감소된 것으로 나타나고 있어 법인 고유 목적의 택지취득 건수가 증가한 것으로 추측할 수 있다(박헌주 외, 1998: 51).

택지초과소유부담금은 2년간의 유예 기간을 거쳐 1992년 3월 2일부터 매년 부과됐다. 1992년부터 1996년까지 총 55,651건에 대해 부과했으나, 50,971건은 징수하고 4,680건은 징수하지 못했다. 금액으로는 약 1조 4,556억 원을 부과했으나, 약 1조 1,945억 원은 징수하고 약 2,612억 원은 징수하지 못했다. 징수율은 건수로는 91.6%, 금액으로는 약 82.1%였다(〈표 2-2-7〉 참조).

한편 징수율을 연도별로 보면, 건수나 금액 모두 계속 하락하고 있는 것으로 나타나고 있다. 1992년에 건수 기준으로 97.8%이던 징수율이 1996년에는 78.1%까지 감소했고, 금액 기준으로는 95.4%에서 70.3%로 더욱 크게 떨어졌다. 이는 초과소유부담금에 대한 납부 저항이 해마다 늘어가고 있음을 보여주는 것이다(박헌주 외, 1998: 51-52).

표 2-2-7 연도별 초과소유부담금 부과·징수 실적(1992~1997) (단위: 건, 백만 원)

구분	부과		징수		미징수		징수율(%)	
	건수	금액	건수	금액	건수	금액	건수	금액
합계	55,651	1,455,632	50,971	1,194,451	4,680	261,181	91.6	82.1
1992	14,414	132,368	14,090	126,287	324	6,081	97.8	95.4
1993	14,615	363,159	13,938	328,100	677	35,059	95.4	90.3
1994	11,213	339,685	10,234	286,971	979	52,714	91.3	84.5
1995	8,574	336,853	7,368	253,830	1,206	83,023	85.9	75.3
1996	6,835	283,567	5,341	199,263	1,494	84,304	78.1	70.3

주: 각 연도의 수치는 정기분과 수시분의 합계임.
자료: 박헌주 외(1998: 52).

택지소유상한제가 토지시장에 미친 영향은 다음과 같다(국토개발연구원, 1998: 259-262).

첫째, 택지소유상한제는 일부 계층의 토지 과점을 방지해 토지 소유 분포의 균형을 도모하는 데 다소 기여했다는 평가를 받고 있다. 1990년 말에 소유 상한을 초과한 개인은 29,224명, 법인은 4,217명으로 총 33,441명에 달했다. 그러나 택지초과소유부담금이 부과되면서 초과 건수가 현저히 감소해 1998년 3월 말에는 8,509건에 불과했고, 그나마 대부분 개인 부분에서 감소한 것으로 나타났다.

둘째, 택지소유상한제는 토지 소유 집중도를 다소 완화시켰다는 평가를 받고 있다. 이는 토지 소유 편중도를 나타내는 지니계수를 보면 알 수 있다. 1988년 토지공개념위원회에서 밝힌 지니계수는 0.85였다. 그러던 것이 택지소유상한제 시행 이후 지니계수는 1993년 0.73%, 1994년 0.75, 1995년 0.75로 완화되는 추세를 보인 것으로 조사됐다. 종합토지세 부과 자료를 기초로 세액 단계별 지니계수를 추정한 결과를 보더라도 1991년 0.43, 1993년 0.42, 1995년 0.41로서 소유 편중도가 소폭이나마 완화되고 있는 것으로 분석됐다(박헌주 외, 1998: 72-84). 다만, 이 분석은 1988년부터 추진한 주택 200만 호 건설로 공동주택의 보급률이 크게 상승한 점을 고려할 때, 택지소유상한제만의 성과로 평가하기에는 한계가 있다.

셋째, 택지소유상한제는 불요불급한 택지의 취득을 억제하는 효과가 있는 것으로 나타났다. 이는 소유 상한을 초과한 토지 소유자들을 대상으로 한 조사 결과를 보면 알 수 있다. 즉, 초과소유택지의 취득 시기가 대부분 택지소유상한제가 실시되기 전에 취득한 것이었고 소유상한제가 실시되고 난 이후에 취득한 건수는 소수에 불과했기 때문이다. 〈표 2-2-8〉에서 보는 바와 같이, 택지소유상한제를 실시하기 이전인 1990년 이전에 취득한 경우가 전체 초과 소유 건수의 82.2%인 10,560건이었으나, 초과소유부담금이 부과하기 시작한 1992년 이후에 택지를 취득한 경우는 423건(3.3%)에 불과했다.

표 2-2-8 초과소유부담금 부과 택지의 취득 시기 (단위: 건, ㎡, %)

취득 시기		건수		면적	
		건	%	㎡	%
1990년 3월 이전	1985. 3. 이전	5,512	42.9	1,922,355	47.6
	1985. 3.~1990. 2.	5,048	39.3	1,453,552	36.0
	소계	10,560	82.2	3,375,907	83.5
1990년 3월 ~1992년 5월	1990. 3.~1990. 5.	678	5.3	153,938	3.8
	1990. 6.~1991. 5.	747	5.8	266,841	6.6
	1991. 6.~1992. 5.	437	3.4	122,284	3.0
	소계	1,862	14.5	543,057	13.4
1992년 6월 이후	1992. 6.~1993. 5	300	2.3	90,528	2.2
	1993. 6. 이후	123	1.0	31,620	0.8
	소계	423	3.3	122,148	3.0
계		12,845	100.0	4,041,112	100.0

자료: 국토개발연구원(1998: 261).

마지막으로 택지소유상한제는 나대지 개발을 촉진해 택지 공급을 늘리는 효과를 보였다는 평가를 받고 있다. 나대지 면적의 감소가 이를 말해준다. 택지소유상한제 실시가 나대지 이용과 개발을 촉진시켜 나대지 면적의 감소로 이어졌다고 볼 수 있기 때문이다. 1995년에 부담금을 부과한 나대지 면적은 1992년에 비해 325만m^2가 감소했다. 소유 형태별로는 개인 소유가 239만m^2, 법인 소유가 86만m^2 감소해 나대지는 연평균 27.7%가 감소한 것으로 나타났다.

이와 같이 택지소유상한제에 대한 긍정적인 평가 외에 부정적인 평가도 있다(국토개발연구원, 1998: 261-263).

첫째, 택지소유상한제는 무엇보다도 개인의 재산권을 침해한다는 논란을 불러일으켰다. 택지소유상한제 실시 이전부터 상한을 초과해 소유하고 있는 토지에 대한 초과소유부담금의 부과는 헌법상의 소급입법에 의한 재산권 박탈 금지 규정에 위배된다는 점과 토지재산권 행사의 본질적 내용을 침해한다는 점에서 논란의 대상이 되어 왔었다.

둘째, 분할 후의 잔여지가 택지로서 갖춰야 할 조건을 갖추기 어렵기 때문에 부담금 부과가 초과택지 전체의 면적을 감소시킬 수는 있으나, 택지로 분할 처분하는 효과를 얻는 데는 한계가 있었다.

셋째, 택지소유상한제는 실제로 6대 도시에서만 실시됐기 때문에 적용 범위상의 한계가 있었다. 이로 인해 6대 도시 인근의 농어촌 지역이 새로 도시계획구역에 편입되는 경우 택지소유상한제의 적용을 받게 되기 때문에 편입을 반대하는 문제가 발생했다.

택지소유상한제는 시행 과정에서 총 52건이 헌법소원이 제기됐다. 위헌 주장의 핵심은 고율의 초과소유부담금 부과는 결국 당해 택지의 원본을 잠식하므로 재산권의 본질적 내용의 침해이며, 동시에 제도 시행 이전에 이미 소유하고 있던 초과 택지에 대해 부담금을 부과하는 것 또한 소급입법에 의한 재산권 침해가 된다는 점이다.

그동안 대법원 판례는 토지거래규제에 대해 소극적인 태도를 취해 왔으나, 택지소유상한제에 대해서는 긍정적이고 적극적인 태도를 보여 왔다. 특히 제도 시행 이전에 이미 소유 상한을 초과한 택지에 대한 부담금 부과는 소급입법에 의한 재산권의 침해가 아니라고 판결했다(대판 1993. 10. 12. 93누7492). 이로 미뤄볼 때, 대법원은 토지의 자유거래는 보장하되, 토지 과다 소유에 의한 사회적 불평등은 해소돼야 한다는 입장을 견지하고 있는 것으로 볼 수 있다.

그러나 헌법재판소의 결정은 대법원과 달랐다. 1994년 7월의 토지초과이득세 헌법불합치 결정은 이미 위헌 소원이 제기돼 있던 택지소유상한제에도 영향을 주었다. 이에 따라 정부는 1997년 8월 30일 법을 개정해 제도 시행 이전부터 소유한 1가구 1택지는 부담금 부과 대상에서 제외하도록 하는 등 택지소유상한제를 대폭 정비했다.

이러한 제도 변화에도 불구하고 1997년 말의 외환위기와 함께 1998년 9월 택지소유상한제는 폐지됐다. 그 배경에는 토지시장의 활성화에 대한 현실적 요청과 함께 제도의 실효성 미흡이라는 기능상의 한계도 작용했다. 즉, 제도 도입 당시부터 적용 대상이 6대 도시로 한정돼 있었던 데다가, 부과 대상 택지 역시 계속 감소[10]해 실효성이 미약했던 것이다.

2) 토지초과이득세

토지초과이득세는 도입된 다음 해부터 시행됐는데, 1990년 전국 평균 지가상승률이 20.58%로 나타남에 따라 이의 1.5배인 30.87% 이상의 지가 상승을 보인 31,722필지에 대해 예정과세가 이뤄졌다. 1992년에도 지가상승률이 전년도 전국 평균 지가상승률 12.78%의 1.5배를 넘는 5,475 필지에 대해 계속 예정과세했다. 이때는 지가상승률이 둔화됨에 따라 결정세액이 급격히 감소했다. 1993년에는 처음으로 1990~1992년의 과세 기간에 대한 정기과세가 이뤄졌다. 1990~1992년 동안 지가상승률이 44.53%를 넘는 유휴토지에 대해 과세됐다(〈표 2-2-9〉 참조).

그런데 1992년부터 지가가 하락하기 시작했다. 1992년에 -1.3%이던 지가변동률이 1993년에는 -7.4%까지 떨어졌고, 그후에도 1994년 -0.6%, 1995년 0.6%, 1996년 1.0%로 매우 안정적인 추이를 보였다. 이러한 상황을 고려하여 1994년부터는 예정과세는

표 2-2-9 토지초과이득세 부과 실적(1991~1993)

구분	1991(예정과세)	1992(예정과세)	1993(정기과세)
과세 대상	- 1년 - 30.87% 이상 가격이 상승한 유휴 토지	- 1년 - 19.17% 이상 가격이 상승한 유휴 토지	- 3년 - 44.53% 이상 가격이 상승한 유휴 토지
과세필지(필)	31,722	5,475	122,000
과세 인원(명)	23,381	4,103	94,147
세액(억 원)	4,630	341	9,477

주: 정기과세분은 예정과세분을 포함한 것임.
자료: 국토개발연구원(1998: 251).

10) 부담금 부과 건수가 처음 부과되던 1992년에 15,590건이던 것이 1996년에는 6,835건에 불과했다.

물론이고, 1996년의 정기과세도 실시되지 않았다(국토개발연구원, 1998: 251).

이와 같은 실적을 놓고 볼 때, 토지초과이득세는 유휴토지에서 발생한 토지초과이득을 환수하는 기능을 다했다고 보기 어렵게 됐다. 또한 토지초과이득세가 정상 지가상승률을 초과하는 토지를 부과 대상으로 함으로써, 개발이익의 공간적 범위 문제를 피하고 있었다. 이에 따라 사회경제적 요인에 의해 지가 상승이 높은 토지로 부과 대상이 확대되는 한편, 특정 개발행위와의 연계성은 크게 약화되는 문제가 있었다.

토지초과이득세는 조세 저항 등을 우려해 유휴토지, 비업무용 토지, 실수요자가 아닌 사람이 소유한 토지 등에 한정해 부과되기 때문에, 개발이익 환수 기능보다 유휴토지의 이용 강제 수단으로서 토지 이용을 촉진하는 기능이 더 컸다. 그러나 토지 이용을 강제하는 것이 전적으로 토지 이용의 효율성 제고로 이어지기보다는 오히려 난개발을 유발했다는 부정적인 평가도 있다. 실제로 유휴토지 소유자들이 토지초과이득세를 회피하기 위해 서둘러 개발함으로써 1990년대 중반부터 상업 업무용 건물이 과잉 공급되는 문제가 발생했다(국토개발연구원, 1998: 252).

토지초과이득세는 자본이득에 대한 과세라는 점에서 양도소득세와 개념적으로 일치한다. 이러한 이유로 토지초과이득세를 납부했을 경우 양도소득세 등과의 이중과세를 막는 장치가 마련돼 있었다. 즉, 토지초과이득세의 결정일로부터 1년 이내 양도하는 경우 양도소득세의 80/100을 공제하고, 1년 후 3년 이내에 양도하는 경우 60/100을 공제하며, 3년 후 6년 이내에 양도하는 경우 40/100을 공제했다. 그러나 공제율을 보면 알 수 있는 바와 같이, 이 공제 장치는 토지초과이득세가 양도소득세 등의 예납이라는 개념을 분명하게 보여주지 못하고 있다. 예납의 개념을 채택한다면, 토지초과이득세 납부액을 일정한 이자를 더해서 나중에 납부하게 되는 양도소득세로부터 공제해야 할 것이지만, 토지초과이득세 납부 후 시일이 경과함에 따라 양도소득 공제 또는 양도소득세액 공제가 작아지도록 설계돼 있는 것이다. 이는 유휴토지 등에 대한 징벌적 성격을 유지시키기 위한 의도라고 볼 수 있다(국토개발연구원, 1998: 252). 그러나 같은 자본이득에 대해 이중으로 과세한다는 것은 정당화되기 어려우며, 바로 이 점이 토지초과이득세의 헌법 불합치 결정[11]을 가져온 한 요인이었다.

1997년 말 외환위기와 함께 토지공개념제도의 정책적 의의가 퇴색되면서 가장 먼저 토지초과이득세 폐지가 논의됐다. 이는 헌법 불합치 결정 이후, 대폭 제도를 정비해 왔

11) 토지초과이득세의 위헌소원(1994.7.29. 92헌바49,52(병합) 전원재판부)과 관련해 헌법재판소의 판결은 목적의 정당성은 인정하면서 입법기술상의 문제를 들어 헌법 불합치 결정을 내렸다(김용창, 2004: 65).

지만 미실현 이익에 대한 과세에서 비롯되는 조세 저항은 여전히 사라지지 않은 채, 토지시장 침체로 인해 토지 소유자의 불만이 증대됐기 때문이다. 여기에 외환위기 이후 경제회복 필요성과 종전과 같은 지가 급등은 향후 일어나기 어려울 것이라는 관측도 제도 폐지에 한몫을 했다. 이에 정부도 조세 저항 등으로 인한 제도 운영의 어려움과 행정력 낭비를 줄인다는 이유로 1998년 12월 토지초과이득세제를 폐지했다. 그러나 토지자본 이득의 사유화를 과도하게 허용하는 것은 바람직하지 않다. 특히 정부의 대규모 개발사업 발표로 인한 개발사업지역 주변 지역에서의 토지 투기와 이익 환수는 더욱 어렵게 됐다.

3) 개발부담금제

1990~1996년 기간 중 8,282건의 개발사업에 대해 1조 1천 7백억 원의 개발부담금을 부과했으며, 1996년에는 2,500건의 개발사업에 대해 3천 8백억 원의 개발부담금을 부과했다. 부과 대상 사업별로는 택지개발사업이 60.5%로 가장 큰 비중을 차지했으며, 그 다음이 지목변경사업으로 8.9%를 보였다(〈표 2-2-10〉 참조).

표 2-2-10 사업별 개발부담금 부과 실적(1990~1996)

(단위: 백만 원)

구분	합계	1990~1992	1993	1994	1995	1996
합계	1,166,243	277,367	108,421	147,618	252,119	380,718
택지 개발	705,240	166,736	61,217	85,838	155,365	236,084
공업단지 조성	61,209	25,667	4,149	9,506	10,449	11,438
관광단지 조성	6,855	1,259	315	3,158	1,429	694
도심지 재개발	19,282	7,203	2,223	1,501	2,543	5,812
유통단지 조성	505	298	5	161	41	-
온천 개발	1,388	1,037	-	-220	-51	182
여객 및 화물터미널 건설	1,326	675	186	107	-64	422
골프장 건설	35,430	21,219	7,223	2,605	101	4,282
지목 변경이 수반되는 개발사업	103,256	7,399	4,412	12,145	39,237	40,063
기타 유사사업	231,752	45,874	28,691	32,377	43,069	81,741

자료: 국토개발연구원(1998: 269).

〈표 2-2-11〉에서 보는 바와 같이, 2004년도에 징수율이 129.6%로 급격히 상승한 이

유는 개발부담금 부과 중지에 따른 영향인 것으로 보인다. 외환위기에 따른 경기활성화 정책으로 1998~1999년에는 개발부담금 부과 면제 기간을 두었으며, 부담금관리기본법의 제정과 함께 2002~2003년까지 수도권 이외의 지역 부과 중지, 2004~2005년에는 수도권지역 부과 중지 등의 정책이 펼쳐졌다. 이로 인해 부과 건수는 대폭 줄어들고 부과 중지 이전에 부과됐던 개발부담금이 징수되면서 징수율을 상승시킨 효과가 나타난 것으로 보인다.

표 2-2-11 개발부담금의 부과·징수 실적(1990~2008) (단위: 건, 백만 원)

연도	부과		징수		징수율(%)
	건수	금액(a)	건수	금액(b)	(b/a)
합계	31,239	3,134,129	25,720	2,202,826	70.3
2008	3,283	202,153	2,672	126,637	62.6
2007	4,591	263,830	3,818	188,162	71.3
2006	1,843	221,804	1,642	136,833	61.7
2005	1,944	191,441	2,004	122,123	63.8
2004	1,988	59,429	1,722	77,069	129.7
2003	1,922	80,425	1,625	53,012	65.9
2002 이전	15,668	2,115,047	12,237	1,498,990	70.8

자료: 국토해양부(2009: 133).

개발부담금제는 근래에 와서 국민생활 안정과 기업경쟁력 강화를 위해 신축적으로 운영하려는 움직임을 보이고 있다. 1996년에는 경쟁력 10% 이상 높이기 시책 등의 일환으로 산업단지 개발사업에 대해 개발부담금을 면제하고, 중소기업용 공업단지 개발사업과 국민주택용 택지개발사업 및 산지가 70% 이상인 개발사업에 대해 개발부담금의 50%를 경감한 바 있다. 특히 IMF 외환위기 이후, 개발부담금제는 재부과(2000.1) 및 부담률 인하(50→25%), 수도권 이외 지역 부과 중지(2002.1.), 수도권 지역 부과 중지(2004.1), 전국 재부과(2006.1)를 거쳐 오늘에 이르고 있다.

개발부담금제도는 토지 개발과 용지 공급 과정에서 개발자에게 집중됐던 개발이익을 환수함으로써 토지 투기를 억제하고 토지의 효율적인 이용을 촉진하는 데 기여한 것으로 평가된다. 즉, 개발부담금은 실현된 개발이익을 환수하는 양도소득세제의 기능을 보완하는 역할을 담당하고 있다. 또한 개발부담금이 부과됨으로써 개발자로 하여금 환수된 부분만큼의 개발이익을 보전하기 위해 토지를 좀 더 효율적으로 이용하도록 하고 있다. 아울러 중앙정부와 지방자치단체의 지역균형 개발을 위한 재원 확보에도 도움이 되고 있다.

그러나 여러가지 문제점도 안고 있다. 먼저 개발부담금은 자기의 비용과 노력을 투입해 행한 개발사업으로부터 발생한 개발이익을 환수의 대상으로 함으로써 개발이익의 환수 논리에 부합되지 않는다는 반론이 있어 왔다. 또 개발사업자가 개발하는 사업지의 개발이익은 부담금으로 환수하나, 공공사업의 주변 지역에서 발생하는 개발이익은 환수하지 않음으로써 개발이익 환수가 형평을 잃고 있다는 비판도 있다.

아울러 개발부담금은 경우에 따라서는 개발사업의 최종 소비자에게 전가될 우려가 있는 것으로 지적돼 왔다. 개발부담금으로 인해 민간의 토지 개발이 위축되고, 공공의 토지 개발 주도가 심화되는 요인이 된다는 주장도 있다. 또 지방자치단체에 귀속되는 개발부담금이 일반회계로 처리돼 지역에 재투자되지 못하는 것도 문제점으로 지적되고 있다.

2. 종합평가와 향후 과제

한 국가의 토지정책은 일반적으로 그 나라의 경제 성장 및 도시화 단계와 경기 변동 그리고 토지라는 재화의 특수성의 영향을 받는다. 우리의 경우 고도 경제 성장기와 급격한 도시화 과정에서 만성적인 공급 부족을 해결하기 위해 노력하는 동시에 투기 억제를 위한 수요관리 정책을 펴왔다. 그러면서 호황일 때는 수요 억제에, 불황일 때는 규제 완화에 정책의 중점을 두었다.

토지정책의 궁극적인 목표는 토지자원의 효율적 배분과 토지로부터 발생하는 소득 및 부(富)의 공평한 분배에 있다(이정전, 2009: 43-53). 즉, 토지정책의 기본 목표는 한정된 토지자원의 이용을 극대화하는 동시에, 토지에서 나오는 이익이 고루 향유되도록 효율성과 형평성을 함께 추구하는 데 있다.

그러나 한국의 경우, 앞서 살펴본 바와 같이, 경제 성장 과정에서 나타나기 시작한 급격한 지가 상승과 토지 투기는 토지로부터 발생하는 자본이득의 분배 과정에서 심각한 형평성 문제를 초래했다. 토지소유자의 노력에 의하지 않은 지가 상승 이익이 토지 소유자에게 그대로 귀속됨으로써 토지를 보유한 계층과 보유하지 못한 계층 간에 소득과 부의 불균형이 생기게 됐고, 그 격차는 갈수록 커져 마침내 심각한 사회문제로까지

비화되기에 이른 것이다. 1980년대 후반의 한국 상황이 그랬다. 토지공개념제가 등장하게 된 것은 결코 우연이 아니다.

1990년 토지공개념제도를 확대 시행한 이래, 초기에는 대체로 제도의 조기 정착을 위해 운영을 통해 드러난 미비점을 보완하고, 지나친 규제와 불필요한 행정절차를 합리화해 민원을 해소하는 차원에서 제도를 운영해 왔다. 그러던 중 1994년 7월 토지초과이득세제가 헌법 불합치 결정을 받게 됐고, 그 결과 제도의 기본 골격까지 재정비하는 것이 불가피해졌다. 엎친 데 덮친 격으로 IMF 외환위기가 닥치면서 우리 정부는 국민 여론에 힘입어 어렵게 도입한 토지공개념제도를 제대로 시행해 보지도 못한 채 스스로 포기해야만 했다.

그러나 토지공개념제도의 도입은 몇 가지 점에서 우리나라 토지정책의 역사상 가장 혁명적인 시도였다. 첫째, 개발이익 환수 기능이 대폭 강화된 것을 들 수 있다. 개발부담금제와 토지초과이득세제는 토지에서 발생하는 불로소득적 자본이득을 토지소유자로부터 환수함으로써 토지를 자산 증식 수단으로 여겨 필요 이상으로 많이 보유하려는 유인을 원천적으로 제거하고자 했다. 둘째, 토지의 과다 보유를 억제하고 토지 소유의 편중을 완화하고자 했다. 택지소유상한제를 통해 자기의 주거에 필요한 규모 이상의 택지 소유를 규제하고, 이를 초과하는 택지에 대해서는 초과소유부담금을 부과함으로써 택지의 고른 소유를 유도하고자 했다. 셋째, 토지의 투기적 수요를 억제하는 등 수요 측면의 조절을 통해 수급 격차를 완화하고자 했다.

그러나 토지공개념제도는 기존의 토지정책 수단에 비해 규제의 강도가 상당히 높은 반면, 그 적용 범위가 한정적이고 특례적인 성격을 가진다는 한계를 가지고 있었다. 일례로 택지소유상한제는 도시계획구역 내의 택지에, 개발부담금제는 개발사업구역 내의 토지에, 토지초과이득세는 유휴토지에 대해서만 적용됐다.

또한 토지공개념제도는 장기적인 관점에서 볼 때, 시장 기능을 불신하고 왜곡시키는 결과를 초래했다는 비판을 면하기 어렵게 됐다. 토지공개념제도 시행 이후 제도가 의도한 순기능보다는 의도치 않은 역기능이 시장에서 많이 나타났다는 점이 이를 뒷받침한다. 그뿐만 아니라 토지공개념제도는 규제 강도가 높고 적용 범위가 한정적이라 할지라도 엄연한 실정법인데도, 이에 저항한 집단은 부담금을 납부하지 않아도 되는 등 이익을 보고, 순응해 납부한 사람은 손해를 보는 나쁜 선례를 만들었다. 이후 한국 사회는 강한 법규나 규제가 등장하면 일단 저항하면 된다는 좋지 않은 행태를 여러 차례 보여주었다.

지금은 토지공개념제도 가운데 개발부담금제만이 유일하게 명맥을 유지하고 있을 뿐이다. 특히 토지초과이득세제 폐지로 개발사업 주변 지역에서 발생하는 토지자본이득의 과도한 사유화를 차단하기 어렵게 됐다. 개발지역에서 발생하는 이익은 개발부담금으로 이익 환수가 가능하지만, 그 주변 지역은 환수할 수 없는 모순적인 구조적 한계를 안고 있다. 형평에도 맞지 않으므로 차제에 개발이익과 규제손실을 균형 있게 처리하는 제도적 장치를 마련할 필요가 있다.

또한 미래 사회는 인구 및 경제의 저성장이 예견되고 더 이상 급격한 도시화는 없을 것으로 보인다. 그렇다면 고도성장기와 도시화에 대응하기 위해 구축된 기존 토지정책 패러다임은 변화가 불가피하다. 토지공개념 정신은 새로운 토지정책의 패러다임에 부합해 소기의 목적을 달성할 수 있도록 계승·발전시켜 나가야 할 것이다.

참고 문헌

국토개발연구원 (1990). 토지공개념백서(미발간 백서).

______(1998). 토지정책의 전개와 발전 방향(총서).

국토교통부 (2009). 개발부담금제도 개선방안 마련을 위한 조사연구.

권태준 (1985). 토지의 공개념, 황명찬 편, 토지정책론. 경영문화원, 49-59.

김성배 (1996). 토지정책, 국토 50년. 국토개발연구원, 755-880.

김용창 (2004). 한국의 토지 주택정책. 서울: 부연사.

박헌주 외 (1998). 토지공개념 관련 제도의 종합평가와 향후 과제 국토개발연구원.

서원우 (1985). 토지소유제도와 이용/개발권의 재정립, 황명찬 편, 토지정책론. 경영문화원, 67-71.

이규황 (1999). 토지공개념과 신도시. 서울: 삼성경제연구소.

이정전 (2009). 토지경제학. 서울: 박영사.

토지공개념연구위원회 (1989). 토지공개념연구위원회 연구보고서.

허재영 (1993). 토지정책론. 서울: 법문사.

제 3 장

신도시 건설

변병설
인하대학교

제 1 절 정책의 추진 배경

1960년대부터 추진된 경제개발 5개년계획과 함께 도시화가 급격하게 진행되자 농촌 인구의 상경으로 서울은 종전의 규모로는 새로운 인구 수요를 수용할 수가 없게 됐다. 주택 부족 현상이 심각해지자 정부는 택지난을 해결하기 위해 서울시에 인접한 경기도 내 5개 군 48개 동리 328.15km^2 광역을 1963년 1월 1일부터 서울시 행정구역으로 편입하는 조치를 취했다. 이는 서울시 전역 269.77km^2보다도 넓은 거였다. 또한 여의도, 잠실, 강남 등 대규모 택지 조성사업을 벌였으나 서울로의 인구집중은 이보다 훨씬 많았다. 서울의 인구 수는 1960년 센서스 당시 244만 명이었는데, 1966년 센서스에서는 380만으로 증가했고, 1970년에는 543만 명, 1976년 725만 명, 1983년 920만 명, 1988년에는 1,028만 명으로 기하급수적으로 증가했다(서울시사편찬위원회, 서울6백년사). 서울로의 인구 과잉집중은 심각한 주택 부족 현상을 야기했다.

이를 해결하고자 1983년 목동지구 신시가지 개발, 1986년 상계지구와 같은 도시 안의 대단위 신시가지(new town) 건설이 추진됐다. 그러나 가용토지의 절대 부족과 지가의 폭등으로 곧 한계에 도달하게 됐으며, 이에 따라 좀 더 획기적인 해결책을 찾지 않으면 안 됐다(김철수, 2005: 119). 1987년 당시 전국의 주택보급률은 69.2%였으나 서울은 50.6%에 불과했다. 가구수는 연간 3.3%씩 계속 증가하고 있는데 신축주택의 건설과 공급은 부진한 상태다. 여기에 연간 재고 주택의 약 12% 이상이 철거, 멸실됨에 따라 주택의 절대 부족문제는 시간이 갈수록 심화됐다(한국토지공사, 1997a: 52). 정부는 만성적인 서울의 주택 공급 부족 현상을 해소하고 집값을 안정시키기 위해 서울을 둘러싼 개발제한구역 외곽지역으로 눈을 돌렸다.

1980년대 후반은 3저(저유가 · 저환율 · 저금리) 현상과 86아시안게임과 88올림픽의 성공적인 개최로 경기가 호황이었다. 1986년에서 1988년까지의 3년간 연속 12% 이상 경제가 성장했고 286억 달러에 이르는 무역흑자로 인해 막대한 자금이 유입됐다. 중산층 대부분이 자기 집 갖기를 원하면서 주택청약예금 가입자가 폭발적으로 늘어났다. 1989년 5월 현재 주택청약예금 가입자가 63만 3천 구좌, 청약저축 가입자가 77만 7천 구좌로서 양자를 합하면 141만 구좌에 이르렀다. 이들의 지역적 분포를 보면 청약예금 가입자의 85%, 청약저축 가입자의 56%가 서울을 포함한 수도권에 집중돼 있었다(한국토지공사, 1997a: 52).

주택 수요는 서울 내에서도 지리적으로는 강북에서 강남지역으로, 주거 유형에서는 단독주택에서 아파트로, 주택 규모에서는 소형 아파트에서 중대형 아파트로 변화됐다(한국토지공사, 1997a: 53). 그러나 주택 공급이 절대적으로 부족하자 가격이 폭등해 부동산 투기가 심각한 사회문제로 대두됐다. 특히 소득 수준 향상으로 아파트에 대한 수요가 폭발적으로 증가했으며, 이러한 현상은 중산층이 모여 사는 서울 강남지역에서 더욱 급증했다. 1989년 서울 강남지역의 대형 아파트 가격이 6~7개월 사이에 30~50%나 상승하는 기현상이 나타났다. 이러한 영향은 불과 몇 주 안에 수도권 일대는 물론 전국적으로 확산돼 아파트 투기가 만연했다. 국민생활과 직결되는 주택가격이 비정상적으로 폭등하자 서민들의 내 집 마련 기회가 무산되고, 투기적인 불로소득에 의한 위화감 조성은 사회불안 요인이 됐다(한국토지공사, 1997b: 51).

정부는 주택의 대량 공급이 절실하다고 판단했다. 마침내 1988년 9월 6공화국 출범 당시 선거공약으로 내걸었던 주택 200만 호 건설계획을 수립해 추진했다. 주택 200만 호 중 수도권지역은 총 90만 호로서 서울시내의 주거지역 내 나대지 등 가용토지에 40만 호를 건설하고, 나머지 50만 호는 서울 주변 지역에서 택지를 확보해 건설하기로 했다(한국토지공사, 1997c: 47). 신도시를 서울지역의 통근권 밖에 건설할 경우 서울지역의 인구와 도시 기능을 이전 유치하는 데 상당히 어려움이 따를 뿐만 아니라 장기간이 소요된다. 이 점을 고려해 서울에서 1시간 이내의 통근권에 있고 중산층 이상의 서울 거주자를 유입할 수 있는 베드타운형 신도시로 분당, 일산, 평촌, 산본, 중동 등 5개 지역이 선정됐다.

대상지의 선정 기준은 첫째 신도시의 건설 목적이 서울지역의 시급한 주택난의 해소이므로 1시간 이내에 서울지역과 출퇴근이 가능한 20km 정도의 거리에 위치한 지역이다. 둘째 서울지역의 주택 수요와 도시 기능을 충분하게 흡수하기 위해서는 주택 10만 호 이상의 건설이 가능한 300만 평 이상의 비교적 넓은 지형이다. 셋째 주택가격의 폭등 원인인 서울 강남지역의 주택 수요를 흡수하기 위해 강남 지역에서의 접근성이 좋고 주변 지역과의 교통 조건이 양호한 지역이다. 넷째 신도시로서 쾌적한 환경을 유지할 수 있으며 지가가 저렴한 지역이다(한국토지공사, 1997a: 56).

표 2-3-1 1기 신도시 계획 개요

구분	전체	분당	일산	평촌	중동	산본
위치		성남시	고양시	안양시	부천시	군포시
면적(천㎡) (천 평)	50,136 (15,167)	19,639 (5,941)	15,736 (4,760)	5,106 (1,544)	5,452 (1,650)	4,203 (1,274)
인구(만 명) (세대수)	116.8 (292,524)	39.0 (97,580)	27.6 (69,000)	16.8 (42,047)	16.6 (42,500)	16.8 (42,047)
인구밀도 (인/ha)	231	197	174	327	301	396
주택 건설 (천 호)	292	97.6	69	42	41.4	42
사업기간		89. 8 ~96. 12	90. 3 ~96. 12	89. 8 ~95. 12	90. 2 ~96. 1	89. 8 ~95. 1
총사업비 (천억 원)	106.6	41.6	27.3	12.3	16.4	9.0
사업 진행자		토지공사	토지공사	토지공사	부천시 주택공사 토지공사	주택공사

자료: 건설교통부 홈페이지(www.molit.go.kr).

이러한 관점에서 서울에서 인접한 100만 평 이상의 대규모 개발 가능지역 5개소가 물색됐다. 이 중 분당지역은 서울 도심에서 20km 이내의 근거리이며 경부고속도로변에 위치하고 있어 강남지역의 주택 수요를 대체할 수 있는 최적지였다. 일산지역은 서울 도심에서 20km 이내의 근거리에 위치하며 대규모 개발이 가능하고 전철, 간선도로, 상 · 하수도 등 도시기반시설의 연계가 용이했다. 평촌지역은 서울 도심에서 20km 지점의 서울-과천-군포-수원을 연결하는 국도 47호선과 경수산업도로(국도1호선) 사이에 위치하고 있다. 대부분 경지정리된 농경지와 기존취락으로 이뤄져 도시개발이 용이했다. 산본지역은 서울 도심으로부터 남서쪽으로 25km 지점에 자리 잡고 있으며 동쪽의 모락산, 서북쪽의 수리산, 남쪽의 오봉산, 북쪽의 관악산이 사방으로 둘러싸인 분지 형태의 도시로서 동쪽으로 의왕시, 서쪽으로 안산시, 남쪽으로 수원시, 북쪽으로 안양시와 접하고 있어 대도시권의 인구를 유입하는 효과를 가져올 수 있는 곳이다. 중동지역은 서울 도심에서 남서쪽 20km 정도에 위치하며 서울 및 인천 방향으로의 교통이 대단히 편리한 곳으로서 개발가능성이 점쳐지고 있는 곳이었다.

제 2 절 정책의 추진체계

청와대는 1989년 4월 4일 '서민주택건설 실무기획단'을 구성하고 건설부와 공동으로 서울 아파트 가격 정상화를 위한 택지개발 전략을 검토했다. 그해 4월 12일 신도시 후보지에 대한 택지개발사업 검토 지시를 받은 한국토지공사는 개발 구상(안)을 작성해 청와대 및 건설부에 보고했다. 4월 17일 신도시 후보지에 대해 청와대(서민주택건설 실무기획단), 건설부(토지국 택지개발과), 한국토지공사(사업계획부 택지계획과) 관계자들로 작업팀을 구성해 신도시 후보지에 대한 좀 더 세부적인 개발 구상 작업 및 검토보고서를 작성했다(한국토지공사, 1997b: 54).

또한 신도시 건설을 어떠한 근거법으로 개발사업을 추진할 것인가에 대해 검토했다. 현재 도시 개발 관련 제도 내에서는 신도시 개발을 위한 별도의 장치가 마련돼 있지 않기 때문에 현행의 제도 안에서 개발을 효과적으로 추진할 수 있는 방안이 모색됐다. 토지구획사업법에 의한 '토지구획정리사업', 도시계획법에 의한 '주택지구조성사업', 산업기지개발촉진법에 의한 '산업기지 배후도시조성사업', 주택건설촉진법에 의한 '주택건설사업', 택지개발촉진법에 의한 '택지개발사업' 등 다양한 사업 추진 제도를 검토했다. 이 중에서 '택지개발촉진법'을 택할 경우 일부 제도상 문제점이 있기는 하나 당시 시행 제도 내에서는 토지의 매수, 수용 등 토지개발사업을 좀 더 효과적으로 추진할 수 있는 제도적 근거를 제공하고 있었다(한국토지공사, 1997a: 57-58).

그뿐만 아니라 「택지개발촉진법」은 도시계획법에 근거한 각종 도시계획 시설용지를 확보할 수 있는 규정을 근거로 도시가 필요로 하는 다양한 시설의 용지 확보가 가능했다. 또한 이 제도에 의해 목동신시가지, 상계신시가지, 고덕지구 택지개발사업 등의 시행을 대규모 개발사업에 대한 경험이 축적돼 있는 점 등을 감안했다. 결국 신도시개발사업은 「택지개발촉진법」에 의한 택지개발사업으로 추진하기로 결정했다. 택지개발촉진법에 의한 사업 시행절차는 [그림 2-3-1]과 같다. 사업 시행 주체는 한국토지공사가 분당, 일산, 평촌 등 3개의 신도시를 건설하고, 대한주택공사가 산본신도시를 건설하며, 중동신도시는 부천시와 한국토지공사 및 대한주택공사가 공동사업 시행자로 결정됐다(한국토지공사, 1997a: 57-58).

신도시 건설사업 추진조직으로 중앙정부, 지방자치단체, 사업시행자, 정책연구기관 및 기타 공공기관을 적극적으로 참여시켰다. 특히 정부는 신도시 개발 업무를 전담하는 기구 및 지원조직을 신설해 신도시 개발에 관련된 주요 정책의 신속한 결정 및 다양한 참여 주체들 간의 이해관계 조정, 관련 정부 부서들 간의 이견 조정 등 개발의 모든 과정에서 주요 정책결정의 역할을 담당했다. 지방자치단체는 사업시행자와의 협조 및 지원의 역할을 담당했다. 특히 투기 억제대책을 수립하고 무허가건물 및 위장전입을 방지하기 위해 한국토지공사, 검찰 등과 함께 합동단속반을 구성해 활동했다.

또한 신도시로의 진입도로를 건설하고 지장물 기본조사, 분묘 이장, 주민 이전을 행정적으로 지원했다. 한국토지공사와 대한주택공사 등 사업 시행자는 택지개발촉진법이 정하는 절차에 따라 용지의 취득, 개발계획 및 실시계획의 작성, 지구외 간선시설 및 지구 내 기반시설을 포함한 택지 조성공사의 집행, 택지의 공급 등 택지개발사업 업무를 담당했다. 정책연구기관으로서 국토개발연구원은 개발전략과 주택정책 등 주요 정책을 연구해 신도시에 대한 기본 구상, 기본계획, 광역교통망 기본계획조사, 인구영향평가 및 교통영향평가를 담당했다(한국토지공사, 1997b: 66-73).

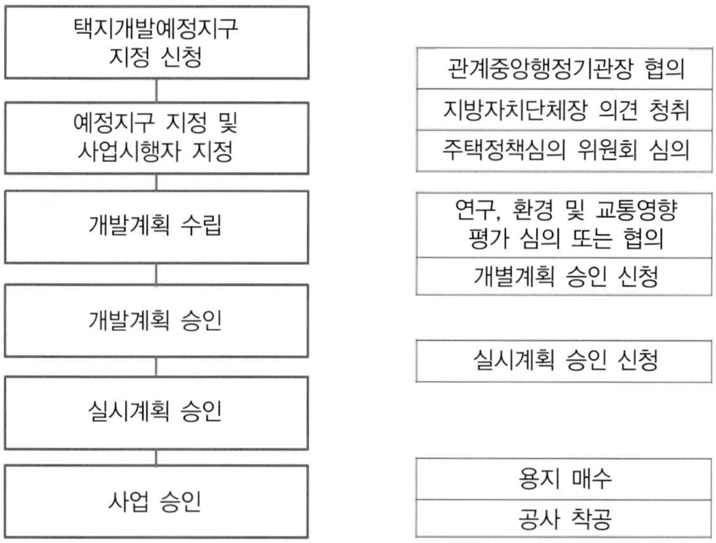

그림 2-3-1 택지개발촉진법에 의한 사업 시행절차

자료: 한국토지공사(1997a: 57).

제3절 정책의 추진 과정 및 내용

1. 분당신도시

1) 택지개발예정지구 지정 및 변경

1989년 4월 22일 한국토지공사는 성남 분당지구에 대한 한국토지공사 내 경영회의의 의결을 거쳐 건설부 장관에게 택지개발 예정지구 지정을 건의했다. 지구의 명칭은 '성남 분당 택지개발예정지구'로 성남시 분당, 서현, 정자, 수내, 구미, 백현, 이매, 야탑, 여수동 일원이다. 1989년 5월 4일 주택정책심의위원회 심의를 거쳐 택지개발 예정지구로 1,785만m^2(540만 평)이 지정고시(건설부 고시 제220호)된 이후 1995년 6월 30일까지 총 8차에 걸쳐 지정 면적 및 구역계 변경에 따른 지구지정 변경 과정이 있었다(한국토지공사, 1997a: 101-102).

표 2-3-2 분당신도시 개발계획 및 실시계획 변경 상황

지정 변경	변경 승인일	면적(㎡) (증/감)	주요 변경 내용
1차	1989. 8. 30	18,353,476 (증 503,476)	- 시범단지 주택건설계획 조정 - 단지 내 도로 폭원 조정, 서비스도로 폭원 조정
2차	1990. 6. 16	18,940,530 (증 587,054)	- 하천 유로 변경, 하천폭 확대 조정 - 대로 2~5호선 선형 변경, 야탑동 가로망 조정
3차	1990. 12. 31	19,786,446 (증 845,916)	- 구미동 추가 편입에 따른 도로 및 토지이용계획 변경 - 개발계획 변경
4차	1991. 12. 31	19,675,273 (감 111,173)	- 단계별 구역 조정 - 전철역(죽전) 신설에 따른 토지이용계획 변경
5차	1992. 12. 28	19,683,542 (증 8,269)	- 경부고속도로 확장 - 판교-구리 간 고속도로 중복 부분 제외
6차	1994. 4. 23	19,639,807 (증 265)	- 우수시설 설치를 위한 부지 추가 확보 및 법면 부지 제척 - 도시고속화도로의 원활한 기능 부여(폭원 조정)
7차	1994. 12. 20	19,688,193 (증 4,386)	- 조기 사업 준공을 위해 서측지구계 부분을 7단계로 조정
8차	1995. 6. 30	19,691,275 (증 3,082)	- 2,3단계 확정 측량오차 반영 - 하수처리장 차폐수림대 처리장 부지로 편입

자료: 한국토지공사(1997a: 111) 참조 작성.

2) 도시의 기능과 역할

1989년 4월 신도시계획이 발표된 이래 분당, 일산 등 신도시의 주택도시(bedtown)화에 대한 학계, 언론 및 자문회의, 공청회 등에서 단기간 물량 위주의 졸속계획을 우려하는 등 부정적인 여론이 제기됐다. 신도시의 자족 기능 확충문제가 심각히 대두된 것이다. 신도시의 경제활동에서 지나친 모도시 의존과 주거 기능 위주화를 방지하기 위해 도시 여건 및 성격에 적합한 산업을 유치, 도시경제의 자족 기반 확충이 필요하다는 인식이 팽배해졌다. 당초 상업 업무용지 및 공공시설 용지상의 생활편익시설 위주로 수립된 토지이용계획에 정부 차원에서 신도시의 자족성 강화가 논의되기 시작했다. 이에 따라 정부의 공공기관 이전 추진 및 공공기관과 민간기업에 대한 이전 수요조사 등을 통해 신도시 내 유치 대상 자족 기능 시설을 설정하게 됐다. 이어 1989년 대통령의 '공공기능 신도시 이전 검토' 지시가 내려지면서 정부기관 등 공공기관의 신도시 내 부지 확보 요청과 아울러 자족 기능 강화를 위한 검토가 본격화됐다(한국토지공사, 1997a: 185).

이에 따라 도시의 경제적 자족 기반 구축을 위한 도시 내 생산활동의 활성화와 주변 도시를 포함하는 광역소비 및 여가활동의 중심지로서의 성격을 갖는 도시를 개발한다는 전략으로 대규모 판매, 위락, 서비스시설을 유치해야 했다. 또한 주거 중심의 도시인 점을 감안해 도시의 기능 설정에서 서울 강남의 업무, 상업, 금융 등의 두뇌집적형 무공해 산업인 정보산업의 3,4차 산업을 중심으로 도시 개발이 추진됐다. 더불어 1989년 서울에 위치하는 400여개의 공공기관 및 민간기업, 연구기관을 대상으로 이전을 추진했다 (한국토지공사, 1997a: 186). 당시 유치가 확정된 공공기관으로는 한국가스공사, 대한주택공사, 한국이동통신, 한국토지공사, 지역난방공사, 한전기공, 담배인삼공사, 조폐공사 등이다.

3) 도시설계 방향

분당신도시는 도시 개발이 단기간에 완료돼야 한다는 문제점을 안고 있다. 하지만 쾌적한 도시환경의 창출에 대한 관심이 그 어느 때보다도 높은 상황에서 새롭게 만들어지는 도시에 도시설계 개념을 도입, 운용해 보자는 의도에서 시행됐다. 도시설계의 기본 목표 및 설계 방향은 전원적 분위기 조성, 첨단 업무도시의 이미지 제고, 활기 있는 도시경관 조성, 세부설계의 완성, 도시개발 촉진 등을 위한 도시설계 방향이 제시됐다.

전원적 분위기 조성을 위한 도시설계는 주변 산록의 녹지가 자연스럽게 시가지로 편입되는 느낌을 주도록 도시경계부의 녹지공간에서의 수종 및 식재 방식 등을 선택할 것, 선형으로 배치돼 있는 녹지공간은 단절감을 주지 않도록 할 것, 공원과 하천 등 비교적 넓은 면적을 차지하고 있는 녹지공간은 개방감을 주도록 설계하며 가능한 그 주변의 주거단지는 탑상형의 고층건물을 유도해 그 개방감이 더욱 강조되도록 할 것, 어린이 공원 등 아파트단지 내의 옥외공간은 고립시키지 말고 주변의 녹지와 연결시켜 더욱 풍부한 공간이 되도록 할 것, 가로수와 아파트단지 경계부의 식재를 일체화해 가로변의 녹지의 깊이를 깊게 보이게 할 것 등이 제시됐다.

첨단 업무도시의 이미지 고양을 위한 도시설계는 도시 상징탑이나 초고층의 업무용 건물을 개발 초기에 유치해 그 외관이나 내용에서 첨단 업무도시의 미래를 표출되도록 할 것, 특히 고속도로변 업무용지의 도시설계는 그곳에 입지할 건물이 정연하게 수용될 수 있도록 고려할 것, 업무 기능이 주로 입지하게 될 전철 역사(정자역)와 역사에 인접한 광장 부분은 첨단 업무도시로서의 이미지가 표출되도록 설계할 것 등이 제시됐다.

활기 있는 도시경관 조성을 위한 도시설계는 심미성, 인식성, 장소성을 부여를 제시했다. 심미성은 도시경관을 구성하는 각 요소가 다양성, 연속성, 규칙, 변화 등 일반적인 미적 규범에 의해 통합될 때 전체로서 아름다운 도시가 된다. 그러므로 도시설계는 물적 요소의 존재 양식에 내재하는 한계 내에서 각각의 요소를 전체로 통합하기 위한 질서를 부여하는 것을 말한다. 인식성은 도시에서 살고 있는 사람은 도시의 어느 곳에 위치하고 있어도 자기의 위치를 쉽게 식별할 수 있을 때 편안함을 느끼게 된다. 그러므로 한 지역이 다른 지역과 구별될 수 있도록 지역별로 특성을 부여하고, 하나의 길이 연속성을 갖도록 하되 다른 길과는 분명히 구분되도록 하며, 길과 길이 만나는 곳마다 특성을 부여해야 한다. 또 도시의 요소에 눈에 띄는 건물이나 구조물을 배치하며, 도시의 주산(主山)에 대한 시선이 차단되지 않도록 하는 일 등이 도시설계에 포함돼야 한다. 장소성은 주민은 자기가 살고 있는 공간을 중심으로 도시를 인식함에 따라 주민의 일상생활이 영위된다. 따라서 주거공간을 중심으로 거기에 고유한 특성을 갖도록 하는 일은 도시설계의 중심 과제다(한국토지공사, 1997a: 189-190).

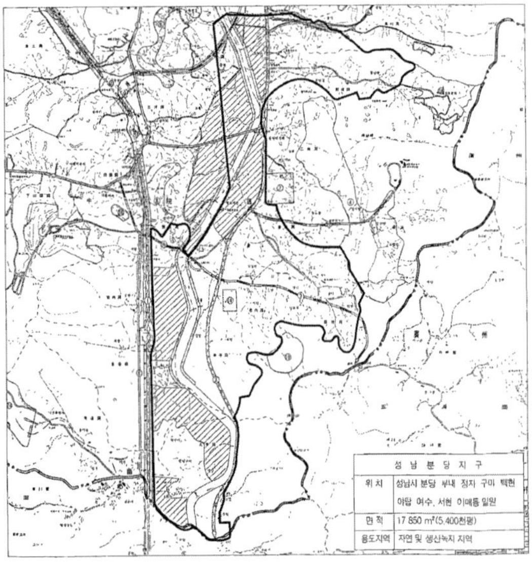

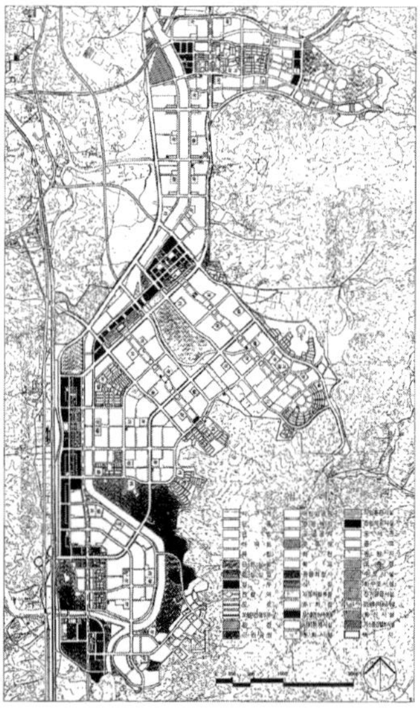

그림 2-3-2 분당택지개발예정지구(좌)와 토지이용계획도(우)

자료: 한국토지공사(1997a: 99, 178).

4) 환경영향평가

환경영향평가서는 환경을 자연환경, 생활환경 및 사회, 경제환경으로 구분하고 신도시개발사업 시행으로 인한 환경에의 영향, 환경에 미칠 악영향의 저감 방안 및 불가피한 환경에의 악영향으로 구분해 평가했다.

표 2-3-3 환경영향평가서 내용

구분	환경에 미칠 주요 영향	보완 요구 사항
지형 및 지질	• 경사도 10% 미만의 평탄지 및 구릉지를 이루고 있는 지역으로 부지 조성공사 시 절토 및 성토로 법면 발생이 불가피 • 절토로 인한 표토층의 제거로 표토의 성질 변함 • 기복이 있던 지형이 절토 및 성토로 인해 평탄 지형을 나타냄	• 법면 구간에 잔디나 소관목 식재 등 조경 처리 • 지질 상태에 따라 사면보호 블록이나 맹암거 등 적절한 방법으로 보호
생태계	• 단지 조성공사와 인간활동 증가로 단지 내 일부 자생식물의 감소와 녹지자연도의 감소로 식물현존량의 감소 • 하수의 수생식물, 습지식물, 어류 등의 일부 감소 • 포유류 및 조류의 서식지 감소 및 이전	• 식생양호지역은 망토군락 및 소매군락을 조성해 인간 간섭을 최소화하고 자연식생을 근거로 한 조경계획 수립 • 수생태계에 미치는 영향을 최소화하기 위한 생활하수를 정화 처리하고 하천변에 조경 실시 • 기존 식생의 이식 및 지역환경에 적응이 뛰어난 수목을 식재
토지 이용	• 현재 전답이 67.2%, 임야가 22%의 전형적인 농경지역이 농경생산 부지가 감소	• 토지 이용의 효율성을 제고
대기질	• 사업 시행에 따라 대기질의 저하가 불가피 • 각종 차량 배기가스로 인해 오염도 가중	• 비산 분진의 저감 방안으로 주진입로는 선포장 • 토사 운반 차량의 속도 제한, 도로의 주기적인 살수 • 차량의 세륜, 세차 시설 설치 • 무공해연료인 LNG를 사용 • 가로변에 대기오염이 강한 수림 식재
수질	• 우수유출수로 인한 토사 유실 및 토양 침식으로 주변 하천의 수질오염 발생 우려	• 가배수로 및 저류조를 설치해 주변 하천에 토사가 유출되지 않도록 함 • 생활오수는 하수종말처리장으로 오·우수 분리해 정화 처리
폐기물	• 사업 시행으로 인한 폐기물 발생	• 김포광역 쓰레기 매립지에서 처리
소음	• 건설장비에 의한 단기적인 소음 • 단지 내 오가는 차량 등에서 발생	• 작업 시간 주간으로 제한 • 저소음 장비 사용

자료: 한국토지공사(1997a: 202-203) 참조 정리.

5) 교통영향 문제점과 광역교통망

성남분당 택지개발사업에 대한 교통영향평가는 도시교통정비촉진법(1986년 12월 31일 제정)에서 정하는 바에 의해 추진됐다. 정부는 1989년 4월 27일 신도시 건설계획 발표 당시 서울지역과의 교통 소통을 위한 교통망 계획을 구상해 함께 발표했다. 신도

표 2-3-4 사업 시행에 따른 교통영향 문제점과 개선 방안

항목	문제점	개선 방안
수도권 내 지역통행 수요	• 분당의 지역간 통행발생량 피크시 3만 3천대 통행(1993) • 과다한 교통시설 확충 수요 발생	• 수도권의 장기적인 정비전략과 교통계획의 수립 추진 • 신도시를 자족도시로 육성(직주 근접 유도) • 서울시 지하철, 수도권 전철망의 추진으로 대중교통 중심 체계 구축
서울 주변 교통축	• 자연 증가와 추가 교통량으로 주요 간선도로의 혼잡 확산	• 경부고속도로 확장 • 판교-논곡 간 순환고속도로 건설 등 조기 추진 • 분당-화양, 분당-양재 간 고속도로 신설 • 분당-화양 고속도로는 장지-화양 간 6차선화해 송파로, 가락로의 교통량 수급 • 수지IC-죽전교까지 6차선으로 확장 • 판교IC-포일동은 6차선, 판교IC-분당은 8차선 확장
서울진입 교차로	• 자연 증가의 추가 교통량으로 서울 근접 교차로의 혼잡 확산	• 양재동 교차로는 입체화(지하차도) • 양재-분당 간 도로를 분당-포이동 쪽으로 분산 처리 • 양재-과천 간 확장, 우면산 터널 등의 적기 추진 • 입지 여건에 따라 TSM 적용으로 소통 효율화
대중교통	• 1993년 대중교통 수요 • 지하철, 전철 수요(피크 시 1만 3천 명) • 지역 간 버스(피크 시 1만 5천 명) • 시외버스(일 26만 명)	• 전철과 지하철을 서울 중심부와 연결하며 버스 등과의 연결성 제고 • 사업지구 내의 균등한 서비스를 위해 성남시의 버스 노선 조정 확대 • 서울 연결 직행버스의 확대 운영
성남시에의 영향	• 성남시내에 통과 교통 유입으로 혼잡 유발	• 성남로(북정동-수진교)를 6차선에서 8차선으로 확장 • 분당-하대원동 간 도로와 성남동측 우회도로 검토 • 성남IC 접근로의 입체화
주차시설	• 법정주차장 8만 6천 면 • 수정주차장 9만 5천 면 • 9천여 면 주차시설 부족 예상	• 공공주차장 용지 4만 3,190㎡ 활용 • 대규모 건물 건축 시 교통영향평가에 의한 추가 주차장 확보 • 주차 수요가 많은 지구 내 노외주차장 설치 운영 지원

자료: 한국토지공사(1997a: 240).

시 건설로 인해 수도권의 공간구조 변화가 전망됨에 따라 신도시 개발지역과 서울 및 인접 도시 간의 기존 교통망 체계와의 문제점 파악 및 개선책을 제시했다. 주요 내용은 교통 현황 및 여건 분석, 교통망 확충계획, 광역적 교통영향 분석, 교통영향분석, 문제점과 개선 방안으로 이뤄졌으며, 그 개략적인 내용은 〈표 2-3-4〉와 같다.

6) 주택정책

신도시에 유입될 인구의 사회경제적 특성에 의해 요구되는 주거 수준에 맞는 주택 규모, 지가의 상승에 따른 고밀 개발에 대한 사회적 요구, 중·저소득층을 위한 주택 공급 확대의 필요성에 따라 차등을 두어 정책을 계획했다. 국토개발연구원의 '분당·일산 신도시 계획을 위한 주택 수요조사'에 의하면 분당신도시 입주 희망 가구의 소득은 중상 이상이며, 연령구조는 35~45세, 선호 주택 유형은 중·고층 아파트가 대부분이었다. 신도시 이주를 희망하는 가구들은 주택 규모를 수평이동보다는 상향이동으로, 시설 측면에서도 9~10평 규모에 방 수 1개 정도의 추가공간을 원하고 있으며, 희망 평형은 30.8평에 3~4개 방을 원하는 것으로 나타났다(한국토지공사, 1997a: 267-269). 이를 바탕으로 주택 평균형을 30평으로 하고, 예상 지가와 건축비를 고려한 평균 용적률을 180% 내외로 설정했다. 또 수용 인구밀도(순밀도)를 500~550인/ha 수준으로 볼 때 예상 수용 인구는 약 39만 명이 됐다. 호당 가족 수를 4인으로 볼 때 약 9만 7,500세대의 주택이 요구됐다(한국토지공사, 1997a: 269).

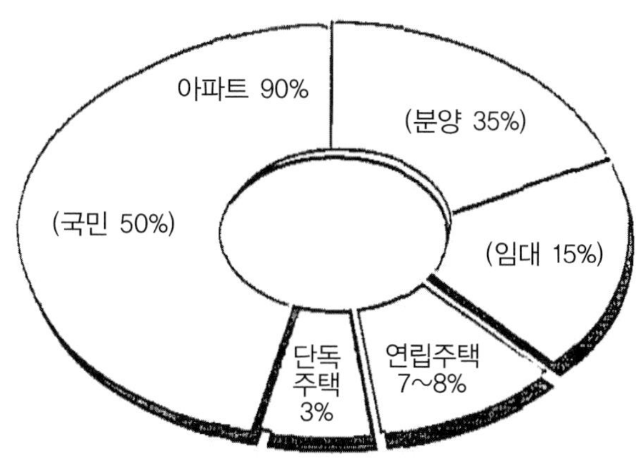

그림 2-3-3 분당신도시 주택 비율

자료: 한국토지공사(1997a: 269).

7) 한국형 신도시 개발의 모형 제시

분당신도시의 개발은 지난 10년간의 경제 성장을 반영하는 것이며 선진국으로의 도약이 가능한 2000년대 우리의 삶의 공간을 담는 상징적 공간이기도 했다. 따라서 분당신도시는 이제까지의 도시나 시가지의 개발 방식의 답습과는 달리 다른 도시 개발 수법을 도입했다. 분당신도시 건설사업의 기본 방향은 다음과 같다. 첫째, 새로운 도시계획이론을 과감하게 도입했고 융통성 있는 제도의 운영으로 한국적인 신도시의 개발모형이 되도록 했다. 둘째, 직주 접근을 구현하기 위한 자족적 도시 기능을 부여해 각 기능 간의 균형이 이뤄지고 고용인구가 도시 내에 거주하도록 유도했다. 셋째, 수요와 공급 전망에 의거한 개발사업의 단계적으로 시행해 분당신도시가 갖는 입지 여건, 주변 도시와의 경쟁 관계, 수요 성향 등의 사전 파악으로 적기에 적량이 공급되도록 했다. 넷째, 과거와 같은 관 또는 공공 주도의 계획에서 탈피해 공모(안) 등을 통한 민간의 참여 기회를 대폭 확대해 민간부문의 창의성과 효율성을 제고함으로서 민간부문이 급성장할 수 있는 계기를 마련했다(한국토지공사, 1997a: 272-273).

8) 공원녹지계획

도시 중심 녹지축은 청계산~중앙공원~불곡산을 잇는 엇비슷한 축으로 동편 구릉지의 자연지형이 탄천을 향해 손가락을 뻗은 형상을 취하고 있다. 한산 이씨 문중 묘가 있는 도시 중심 녹지공간을 중심으로 소생활권별로 공원을 두도록 하되, 자연지형 등 보존 대상 녹지를 우선으로 공원화했다. 즉, 주요 보존 대상 녹지 및 문화유적지를 중심으로 녹지 보존과 경관형성을 위한 근린공원을 조성하고, 단지 내부 근린주거 단위로 보행자 동선의 결절부에 보행권을 고려하여 배치했다. 탄천변은 고수부지를 정비해 운동공원화함으로써 주변 생활권과의 연결 녹지축으로 활용했다. 고속도로 및 고속화도로변에는 소음 방지를 위한 시설녹지를 두며, 보행자 전용도로와 녹지 체계를 연계시켜 계획했다. 또 도시 내 주요 수경 요소인 탄천의 수질을 정화하고 수중보 등을 설치하는 등 충분한 수량을 확보해 수변 이용을 증대시키도록 했다(한국토지공사, 1997a: 283).

9) 도시 스카이라인

도시 스카이라인은 심미성, 장소성, 식별성을 고려해 건물들의 형태와 배치에 변화를 주었다. 심미성은 건물들의 단조로움을 극복하고 아름다운 경관을 추구하는 것이다. 주요 간선도로 양편의 건물 높이와 크기 등이 지나치게 대조되지 않도록 했다. 단독주택가의 도로 반대편에는 고층아파트 대신 저층아파트를 유도했다. 도심성을 강조하는 의미에서 도심에 인접한 건물은 층고를 높였다. 장소성은 지구별로 고유한 경관을 강조하는 것이다. 도시 진입로와 주요 간선도로의 교차로 부근에는 그 도시의 상징성을 갖도록 초고층 건물을 유도해 랜드마크 역할을 하도록 했다. 식별성은 도시 내의 방향과 위치를 쉽게 인식하도록 하는 것이다. 주요 간선도로에 접속된 여러 개의 도로를 쉽게 식별할 수 있도록 접속 지점 주변의 스카이라인에 변화를 유도했다. 넓은 중앙공원이나 조망이 좋은 곳에 초고층 건물을 유도해 조망을 충분히 활용할 수 있도록 했다(한국토지공사, 1997a: 304-306).

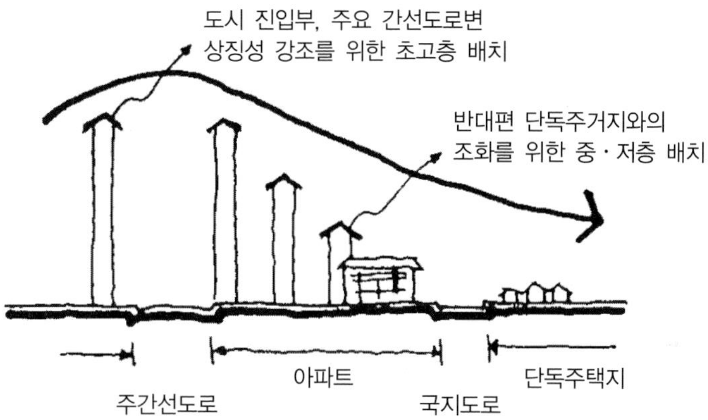

그림 2-3-4 스카이라인 개념도

자료: 한국토지공사(1997a: 304).

2. 일산신도시

1) 택지개발예정지구 지정 및 변경

일산지구가 위치한 고양군 일산읍(일산리, 백석리, 마두리, 주엽리, 장항리), 송포면(대화리) 일원은 1989년 4월 27일 신도시 건설계획에 대한 정부의 발표 당시 국토이용관리법상 도시지역이 아닌 경지지역, 산림보전지역, 취락지역으로 용도지역이 지정돼 있었다. 따라서 신도시 개발을 위한 택지개발 예정지구 지정에 앞서 이 지역의 용도지역을 도시지역으로 변경해야 했다. 한국토지공사는 1989년 5월 1일 건설부 장관에게 고양 일산지구에 대한 국토이용계획 변경과 택지개발예정지구 지정을 함께 건의했다. 이에 중앙관계기관인 내무부, 국방부, 농림수산부, 경제기획원, 산림청, 환경청, 철도청 등과 경기도와 고양군 등은 지구지정 자체에 대해 관계 기관에서 원칙적으로 동의했다. 다만 국방부에서는 일산신도시 개발구역이 군사시설 보호구역이므로 평상시에는 일상생활에 피해나 불편이 없도록 하되 유사시에는 수도권 방어에 중요한 지역임을 감안해 방어 개념이 적용되는 개발을 요구했다. 1989년 6월 10일 고양 화정지구 등 21개 지구가 택지개발예정지구로 1,520만m^2(460만 평)가 지정고시(건설부고시 제306호)됐다(한국토지공사, 1997b: 90-94). 일산신도시는 1995년 6월 30일까지 총 5차에 걸쳐 지정 면적 변경, 일부 공용토지 제척 등의 사유로 지구지정 변경 과정이 있었다.

표 2-3-5 일산신도시 개발계획 및 실시계획 변경 상황

지정 변경	변경 승인일	면적(㎡) (증/감)	주요 변경 내용
지정 (원안)	1989. 6. 20	15,200,000	
1차	1990. 3. 31	15,727,000 (증 527,000)	- 지정면적과 지적공부 면적과의 구적 오차
2차	1991. 6. 29	15,710,357 (감 16,643)	- 지적공부상 면적 조정
3차	1993. 3. 31	15,709,287 (감 1,070)	- 경의선 복선복구에 필요한 면적 제척(감 556㎡) - 지정면적과 지적공부와의 구적 오차(감 514㎡)
4차	1993. 12. 28	15,719,539 (증 10,252)	- 지정면적과 1단계 확정 측량 결과에 의한 지적공부 - 면적과의 구적 오차
5차	1994. 12. 16	15,735,711 (증 16,172)	- 편입 토지 신규 등록 - 2단계 확정 측량 결과에 따른 면적 조정

자료: 한국토지공사(1997b: 94) 참조 작성.

2) 도시의 기능과 역할

분당·일산 등 신도시의 베드타운에 대한 학계, 언론 및 자문회의, 공청회 등의 부정적인 여론이 제기됨에 따라 신도시의 자족 기능 확충문제가 심각하게 대두됐다. 대통령의 공공 기능 신도시 이전 검토 지시가 내려짐에 따라 이전 희망 기관들의 본격적인 시설 유치가 진행됐다. 당시 259개 기관 중 104개 기관이 이전을 희망해 분당에 92개, 일산에 12개로 나눠 본격적인 시설 유치가 진행됐다. 일산신도시 기본구상(안)은 일산신도시를 공공행정, 상업 서비스, 문화예술 등의 국제적 성격을 갖춘 도시로, 지방과의 연계가 낮은 기관들을 유치하고 대형 유통 및 레저시설을 갖춘 도시로 개발하도록 했다. 일산신도시 자족 기능 강화를 위한 대표적인 계획시설로는 농수산물 도매시장, 통일법제연수원, 문화방송, 국립암센터, 건설기술연구원, 국립건설시험소, 한국통신 등이다(한국토지공사, 1997b: 144-145).

3) 도시계획 및 설계 방향

1990년 1월 25일 일산 신도시 설계 수립지침이 건설부에서 시달됨에 따라 개발계획과 연관돼 도시설계가 수립・운영됐다. 도시설계의 기본 방향은 도시 전체의 건축물 및 주택의 조화와 기존 주택단지의 획일성 탈피, 중심지와 주거지간 도시미관의 조화, 도시 랜드마크 계획 등 도시 전체의 경관과 기능이 조화될 수 있도록 종합적인 지침이 마련됐다(한국토지공사, 1997b: 149). 도시설계(안)은 자문위원(학계 자문교수), 관계 기관(한국토지공사, 건설부, 고양군), 연구팀(국토개발연구원, 환경그룹)으로 구성된 '일산지구도시설계 자문회의'를 거쳐 결정됐다.

도시계획의 기본 전략은 첫째는 저밀도 도시환경의 확보인데, 대도시의 부정적 요소를 배제시킨 풍부한 녹지공간이 확보된 전형적인 전원도시와 안전한 도시환경을 조성해 서울 중산층의 이주를 유도했다. 둘째는 입지적 조건의 최대한 활용인데, 북방 휴전선 근접에 따른 주거지 기피를 불식시키기 위해 통일동산을 조성하고 휴전선・판문점・임진각 등 관광자원을 적극 활용하고, 김포공항과 영종도국제공항과 인접성을 감안해 국제적 업무・관광・문화・외교 기능을 수행하도록 했다. 셋째는 도시 성장에 대한 고려인데, 통일 후 육운 및 해운으로 서울의 관문도시 역할을 할 수 있도록 한강변의 성장을 고려해 시설과 기능을 배치하도록 하며 도시 성장에 대비한 유보지를 확보하도록 했다(한국토지공사, 1997b: 204).

도시계획의 목표로서는 첫째, 전원적 분위기 조성을 위해 주거지는 저밀도로 유지하고, 단독택지를 많이 확보하고, 공동주택지의 용적률을 낮추도록 하며, 공원・녹지 등의 오픈스페이스 비율을 최대한 높이도록 했다. 또 자연과 조화되는 도시경관을 창출하기 위해 도시 스카이라인을 조성해 생활환경의 쾌적성을 높였다. 특히 계획구역 중앙에 유일하게 위치한 정발산은 상징적인 의미를 갖도록 보전하는 것을 원칙으로 했다. 공해 없는 도시환경 조성을 위해 집단 에너지 공급 방식을 도입하고, 분리식 하수처리시설로 수질오염을 방지하며, 철로나 간선도로에서 발생되는 소음으로부터 주거단지를 보호할 수 있도록 완충녹지를 설치했다. 둘째, 효율적이고 편리한 도시기반시설의 설치를 위해 통행량이 많은 서울과 연결이 원활하도록 대중교통 수단인 지하철을 건설하고, 지하철 이용의 편리성 도모를 위해 순환버스 체계 도입 및 자전거의 활용을 높이기 위해 자전거 도로망을 구성했다. 또한 근린공공, 생활편익시설 주변으로 보행 접근이 용이하게 보행자 전용도로망을 구성하고 보행-자전거-대중교통 등 각 교통 수단 간의 연계 체계를 효율적으로 구성하고 장애자를 위한 시설도 염두에 두었다. 사람들의 접근성이 용이한 곳에 버스정류장을 배치하고, 간선도로에 공동구를 설치해 도로의 잦은 굴착을 사전에 방지하고 각종 수용시설의 관리・유지를 용이하게 하며 전력선이나 통신선 등을 지하화했다. 셋째, 안전한 도시환경 조성을 위해 통과 교통을 배제하는 도로망을 구성해 주거단지의 환경을 보호하고, 도로 횡단 부분은 가급적 입체화해 보행자의 안전을 도모하고, 보행자와 자동차의 분리, 자전거와 보행자의 분리 등 보차 분리를 기본으로 했다. 또한 노약자나 지체장애자를 위해 각종 공공시설에는 램프나 별도의 주차장, 특수 엘리베이터, 화장실 등을 갖추도록 하며 노약자 이용시설은 차량 통행이 빈번하지 않은 곳에 배치했다(한국토지공사, 1997b: 208-209).

4) 환경영향평가

일산 택지개발사업에 대한 환경영향평가는 환경보전법(1977.12.31. 공포)에서 정하는 바에 따라 추진됐다. 환경영향평가서는 환경을 자연환경, 생활환경, 사회・경제환경으로 구분해 사업시행으로 환경에 미칠 악영향의 보완 및 저감 방안을 제시했다.

표 2-3-6 환경영향평가서 내용

구분	환경에 미칠 주요 영향	보완 요구 사항
지형 및 지질	• 지역에 86.5m의 정발산이 위치하고 있으나 지구 대부분이 표고 10m 이하의 저지대 농경지로 개발 시 상습 침수 우려 • 유 로변경 및 성토로 표토의 토성이 변함	• 탄현리에 토취장을 확보 • 부지 조성시 제거되는 비옥한 표토층은 공원이나 시설녹지 등 식재구역에 활용
생태계	• 부지 정지 공사로 녹지 감소	• 사업지구 내에 공원 조성 • 도로변에 공공공지 조성하여 수목식재 • 철도변에 완충녹지 조성 • 경사면에 완충녹지 조성
토지 이용	• 현재 전답이 65.9%로 대부분 농경지로 사용되고 있으며 사업 시행으로 주거지화되며 생산녹지의 감소가 불가피	• 토지 이용의 효율성을 제고

대기질	• 사업시행에 따라 대기질의 저하 불가피 • 각종 차량 배기가스로 인해 오염도 가중	• 토사 운반 차량의 속도 제한 • 운반도로의 주기적인 살수 • 비산 분진 발생시설 관리 기준에 따른 세륜, 세차시설 설치 • 단지 내는 무공해 연료인 LNG 사용 • 도로변 공공공지에는 대기오염에 강한 수목 식재
수질	• 강우로 토사가 하천으로 유입되어 수용 하천인 한강의 오염도 가중이 예상	• 토사의 하천 유입을 방지할 가배수로와 물막이공 설치 • 하수종말처리장은 우 · 오수 분리식으로 차집하여 처리
폐기물	• 사업 시행으로 인한 폐기물 발생	• 김포광역쓰레기 매립지에 이입 처리
소음	• 건설장비에 의한 소음 • 단지 내 오가는 도로교통 소음	• 작업시간을 주간으로 제한 • 저소음 장비 사용 • 기존 주거 측에는 이동식 가설 판넬 설치

자료: 한국토지공사(1997b: 166-168) 참조 정리.

5) 교통영향 문제점과 광역교통망

일산택지개발사업에 대한 교통영향평가는 신도시 건설로 인해 수도권의 공간구조 변화가 전망됨에 따라 신도시 개발지역과 서울 및 인접 도시 간의 기존 교통망 체계와의 문제점 파악 및 개선책을 제시했다. 건설부는 1990년 2월 7일 일산신도시가 상주인구 100만 이상의 도시 및 그 도시와 같은 교통생활권에 있는 지역으로 대량의 교통 수요를 유발할 우려가 있는 사업으로 평가했다(한국토지공사, 1997b: 192).

표 2-3-7 교통영향 문제점과 개선 방안

항목	문제점	개선 방안
수도권 내 통행 수요	• 일산지역 및 고양군 6개 택지개발사업으로 인한 교통 발생량 증가 • 1993년 첨두시 1만 9천대 • 1997년 첨두시 3만 1천대	• 수도권 교통망의 광역 체계를 구축 • 애로 구간의 확장, 포장 등 도로 개선 사업의 시행 • 일산에서 발생되는 교통량을 인천 등 수도권 기타 지역으로 분산시킬 수 있도록 도로의 연계성 강화 • 1997년까지 도시순환고속도로 신설 • 올림픽대로 김포-개화동 구간을 신설 • 이산포-김포 구간의 교통을 연계 • 김포-인천 구간을 왕복 4차선으로 확장 및 직선화

서울진입 교차로	• 서울로의 통행량 증가	• 서울시 외곽에 순환도로망을 개설해 서울시내의 통과교통망을 최소화 • 지하철, 전철을 이용한 대중교통 수단 확대 • 삼송리-구파발 구간은 가변차선제 실시 • 김포-개화동 구간은 올림픽대로 신설 및 구간 연장
대중교통	• 1993년 대중교통 수요 • 지하철, 전철 수요(피크 시 1만 2천 명) • 지역간 버스수요는 서울 방향이 277대, 기타 지역이 82대	• 현재 사업지역 주변을 운행하는 버스노선을 사업지구 내까지 연장 • 인천, 부천, 의정부 직행노선 신설 • 사업지구 순환버스의 지하철 연계해 운행 • 구파발에서 사업지구 간의 전철노선 신설 • 기존의 경의선을 최대한 활용해 교통 수요 분담 • 장기적으로 경의선 복선 및 전철 필요
주차시설	• 장기적으로 상업 및 업무 지구 내에 주차 공간 부족 예상	• 지하철 및 경의선 역 주변에 공공 주차공간 확보 • 개인교통과 대중교통의 전환을 원활화 • 주차장 7만 2천 대 확보

자료: 한국토지공사(1997b: 192).

6) 주택정책

정부는 일산신도시의 개발 목표를 전원적인 저밀도 개발로 계획했다. 따라서 이미 개발된 신도시 중 개발밀도가 가장 낮아 주거환경이 쾌적한 곳으로 평가받고 있다. 개발의 사업타당성 측면에서 볼 때 순밀도는 500인/ha이어야 함에도 불구하고 일산신도시의 순밀도는 175인/ha에 계획인구 27만 6천 명이었다. 평균 1가족 4명으로 설정할 경우 약 6만 9천 세대에 해당하는 주택 수가 필요했다. 주택의 유형은 공동주택을 위주로 하되 주택 건설 총량의 10% 정도는 이주민택지 및 실수요자를 중심으로 저층 저밀의 단독 및 연립주택을 조성하도록 했다. 아파트의 유형은 임대아파트 20%, 국민아파트 50%, 분양아파트 30% 내외로 하며, 분양아파트 중 50평 이상의 규모는 가능한 제한했다(한국토지공사, 1997b: 206-207).

7) 도시의 성격과 기능 설정

일산의 자연적 특성이 갖는 정적인 분위기에 걸맞고 인구 특성과 부합되며, 지역 특성에 맞는 도시 활동을 수용하는 도시를 만들기 위해 도시 성격을 다음과 같이 했다. 첫째, 인구 40만 유지를 위한 행정, 교육 및 일반 서비스 기능의 일반도시 기능을 강화했다. 둘째, 도시의 특성 개발 및 발전 촉진을 위한 방향을 아름다운 도시환경, 쾌적한 환경을 갖춘 정적인 주택도시로 설정했다. 셋째, 예술활동이 활발하며 볼거리가 많은 문화・관광도시로 만든다. 넷째, 통일의 꿈을 실현하는 각종 대북활동, 국제활동이 일어나는 통일・외교도시로 만든다(한국토지공사, 1997b: 205).

8) 공원녹지계획

일산신도시의 녹지축은 정발산을 중심으로 주변의 지구 및 근린공원, 어린이공원, 호수공원을 연결했다. 도시를 횡단하는 녹지축 형성은 남북 방향으로 정발산, 도심, 호수공원과 도시 외곽의 자연녹지축을 연결하는 중심녹지축을 조성한다. 동서 방향으로는 2개의 생활권을 중심으로 횡단하며 철도역과 지하철역을 연결하는 근린공원축을 형성했다. 또한 기존 수로를 이용해 한강물을 유입해 대규모 인공호수를 만들어 공원으로 조성했다. 간선도로변에는 10~15m 폭으로 철로 변에는 50m 폭으로 시설녹지를 두어 주거지의 소음을 감소시키고 도로의 기능을 더욱 활성화시켰다(한국토지공사, 1997b: 221).

9) 도시 조경설계

일산신도시의 유일한 산인 정발산이 신도시의 도심과 호수공원, 외곽 자연녹지를 연결하는 자연형 공원임을 감안해 전통적 공간의 성격을 지니는 공원으로 개발하되 입체성과 방향성을 부여해 쾌적한 자연환경을 제공하는 데 설계 중점을 두었다. 호수공원은 일산신도시의 관문이 되는 공간에 물이라는 자연성이 강한 요소를 적극 활용한 공원으로 도시민들이 접하기 어려운 자연 요소를 활용한 생태계 재현, 레크리에이션 제공을 목적으로 설계를 추진했다(한국토지공사, 1997b: 201).

3. 평촌신도시

1) 택지개발예정지구 지정 및 변경

평촌신시가지 개발의 사업 시행자인 한국토지공사는 안양시의 평촌동, 관양동, 호계동, 비산동 일원에 대해 1989년 2월 27일 택지개발촉진법에 의한 안양 평촌지구 509만 6천m^2(154만 2천 평)에 대해 택지개발사업으로 추진하기로 결정했다. 이후 1993년 12월 29일까지 총 6차에 걸쳐 지정 면적 및 구역계 변경에 따른 지구지정 변경 과정이 있었다.

표 2-3-8 평촌신도시 개발계획 및 실시계획 변경 상황

지정 변경	변경 승인일	면적(m²) (증/감)	주요 변경 내용
지정 (원안)	1989. 2. 27	5,096,000	
1차	1989. 8. 30	4,946,216 (감 149,784)	- 지정면적과 지적공부 면적과의 구적 오차
2차	1990. 9. 28	4,946,911 (증 695)	- 안양남초등학교의 부정형한 학교 경계를 정형화 - 학교 부지를 택지로 일부 편입
3차	1991. 12. 31	5,151,780 (증 204,869)	- 학의천 개수부지 등 편입, 모범연립 포함 개발 - 국가시설부지 제척 - 지구계 분할 측정 결과에 의한 정정
4차	1992. 12. 29	5,110,025 (감 41,754)	- 대한교 연결 도로 개설 등에 따른 일부 토지 편입 - 지구계 분할측량 결과에 의한 면적 감소
5차	1993. 10. 27	5,015,564 (감 4,62)	- 대한교 연결구간 개설면적 추가 등 면적 증가 - 도로 개설 잔여지 환매 등 면적 감소 요인 발생
6차	1993. 12. 29	5,105,904 (증 340)	- 확장측량 결과에 의한 면적 반영

자료: 한국토지공사(1997c: 81).

2) 도시의 기능과 역할

평촌신도시는 서울남부권 주변도시 및 지역거점적인 면을 강조해 공공 업무 기능 및 서울 업무 기능도 분담하는 광역적 차원의 특성을 부여했다. 인구 17만 명을 수용하기 위한 신시가지를 조성하되 안양시의 도시구조 개편을 유도하는 행정 업무 및 상업용도의 신도심 기능을 부여하도록 했다. 또한 기존 도심 기능과의 상호 보완적 토지이용체계를 구축하고 자족적 생활권 형성을 위한 편익시설의 배치로 근린성 및 거주성을 확보했다.

3) 도시설계 방향

평촌지구의 도시설계는 도시경관을 제고하고, 도시 기능의 효율적 수행을 도모하며, 쾌적한 주거환경을 조성하는 데 목표를 두었다. 이에 따라 기존 주택단지의 획일성을 탈피하고, 중심지와 주거지 간의 도시미관의 조화와 도시 랜드마크 계획 등 도시미관을 증진하고자 했다(한국토지공사, 1997c: 141). 공동주택은 도시경관을 살리고 단지의 특성을 강조할 수 있도록 했다. 아파트 평균 용적률은 경제성을 유지할 수 있는 범위 내에서 가능한 낮은 수준으로 책정했다. 즉, 저층(6층 이하), 중층(7~10층), 고층(11층~15층), 초고층(16층 이상)의 유형으로 구분해 고루 배분한다는 기준 하에 도시설계를 추진했다(한국토지공사, 1997c: 146).

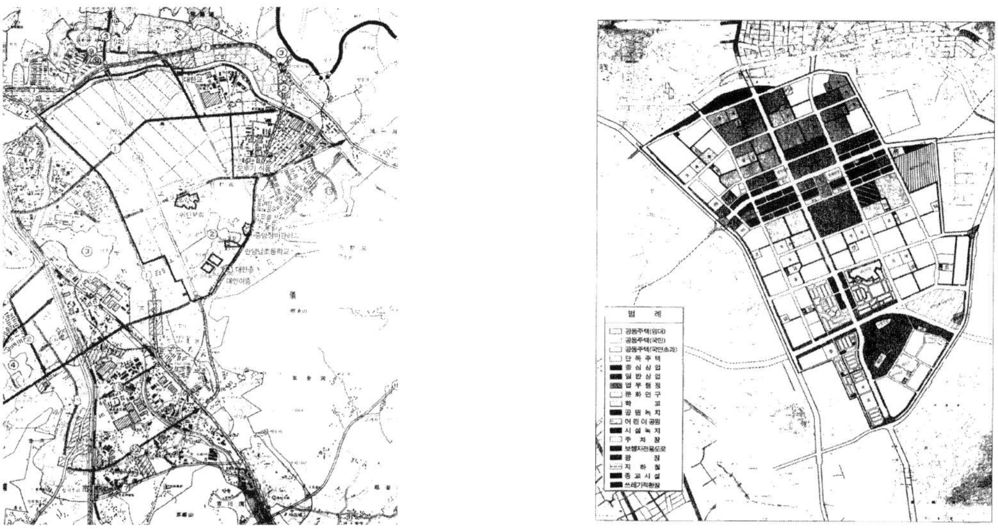

그림 2-3-5 평촌택지 개발예정지구 위치도(좌)와 토지이용계획도(우)

자료: 한국토지공사(1997c: 80, 103).

4) 환경영향평가

환경영향평가서는 환경을 자연환경, 생활환경, 사회·경제환경으로 구분하고 사업 시행으로 인한 환경에의 영향, 환경에 미칠 악영향의 저감 방안 및 불가피한 환경의 악영향 등으로 구분해 평가했다.

표 2-3-9 환경영향평가서 내용

구분	환경에 미칠 주요 영향	보완 요구 사항
지형 및 지질	• 경사도 5%, 표고 50m 이하의 낮고 평탄한 농경지로 기존 도로나 시가지보다 낮으므로 신도시 조성 시 성토가 필요한 지역 • 성토로 인한 표토의 성질이 변하게 됨	• 법면부에는 잔디나 소관목을 식재해 조경 처리하고 배수로를 완비 • 택지 정비 시 제거되는 비옥한 표토층은 공원녹지 등 식재구역에 활용

생태계	• 녹지의 감소로 인한 평균 녹지자연도 감소	• 사업지구 내 어린이공원, 근린공원 기존 임상 보존 및 양호한 수목은 이 전식재 • 도로변에 8만㎡ 이상의 시설녹지를 조성하도록 하여 대기오염과 소음 최소화 • 공동주택 내 녹지율 15% 이상으로 쾌적한 주거환경 조성
토지 이용	• 논이 81%로 대부분 농경지로 사용되고 있으나 주거지화로 인한 생산녹지 감소	• 토지이용의 효율성을 제고
대기질	• 사업 시행에 따른 대기질의 저하	• 비산분진 저감 방안: 주진입로 선포장 • 토사 운반차량의 속도 제한 및 세륜
수질	• 강우에 의한 토사의 하천 유실로 수용하천인 안양천의 오염도가 심화	• 가배수로 및 물막이공 설치 • 안양시 하수종말처리장으로 차집
폐기물	• 사업 시행으로 인한 폐기물 발생	• 김포광역쓰레기 매립지에서 처리
소음	• 건설장비에 의한 소음 • 단지 내 오가는 도로교통 소음	• 작업 시간을 주간으로 제한 • 저소음 장비 사용 • 기존 주거지 측에는 이동식 가설 판넬 설치

자료: 한국토지공사(1997c: 165-167) 참조 정리.

5) 교통영향 문제점과 광역교통망

평촌택지 개발사업에 대한 교통영향평가는 도시교통정비촉진법(1986년 12월 31일 제정)에서 정하는 바에 의해 추진됐다. 서울로부터 인구 유입과 자동차 보급률의 증가로 인해 서울과 위성도시를 연결하는 지역 간 도로는 시설 용량을 초과해 교통 정체가 심각한 실정이었다. 이에 지하철 노선 및 주변 간선도로와 연계된 가로망 체계를 확립해 서울시내 접근부의 영향을 최소화하도록 하며 서울과의 연결을 대중교통 중심 체계로 유도했다(한국토지공사, 1997c: 360).

평촌지구에 대한 교통현황조사 및 분석에 의하면 경수산업도로의 시흥-안양 간은 대형차 운행률이 53.5%로 높고, 시흥-수원 간 국도1호선은 4차선 용량을 초과했고, 군포-수원 구간은 주변에 중소공장과 주거지가 밀집돼 교통 체증이 심했다. 사당-반월 간 국도 47호선은 인덕원-군포-반월 구간이 용량을 초과해 심한 정체 현상을 보이고 있었다(한국토지공사, 1997c: 176). 이러한 교통문제를 개선하기 위해 고속도로를 포함해 총 46차선 규모로 증설했다. 금정-사당 간 전철의 노선을 동서 방향으로 계획해 서측으로는 금정역에서 경수선, 안산선과 연결하고, 동측으로는 과천을 경유해 서울 사당역에서 지하철 4호선과 환승 없이 직접 연결해 1997년에는 서울 방면 교통 수요의 약 50%를 담당하도록 했다(한국토지공사, 1997c: 221).

6) 주택정책

평촌신도시는 17만 명 수용을 기본 전제로 하되, 기존 주거지와 연계성 및 개발 유형을 고려한 주거 형태 및 개발밀도로 설계하며, 중심상업 및 대중교통 수단(전철)과 인접한 도심중앙부는 고밀(고층) 주거지, 거리가 먼 외곽부는 중밀(저층) 주거지로 배치하도록 했다. 그 밖의 기존 취락 인접지와 남단 공원녹지변은 이주민의 단독주택지로 계획했다. 또한 주택 유형별로 택지를 혼합해 공동주택지에서 단일한 주택 유형으로 대규모 단지가 형성되지 않도록 하고, 가능한 한 주택 유형이 서로 다른 단지가 혼재하도록 했다.

7) 도시의 성격

안양도시권은 평촌신도시와 산본신도시가 개발됨에 따라 인구 100만 명의 대도시권으로 형성됐다. 기존 공업지역이었던 곳이 도시의 중심지역으로 전환되면서 그 용도가 점차 상업 또는 주거 용도로 변화했다. 또한 안양과 서울 사이의 교통과 통신이 개선됨에 따라 안양의 주택은 서울의 주택과 호환성이 높아지므로 서울의 직접적인 주택시장권에 포함됐다. 신도시 개발로 인구가 증가함에 따라 대규모 쇼핑센터나 업무시설이 늘어나고, 직장, 쇼핑, 오락, 주거 등을 자체 내에서 공급하게 되면서 서울에 대한 의존도가 낮아지게 됐다(한국토지공사, 1997c: 200).

평촌지구의 개발 목적이 수도권의 주택 수요를 충족시키고 있는 만큼 주거 중심의 신시가지가 되도록 하며 중산층을 주요 대상으로 하되, 저소득층을 포함한 다양한 계층이 함께 살 수 있는 주거지가 되도록 계획했다. 주거 형태는 대부분 공동주택으로 개발하지만 획일성을 지양하고 다양한 계층의 주택 수용에 부응하는 주거 유형과 규모를 갖추도록 계획했다. 안양대도시권을 대상으로 한 중심상업 기능을 수용하고 업무 기능을 합쳐 신도심을 구성했다. 또한 서울과 수도권 남부의 위성도시들을 연결하는 지역중심지로서의 특성을 감안해 농수산물을 공급하는 유통센터 기능을 수용하도록 했다. 평촌지구에 안양시청을 이전하고 과천정부종합청사와 관련된 업무 기능을 포함한 수도권의 업무 기능을 수용하고, 여객 및 화물의 수송과 적하 등을 관리하는 유통 업무 기능을 수용하도록 했다. 안양시는 평촌지구가 유일한 대규모 개발 가능지임을 감안해 문화, 예술, 연구, 복지시설 등 도시공공시설에 필요한 용지를 제공하도록 계획했다(한국토지공사, 1997c: 201-202).

8) 공원녹지계획

도시공원의 기본 방향을 일상생활에서 주민들이 쉽게 접근해 자아를 발견하고 재창조할 수 있는 기회의 장소로 계획했다. 근린공원 6개소, 어린이공원 25개소, 경관녹지 및 완충녹지 16개소, 공공공지 2개소이며 이외에도 보행자 전용도로 및 미관광장 등을 계획했다. 근린공원은 지구중심 도심부에 인접하는 평촌지구의 상징적인 위치에 평지공원 형태로 계획했다. 학의천 변의 학운공원, 시청·의회 용지 주변 용도 제한의 일환으로 배치된 평촌공원, 경수산업도로와 지구 내 간선도로의 입체교차부에 위치한 평화 및 희망근린공원이 대표적이다. 어린이공원은 가능한 공원이용권의 중심지가 되도록 배치했다(한국토지공사, 1997c: 223-224).

9) 도시 오픈스페이스

오픈스페이스는 도시경관을 조성하는 중요한 요소의 하나로서 도시경관의 통일성과 다양성, 생명감과 계절감 및 장소성을 느끼도록 계획했다. 도로, 광장, 공원 등 오픈스페이스의 구성 요소들을 연결해 개개 요소들이 갖고 있는 효과를 상승시키고 이용의 활성화를 도모하도록 했다(한국토지공사, 1997c: 225). 건물의 배치에서는 가로 경관의 정연성을 확보하기 위해 상징적인 가로에 건축선을 지정할 때, 공공시설 등 건물의 용도에 따라 건축선 지정에 융통성을 부여하고 도로 관련 시설물로부터 일정한 거리를 유지하도록 전면공지를 확보케 했다. 건물의 높이에 대해서는 도심성 부각과 도로 스케일과의 조화를 고려해 위치, 용도에 따라 차등적으로 최저 높이를 지정했다. 즉, 40m 도로변의 건물은 도로 스케일과의 조화를 위해 6층 이상이 되도록 하고, 20m 보행자 전용도로에 면한 건물은 3층 이상이 되도록 하되 최고 높이는 20m 이하가 되도록 했다(한국토지공사, 1997c: 275).

4. 산본신도시

1) 택지개발예정지구 지정 및 변경

군포 산본택지개발사업 시행자인 대한주택공사는 군포시 산본동, 금정동, 당동 및 안양시 안양동 일원 4,258,000m^2(128만 8천 평)에 대해 택지개발사업으로 추진하기로 결정했다. 군포시는 수도권에 위치하고 있어 대도시권의 생산과 주거 기능을 분담하고 있다.

산본신도시 건설은 17만 명의 인구(42,500가구)에 새로운 주택을 공급하기 위해 약 1조 3천 9백 4억 원의 투자가 소요되는 대규모 사업으로 서울에 집중된 인구를 분산하고 주택 부족 현상을 완화시킬 목적으로 추진됐다. 1994년 9월 10일까지 총 4차에 걸쳐 지정 면적 및 구역 변경 과정이 있었다.

표 2-3-10 산본신도시 개발계획 및 실시계획 변경 상황

지정 변경	변경 승인일	면적(㎡) (증/감)	주요 변경 내용
1차	1989. 8. 30	4,258,000 (감 72,000)	- 시행 중인 신흥산본주택건설 사업과 중복 부분 제척 - 토지구획정리사업지구와의 중복 부분 제척 - 현황 도로선의 경계 조정
2차	1989. 12. 30	4,189,365 (감 68,635)	- 지구 계분할 측량 결과에 의거 사업 면적 감소
3차	1993. 9. 7	4,190,988 (증 1,623))	- 면적 변경
4차	1994. 9. 10	4,023,186 (12,198)	- 임야도상 등재 누락 필지 복구 - 사업지구와 시흥산본주거지역의 경계 불일치를 조정

자료: 대한주택공사(1997: 56-57) 참조 작성.

2) 도시의 기능과 역할

산본신도시는 수도권지역의 심각한 주택부족난 해소와 폭등하는 주택가격을 안정시키기 위해 1989년 9월 15일 안양 평촌지구와 시흥 산본지구의 신시가지 개발이 발표됐다. 토지이용계획은 주거지역 43.1%, 상업지역 3.8%로 이는 산본신도시의 역할이 주거 기능 위주였음을 말해준다. 신도시의 유형은 크게 도시외 신도시와 도시 내 신도시로 구분할 수 있는데 산본신도시는 후자에 속한다. 안양의 도심과 연계되는 신도시 건설로 군포시의 도시 기능이 대폭 제고됐으며 도시기반시설 및 생활편익시설도 확충돼 서울 및 인근지역의 인구를 신도시로 유입시키는 효과를 가져왔다, 또 다양한 주거 형태의 개발로 균형적인 인구구조도 구축하고 있어 인구 이동을 방지하고, 계층 간의 갈등 소지도 완화시켜주고 있다. 즉, 신도시 내 임태주택과 국민주택 및 민영주택이 골고루 건설됐으며, 평형도 소득계층에 따라 거주할 수 있도록 12평에서 56평까지 다양하게 분포돼 있다(대한주택공사, 1997: 37-38).

3) 도시설계 방향

산본신도시 도시설계 방향은 계획인구 170,000명(42,500호) 규모를 수용하는 단독 및 공동주택을 자연경관 및 기존 시가지와 연계해 토지이용계획 및 가로망 체계를 수립한다. 장래 교통량 증가에 대비 3개 노선의 주진입도로를 신규로 개설해 서울, 안양, 안산과 연결하도록 하고 지구 내 간선도로와 교차하도록 정자형 가로망을 구성한다. 중심부에는 산본역 및 시청이 연결되도록 하여 정연한 도시 모양을 갖추도록 하고, 외곽은 지형에 순응해 도로를 개설한다. 중심지에는 시청, 도서관, 종합병원, 경찰서 등과 중심상업 업무 기능을 유치하고, 기존 공원에 연속된 구릉지를 구릉공원으로 조성하고 공공시설을 인접해 배치한다(대한주택공사, 1997: 64).

밀도 배분에서 평탄지 및 산지지역은 고밀도, 산록 및 골짜기는 중밀도로 개발한다. 생활권은 지형 조건 및 가로망 구성에 따라 6개 중생활권, 15개 소생활권으로 구성하고, 인구 배분은 주택 수요에 따라 블록별로 적정 배분한다. 중심상업시설은 산본역 역세권 및 근린생활권을 감안해 배치한다. 상가의 기능적 편리성과 도시화 촉진을 위해 지구 중심 광로변에 적정 면적의 상업지역을 설정한다. 상업지역에 대해서는 개발을 유도하며 시청 등 군포시가 요청한 시설을 포함한 공공시설을 중심 상업 업무지구에서 근

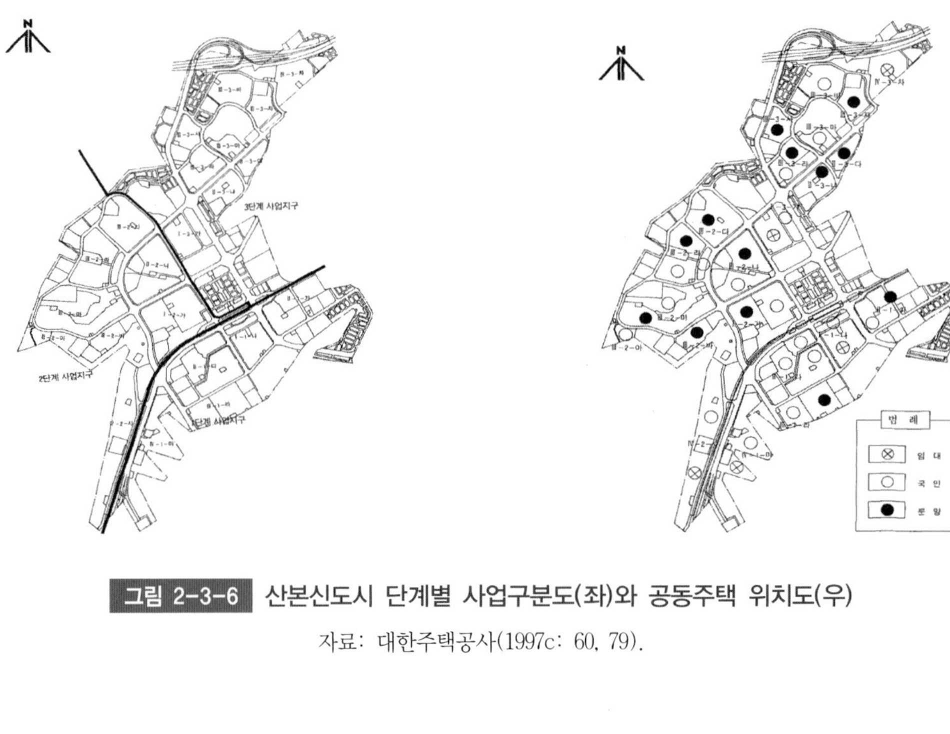

그림 2-3-6 산본신도시 단계별 사업구분도(좌)와 공동주택 위치도(우)

자료: 대한주택공사(1997c: 60, 79).

접 배치한다(대한주택공사, 1997: 64).

4) 환경영향평가

환경은 일단 한번 파괴되면 원상 회복이 거의 불가능하고, 환경오염 피해에 대한 구제비용이 과다하게 소요되는 등의 특성을 가지고 있다. 이에 따라 정부에서는 택지개발사업으로 인한 환경에의 영향을 예측, 평가해 환경 피해를 예방하거나 최소화하고 자연환경의 생산적 기능을 유지하기 위해 1981년부터 환경영향평가를 실시해오고 있다(대한주택공사, 1997: 658). 환경영향평가서는 환경을 자연환경, 생활환경 및 사회·경제환경으로 구분하고, 사업 시행으로 인한 환경에의 영향, 환경에 미칠 악영향의 저감 방안 및 불가피한 환경의 악영향 등으로 구분해 평가했다.

표 2-3-11 환경영향평가서 내용

구분	환경에 미칠 주요 영향	보완 요구 사항
지형 및 지질	• 우수 유출수로 인한 토사 유실 및 토양 침식 • 절토지는 산사태 우려 • 연약 지반은 지반 침하가 우려	• 주변 하천의 하상구조의 변화 및 수질오염이 발생되지 않도록 가배수로 설치 • 저류조를 설치해 토사 유출 방지 • 절토지는 안전한 구배로 하고 비탈면은 토사 유실을 방지하기 위한 법면 설치 • 연약 지반 다짐 작업을 철저히 함
대기질	• 사업지구 주위에 대규모 주택단지가 조성됨으로써 대기오염이 증가될 것으로 예측	• 비산 분진 저감 방안: 주진입로 선포장 • 토사 운반차량의 속도 제한 및 세륜 • 난방 및 취사연료를 LNG로 사용
수질	• 사업지구 내에서 오수 배출 • 산본천의 범람으로 인한 저지대 침수	• 안양시 하수종말처리장으로 차집 • 산본천의 복개폭 및 높이를 100년 빈도 홍수에 대비하는 규모로 설치
폐기물	• 사업 시행으로 인한 폐기물 발생	• 김포광역쓰레기 매립지에서 처리
소음	• 건설장비에 의한 소음 • 단지 내 오가는 도로교통 소음	• 작업 시간을 주간으로 제한 • 저소음 장비 사용 • 기존 주거지 측에는 이동식 방음벽 설치

자료: 대한주택공사(1997: 658) 참조 정리.

5) 교통영향 문제점과 광역교통망

산본택지개발사업에 대한 교통영향평가는 도시교통정비촉진법(1986년 12월 31일 제정)에서 정하는 바에 의해 추진됐다. 서울외곽순환고속도로 노선을 신도시와 연결시키도록 하고, 의왕-과천 간 도로, 시흥-안산 간 4차선 고속도로(13.0km), 논곡-판교 간 4차선 고속도로(22.0km), 논곡-포일 간 고속도로(9.6km), 포일-판교 간 4차선 고속도로(12.4km) 등의 신설과 주변 국도 4개 구간을 확장했다. 산본신도시 내의 버스 노선은 기존 안양 및 군포시 운행버스 노선의 연장으로 운행되고 있으며, 전철 등 다른 교통 수단과의 연결이 가능한 지점에 버스 정류장을 설치해 신도시와 기존 시가지 간을 효과적으로 연결시켜주고 있다. 또한 신도시 중앙에 안산선 전철 구간 중 산본역을 설치해 대중교통 통행을 분담하도록 했다. 그리고 과천선 건설로 안산-산본-금정-사당(2, 4호선 환승)과 안산-산본-금정(1호선 환승)-영등포 간 전철을 이용한 통행이 가능하다(대한주택공사, 1997: 704-705).

6) 주택정책

산본신도시에 건설된 주택은 총 41,974호인데, 공동주택이 98.6%(41,397호)로 월등히 높고, 단독주택은 1.4%(577호)에 불과하다. 공동주택 중 67.1%(27,772호)는 대한주택공사가 건설했으며 나머지 32.9%(13,625호)는 민간주택회사가 건설했다. 또 건설된 공동주택 중 임대주택이 전체 공급량의 20.1%(8,303호)를 차지하고 있으며, 분양주택은 79.9%(33,094호)가 건설됐다. 이 중 전용면적 25.7평 이하의 국민주택 규모가 72.9%(30,195호)이며, 전용면적 25.7평 이상의 국민주택 규모 초과 주택도 27.1%(11,202호)가 건설됐다. 특히 전용면적 18.2평 이하가 35.3%(14,615호)로 5개 신도시 중 소형 주택이 가장 많이 건설됐으며, 이 밖에도 전용면적 18.2평 이상 25.7평 이하의 국민주택이 37.6%(15,580호)가 건설됐다(대한주택공사, 1997: 713).

7) 도시의 성격

산본신도시는 서울의 기능과 인구 분산을 목적으로 집 없는 사람들에게 내집 마련의 기회 확대와 주거 수준의 향상 및 주택가격의 안정에 크게 기여했다. 산본신도시는 다른 신도시보다 시청사 등 공공시설과 금융기관, 쇼핑몰 등의 편익시설이 일찍 들어선 데다 입주와 동시에 안산-산본-과천-사당 방면의 전철이 개통되어 운행되고 있으며, 금정역에서는 경부선과 연결되는 교통의 요지로 발전했다. 또한 안양 평촌신도시와 연계되는 도로망이 형성돼 있어 입주민들의 불편은 비교적 적은 편이다. 그러나 신도시에 거주하고 있는 가구주 중 50%가 서울에 직장이 위치해 있고, 이들 중 53.9%가 자가용

승용차를 이용해 출·퇴근하고 있어 서울의 베드타운으로 될 우려가 있었다(대한주택공사, 1997: 716).

8) 공원녹지계획

수리산의 자연경관과 산림자원을 최대한 활용하고 새로운 공원과 녹지공간을 체계화했다. 주거단지 내 공원 및 녹지가 주위의 자연환경 여건과 자연스럽게 연결되도록 하여 입주민들이 쾌적하고 편리하게 일상생활과 옥외활동을 할 수 있도록 계획했다. 단지 내 기존 수림을 적극적으로 보존 활용하고 녹음수를 대량 식재했다. 시각적으로 중요한 지점에는 대형목과 화목류를 중점적으로 식재했고 공원녹지와 주거지를 유기적으로 연결하는 보행자 전용도로를 조성했다. 단지 내 고유 수종을 중점적으로 식재해 단지별로 특성을 부각시키고 단지 입구에 대형 정자목을 식재해 식별성을 강조했다. 다양한 놀이시설과 청소년 운동시설을 도입하며 향토 수종 식재, 원두막 채소원, 수목원 설치 등 전통적인 경관을 조성해 주민 참여공간을 확보했다(대한주택공사, 1997: 569).

9) 도시경관으로서 미관광장

광장이라 함은 도시계획 시설 기준에 의해 설치되는 시설로서 교통광장, 미관광장, 지하광장, 건축물에 축조되는 광장으로 분류될 수 있으나 산본신도시 내 조경 부문에서는 미관광장에 국한해 조성했다. 광장 설치 위치는 주요 교차로 주변이나 주요 공공시설 인접부의 보행활동의 밀도가 높은 장소를 선정해 모임이나 집회 등 문화활동의 장소로 제공했다. 시각적으로 도심부 녹음 제공에 의한 미관 형성과 지표경관으로서의 기능을 담당했다. 설계의 기본 방향으로는 다양한 활동을 수용할 수 있는 넓은 포장광장을 조성하고, 벽천 분수, 장식 화단 등 경관 요소를 도입하고, 수목 그늘·파고라 등 휴식공간을 확보했다. 도시미관 향상 및 지표물이 될 수 있는 환경예술품 및 조형시설물을 설치하고 탐방자를 위한 편익시설을 적재적소에 배치했다(대한주택공사, 1997: 575).

5. 중동신도시

1) 택지개발예정지구 지정 및 변경

서울과 인천 양대 도시 사이에 위치한 부천시는 경인고속도로, 전철 및 국도 46호에 의해 연결되는 경인축선상에서 경공업을 중심으로 발달한 위성도시다. 자족적인 도시생활권을 형성하기보다는 서울의 광역대도시 생활권에 속하며 직장, 쇼핑, 위락 등이 서울 등 다른 도시에 높은 의존도를 나타낸다(부천시, 1992: 10). 수도권의 주택난을 해소하기 위해 신도시 건설이 추진됐는데 다른 신도시와 달리 부천시, 한국토지개발공사, 대한주택공사 등 3개의 개발 주체에 의해 이뤄졌다. 중동지구는 기존 시가지의 서측에 위치한 농경지 546ha에 4만2천 세대, 인구 16만 5천 명을 수용할 수도권의 수급 기능 분담 및 자족적인 신도시를 만드는 것이다. 초기의 택지개발계획 및 주택건설계획이 유관기관과 협의 및 도시설계 구상안의 반영으로 91년 8월까지 3차에 걸쳐 변경됐다(부천시, 1992: 339).

2) 도시의 기능과 역할

중동지구 개발은 주택 보급 확대 측면 외에도 기존 부천시의 도시구조에 미치는 파급 효과가 컸다. 기존의 비합리적인 도시 형태를 재구축해 정돈된 시가지 형태를 형성하고, 부천시 전체의 구심적 역할을 수행했다. 서울 지향형의 불합리한 도시 확산 및 생활 패턴을 중동지구를 중심으로 전환했다(부천시, 1992: 11). 부천은 급격한 인구 증가로 도시기반시설 부족을 초래했고, 주민들의 잦은 이사율과 이동은 상대적인 부조화와 위화감을 낳게 했다. 중동신도시 개발은 중동지구는 물론 부천시 전체에 지역적 특성을 부여함으로써 주민들이 더 이상 유동하지 않고 정착해 애향심을 가질 수 있는 새로운 도시상을 정립하도록 했다(부천시, 1992: 21).

3) 도시설계 방향

중동지구는 부지 조성 단가가 여타 신도시보다 높아 택지개발계획 승인 당시 공동주택단지 용적률이 임대주택 223%, 국민주택 230%, 국민주택초과 234%로 평균 229%였다. 더욱이 도시설계가 구체화되기 이전에 이미 토지가 매각됐기 때문에 용적률의 조정은 상당한 어려움을 안고 있었다. 도시설계 당시 예상되는 문제점으로 주택건설업체는 높은 지가 때문에 가능한 최대 용적률을 확보하려는 경향을 나타냄으로써 과밀 개발이 우려됐다(부천시, 1992: 38).

이를 감안해 도시설계의 기본 방향을 중동지구 특성에 맞는 주거지 개발 방식을 설정했다. 중동지구 특성에 맞는 개발 방법으로는 국민주택 초과의 경우 일정 부분 초고층 개발을 유도해 도시경관계획에 따른 체계적인 스카이라인을 형성하고 더 많은 공지를 확보했다. 최소 생활권 단위는 보행자 전용도로에 의해 구획된 상가 및 유치원 정도의 부대시설을 포함하는 단지이며, 이러한 2~3개 단지가 모여 하나의 근린주구, 즉 블록을 형성한다. 하나의 블록은 대체로 보행자 전용도로, 초등학교, 어린이공원, 종교부지 및 근린공공시설 정도의 도시계획시설을 포함하고 있으며, 블록을 중동지구 개발 기본단위로 했다. 블록은 보행자 전용도로로 경계하며 보행자 전용도로가 서로 교차하는 결절점 부분을 놀이, 휴게, 주민운동시설과 같은 옥외 레크리에이션 시설을 집중 배치해 하나의 중심지로 구심점을 형성하도록 했다(부천시, 1992: 40-41).

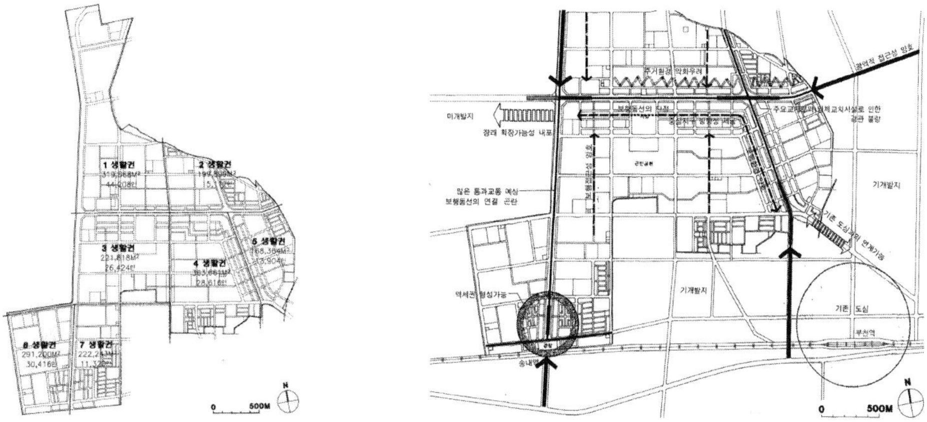

그림 2-3-7 중동신도시개발계획도(좌) 중심지역 배치도(우)

자료: 부천시(1992: 16, 34).

4) 교통영향 문제점과 광역교통망

부천 중동지구 개발에 따른 교통 수요를 예측한 결과 통과 교통이 급증해 경인국도 전 구간에 걸쳐 심각한 교통 체증 현상이 예상된다. 경인고속도로의 경우 왕복 6차선으로 확장돼도 정체 현상은 계속될 것으로 예상된다. 중동지구 주요 간선도로인 동서간 광로는 점차적인 교통량 증가로 인해 주행 속도의 감소와 더불어 심한 정체 현상이 예상된다. 교통계획으로 중심지구의 상업지역 및 시청 접근 도로는 일방통행을 실시해 도로폭을 최대로 활용하고, 주요 교차로의 신호 체계를 산출해 교통 소통의 효율화를 도모한다. 부천은 서울의 위성도시로서 서울로의 출퇴근 비율이 높고 전철의 교통 수단 부담률이 높기 때문에 원활한 수송 효율을 높이기 위해 셔틀버스 운행을 계획했다. 주차장 확보는 토지 이용 측면에서 고려할 때 비용의 투자와 부지 활용의 효율성이 떨어지므로 많은 어려움이 있을 것으로 예상된다. 이 때문에 시청 앞 민관 광장에 대규모 지하주차장을 설치하고 공공건물 입체화 방안도 고려했다.

5) 주택정책

중동신도시에 건설된 주택은 총 42,500호인데, 이 중 공동주택이 97.8%(41,546호)로 월등히 높고, 단독주택은 2.2%(954호)에 불과하다. 공동주택은 임대와 분양용지로 나뉘며, 분양주택은 다시 국민주택 규모와 국민주택 규모 초과 용지로 계획돼 있다. 총 44개 단지 중 임대주택 4개 단지, 임대주택+국민주택 2개 단지, 국민주택 21개 단지, 국민주택+국민주택초과 6개 단지, 국민주택초과 11개 단지로 구성돼 있다. 면적별로는 임대주택 18%, 국민주택 52%, 국민주택 초과 30%로 구성되며, 국민주택 규모 이하 용지가 70%를 차지하고 있다. 유형별 세대 수는 임대주택 27.8%, 국민주택 54%, 국민주택 초과 18.2%를 차지하고 있다. 각 블록은 학교, 근린공원, 아동공원, 종교시설, 근린공공시설, 공공공지 등의 도시계획시설을 포함하고 있으며, 보행자 전용도로에 의해 각 단지로 구획돼 있다(부천시, 1992: 38).

6) 도시의 성격

부천시는 서울과 인천 등 대도시의 위성도시로 30세 이하의 젊은 층이 전체 인구의 80%를 차지하고 중소기업이 약 2,800개가 입지한 주간 인구지수가 82.2%로 유동성이 높은 도시였다. 수도권 주택난과 교통난을 해소를 위해 중동신도시의 개발 방향은 위성도시가 아닌 경인도시축상의 거점도시로 자족성을 갖추는 것을 목표로 했다. 또한 전문화된 중소기업 육성도시로서 고용 확대를 통해 지역경제의 자립을 추구했다.

7) 공원녹지계획

중앙공원은 지구 내 상징적인 요소로서 광장, 조각물, 수경시설 등을 적극 도입하도록 하며, 집회·문화행사·커뮤니티 교류의 장이 되도록 한다. 근린공원은 위치에 따라 중심지구에 면한 공원과 주거지에 면한 공원으로 성격을 구분한다. 중심지구에 면한 근린공원은 주로 식재군을 무성히 조성해 이용자로 하여금 외부로부터 차단된 안락감과 전원적인 분위기를 유도한다. 주거지 내 근린공원은 개방감 있는 장소를 조성해 운동 및 체력 단련, 레크리에이션 등 복합적인 기능도 가능하게 한다. 어린이공원은 공원별 특성에 맞춰 모험심과 창조력을 배양할 수 있는 놀이공간과 어린이와 보호자가 쉴 수 있는 휴식공간으로 구분함으로써 상호 유기적인 관계가 되게 한다(부천시, 1992: 225).

8) 도시경관 구상

동서 중심가로변은 50m 광로에다가 도로 양측 각 10m 공공공지를 둔다. 도로폭과 비례를 고려해 대규모 건물이 서도록 하여 가로공간의 위요감을 높이며, 중심가로의 상징적 경관을 위해 건축선을 일치하게 함으로써 정돈된 가로 분위기를 형성하도록 한다. 도로 양측 공공부지와 중앙분리대에 수림대 조성으로 풍부한 녹음을 제공하면서 광로의 광막함을 완화해 중동지구의 상징적 가로를 형성하도록 한다(부천시, 1992: 54). 폭 12m의 보행자 전용도로 양변에는 2~3층의 쇼핑건물을 배치함으로써 도심 속에 아늑한 인간적 스케일의 공간을 창출한다. 쇼핑몰 양단부에 위치한 공원, 광장 등 오픈스페이스와 함께 백화점 등 주요 시설을 유인체(Magnet)로 배치해 활성화된 선형의 보행공간을 조성한다. 쇼핑몰 중간에 건축선 조정에 의한 가로 광장을 확보해 변화 있는 공간이 되도록 한다(부천시, 1992: 54).

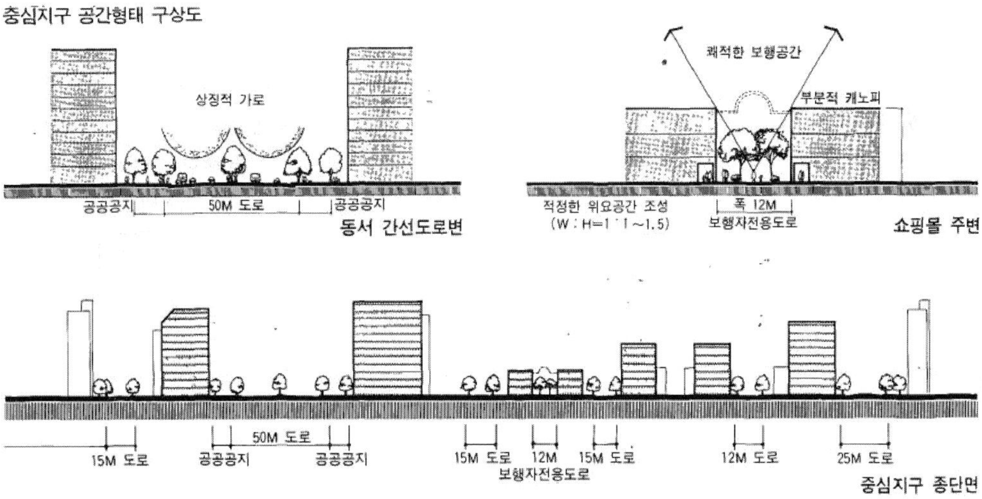

그림 2-3-8 중심지구 공간 형태 구상도

자료: 부천시(1992: 54).

제4절 성과 및 평가

분당·일산·평촌·산본·중동 수도권 제1기 신도시 건설은 1980년대 만성적인 주택 공급 부족 현상을 해소하고 국민들의 주거생활을 안정시키는 데 기여했다. 주택 공급이 매우 부진한 상태에서 수도권의 아파트 가격이 폭등하자 심각한 사회갈등이 발생될 염려가 있었다. 최악의 경우 체제에 대한 위협으로까지 인식돼 주택의 대량 공급이 시급했다. 서울을 비롯한 수도권 도시지역 내에서는 주택을 지을 수 있는 토지가 바닥이 난 상황에서 달리 대안이 없으므로 신도시 조기 건설은 주택시장의 안정을 도모하게 됐다. 수도권 제1기 신도시는 서울 도심에서 반경 20km 내외의 근거리를 채택했기 때문에 주택시장 안정에 효과가 있었다고 할 수 있다. 일반적으로 신도시를 건설할 때 모도시의 통근 수요를 줄이기 위해 일상적 통근이 불가능한 원거리 지역에 자족적 경제 기반을 갖추도록 건설하는 것이 바람직하다. 그러나 신도시가 자족성을 갖추는 데에 장기간이 소요되므로 단기적으로 개발 수요에 부응하기 위해서는 현실적으로 통근권 내에 건설할 수밖에 없었다(한국토지공사, 1997a: 872).

외국의 사례처럼 쾌적한 주거환경 확보를 위해 신도시의 개발밀도를 저밀도로 계획할 수도 있겠으나 수도권 지역의 높은 지가 수준을 감안하면 불가능하다고 할 수 있다. 따라서 신도시의 주거공간을 일정 수준 고밀도로 개발함으로써 정책으로 배분된 계획인구를 수용하는 성과를 거뒀다. 주거밀도의 고밀화는 각종 도시적 편익 서비스와 문화시설이 신도시에 조기에 입지하도록 하기 위해서도 필요하다. 도시편익 시설들은 어느 정도 집약된 배후 인구가 전제되지 않을 경우 유치가 어렵다. 다만 단조로운 도시경관이 흠이기는 하지만 한국적 상황에서 채택할 수 있는 최선이라 할 수 있다(한국토지공사, 1997a: 873).

수도권 제1기 신도시는 여타 소규모 택지개발지구 또는 도시 내 자투리 토지에 건설되는 주택에 비해 상대적으로 교육시설 및 생활편익시설 등의 주거 서비스 측면에서 우월해 서울지역 중산계층의 유입이 많았으며, 이 계층이 신도시의 신규주택으로 전입함에 따라 기존 주택을 하위 소득계층으로 연쇄적으로 이용하게 되는 여과 과정에 의해 서민들의 주택 마련에도 도움이 됐다. 신도시의 주택 공급은 수도권지역의 전반적인 주거환경 개선에 기여하는 등의 파급 효과와 함께 주거 안정을 목표로 하는 주택정책에 결정적으로 기여했음은 부정할 수 없는 사실이다. 또한 집중된 인구는 도시기반시설을 확충하고, 경제활성화 및 고용 창출에 기여한다고 할 수 있다(한국토지공사, 1997a: 875).

문제점으로는 신도시 건설공사가 단기간에 대량으로 이뤄지다보니 동시 다발적으로 인력과 자재가 투입돼야 한다. 이 경우 공사 상호간에 문제점이 발생할 수 있고 졸속 공사로 인해 안전에 위험이 될 수 있다. 또한 자족성을 갖추지 못할 경우 직주 거리가 멀어짐으로써 교통 혼잡과 에너지 낭비, 온실가스 배출 등 많은 문제점에 노출될 수 있다. 그뿐만 아니라 양호한 그린벨트를 훼손하게 됨으로써 자연재해에 취약하고 생태계에 부담을 주게 된다. 도시는 하루아침에 만들어지는 조형물이 아니고 성장하고 발전하는 살아 있는 유기체와 같다고 할 수 있으므로 앞으로 중앙정부, 지방정부 및 주민이 함께 참여해 신도시의 성장을 돌볼 수 있는 종합적인 관리 체계가 필요하다고 하겠다(한국토지공사, 1997a: 880).

참고 문헌

김철수 (2005). 도시계획사. 서울: 기문당.
대한주택공사 (1997). 산본신도시개발사. 대한주택공사.
부천시 (1992). 부천중동지구도시설계. 부천시.
이현주 · 백혜선 · 송영일 · 박신원 · 임주호 · 김태균 · 이은엽 · 윤은주 · 윤인숙 (2012). 수도권 제1기 신도시에 대한 평가 및 향후 재편 방향 제안. 도시정보(대한국토조시계획학회 정보지), 제362호.
한국토지공사 (1997a). 분당신도시개발사. 토지개발공사.
______(1997b). 일산신도시개발사. 토지개발공사.
______(1997c). 평촌신도시개발사. 토지개발공사.
______(2006). 살고 싶은 신도시 모델 설정-부록보고서(신도시평가 2006. 12). 한국토지공사.

건설교통부 (www.molit.go.kr)/제1기 신도시 건설 안내(검색일: 2014.05.31).
도시포탈 (http://www.city.go.kr/) (검색일: 2014.05.25).
서울시사편찬위원회 (http://culture.seoul.go.kr/sscomp). 서울6백년사/서울특별시시대(Ⅱ)/도시계획(검색일: 2014.05.20).

제 4 장

고속전철 건설사업(KTX)

이 송
서울시립대학교

제 1 절 정책의 추진 배경

급속한 경제 성장으로 기존 교통시설이 늘어나는 물동량을 감당하지 못하면서, 물류비 중 수송비가 급격하게 증가했고 이로 인해 교통 체계를 바꿔야 한다는 필요성이 제기됐다. 특히, 국민 총생산의 약 70%를 차지하는 경부축의 교통난과 물류난은 국가경쟁력 강화를 위해 시급히 해결해야 할 과제로 부각됐다.

정부는 우선 철도 차관 도입을 검토했다. 세계은행(IBRD)의 의뢰로 프랑스 국철조사단과 일본 해외철도기술협력회는 공동으로 1973년 말부터 6개월간 한국 국내 교통 상황을 조사해 새로운 철도 건설을 한국 정부에 건의했다. 이후, 교통부의 주관으로 한국과학기술원은 1978년부터 1981년까지의 약 3년에 걸쳐 경부고속철도에 관한 논의를 시작했다. 「대량화물 운송 체재개선 및 교통 투자 최적화 방안의 연구」에서 전국적인 장래 수송 수요 예측 및 수송시설 능력의 평가와 수송 능력 증강 방안을 비교 · 검토했고 종합수송 체계를 위한 모델 개발을 주요 주제로 본격적인 연구에 착수했다.

연구 결과, 기존 수송 체계에선 경부축이 1985년에 포화 상태가 되고, 서울-부산 구간은 1985년과 1990년 사이에 수송에 애로 사항이 발생할 것으로 예측됐다. 또한 GDP 대비 국가 물류비가 미국이나 일본 등 선진국에 비해 약 2배 이상이 되어 물류비 과다로 인한 경제적 손실이 2001년에는 2조 4,000억에 이를 것으로 추정됐다. 한국과학기술원은 수송 체계를 방치할 경우, 경부축 수송 능력의 한계는 국가경쟁력에 막대한 영향을 줄 수 있으므로 수송애로를 해결하기 위한 최적의 방안으로 새로운 철도 건설을 제시했다.

한국과학기술원은 서울-부산 간 복선철도와 여객전용 경부고속철도를 건설하는 2개 안을 정부에 건의했다. 한국과학기술연구원의 연구가 진행되는 동안인 1979년 2월, 박정희 대통령은 교통부 연초 연두교서에서 장기적 수송대책을 수립하라고 지시해, 제 5차 경제사회 발전계획(1982~1986년)에 우선 서울-대전 간 160km의 고속전철계획(1986~1989년)이 반영됐다. 1983년 제 5차 경제사회발전계획 수정 시 경부고속철도 타당성평가를 실시한 후 건설 여부를 결정하기로 했다. 수정 후 1983년 3월부터 1984년 11월까지 약 21개월에 걸쳐 '서울-부산축의 장기교통 투자 및 고속철도 건설의 타당성조사'가 미국의 Louis Begen사, 덴마크의 Compsax사, 국토개발연구원 및 현대엔지니어링 공동으로 실시됐다. 제 1단계로 서울-부산축의 장기 교통 투자 필요성 검토와 서울-대전 간 고속철도의 타당성 연구를, 제 2단계에선 서울-부산 간 고속철도건설 타당성조사가 이뤄졌다.

제1단계 연구에서는 장래 교통 수요와 공로 부분 투자대안을 종합적으로 고려해, 서울-부산 간 고속전철을 1991~1997년 사이에 건설하고, 기존 경부선을 개량하는 것이 건의됐다. 제2단계 연구에서는 제1단계 연구 결과를 바탕으로 고속철도 건설안에 대한 경제적 재무적 및 기술적 조사들이 시행됐다.

이 공동연구의 최종 결론 및 건의안은 다음과 같다. 서울-부산 간의 교통 수요는 계속 증가해, 1980년 말에는 경부선 수송 능력이 한계용량에 도달하게 돼 서울-부산 간의 여객전용 고속철도는 경제적 측면이나 재무적 측면에서 볼 때 타당성이 있다고 보았다. 1980년대에는 기존 철도의 개량으로 수송 수요 증가에 대처하는 한편 장기적 안목에서 고속철도 건설이 바람직하다고 건의했고, 이 고속철도는 시속 240km/h, 최소곡률 반경 4,000m, 최급구배 35%, 투자비 2조 6,026억 원이 추산된다고 보고했다.

이러한 타당성조사 이후 고속전철을 신설해야 한다는 필요성이 급속히 확산됐다. 제5차 경제사회 발전에 5개년계획이 반영돼 착공될 예정이었으나 88서울올림픽 개최가 결정돼 모든 국력이 올림픽 준비에 집중됐고 대규모 사회간접자본 투자가 어렵다는 정책 의견으로 고속전철 건설 계통은 다시 연기돼 버렸다.

88서울올림픽의 성공적인 개최 이후 정부는 '제6차 경제사회 발전 5개년계획'에 고속철도 건설을 위한 기술적 조사를 시행하기로 방침을 정하고, 1989년 5월 경부고속철도 건설 방침을 결정한다.

정부는 후속 조치로 1989년 7월 24일 '고속전철 및 신국제공항 건설 추진위원회'를 발족하고 위원장에 부총리 겸 경제기획원장을, 부위원장에 교통부 장관을 임명하고, 1989년 12월 철도청에 2급 실장 및 4급 5개 담당 등 철도청 직원 54명으로 구성된 '고속전철 기획실'를 설치했다. 1991년 2월엔 고속전철기획실을 '고속전철사업기획단'으로 확대 개편해 단장(정무직), 부단장(1급) 및 5개국(2~3급) 등 10개 부처 정부공무원 파견 근무 조직을 구성했다.

1973년 급속한 경제 성장과 함께 기존 교통시설의 개선이 제기됐고, 한국과학기술연구원의 고속철도 건설 타당성이 제시된 후 10년 이상의 긴 산통 끝에 경부 고속철도 건설을 본격적으로 착수하게 됐다.

제 2 절 정책의 추진체계

경부고속전철 건설 추진 방향이 결정된 후 '고속전철 및 신국제공항 건설 추진위원회'를 발족하고 철도청에 고속전철기획실을 설치하는 등 경부고속철도를 건설하기 위한 계획이 본격적으로 실행됐다.

'고속전철 및 신국제공항건설 추진위원회'와 '고속전철 기획실'을 발족하면서 제6차 경제사회 발전 5개년계획에 의한 기술조사 실시 방침에 의거해 경부고속전철을 건설하기 위한 본격적인 기술조사에 착수했다. 1991년 2월까지 3개년에 걸쳐 경부고속철도 건설에 필요한 제반 기술조사를 시행하는 것을 목적으로 했다. 고속철도 도입에는 3단계 과정이 필요하다. 기본계획 및 기본 설계 과정, 차량 시스템 선정 및 확보 과정, 고속철도 건설에 필요한 실시설계 과정이다. 이 중 첫 번째 단계인 기본계획과 기본설계 과정을 주 내용으로 기술조사가 실시됐다.

6개 회사가 총 12개 분야에 참가해 각 분야의 전반적인 기술 검토를 시행했다. 교통개발연구원은 용역 총괄을, 미국의 Louis Begen사는 기술 부문 총괄을, 유신설계공단과 철도기술협력회는 공동으로 노선계획과 정차장 건축을, 철도기술협력회는 토목구조, 궤도, 송변전, 전차선 건설을, 유신설계공단은 열차 운행, 신호, 통신, 환경영향을 현대정공은 차량구조를, 대우엔지니어링은 차량 역학을 담당했다. 교통 수요 및 경제성에 대한 분석과 노선, 역 위치 선정 검토, 외국 고속철도의 성능 및 기술 검토를 하면서 차량형식 선정을 위한 입찰제의서(안)를 작성했고, 고속전철운영계획과 투자계획 및 재원조달대책, 토목전기, 신호 등 각 분야별 기본 설계가 주 내용으로 검토됐다.

교통 수요 분석 결과, 수원-대전 간 철도는 1991년에 수송 능력의 한계에 도달한다는 예측이 나왔고, 경부고속도로는 이미 만성적 정체 현상으로 제 기능이 발휘되지 못하고 있었다. 경제성 분석에 따르면 경부고속전철의 최적의 투자 시기는 1998년으로 경부고속전철은 경제적으로 매우 타당한 사업임이 입증됐다. 재무 분석 결에서는 개통 후 7년 만에 흑자가 발생할 것이며, 고속전철사업은 국민경제 기여도와 운영자의 재무 상태를 고려해 최소한 30% 이상을 국고에서 지원돼야 한다고 의견이 나왔다.

노선 선정 조사에서는 경주 경유 노선을 둘러싸고 많은 논란이 제기됐다. 경주를 경유하는 노선을 건설하면 밀양을 통과하는 노선에 비해 1조 원이 더 투자돼야 하고 밀양 노선보다 9분이 더 소요된다는 조사 결과가 나왔다. 이로 인해 경주 경유 노선을 밀양을 통과하는 직결 노선으로 변경해 절감한 투자비를 대구-경주 복선전철화건설비 및 대구, 대전역 지하화 건설비로 활용하자는 안도 제기됐다. 많은 논란 끝에 대구-밀양-부산의 경부 노선과 대구-경주-울산-부산의 동부 노선, 대구-창녕-창원-부산의 서부 노선이 제시됐고, 노선별 편익과 비용분석을 통해 대구-밀양-부산의 중부 노선이 최적 대안으로 제시됐다.

하지만 문화관광지인 경주, 공업지역인 울산・포항의 수요 및 천안권 교통 수요를 흡수한다는 고속철도 이용 목표와 고속철도 건설에 대한 기술조사 용역을 바탕으로 기본계획이 수립됐다. 1990년 6월 15일 제3차 '고속전철 및 신국제공항 건설 추진위원회'의 의결 결과 경부고속철도 건설사업 기본계획 및 경유 노선이 다음과 같이 확정 발표됐다.

1. 사업계획

- 노선 연장: 서울-부산 409km

- 설계 최대 속도: 350km/h
- 운행 시간: 직통 운행 시 90분
- 사업 기간: 1992~1998년
- 건설비: 5조 8천 462억(차량: 1조 2천 144억, 1989 기준)
- 이용 수용: 21만 8천/일
- 재무성: 단년 흑자: 개통 3년 / 누적 흑자: 개통 10년
- 경유 노선: 서울-천안-대전-대구-경주-부산

2. 기본 노선

기술조사에서 8개안이 다양하게 검토됐으나 추진위는 제1안 서울-대전-대구-부산과 제8안 서울-천안-대전-대구-경주-부산 중 제8안으로 최종 결정했다. 사업계획과 기본 노선이 확정된 후, 고속전철 건설을 본격적으로 착수하기 위해 1991년 2월 철도청 직원으로만 구성된 고속전철기획실을 '고속철도사업기획단'으로 확대 개편해 단장(정무직), 부단장(1급), 5개국(2~3급), 인원 140명으로 정부 10개 부처 공무원 및 금융계 직원으로 구성해 본격적인 활동에 들어갔다.

제3절 정책의 추진 과정 및 내용

1. 경부고속철도 착공과 시험선 개통

1) 서론

사업계획과 기본노선이 확정되고 경부축 교통문제의 근본적 해결, 전 국토의 반나절 생활화, 첨단 기술 도입으로 산업기술의 선진화에 의한 고속철도 생산국 부상 및 국제 철도망 구축에 참여할 수 있다는 거대한 꿈을 꾸면서 1991년 2월 '고속철도사업기획단'이 확대 개편됐고 본격적인 고속철도사업이 가속화됐다.

우리나라에 처음으로 건설되는 경부고속철도는 공사의 규모나 사업 내용에서 우리나라 건설 기준을 높일 수 있는 좋은 기회였기 때문에 계획 단계에서부터 우리나라의

전문기술 인력 중심으로 하고 미흡한 부분에 외국 기술진이 참여하는 방향으로 진행됐다. 그리하여, 우리 고속철도의 안정성과 신뢰성을 확보하고 향후 우리 기술력만으로도 고속철도를 건설할 수 있는 능력을 배양할 수 있도록 추진했다.

기본 방향은 수송 능력의 극대화, 우리의 경험이 없는 첨단기술은 외국에서 도입, 실용적인 기술 방식 채택, 고속철도의 여객전용선화, 건설공사의 설계 및 시공은 국내 기술로 시행한다는 것이었다. 범국민적 합의에 의한 고속철도라는 대전제 하에 고속철도 기획단을 중심으로 최적 노선을 만들기 위해 항공사진 측량, 설계 기준 정립, 기본설계 노반 실시 및 차량 형식 선정을 위한 제의 요청서 발송 등 모든 계획들이 일사불란하게 추진됐다. 이때 국내 14개 전문기술 용역업체의 전문기술사가 노반시설 실시설계를 진행했으며, 설계 과정에서 학계 및 연구기관의 전문가가 참여해 국제 철도연맹과 외국의 고속철도 설계 기준에 적합하도록 안전하게 설계했다.

2) 설계 기준 및 시방서 및 표준도 작성

경부고속철도의 설계 기준은 국내외 전문가 300여명이 참여해 국제철도연맹(UIC)기준과 외국 고속철도의 설계 기준을 참고해 우리 지형에 적합하게 만들었다. 이때 고속철도 건설을 위한 선로 및 시설물에 관련된 기준 항목으로 궤간, 곡선, 구배, 시설 한계, 궤도 중심 간격, 시공 기준 및 궤도에 관한 고속철도 건설규칙(안)을 제정해 실시설계 및 시험 우선 착공 구간에 활용하도록 했다.

또한, 대한토목학회를 주계약자로 하여 한국강구조공학회, 한국지반공학회, 한국콘크리트공학회 및 건설기술연구원 등 전문가 134명이 사업에 참석해 고속철도 구조물의 설계 및 공사 시방서를 작성했다. 대한토목학회 주관으로 98명의 전문가가 참석해 토공 및 각종 구조물의 표준설계도를 작성하고 항공사진 측량을 실시해 노선 선정에 따른 관계 기관협의를 위한 전산 노선도가 작성돼 기본설계를 위한 준비가 끝났다.

기본 설계는 여러 노선을 철도 건설 기준에 따라 도상에 정하고 현지답사를 하여 지장 유무를 조사한 자료를 토대로 최적 대안과 검토 대안을 구분해 토목, 교량, 정거장, 궤도 건축물, 전기, 차량기지 등 시설 규모를 개략적으로 설계하고 총사업비와 사업 기간 등을 예측했다.

3) 실시설계

실시설계란 기본 설계를 구체화해 실제 시공에 필요한 내용을 설계도면과 시방서 등을 설계도서에 표기한 것을 말한다. 실질적인 시공을 앞두고 국내의 전문 용역업체가 분야별 전문기술자를 책임자로 하여 과업을 수행하고 각계 전문가의 자문과 외국의 기술정보를 최대한 활용하고 교량 및 터널 등 주요 구조물을 국제적인 전문기술자를 참여시켜 기술 검토와 함께 신기술을 채택하도록 했다.

이에 따라 경부고속철도 노반시설의 실시설계는 교통개발 연구원의 기술조사 및 대한토목학회의 표준시방서를 기준으로 1991년부터 1998년까지 14개 공구로 분할해 진행됐고, 천안-대전은 시험구간으로 선정해 1992년에 공사가 착수될 수 있도록 제4, 5공구에 대한 실시설계를 우선 시행했다. 전력설비는 송변전설비 6개 구역, 전차선로 2개 구역, 배선설비 3개 구역, 원격제어설비 1개 구역으로 분할해 시행했다.

실시설계 1단계에서는 국내 전문가들에 의해 설계된 교량, 터널, 말뚝 기초, 연약지반 등 노반시설물의 연장, 구조 및 모양 등을 실제 주행할 차량으로 시뮬레이션해 안정성을 확인하고 2단계 동적 안전성을 확인하기 위해 외국의 저명한 전문가인 캘리포니아대 펜젠(Joseph Penzien) 교수는 교량을, 영국 던디대의 바디(Alan Vardy) 교수와 일본의 마에다(前田) 박사가 공동으로 터널의 안정성을 검토했다.

1단계 설계와 2단계 동적 안정성을 검토한 후, 프랑스 국영철도의 고속철도 담당 자회사인 SYSTRA의 전문기술진은 실제 주행 차량인 프랑스 TGV(테제베) 차량 등 핵심 장비와 노반시설 간의 기술적 연계성에 대한 종합적인 검증을 맡았다.

4) 한국고속철도건설공단의 출범과 착공

고속철도 사업 추진을 활성화시키기 위해 '고속전철기획실'에서 '고속철도사업기획단'으로 확대 개편을 했지만 계획 단계에서 집행 단계로 넘어가기 위한 탄력적인 조직과 전문인력 확보가 절실한 상황이 됐다.

1992년 3월 9일 정부는 노반시설설계 중에 철도청의 고속철도사업 기획단을 폐지하고 독립기관으로 한국고속철도건설공단을 설립했다. 공단은 이사장과 감사, 부이사장 2명, 7개 본부 10실 193 총 379명의 인원으로 출발했고, 초대 이사장에 김종구 고속철도 기획단장이 선임됐다. 공단은 국내외 고속철도의 건설, 고속철도에 대한 기술연구, 개발, 조사, 고속철도의 역세권 및 고속철도 연변의 개발사업, 정부 위탁사업을 담당하는 고속철도사업의 주체로 자리매김하게 됐다.

한국고속철도공단이 설립된 후 사업이 빠르게 추진됐다. 같은 해 6월, 교통 및 환경 영향평가를 완료하고 시종점 및 노선 경유 읍 · 동 · 면 단위까지 행정구역이 명기된 고속철도 세부 노선을 확정 발표했다. 공정계획과 연계해 차량 기종을 결정하기 전에 시험구간 7개 공구 중 4개 공구를 우선 착공하기로 하고 공구별 시공업체도 선정했다.

1992년 6월 30일 마침내 시험 구간인 천안-대전 4개 공구의 건설기공식이 진행됐다. 충남 아산군 배방면 장재리 현장에서 국민의 염원과 21세기를 향한 역사적 순간을 경축하며 1998년 완공 목표로 착공식이 거행됐다.

5) 고속철도 건설계획의 수정

노선 선정 후 천안-대전 간 4개 공구 기공식이 거행된 후 고속철도 건설은 계속되는 민원에 직면하게 됐다. 주된 원인은 국책사업에 대한 지역이기주의로 인한 계획 변경과 조정이었다. 건설계획 지연에 따른 재정적 손실이 엄청난 규모로 증가돼 1989년 불변가격으로 책정됐던 5억 8,462억 공사비가 1993년 제1차 수정 시는 10억 7,400억 원으로 변경됐다. 건설 기간도 1992~1998년에서 2001년(서울-대전은 1999년)으로 수정됐다.

이때 1993년 불변가격으로 투자비를 설정하고 공정 및 공기는 물가 상승을 고려할 때 공정은 3년 정도 지연되고 사업비는 12조 원이 예상됐다. 하지만 IMF로 인한 물가 상승이 지속됐고 문민정부의 출범과 함께 재정 운용 상태를 고려한 건설사업비의 긴축이 요구돼 건설비가 많이 드는 대전 및 대구 역사의 지하구간을 P.C Box에서 P.C Beam으로 변경하게 됐다. 그뿐만 아니라 남서울-서울-수색 간의 지하 건설 구간도 수정돼 기존 서울-안양선을 활용하기로 하는 등 전반적인 수정이 뒤따랐다. 이러한 건설사업비 긴축을 위한 수정안에도 불구하고 실제 공사비는 제3차 수정 때 19조 2,000억으로 늘어났다.

6) 차량 도입계약 체결

프랑스, 독일, 일본 3개국으로부터 차량 도입에 관한 최초 제의서가 접수된 후 제 6차에 걸친 수정제의서 접수 및 평가를 실시했다. 1993년 프랑스 알스톰사를 우선 협상자로 선정한 후 약 8개월간의 협상 끝에 1994년 차량 도입 계약을 체결했다.

7) 경주 및 상리터널 노선 변경

경주노선은 당초 문화재를 보호하기 위해 형산강 건너 하천변과 경지 정리가 된 지역에 노선과 역사를 건설하기로 계획됐으나 현지 활동조사단의 현장조사에 의해 1996년 기존 경주 노선을 폐지하고 새로운 노선을 선정하기로 했다.

1997년 사회간접자본 건설추진위원회는 경주 노선을 화천리 노선으로 발표했다. 화천리 노선은 경북 경산시 압량면에서 울산시 두동면 간 연장 58.9km의 노선이며, 이와 함께 울산, 포항 주민의 교통 편의를 위해 기존 동해남부선을 고속철도와 함께 이설 전철화해 고속철도와 연계하도록 했다. 또한 폐광문제로 안정성 문제가 부각된 2-1공구 상리터널은 일부 보강이 된 상태에서 독일 킨쉬데(Kinschde) 교수팀의 안정성 조사 및 광업진흥공사의 지반안정성평가 및 국제적인 전문가의 검증절차를 걸쳐 노선을 변경했다.

8) WJE의 안전진단

고속철도 건설의 안정성 문제에 대한 국민의 불신을 제거하고 완벽한 시공과 품질 확보를 위해 미국의 안전진단 전문가인 WJE사에서 시공 구조물에 대한 안전진단을 실시했다. 이때 많은 지적이 있었으나 WJE사 감리단, 시공회사와 공동으로 지적 사항에 대한 확인조사 결과 실제 재시공이 필요한 부분은 39개소로 결정됐고, 이에 대한 재시공 및 보수 보강이 진행됐다.

이후 대책으로 설계, 시공 및 감리 등 분야별로 책임 소재를 분명히 하고 도급한도액이 낮고 시공 경험이 없는 업체의 참여를 억제하기 위해 도급한도액 및 시공 능력 평가 공사액을 상향 조정했다. 또한 입찰 참가 자격도 ISO 9000 품질 인증을 획득한 업체와 공종별 실적이 있는 업체로 제한하는 등 공사의 안정성 확보를 위한 품질관리와 현장점검 업무를 더욱 강화하는 후속 조치가 취해졌다.

9) 고속철도사업 전면 재검토와 기본계획 변경

경부고속철도 건설사업은 사업 추진 과정에서 공사물량 변동, 차량 선정 후 노반설계 보완, 물가 상승, 지자체 및 관련 기관의 요구 사항 충족을 위한 공사비 증가 등의 이유로 사업계획의 현실화 필요성이 제기됐다. 1997년 교통개발연구원이 계획 변경을 위한 용역을 진행하는 중, 1997년 11월 불어닥친 외환위기로 국가경제가 IMF의 통제 하에 들어가게 되어 고속철도공사가 재검토되는 과정을 겪어야 했다.

1998년 신정부 출범을 계기로, 현실에 맞는 사업 진행 추진 방향이 요구돼 감사원, 경제기획원, 기획예산처 등에서 위촉된 전문가들은 고속철도사업을 전면적으로 재검토했다. 검토 결과, 어려운 경제 여건과 사회적 여건을 반영해 당시의 기본계획을 단계별로 나눠 건설하기로 수정·의결했으며, 그 내용은 〈표 2-4-1〉과 같다.

표 2-4-1 경부고속철도 건설사업 개요(1998년 변경 내용)

구분	주요 내용
사업 구간	• 서울-부산 간 412km 1) 출발역: 서울, 용산, 남서울, 부산 2) 중간정차역: 천안, 대전, 대구, 경주
사업 기간	• 1992년 6월~2010년(1998년 변경) 1) 1단계: 2004.4 개통 2) 2단계: 대구-부산 간 신설(대전, 대구 지하구간)
사업비	• 총 18조 4,358억 1) 1단계: 12조 7,377억 2) 2단계: 5조 6,981억 - 국고 45%, 자체 조달 55%
열차 운행	• 최고 시속 300km, 1편성 20량, 수송용량 935명 • 최대 수송 능력 52만 명/일
차량 및 주요 시설	• 차량 46 편성(해외 12, 국내 34) • 차량기지: 서울(고양), 부산(부산진구) • 변전소: 10개소

자료: 한국철도시설공단(2005).

10) 시험선 운행

기본계획 수정에 의한 사업계획이 확정됐고 공단은 고속철도의 완벽한 건설에만 전념했다. 드디어 1999년 10월 시험선의 일부 구간을 완공해 실제 차량을 투입했으며, 프랑스 국영철도와 국내 전문가들이 안정성 및 시스템 간의 상호연계성을 검증했다. 수많은 시행착오와 역경을 견뎌 내면서 착공 7년 만에 1999년 12월 성공적인 시험 운행을 개시했다.

2. 경부고속철도 1단계 개통

1) 노반 구조물 공사 완료

경부고속철도 노반구조물은 1999년부터 순차적으로 준공돼 2003년 상반기 김천-대전 간의 9-3공구를 마지막으로 완료됐다. 이로써 노반구조물 공사가 종료됐고 노반 완성 구간의 궤도공사, 전력, 신호, 통신공사 등 제1단계 공사가 마무리되고 공단에서 8년 이상 공동으로 사업관리 업무를 한 미국의 벡텔(Bechtel)사와의 사업관리 자문 용역도 종결됐다.

2) 고속철도 차량 제작 및 시험

경부고속철도에 투입되는 차량은 총 46편성으로 이 중 프랑스 알스톰사에서 제작한 12편성이 2000년 5월까지 반입이 완료됐다. 국내 분 34편성은 1994년 6월 프랑스 알스톰사와의 경부고속철도 차량 공급 계약 및 기술이전 계약 체결에 따라 조립・제작됐다. 2001년 프랑스 알스톰사는 시제차 2편성(KTX1, KTX2)을 국내에 제공했고, 기술전수 업체인 (주)로템은 훈련받은 기술 인력과 설비를 이용해 편성을 재조립하고 공장 시운전을 수행해 기술을 습득했다. 국내 분 34편성은 2003년 말에 제작이 완료됐다. 최초 시제열차 제작 당시의 국산화율 0.5%에서 5년 만에 국산화율 93.8%의 성과를 거뒀다.

공단에 반입된 모든 차량은 1999년부터 약 52개월에 걸쳐 각기 1만km에서 4만km에 이르는 시험 운행을 했다. 차량 조정시험, 차량 성능 시험, 인수 및 종합시험 등 180여종의 시험을 통해 기술성과 안정성을 최종 확인 과정을 거쳐 완벽한 안전과 차량 성능을 확보한 후 상업 운전에 투입됐다.

고속열차의 독자적 차량 제작 기술 구축과 해외시장 진출을 위해 프랑스 알스톰사와 차량 공급 및 기술이전 계약을 맺었다. 알스톰사의 고속열차를 도입하고 알스톰사의 모든 기술을 국내 업체에 이전하는 계약을 통해 우리나라는 세계에서 5번째로 고속전철 기술보유국이 되는 데 초석을 마련했다.

3) 1단계 건설사업의 종료와 전 구간 시험 종료

경부고속철도 1단계 사업은 모든 건설공사를 조기 마무리하고 광명-천안 구간에 테제베 차량을 투입해 시설물 성능 시험을 실시하고 차량기지 공사도 순조롭게 진행돼 2004년 개통 준비에 차질 없이 진행됐다. 고속철도 차량의 인수시험이 완료된 후 2004년 1월부터 실제 승무원이 탑승한 상태에서 정상 영업 운행을 가정한 상업 시운전이 개시됐다.

상업 시운전 중에는 실제 운행 시 제공된 객실 서비스 훈련과 차량정비 훈련을 반복함으로써 개통에 대비한 완벽한 시운전이 실시됐고, 각계각층 인사 6만 명을 초청해 시승 행사도 성공적으로 완료했다.

4) 1단계 개통에 대비한 안전 대책 수립

건설공사 기간 동안 설계, 감리, 시공 등의 계약 단계에서부터 ISO 9001규격에 적합한 품질관리 활동을 유도하고 예방적 창원에서 교육과 안전점검을 통해 품질 확보를 기해 왔다. 개통 전 국민의 신뢰를 높이기 위해 프랑스 SYSTRA사와 계약을 하여 고속철도 시설물과 차량 분야에 대한 성능 및 안전성 확인을 위한 종합검증을 하여 검증단으로부터 노반 및 궤도 고속철도 시설물을 비롯한 품질이 양호하다는 판단을 받았다.

5) 경부고속철도 1단계 개통

고속철도 1단계 개통을 준비하기 위해 '운영준비 종합계획'과 통합열차 운영계획을 수립해 고속열차 운행 과정에서 예상되는 문제점을 보완하기 위해 고속열차 종합 시운전, 사업 시운전 등 각종 시설물 점검 및 시스템 구축을 한 후 2004년 3월 30일 전 국민의 관심 속에 서울역 새통합 역사에서 개통식이 거행됐다.

3. 경부고속철도 2단계 사업 건설

1) 2단계 건설사업의 조기 착공

2단계 건설사업은 2004년부터 2010년까지 대구-부산 구간과 대전・대구 도심 구간에 고속철도를 신설하는 내용이었다. 외환위기로 발생한 경제 악화가 개선되면서 건설장비 및 인력의 효율적 운영을 통해 착공 시기를 2년 앞당길 수 있었다. 2002년 6월 대구 이남 구간이 11-1공구를 시작으로 2005년 3월 전체 18공구가 본격적인 공사에 돌입됐다. 한편 대구 대전의 도심구간 통과 계측은 다시 지상화로 결정됐다. 또한, 공단에서는 2단계 건설공사의 효율적인 운영을 위해 경주 및 울산건설사무소를 신설해 본격적인 공사를 위한 기반이 조성됐다.

2) 천성산 구간의 환경영향 조사로 인한 공사 중단

천성산 구간의 원효터널은 지하 300~400m이고 경암구간으로 습지에 영향이 미치지 않는다고 설계됐다. 그러나 2001년 부산, 울산, 경남지역의 불교계 및 환경단체 등에서 자연환경과 생태 파괴 등을 이유로 통과 노선의 백지화를 주장했다. 그러나 2002년 10월 부산의 시민단체 등에서 "환경문제는 보완하되 부산의 경제를 위해서는 고속철도 공사를 지연시켜서는 안 된다"는 성명서를 내면서 고속철도 사업의 갈등이 확산돼 갔다.

2002년 12월 "천성산과 금정산을 관통하는 경부고속철도 노선을 전면 재검토 백지화하겠다"는 대통령 후보가 당선돼 공약에 따라 공사를 중단하고 노선 재검토위원회를 구성해 경제성 및 환경성 등이 재검토됐다. 그러나 2003년 9월 국정현안 정책조정 회의에서 기존 노선으로 재결정되고 공사를 재개했다.

그러나 천성산 대책위 측의 지율 스님은 '공사 착공 금지 가처분 소송'을 제기하고 단식을 계속해 장기간 단식에 따른 지율 스님의 불행한 사태 때문에 법원 판결에 승복하는 약속 하에 다시 공사를 중지했다.

총 12차에 걸친 생태조사에 의해 원효터널의 굴착 전 · 후 비교 시 영향이 없는 것으로 나타났고, 2006년 6월 대법원이 착공 금지 가처분 재항소를 기각함으로써 5년에 걸친 천성산 갈등은 중지됐다. 그러나 엄청난 국고 손실과 함께 공사가 지연됐다.

공단은 원효터널을 교훈삼아 사전에 갈등을 해소하는 제도적 장치인 '갈등관리심의위원회'를 설치해 사업을 순조롭게 진행할 수 있도록 했다.

3) 2단계 사업 완공을 위한 공단의 공사 추진

공단의 2단계 사업은 2007년 2월 '경부고속철도 추진 점검단'을 구성해 각종 민원에 의해 늦어진 공정을 만회하기 위해 '특별공정만회대책'을 수립했다. 2010년 개통 목표 달성을 위해 노반공사와 함께 열차 제어 시스템사업과 무선 통신 시스템, 송배전 공사, 통신 · 신호 공사 모두를 발주함으로써 차질 없이 추진됐다. 또한, 신경주, 오송 및 울산 등 신설 역사 착공과 함께 대전 · 대구도심 건설공사도 본격적으로 추진되면서 도심 정비사업도 병행됐다.

4) 난공사 구간의 완공

2단계 고속철도 건설공사는 1단계 건설공사보다 연장이 110km나 짧지만, 지반 조건이 안 좋고 교량과 터널이 전체의 70% 이상을 차지해 공사에 많은 어려움이 있었다. 언양고가에는 철도에 관한 모든 최신 공법이 동원돼 공기 단축이 이뤄졌고, 주변 자연경관과 어울리는 첨단 최신 공법인 강아치식 공법도 이 구간에 적용됐다.

원효터널은 환경단체의 민원 등으로 공사 중단이 여러 번 반복되는 난구간 중 하나였다. 그 당시로는 국내에서 두 번째로 긴 장대터널로 단층 및 파쇄대를 지나기 때문에 더 다양한 기술력이 요구됐다. 인력을 보강하고 장비가 집중적으로 투입된 결과, 원효터널 공사 재개 후 2년 반 만에 완공됐다. 이때 원효터널은 생태습지 보전을 위해 환경모니터닝 공법이 갱구부 주변을 친환경 공법인 자생초녹화공법으로 했다.

경부고속철도 중 최장 터널인 금정터널은 연장 길이가 20km가 넘고 단층 파쇄대층과 함께 대형 건물 하부를 통과하기 때문에 TBM과 NATM공법을 병행해도 무려 6년이 더 걸렸다.

2단계 공사 중 제일 난공사 구간인 복안터널은 경부고속도로와 국도 35호선 교량 하부를 통과해야 하고, 지층은 양산 단층대이므로 공사 중 많은 어려움이 있었다. 터널 상단에서 마이크로 파일(micro pile)을 적용해 단층대 및 조인트(joint)를 보강하는 공법을 채택하고, 터널 공사 시 상・하단 굴착을 동시에 하는 공법도 채택됐다.

5) 완전 개통을 위한 공사 마무리

2009년 2단계 사업공구에서 사용된 철근 콘크리트의 침목에 생긴 균열이 문제가 됐으나 국내 전문가 및 독일 기술자 합동조사단은 균열 원인과 보수 보강대책을 제시해 전반적인 공기에 영향 없이 공사가 추진됐다.

부실공사 논란 문제가 해결되고 노반공사가 마무리되면서 궤도공사가 대구-경주 구간에서 먼저 진행돼 2010년 궤도 부설공사가 마무리됐다. 2단계 궤도공사는 1단계와 달리 터널과 교량구간이 70%나 되므로 전 구간을 콘크리트철도로 부설했다. 콘크리트 궤도는 초기 투자비는 많이 들지만 유지보수비가 저렴하고 궤도 강도와 저항력이 좋다. 2단계 구간에 또 열차가 달릴 때 소음과 진동을 감소시켜 승차감을 향상시키는 장대 레일을 선정해 궤도 유지보수비 절감 및 선로 주변 민원 해소는 물론 레일의 수명 연장까지 기대하게 했다.

6) 시설물 안전점검과 시험 운행

경부고속전철을 정상 개통 지연을 사전에 예방하고 안정성 확보를 위해 대구-울산, 울산-부산 간 공단, 전문가 및 담당자들 40여명이 공동으로 시설물 안전점검을 실시했다. 합동조사단은 약 한 달 반 동안 별도로 점검을 하여, 궤도 균열 발생 침목의 보수 보강공사 확인점검을 시행했고 안정성과 내구성을 보장할 수 있는 보수 보강대책을 제시한 것을 완벽하게 시행했다.

안전점검과 보수 보강이 끝난 후 2010년 11월 2단계 구간 철도시설물의 성능과 품질을 체계적으로 검증한 후 약 4개월간 종합시험 운행이 실시했다. 시험 운행은 크게 시설물

검증시험, 영업 시운전으로 나눠 시행됐다. KTX를 투입해 단계별로 속도를 60km/h에서 320km/h까지 증속해 KTX와 궤도, 전차선 및 철도시설물 간 인터페이스 시험을 통해 시설물의 안정성을 검증했다. 실물검증에 이어, 한 달 동안 개통 전 전열차 운행의 체계 및 영업 서비스, 준비 사항 점검, 철도 종사자 업무 숙달을 위한 영업 시운전이 진행됐다. 영업 시운전 결과, 역사 진입로 및 주차장 설비 미흡 등 경미 사항 모두를 확인해 2010년 11월 개통 준비가 끝났다.

7) 경부고속철도 2단계 구간 개통 및 신설 역사 준공식 거행

2010년 10월 28일 2단계 개통식을 중국, 태국, 일본, 쿠웨이트 등 철도교통 관련 해외 관계자들이 참석한 가운데 개통식을 축하했다.

이와 함께 2단계 신설구간의 오송역, 김천(구미)역, 신경주역, 울산역의 준공식도 거행됐다. 2단계 준공식으로 고속철도 경부대동맥이 완성됐다. 1989년 5월 고속철도 사업 결정 후 대구, 대전 도심구간 역사가 끝난 2014년까지 22년간 총사업비 20조 7,282억이 투입돼 단군 이래 최대 국책사업은 완성되고 2010년 11월 1일부터 운행이 개시됐다.

4. 경부고속철도 건설사업의 갈등 사례 분석

경부고속철도 사업은 계획 단계부터 다양한 형태의 갈등이 표출됐다. 이러한 갈등의 유형은 지형 균형 발전, 기술 수준 및 종속성, 투자 효율, 환경 및 문화재 관련 문제 등이었고, 각 유형별 반대와 찬성 측의 주장 및 근거를 분석했다.

1) 지역 균형 발전

당시 경부축 중심으로 산업 발전이 이뤄졌다. 고속철도마저 경부축으로 편중될 경우 지역 불균형 문제가 가속된다는 반대 의견이 일어났다. 이에 대해 고속철도를 통해 인구의 지방 분산과 기업의 지방 이전을 촉진시켜 인적 교류를 늘리고, 수도권의 정보가 지방으로 신속히 파급되며, 지방 관광산업 활성화에 기여할 수 있다는 평가로 고속철도 사업이 시행됐다.

2) 기술 수준의 종속문제

처음에는 국내 기술 수준과 안정성을 이유로 차세대 기술인 자기부상열차가 배제됐다. 이에 따라 현대의 바퀴식 KTX는 완공 시점에는 고철이 될 것이라며 사업의 연기를 주장해 국내 기술진 참여가 제한적이었고, 이를 비판하기도 했다. 공사 중 업체 선정 특혜 의혹, 감리감독 소홀, 침목 균열과 터널 공사의 문제점들도 제기됐다.

그러나 고속철도는 토목, 기계, 전기 및 전자 등 첨단기술이 복합된 시스템이다. 기술 이전, 기술 개발 및 기존 기술의 고도화 등으로 국내 기술과 산업 전반에 대한 파급효과가 크며, 지하철 및 경전철 등 대중 대량 교통 수단의 종합설계 능력이 향상될 것이라 예상했다. 실제 컴퓨터 자동제어, 자기 진단 기술은 산업기기의 자동화, 산업용 로봇, 주문용 반도체산업 등에 활용이 가능한 공기역학 기술의 발전으로 이어졌다. 이로써 많은 분야의 정보산업 발전이 촉진됐고, 고속철도 주행 시 받게 될 기술 전수로 교량, 터널 등의 구조물 설계 능력이 향상됐다.

3) 투자 효율 문제

당시 전경련은 향후 10년간 사회간접자본시설 투자에 필요한 경비가 많이 들 것으로 예상해 경부고속전철과 서해안고속도로 등 일부 사업의 재검토를 건의했다. 산이 높고 계곡이 깊은 곳은 공사비가 커서 경제성이 떨어진다는 지적이었다. 그러나 경부축 수송 능력 증대, 경부고속도로 혼잡 해소, 사회・경제적 편입 발생이 높고 전국 반나절 생활권 시대가 되면서 고속철도 공사가 시급함을 강조했다.

4) 환경 및 문화재 측면

천성산 터널 공사는 고산습지의 자연생태를 훼손하고 사찰의 수행환경을 저해한다는 이유로 지율 스님과 천성산 환경보존위 불교환경연대 '도롱뇽의 친구들'이 반대 시위를 했다. 이 때문에 노선 재검토까지 거론됐지만, 재검토 결과 현재 노선이 최적임을 발표했다. 그러나 경주 시내를 통과하는 노선은 문화재가 훼손될 것이라는 이유로 변경됐다.

5) 건설사업의 갈등 설득 전략과 경제 사회적 비용

정부는 경부고속철도 관련 갈등 완화를 위해 다양한 방법의 설득 전략을 적용했다.

먼저 부실공사와 관련해 철도시설공단을 미국 WJE와 정밀 안전조사를 하여 문제점과 보수 방법을 시공사에 통보하고 보수 결과를 확인했다. 안전 진단 때 지적된 사항이 향후 공사에서 재발하지 않도록 특별대책반도 구성했다.

또한 천성산, 금정산 갈등과 관련해 공정하고 투명한 조사를 통해 공동 조사에 대한 대국민 신뢰를 확보하려고 많은 노력을 했다. 갈등을 대화와 참여를 통해 해결하기 위해 노선 재검토 위원회를 구성·운영하고 국정현안 정책조정회의에서 당초 노선으로 재결정했다. 환경갈등을 원천 해소하기 위해 지율 스님 측과 환경영향공동조사를 실시하기로 하고 2005년 11월 공동조사를 완료했다. 또한 지자체별로 문제 해결을 위해 대전시는 주민대표, 시민대표, 환경 분야, 도시·건설 분야 등이 참여하는 민·관 합동 25시 민원처리 T/F 팀을 운영했고 대구시와 부산시도 민·관 협의체를 구성했다.

정부는 경부고속철도 대국민 홍보를 위해 보도자료·영상 제작, 홍보책자 발간, 홍보관 설치 및 인터넷 홈페이지 운영 등을 했고, 국내외 전문가 심포지엄, 토론회 등을 개최해 다양한 의견을 수렴했다. 철도시설공단도 방송 및 신문 출입기자 등에 수시로 자료를 제출해 홍보했고 환경단체의 의견도 폭넓게 수용해 많은 성과도 얻었다. 2단계 사업 중 천성산, 금정산 공사를 비롯한 기본 및 실시 설계 변경, 공사중지 기간, 사업기간 연장으로 인한 손실액은 22조 1천억 원으로 추정됐다.

5. 호남고속철도 및 전철화 건설사업

1) 호남고속철도

1987년 제13대 대통령 선거공약으로 1990년 호남선 고속전철화사업 타당성조사를 시작으로 1991년부터 1997년까지 호남선 고속철도 기본계획이 수립됐다. 1999년 호남고속철도사업성이 검토됐고, 2001년부터 건설교통부와 교통개발연구원 및 국토연구원에 의해 조사연구 용역이 시작됐다.

호남고속철도 건설은 지역 특성상 상대적으로 적은 인구 때문에 수송 수요가 적어 전 구간을 동시에 건설하는 것은 경제성 및 재무성 등이 낮아, 효율성을 높일 수 있는 방안이 필요했다. 일부는 경부고속철도 구간을 공유하거나 기존 호남선을 활용한 구간별, 단계별로 건설하기로 〈표 2-4-2〉와 같이 사업을 제안했다.

표 2-4-2 호남고속철도 단계별 건설 제반 사항

단계	구간	사업 기간	사업비
1단계	서울-향남(44.27km) 광주차량기지 분기역-익산(69.09~98.52km)	2005년까지	6조 6,999억~7조 2,100억
2단계	향남-분기역 익산-광주-목포	기본계획 보완 시 추진 검토	

자료: 한국철도시설공단(2011).

또한, 1997년 기본 계획수립보고서와 IMF 경제위기 상황을 고려해 사업의 특성상 경제성을 확보할 수 있는 방안으로 경부고속철도와 기존 호남선 활용을 다각적으로 검토해, 2003년 제출된 용역보고서는 〈표 2-4-3〉과 같은 네 가지 시나리오가 검토됐다.

표 2-4-3 호남고속철도 건설 시나리오별 구분(2003년)

구분		천안아산 대안	오송 대안	대전 대안
시나리오 I (전 구간 신설)	사업비(십억 원)	13,546	14,198	15,525
	총연장(km)	324.84(324.84)	348.81(343.81)	358.56(358.56)
	소요 시간	1시간 29분	1시간 33분	1시간 36분
시나리오 II (신설+활용)	사업비(십억 원)	8,553	9,226	10,513
	총연장(km)	348.27(183.37)	367.24(202.34)	381.99(217.09)
	소요 시간	2시간	2시간 4분	2시간 7분
시나리오 III (신설+공유+신설+활용)	사업비(십억 원)	7,210	6,773	6,700
	총연장(km)	348.27(142.79)	367.27(133.11)	382.24(113.36)
	소요 시간	2시간 2분	2시간 6분	2시간 11분
시나리오 IV (신설+공유+신설+활용)	사업비(십억 원)	5,064	4,628	4,574
	총연장(km)	356.52(98.52)	375.52(88.84)	390.49(69.09)
	소요 시간	2시간 9분	2시간 13분	2시간 19분

자료: 한국철도시설공단(2011).

그후, 기본계획을 보완하고 2005년 12월 이후 기본계획을 발표해, 기본설계에 들어갔다.

2) 호남선 전철화 건설사업

경부고속철도의 개통시기에 맞추어 호남선도 전철화함으로써 고속철도 건설 효과를 극대화하고, 호남선에도 고속철도를 운행함으로써 지역 불균형 문제를 해소한다는 이유로 호남선 전철화사업이 추진됐다. 1999년 말 수립된 '국가기관 교통망 계획'에도 경부고속철도가 우선 개통된 후 호남지역 주민도 고속철도를 이용할 수 있도록 2004년까지 호남선 철도를 전철화하는 계획이 반영됐다. '고속철도 도입 효과 극대화 방안'으로 호남선의 기존선을 전철화해 고속철도를 연결하는 안이 '21세기 한국 철도의 비전과 과제' 세미나에서도 제시됐다.

2000년 한국개발원의 예비타당성조사에서도 호남선 전철화가 경제성이 있다고 분석돼, 2001년 예산에서 설계 및 공사비 555억 원이 확보됐으며, 기존 호남선 대전-목포 간의 전철화는 우선 추진하고 경부고속철도 1단계 개통 시기에 맞춰 서울-목포 간 고속철도를 운행할 목표로 소요 사업비의 연차별 투자계획을 〈표 2-4-4〉와 같이 결정했다.

표 2-4-4 호남고속철도 소요사업비의 연차별 투자계획 (단위: 억 원)

구분		사업비	2001	2002	2003	비고
설계비		205	205	-	-	
공사비	전철화	6663	216	3448	2999	
	궤도 보강 등	451	55	183	213	
	역구내 개량 등	681	59	359	263	
	건널목 입체화	755	20	360	375	
	소계	8550	350	4350	3850	
합계		8755	555	4350	3850	

자료: 한국철도시설공단(2011).

그후, 2001년 설계 및 행정 협의를 걸쳐 2001년 10월 착공해 2004년 완공했다.

제 4 절 성과 및 평가

1. 서론

1973년부터 검토된 경부고속철도 건설은 16년 만인 1989년 5월에 결정됐다. 1988년 서울올림픽을 성공적으로 개최한 후 미뤄두었던 고속전철사업이 재개됐던 것이다. 1992년 첫 삽을 들고, 2004년 1단계 구간, 2004년 호남고속철도 전철화사업, 2010년 2단계 공사가 끝날 때까지 많은 시행착오와 우여곡절을 거치며 단군 이래 최대의 건설공사가 마무리됐다.

많은 우여곡절 중 특이한 것은 공사 중 IMF를 겪고, 지역이기주의, 천성산 원효터널의 지율 스님과의 재판, 경부고속도로 하부와 폐광 및 양산단층대를 통과하는 복안터널 공사 등 무수한 어려움을 견뎠다는 점이다. 이와 함께 프랑스 TGV의 기술 전수와 함께 많은 관계자와 기술자들의 땀과 희생으로 고속전철 사업이 결실을 맺었다. 현재 고속전철은 엄청난 파급 효과와 함께 우리나라의 경제 발전에 기여하기 시작했다. 그 파급 효과는 다음과 같이 요약될 수 있다.

2. 철도 건설기술력의 향상

고속철도 건설의 타당성이 제기됐을 당시, 우리나라는 산업철도의 전철화와 수도권 전철화사업이 마무리 단계에 있었다. 이 사업에 참가한 프랑스와 일본은 우리나라 철도 시장을 확보하기 위해 두 나라의 국철조사단이 검토한 경부축 수송 능력 증강 방안을 경쟁적으로 우리나라에 제시했다.

1989년 7월 고속전철 및 신국제공항추진위원회가 설립되면서 10월 고속철도 분야의 선두주자인 프랑스, 독일 및 일본을 비롯한 11개국 전문가 1백여 명을 초청해 '고속철도 심포지엄'을 일주일 동안 개최했다. 이에 기술적인 많은 자료를 얻을 수 있었으며, 입찰 제의서 및 바퀴식 고속열차 및 자기부상열차에 대한 깊이 있는 검토가 시작됐다.

교통연구원이 주축이 되어 고속전철 차량 선정을 위한 RFP 작성과 함께 건설 분야별 개략설계, 기술조사 및 기본설계가 시작됐다. 그러나 1단계에서 건설 분야를 제외한 차량 시스템, 신호, 통신은 물론 운용 시스템이 대부분 외국 기술진에 의존한 것이 사실이었다.

설계도서 및 시방서가 완벽하게 준비가 안 된 상태에서 착공이 된 후 공사 중 교량설계의 골격이 변경되는 등 사전 준비가 미흡했다. 또한 고속철도 건설 경험이 전무한 국내외 업체에 의해 설계 및 시공 감리가 시행돼 고속철도에서 요구되는 안정성 및 정밀성이 결여됐다. IMF라는 경제위기와 지역이기주의로 공사가 중단됐고, 공기를 맞추다보니 품질관리에 소홀한 점도 있었다. 이와 더불어 언론의 성급하고 문제점 위주의 보도는 현장작업 관계자들에 많은 상처를 남겼고 국민들에게 경부고속철도에 대한 무관심과 오해를 남기기도 했다.

그러나 WJE의 안전점검 결과 부실의 시련을 극복하면서 완벽한 품질과 철저한 시공의 교훈을 얻었고 기술적으로도 상당한 공부를 하게 된 것은 고속철도 건설 관련 기술 발전에 많은 도움을 주었다.

1단계 공사의 많은 어려움 속에서 2단계에서는 1단계에서 지나갔던 상세 설계 검증과 P.C Box 표준화 설계도를 작성했고 동일의 경험 많은 SYSTRA 전문기술자를 상주시켜 업무 협조 및 기술 이전 업무를 담당하도록 했다. 이러한 설계검증 용역은 국내 기술진에게 선진 기술 이전을 가능하게 하여 국내는 물론 해외에서도 고속철도 건설사업을 수행할 수 있는 능력을 배양하게 되는 원동력이 됐다.

하지만 이때 SYSTRA사의 설계검증을 통한 기술 이전 사업으로 주 과업은 프랑스 본사에서 수행하고 있는 SYSTRA사의 전문기술자, 국내 설계기술자, 외국 감리단 및 사업관리를 하고 있는 벡텔(Bechtel)사의 기술진의 합동회의와 기술 검토를 통해 제안, 교육훈련 과정을 통해 국내로 이전하는 형식을 도입하기 위해 1단계와 2단계로 나눠 총 232억 4,000만 원의 비싼 기술 대가를 지불하기도 했다.

설계검증으로 경부고속전철에 대한 대외 신임도와 함께 노반 구조물의 구조적 안정성을 확보했으며, 5%의 공사비 절약은 물론 선진고속철도 기술을 국내에 축적하는 성과를 얻었다. 2단계 공사는 순수 국내 기술진에 의해 수행됐다. 그리하여 우리 철도 건설 기술을 세계적으로 끌어올렸고 해외시장에 진출하는 커다란 원동력이 됐다.

3. 급격한 교통 패러다임의 변화

고속철도 개통으로 속도혁명이 본격화돼 국민들 삶의 패러다임이 변하게 됐다. KTX 정차역은 사람과 자본은 물론 기술이 집중돼 지역 내의 교통 및 상권의 중심지로 부상되고 전국이 반나절 생활권으로 변하면서 땅값과 임대료가 비싼 서울과 수도권을 고집할 필요가 없어졌다.

장거리는 고속철도, 단거리는 승용차라는 새로운 교통 패러다임이 생겼고 주말부부가 줄고 기업체의 1박 2일 출장이 당일 출장으로 바뀌었다. 또한 철도는 항공기보다 18배, 승용차보다 10배, 버스보다 3배나 에너지 효율이 높으며, 통행비용과 통행 시간을 대폭 줄여 교통분담률이 고속철도 중심으로 급격히 변하고 있다.

4. 지역 균형 발전과 지역 관광산업의 활성화

새로운 교통 수단 개통에 따른 인근 지역의 변화가 대도시 지역에 흡수돼 지역 경제가 악화되는 부정적인 결관인 빨대 효과가 나타나기도 한다. 하지만 수도권 분산이나 지역 균형 발전이 위축되는 상황에서 모든 교통망이 연계돼 대중교통 지향형 도시, 역사문화도시 등 복합다기능 지역으로 개발을 촉진해 빨대 효과를 막으려는 노력을 기울이고 있다. 지역 간 균형 발전을 위한 노력은 지자체뿐만 아니라 중앙정부도 나서고 있다. 각 지역 KTX 정차역의 기능을 지역경제 발전과 지역교통의 거점으로 강화하기 위한 「역세권 개발 및 이용에 관한 법률」이 개정돼 역세권 개발이 활발히 이뤄지게 됐다.

KTX 개통에 따라 수도권에 집중된 정보가 지방으로 급속히 파견되면서 지역 간의 정보격차도 줄어들었다. 지역 간 연결 시간이 단축되면서 대도시의 업무 편의가 증진되고 지역주민들의 교육, 문화, 의료시설에 대한 접근성이 증가됐다. 또한 지방의 관광산업이 활성화돼 외국인의 지방관광이 증가되고 있다. 특히, 과거 고속철도 권력 밖이었던 경주・울산지역의 관광객이 많이 증가해 지역경제가 활성화된 것을 주민들이 느낄 정도다.

5. 기술 산업적 효과

많은 시행착오와 기술료를 주고 배운 고속철도 건설과 운용에 관한 기술은 국내 산업 전반에 파급 효과를 주었다. 먼저, 일반철도, 지하철 및 경전철은 물론 대중 교통 수단의 종합설계 능력을 향상시켰다.

공기역학 기술은 항공기, 자동차, 자동차 및 유도미사일 등 고속으로 이동하는 차체의 형상설계에 응용됐고, 차체 기밀 및 압력파 방지기술은 승객들의 이명 현상을 방지하는 항공기, 잠수함설계에도 반영되고 있다.

각종 통신신호 시스템에 관한 자동제어, 자기진단 기술은 산업기기의 자동화, 로봇, 반도체산업, 소프트웨어 및 정보산업 발전에 많은 기여를 했다. 또한, 대용량 전력 변화 및 Gate contents 기술을 가전제품 산업동력 변환 및 로봇 등에 활용됐고, 경량・고강도 신소재 기술은 자동차의 경량화에 활용될 전망이다.

특히, 고속철도와 관련해 국내에서 자체 개발된 고속차량, 전기신호 분야 및 시설 분야의 기술은 국산화로 예산 절감은 물론 고속철도 기술의 자립화로 해외 철도시장에서 경쟁력을 확보하게 됐다. 1단계 사업에서 비용 절감을 위해 많은 용역비를 지불하며 도입한 사업관리기법(PM)은 2단계에서는 첨단기술을 접목한 GIS기반의 독자적인 3차원 사업관리 시스템인 GPMS를 개발해 국내 특허를 얻어 중국 시장에서 사업관리 업무를 수주하는 등 세계시장 진출의 발판을 마련했다.

6. 고속철도 해외 진출

경부고속철도 착공과 마무리까지 많은 시련을 겪었지만 기술자들의 철저한 기술 이전 노력은 많은 결실을 보게 됐다. 독자적 차량 제작 기술 구축과 프랑스 알스톰사와의 기술 이전 계약을 통해 우리나라는 세계에서 5번째 고속철도 보유국이 됐다.

기술 이전을 받으면서 자체 개발된 차량, 전기신호 분야 및 건설기술은 해외 시장개척의 원동력이 됐다. 또한, 철도 연구 분야의 체계화를 위해 철도기술연구원이 국책연구원으로 자리 잡게 되어, 산천호 개발과 틸팅열차 개발은 한국의 철도 분야 기술 능력을 인정받게 되는 계기가 됐고, 동시에 차량 생산을 하는 (주)로템의 기술력도 세계적으로 인정을 받아 다양한 나라에 수출하게 됐다.

철도 건설에 관한 사업관리, 감리 및 컨설팅 부분은 중국 시장 진출에서 상당한 평가를 받아 한국철도시설공단의 중국 사무소가 생길 정도로 기술 수출의 발판을 마련했다. 한국에서 수주에 전력 질주했던 나이지리아와 브라질 철도 프로젝트는 수주에 실패했지만, 현재 알제리·이라크·베트남과 우즈베키스탄엔 많은 기술자가 땀을 흘리고 있으며, 말레이시아·미국·나이지리아·이탈리아와 브라질 등의 진출에도 많은 노력을 하고 있다.

참고 문헌

건설교통부(2003). 경부고속철도 연계교통체계 구축 기본계획 수립.

교통개발연구원(1991. 02). 경부고속전철 기술조사 최종보고서.

____________(1992). 경부고속전철 영향평가 최종보고서.

____________(1992). 경부고속전철 영향평가 부록.

국토연구원(2008). 상전벽해 국토 60년.

국토해양부(2011). 국책사업 갈등사례 분석 및 시사점.

한국개발연구원(1992). 경부고속철도사업의 국민 경제적 효과.

한국철도시설공단(2011. 05). 경부고속철도건설사(I, II, III).

______(2005). 철도건설백년사(상, 중, 하).

제 5 장

인천국제공항 건설사업

박양호
홍익대학교

제 1 절 정책의 추진 배경

1. 국내외 정치·경제·사회·문화의 변화

인천국제공항 건설사업은 국내외 경제사회의 변화와 수도권 국제공항 수요에 대한 미래 전망으로부터 시작됐다. 1980년대 중반부터 세계 정세는 급격한 변화를 거듭했다. 대체로 그 변화는 냉전의 종식, 개방화와 새로운 경제전쟁의 심화로 집약된다. 이러한 국제 흐름은 국가 간, 지역 간, 도시 간 물류와 인적 교류, 자본과 정보와 기술의 새로운 이동과 국제 네트워크의 큰 변화를 야기했다.

1989년 미소 간의 냉전 종식 선언, 1991년의 독일 통일과 소련연방 해체로 이어지는 일련의 급격한 변화는 냉전 시대가 국제사회에서 사라지고 국가 간 경쟁력 강화의 중요성을 깨닫게 해주었고 이는 국제간 공간적 이동의 변화를 야기하는 원동력이 됐다.

그리고 1986년에부터 세계 경제의 자유화 기틀을 잡기 위해 출범한 우루과이 라운드 협상이 시작돼 국경 없는 세계 경제의 단초를 제공했다. 이후 세계는 급격히 자유화와 개방화의 물결을 맞이하게 돼 국제 간 자유로운 인적 · 물적 이동이 획기적으로 확대됐다. 특히 정보통신기술의 첨단화는 국제 간 이동의 상승 효과를 야기했다.

나아가 세계는 국가 간 블록경제를 형성하면서 경제전쟁이 격화됐다. 이는 국가 간 교역과 인적 흐름을 급증시켰으며 이로 말미암아 국가 간에 인적-물적-정보-기술 네트워크가 새로이 형성되고, 이 과정에서 국제항공 네트워크와 국제 첨단정보통신 네트워크가 새롭게 형성되기 시작했다. 이는 새로운 항공 수요 증가를 부채질했다.

국내적인 경제 · 사회 · 문화의 급격한 구조적 변화도 항공 수요를 촉발하는 계기가 됐다. 1960년대와 70년대의 고도 성장으로 한국은 세계 10위권의 경제강국으로 발돋움했다. 이에 따라 물동량과 국제 간 인적 흐름이 크게 증가됐고 국민의 생활 수준도 괄목할 만하게 향상됐다. 특히 한국의 국제화에 큰 모멘텀이 된 국제 이벤트가 전 세계인의 이목을 끌게 됐고, 한국의 국제적 명성도 급격히 올라가면서 한국으로의 인적 · 물적 흐름에 큰 전기가 발생했다. 국제적 이벤트는 바로 1986년 아시안게임과 이어 개최된 1988년 서울올림픽이었다. 이를 통해 세계 속에서 한국의 위상과 명성이 더욱 부각됐고

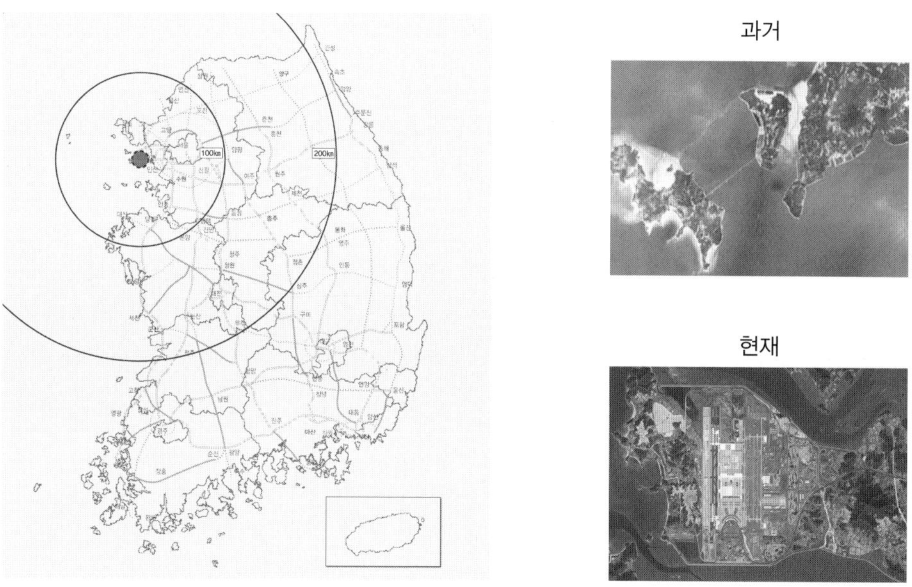

그림 2-5-1 **인천국제공항의 국토공간상의 입지와 현재 및 과거의 비교**

자료: 국토해양부(2011).

세계는 한국의 저력과 발전가능성을 새롭게 인식하고 한국이 세계 각국에 널리 알려지는 계기가 됐다.

나아가 1989년에 단행된 해외여행 자유화는 한국의 본격적 개방화의 문을 활짝 열어놓았다. 종래 국제화의 흐름이 수출입국을 통한 경제 산업 분야의 국내외 물류 이동에 국한됐고, 아시안게임과 서울올림픽을 통한 외국인의 입국활동 등에 주로 한정됐으나 해외여행 자유화는 외국으로 나가는 국내인의 수를 획기적으로 증가시켰다. 해외여행자유화 이후 국제 여객이 연 13%, 국내 여객도 동반 상승해 연 30% 이상 증가했다. 이는 세계 최고의 항공 수요 증가 기록이었다(인천국제공항공사, 2001: 64).

이러한 급격한 국제 항공 수요의 증가에 따라 그간 한국의 국내외 물적 · 인적 이동을 담당해온 수도권의 김포공항 수용 능력에 대한 의문이 오래전부터 논의돼 오다가 1980년대 초반부터 김포공항의 가능성을 본격적으로 검토하기 시작했다. 정부는 1990년대 중반에 이르면 김포공항의 수용 능력에 한계가 도달할 것으로 예측하고 이에 대응해 수도권에 새로운 국제공항 건설대안을 적극 검토하기 시작했다(국토해양부, 2011: 147).

2. 김포공항의 수용 능력의 한계와 소음문제의 대두

서울에 위치한 김포공항이 1958년에 국제공항으로 지정되면서 본격적인 민항 시대가 전개됐다. 일본에서의 여행 자유화로 일본 관광객이 증가하고 세계 항공업계에서 B-747 대형기가 취항함으로써 김포국제공항 기반의 확장과 증축이 필요했다. 1988년 올림픽에 대비해 당시 김포공항의 활주로 확장과 국제선 청사를 증축했지만 추가 확장과 증설에는 김포공항 주변의 계양산(300m)의 장애 등 지형 여건상 항공안전 문제가 있었다.

더욱이 1988년에 김포공항에 신활주로(3,200m X 60m)가 새로이 확장되면서 김포공항 인근 주민들은 항공기 소음 민원을 제기함으로써 이는 큰 사회적 이슈로 부각됐다. 김포공항 인근에 주택 약 10만 호가 밀집해 있어 정부는 고소음 항공기 운항 금지, 심야시간 운항 및 정비 금지 등의 조치로 항공기 소음문제를 극복하고자 했다. 그러나 이러한 조치는 24시간 운영의 국제 공항 추세와 대형 항공기 취항이라는 새로운 세계 항공 추세를 따라가기에는 역부족의 조치였다.

이에 따라 정부는 김포공항의 수용력 문제와 항공안전 문제를 극복하고 김포공항 인근 지역에 항공기 소음문제를 완전 해소할 수 있는 대안을 본격 검토하기 시작했다. 정부는 그 최적 대안으로서 수도권 신공항 건설을 구상하게 됐다.

그림 2-5-2 수도권 신국제공항의 입지, 인천 영종지구

자료: 인천국제공항공사(2001).

3. 노태우 정부와 동북아 중추국제공항 건설사업의 발진

국내외 정치·경제·사회·문화의 급변으로 야기된 항공 수요 급증과 김포공항의 수용력 한계, 그리고 김포공항 인근 지역 주민의 항공기 소음 민원 등이 상호 연계돼 수도권의 신국제공항 건설에 대한 검토가 본격화됐다. 1988년 2월 25일에 제6공화국, 노태우 정부가 출범했다. 이듬해인 1989년 1월 교통부는 노태우 대통령 연두 업무보고에서 수도권 신공항 건설의 시급성을 보고했다. 이를 계기로 정부는 신공항 건설 방침을 확정하게 됐다. 동년 3월에는 그간의 준비된 자료를 바탕으로 신국제공항 건설계획(안)이 수립됐다. 이를 바탕으로 동년 6월 22일부터는 수도권 신국제공항 입지 선정을 위한 타당성조사가 실시됐으며, 동년 7월 24일에는 대통령령 제12762호로서 '신국제공항 건설추진위원회' 규정이 공포됐다. 입지 타당성 조사 결과 신공항 예비후보지로 영종도와 시화지구 등 다수가 선정됐고, 1990년 6월에 정부는 기상, 소음, 접근성, 장래 확장성 등의 평가를 거쳐 기준을 만족시킨 영종도를 수도권 신국제공항의 최적지로 결정해 발표했다. 수도권 신공항 건설사업이 본격적으로 가시화된 것이다. 여러 준비 과정을

거쳐 드디어 1992년 11월 12일 수도권 신국제공항 건설 기공식이 있었고 부지공사가 착공됐다. 노태우 정부 이후 김영삼 정부에 이르러 1996년 3월에 수도권 신공항의 명칭

방조제 공사 완공(1994. 10)

여객터미널 공사 착공(1996. 5)

여객터미널 철골공사 완료(1999. 9)

인천국제공항 개항(2001. 3)

그림 2-5-3 인천국제공항 건설 추이

자료: 인천국제공항공사(2001).

그림 2-5-4 인천국제공항 건설 기공식(1992. 11. 12)

자료: 인천국제공항공사(2001).

표 2-5-1 인천국제공항의 건설 과정 약사(1989~2001.3)

구분	사업 추진 내용
1989	교통부 업무보고 시 수도권 신공항 개발 시급성 보고
1989. 6~1990. 4	신공항 입지 선정 등을 위한 타당성조사 시행
1989. 7	신공항 추진위원회 구성
1990. 6	제3차 신국제공항 건설추진위원회에서 건설 입지 확정
1990. 11~1991. 12	기본설계 착수
1990. 12	신공항건설 기술자문위원회 운영규정 제정
1991. 5	수도권 신공항 건설촉진법 공포
1991. 7	환경영향평가서 작성 및 환경처 협의 요청
1991. 8	보상계획 공고
1992. 1	신공항 건설본부 발족
1992. 5	교통부, 인천시로부터 공유수면 매립면허 취득
	환경처, 환경영향평가서 협의 완료
	신공항 기본계획 확정 고시
1992. 11	기공식 부지 조성공사 착공
1995. 11	기본계획 변경 고시
1996. 3	신공항 명칭 확정(인천국제공항)
1996. 5	여객터미널 기공
1996. 12	활주로 공사 착공
1997. 4	교통센터 착공
1997. 11	부지 조성 7개 공구 완공
1998. 6	여객터미널 고가도로공사 착공
1998. 8	공항 건설 및 운영 일원화 방침 결정
1999. 4	종합정보통신 시스템 현장시험 개시
2000. 6	공항 기본시설 준공
2000. 7	종합 시운전 착수
2000. 10	시험운영 착수
2001. 3	개항

자료: 국토해양부(2011: 148).

이 인천국제공항으로 공식 확정됐다.

인천국제공항 건설의 초창기 비전은 국내외 정치 · 경제 · 사회 · 문화 환경의 급변에 따른 국제 항공 수요의 효율적 충족이라는 단순한 구도를 지녔었다. 그러나 점차 인천국제공항은 세계 항공산업의 변화에 대응하고 동시에 동북아 경제권에서 전략적 교류 중심지이자 전략적 관문국가로서의 지정학적 입지를 살려 동북아 국제항공의 중추(Hub) 거점공항으로 도약한다는 웅대한 글로벌 비전으로 업그레이드됐다(인천국제공항공사, 2001: 66). 즉, 인천국제공항을 중심으로 국제화물과 국제 여객을 집결시키고 환승, 이동시켜나가는 부챗살 모양의 Hub & Spoke 기능을 지니는 시스템을 보유하도록 하는 전략적 비전으로 바뀌었다. 이는 국제공항 간의 허브공항 선점 경쟁에 우위를 점하는 백년대계의 구도를 담았다고 할 수 있다. 인천국제공항 사업은 한반도가 동북아의 전략적 거점을 향한 5대 기능 거점으로서의 펜타포트(penta ports)의 특성을 보유한 바, 이는 ① 공항(air port) 기능, ② 비즈니스 포트(business port) 기능, ③ 정보통신 거점(tele port), ④ 항만(sea port) 기능, ⑤ 레저 포트(leisure port) 기능이 융합된 다기능의 신국제공항 프로젝트라는 특성을 보유했다(박양호, 2011: 4, 24).

제 2 절 정책의 추진체계

1. 건설사업의 사전 준비와 과정 개관

노태우 정부 이전부터 수도권에 신국제공항에 대한 검토는 줄곧 있어왔다. 그러다가 노태우 정부에서 재론되고 집중 검토, 확정돼 인천국제공항 착공의 공식적 서막을 올리면서 수도권 신국제공항에 대한 그간의 논란에 종지부를 찍었다.

인천국제공항 건설 과정에는 수많은 단계와 다양한 요소가 필요했다. 그중 건설 과정에서 주요 콘텐츠로는 대체로 입지타당성조사와 입지의 선정, 기본계획의 수립과 용지 보상, 시설공사와 준공, 운영관리 등의 단계와 요소로 구성됐다. 이 과정에서 일련의 지원 법률과 전담기관 구성, 재원 조달 등 법률-전담조직-재원으로 이뤄지는 삼위일체의 프로젝트 실천 시스템이 작동됐다.

2. 건설사업의 행·재정적 메커니즘[1)]

1) 조직 체계

인천국제공항 건설을 위해 먼저 정부 내에서는 전담부서를 비롯한 조직 체계가 구성됐다. 교통부가 전담부서가 되고 노태우 정부 출범 직후 1989년 3월에 항공 관계 전문가들로 신공항 건설 추진을 위한 자문위원회가 구성됐다. 1989년 7월의 대통령령에 따라 17개 정부부처의 장으로 구성되는 '신공항 건설추진위원회'가 구성됐다. 교통부 내에서는 신공항 건설기획단이 발족되고 임시기구로 신공항 건설 실무추진위원회도 구성됐다. 신공항 건설기획단은 인천국제공항 건설 기본계획 수립 등 핵심 역할을 담당했다. 1991년 9월에는 수도권 신공항 건설 보상심의위원회도 설치됐다. 이듬해 1992년 1월에는 한국공항공단 내 신공항 건설 전담기구인 신공항 건설본부가 발족돼 신공항 건설의 주된 임무를 한국공항공단이 맡아 추진했다. 이렇듯 인천국제공항 건설을 위한 전담조직 체계가 점차 빠른 속도로 구축돼 건설사업을 주도해 나갔다.

2) 법률적 체계

수도권 신공항 건설을 위한 제도적 핵심인 법적 기반이 마련됐다. 1991년 5월 31일 법률 제4384호로 「수도권 신공항 건설 촉진법」이 제정 공포됐다(국가기록원, 1991). 이 법은 수도권 신공항의 신속한 건설에 필요한 사항을 규정함으로써 수도권 신공항건설사업을 효율적으로 추진해 급증하는 수도권의 항공 수요에 대비하고 나아가 국민경제의 발전에 이바지함을 목적으로 하고 있다. 이 법에는 신공항건설기본계획을 수립하도록 하고 있다. 기본계획에는 건설의 기본 방향, 건설계획의 개요, 건설 기간, 자금계획을 명기하도록 하고 있다. 정부가 기본계획을 수립하고자 하는 경우에는 미리 서울특별시장·인천광역시장 및 경기도지사의 의견을 듣고, 관계 중앙행정기관의 장과 협의한 후 신공항 건설에 관한 추진위원회의 심의를 거치도록 규정하고 있다.

신공항건설사업의 시행자는 국가·지방자치단체, 인천국제공항공사 또는 대통령이 정하는 정부투자기관이 시행할 수 있도록 했다. 신공항건설심의위원회가 설치될 수 있는 근거가 마련됐다. 신공항건설사업의 건축·건설기술·교통영향 등에 관한 중요 사항을 심의하기 위해 정부에 신공항건설심의위원회를 두도록 했다. 심의위원회는 신공항

1) 행·재정적 메커니즘을 ① 조직 체계, ② 법률적 체계, ③ 재원 조달 체계로 3구분했으며, 인천국제공항공사(2001)를 주로 참조함.

건설사업 업무와 관련된 중앙 및 지방행정기관과 지방자치단체의 4급 이상 공무원 또는 고위공무원단에 속하는 일반직 공무원, 공공단체 및 연구기관의 임원, 공항·건축·토목·소방·환경 등에 관해 전문적 학식과 경험이 풍부한 자 등으로 구성된다. 그리고 정부는 수도권 신공항에 대해 정기 국제항공노선을 개설하기 전이라도 사업 시행자로 하여금 공항소음대책사업 및 주민지원사업을 수립·시행하게 할 수 있게 했다.

나아가 선수금 제도가 도입됐다. 즉, 사업 시행자는 신공항건설사업의 시행으로 인해 조성된 토지 중 일부를 공급받을 자로부터 토지 공급가격의 전부 또는 일부를 미리 받을 수 있도록 규정하고 있다. 또한 사업 시행자는 실시계획이 정하는 바에 따라 신공항건설사업의 시행으로 조성된 토지 중 일부를 공급받을 자에게 토지로 상환하는 채권(토지상환채권)을 발행할 수 있도록 했다. 국·공유지의 처분제한제도가 도입됐다. 신공항 건설 예정지역 안에 있는 국가 또는 지방자치단체 소유의 토지로서 신공항건설사업에 필요한 토지는 신공항건설사업 외의 목적으로 이를 매각하거나 양도할 수 없도록 했다. 그리고 예정지역 안에 있는 국가 또는 지방자치단체 소유의 재산은 다른 법령의 규정에 불구하고 사업 시행자에게 수의계약으로 매각 또는 양도할 수 있도록 했다.

특히 사업 시행자에 대한 국고 지원을 위한 국고보조제도가 도입됐는데, 정부는 사업 시행자에게 예산의 범위 안에서 신공항건설사업에 필요한 비용의 전부 또는 일부를 보조하거나 재정자금을 융자할 수 있도록 했다. 또한 정부는 수도권 신공항건설사업을 효율적으로 추진하기 위해 필요한 경우에는 예정지역의 경계로부터 10km의 범위 내에서 일정한 지역을 주변 개발 예정지역으로 지정할 수 있도록 함으로써 공항 주변지역을 효율적으로 개발할 수 있는 토지 이용 수단을 마련했다.

수도권 신공항 건설 촉진법에 이어 1991년 12월에는 한국공항공단법을 개정해 인천국제공항 건설 전담 업무를 한국공항공단에서 수행하도록 했다. 이에 따라 1992년 1월에는 신공항 건설 전담기구인 한국공항공단 내에 신공항 건설본부가 설치됐다. 이어 1994년 8월에는 신공항 건설공단법이 제정 공포됐고 1999년 1월에는 인천국제공항 공사법이 공포돼, 그 해 2월에 인천국제공항공사가 설립돼 오늘에 이르고 있다.

3) 재원 조달 체계

대규모 사업을 추진하자면 막대한 비용이 소요되며 그 재원의 적기 조달은 사업 성패의 관건이 된다. 인천국제공항 건설사업의 추진을 위해 재원 조달이 다양한 방식으로 이뤄졌다.

인천국제공항 1단계 사업에 소요되는 비용은 총 6조 7,712억 원이었다. 이 중 건설관리비를 제외한 건설사업비는 약 5조 6천 억 원 정도였다. 사업비를 위한 재원 조달은 세 가지 방법으로 구성됐다. 첫째는 정부의 재정 지원, 둘째는 사업 시행자(사업 초기에는 한국공항공단, 1999년부터는 인천국제공항공사)의 자체 조달, 셋째, 민간 참여시설에 대한 민자 유치로 이뤄졌다.

국고 지원의 경우, 총사업비의 39.9%, 인천공항공사의 자체 투자비는 총사업비의 43.3%, 민간자본은 총사업비의 16,8%가 투입됐다. 국고지원금은 토지보상비, 부지조성비, 비행장 시설 등 공항의 기본시설 수요에 지원됐다. 국고지원금은 초기에 많은 자금이 소요돼 이를 충당하기 위해 사용됐다. 연도별로 인천국제공항 건설사업 관련 국가예산 운용 시 당해 연도의 지원 규모를 확정하고 확정된 예산 범위 내에서 월별, 정기 배정 방식에 따라 정부의 예산 지원이 이뤄졌다.

또한 차입금을 통한 사업비 조달이 이뤄졌는데, 이에는 공공자금으로부터의 차입과 채권 발행, 국내외 금융시장을 통한 차입금으로 이뤄졌다. 공공관리기금 차입의 경우, 공무원연금 등 10여개의 연・기금 기관의 자금을 예탁하도록 해 매년 각 사업별로 지원 규모를 확정해 이 기금을 지원받았다. 사업 초기에는 재정경제부가 산업은행 발행의 산업금융채권을 이 공공자금을 이용해 매입하고 산업은행은 이 채권 매출로 조성된 자금을 인천국제공항 건설에 지원하는 방식, 즉 채권 발행을 통한 간접 지원 방식을 채택했다. 채권 발행의 경우, 토지보상용 채권, 건설공사 관련용 채권, 자금조달용 채권 등으로 구분 추진됐다. 그리고 금융기관 차입이 있었는데 국내 금융을 통한 저금리 장기 차입도 일부 이뤄졌다. 공항 건설사업에 소요되는 외국산 기자재와 기술용역비의 외화자금 조달 방안으로 상업차관 도입과 국제채권 발행도 있었다. 나아가 공항공사의 자체 조달로 재원이 조달되기도 했다. 한국공항공단법에 따라 한국공항공단 내 신국제공항 건설본부에서는 공항 운영 이익금 가운데서 일부를 인천국제공항 건설사업에 투자했다.

공항 건설 1단계 후반기인 1998년부터 조성 부지 특히 주거공간 및 생활시설 용지의 경우 부지 조성이 50% 이상 진행된 후 이뤄진 단계적 매각으로 조성된 자금도 재원 조달에 기여했다.

제3절 정책의 추진 과정 및 내용[2)]

1. 인천국제공항의 명칭 확정

인천국제공항이라는 명칭이 확정되기까지의 과정을 보면 1996년 3월, 영종도에 건설하는 신공항의 명칭은 '서울 · 인천국제공항'으로 했다. 이같이 도시명을 공항 이름에 붙인 것은 세계 각국 공항의 90% 정도가 지명을 공항 이름으로 사용하고 있기 때문이다. 이어 1995년 공항공사에서는 '신국제공항 명칭제정위원회'를 구성해 각계의 의견을 수렴하고 현상공모 등을 통해 제세된 명칭 후보인 영종국제공항, 인천국제공항, 새서울국제공항, 세종국제공항 중, 인천시민들의 요구 등을 감안해 최종적으로 인천국제공항을 사용하기로 결정했다.

2. 입지 타당성조사와 입지의 선정

수도권 신공항 건설의 필요성은 이미 지난 1970년대 초부터 시작됐다. 노태우 정부에서 본격 시작된 1989년 6월의 신공항 건설 입지타당성조사(제4차) 이전에 이미 세 번의 입지 타당성조사가 있었다. 제4차 타당성조사 결과 신공항의 최종 입지가 선정됐다. 입지 선정 기준으로는 국제 민간항공 기준에서 제시하는 공역, 장애물 제한 여건, 기상조건, 지형, 공항으로의 접근성, 환경적 영향, 토지 이용, 확장 가능성, 건설비 등이 주요 요소로 평가됐다. 이 기준을 적용해 영종도 등 22개 예비후보지를 조사하고 영종도와 시화1지구, 시화2지구 등이 최종 후보지로 압축되어 1990년 6월 신공항 추진위원회에서는 영종도를 최종 후보지로 결정했다. 영종도는 서울로부터 약 52㎞의 서쪽에 위치하고 있다. 영종도와 용유도 사이의 간석지를 매립해 약 5,610만㎡(약 1,700만 평)의 부지가 조성됐다. 영종도는 활주로 양단이 바다를 향하고 있어 소음의 피해가 거의 없는 것으로 평가됐다. 영종도는 공항 입지 조건으로 중요시되는 기상학적 요소 중에서 안개 발생 일수와 바람의 조건도 양호한 것으로 평가됐다.

---

2) 인천국제공항의 1단계 건설사를 기록한 인천국제공항공사(2001)를 주로 참조함.

3. 기본계획의 고시·사업계획의 승인과 건설 착공

인천국제공항의 입지가 영종도 일원으로 확정됨에 따라 1990년 11월부터 기본설계에 착수했다. 기본설계는 국내 업체와 외국 전문공항 설계업체와 공동 시행됐다. 국내 기업과 외국 기업 간 컨소시엄 간 경쟁을 거쳐 최종적으로 설계기관이 선정됐다. 터미널 건설 구상과 접근 교통 처리 등에 대한 국내외 전문가들로 기술자문위원회를 구성해 협의와 검증을 거쳤다. 이후 1992년 6월에는 인천국제공항 건설 예정지역 지정 및 기본계획 고시가 교통부 고시로 이뤄졌다. 이 시기에 환경영향평가, 교통영향평가, 인구영향평가도 완료됐으며 동년 10월에는 수도권 정비심의위원회의 심의를 완료하고, 1992년 11월 10일 인천국제공항 건설 사업계획 승인이 완료됐다. 드디어 1992년 11월 12일에 인천국제공항의 기공식이 거행됐다. 노태우 정부에서 확정된 인천국제공항 1단계 기본계획 고시의 주요 내용을 보면 공항 건설은 ① 2천 년대 수도권 지역의 항공 수요에 대비하고, ② 동북아 지역 중추공항으로 24시간 운영 가능한 공항 건설에 목표를 두었다. 공항 부지 규모는 460만 평(최종 1,435만 평), 활주로 3,750km × 60m 1본(최종 4본), 여객터미널은 7만 4천 평(최종 26만 4천 평), 전용고속도로 6~8차선 54.5km(장래에는 제2접근도로 및 해저터널 건설), 전용철도는 건설용지만 확보(최종 복선 66km), 공항 신도시 80만 평(최종 264만 평), 처리 능력의 경우 운항 횟수는 연간 17만 회, 여객은 연간 2,700만 명(최종 연간 1억 명)으로 하고 1단계 건설 기간은 1992~1997년으로 했다. 그리고 제2~제4단계는 항공운송 증가 추세를 감안해 건설 시기를 탄력적으로 조정하도록 했다. 이후 기본계획은 여건 변화를 고려해 변경이 이뤄졌다.

4. 용지 보상

대규모 사업에서 용지 보상은 사업의 성공을 결정짓는 관건이 되는 핵심 요소다. 1991년 9월 인천국제공항 건설사업 보상위원회를 구성해 본격적인 토지 보상을 시작했다. 토지 보상은 「공공용지 취득 및 손실보상에 관한 특례법」에 의한 협의 보상과 토지수용법에 의한 수용 보상으로 행해졌다. 사업지역 내 국유지는 무상으로 받아 사용했으나 산림청 토지의 소유에 대해서는 별도 특별회계로 관리돼 사유지와 동일한 조건으로 매입했다. 공유수면 매립에 따른 어업 보상도 추진됐다. 주민 이주대책도 중요했다. 인천국제공한사업의 추진으로 주거를 상실하는 주민에 대한 이주대책이 추진됐는데 배후

지원단지 또는 공항 주변 지역에 이주 단지를 조성해 이주 대상 가구당 75평 내외의 택지를 조성 원가로 분양할 계획을 수립, 주민과 협의해 추진했다.

5. 부지 조성공사와 주요 시설물 공사

1) 부지 조성공사

인천국제공항 건설지역은 공항 건설에 비교적 양호한 여건을 가지고 있다. 한반도 서해안의 특징인 리아스식 해안으로 형성되고 구릉지와 여러 개의 섬으로 형성된 섬과 간조 시 육상으로 노출되는 간석지가 광활하게 발달돼 있다. 특히 섬 주변의 간석지가 발달돼 그 규모는 영종도와 용유도 사이의 동서 방향으로 4~6km, 남북 방향으로 4km로 발달돼 있어 국제 공항용지로 이용 가능한 매립지를 상대적으로 용이하게 조성할 수 있는 여건을 갖추고 있다.

간석지를 매립해 공항의 방조제를 남측과 북측에 각각 조성했다. 방조제는 공항지역 외곽시설로서 공항 부지의 경계선을 형성하기 때문에 장래 공항시설의 확장을 최대한 수용할 수 있도록 했다. 부지 조성공사는 모두 10개 공구로 나눠 시행됐다. 인천국제공항은 영종도와 용유도의 두 섬 사이를 막아 만조 시 평균 수심 1m 정도의 간석지 1,400만 평과 그 주변 육지부 300만 평 등 총 1,700만 평을 부지로 하고 있어 남북간 거리는 8km, 동서간의 거리는 6~10km였다. 개펄지역의 연약지반층 두께가 평균 5m에 불과해 지반 강화를 위한 공사가 일본의 간사이(關西) 공항이나 홍콩의 첵랍콕공항에 비해 저렴한 비용으로 이뤄질 수 있었다.

부지 조성공사는 주로 인근 해역의 해사(준설 매립토)를 주요 매립 재료로 사용했다. 해상공항의 건설에 따르는 연약 지반 문제를 해결하기 위해 연약지반 개량공사가 선행됐다. 이를 위해 직경 300~400mm의 모래말뚝을 지중에 형성, 배수거리를 짧게 해 압밀을 촉진시키는 공법인 샌드드레인 공법과 연약지반 구간에 수직 배수재인 플라스틱 보드를 사용해 압밀을 촉진하는 공법 등을 사용했다. 부지 조성의 시공에는 우리나라 굴지의 건설업체가 대거 참여했다. 현대건설, 금호건설, 한진건설, 삼성물산, 한라건설, 한진종건, 대우건설, 쌍용건설, 삼환기업, 한진중공업, 한양, 원흥종합건설, 그리고 공기업인 농어촌 진흥공사 등도 참여했다.

2) 주요 시설물공사

부지 조성공사 후 주요 시설물 공사를 추진했다. 토목시설, 여객터미널과 수하물 처리 시스템, 상하수도 시설 등 공항의 건축물과 토목시설사업이 추진됐다.

여객터미널의 경우 지하 2층, 지상4층, 탑승구 44개소로 건설됐으며, 여객의 휴식과 사무 업무를 위해 비즈니스 룸, 전시관, 독서실, 헬스센터, 수면실, 샤워실, 세탁실 등도 설치했다. 특히 건축양식에는 한국의 전통 건축기법을 반영하고 자연과의 조화를 기해 나갔다. 시설물의 구조와 배치는 보행거리 및 층간 이동거리를 최소화할 수 있도록 했으며, 신속한 수하물 처리를 위해 정보통신기술을 접목하고 수하물처리시설을 총연장 20km로 하여 시간당 31,440개의 수하물 처리가 가능하도록 했다.

인천국제공항이 자랑하는 수하물 처리시스템은 최신 운송설비를 사용했다. 수하물 처리시설은 공항에서 발생하는 모든 종류의 수하물을 완전 자동으로 처리하면서 해당 항공기로 최대한 신속하고도 정확하게 수하물을 분류, 운송하는 틸트 트레이 분류 시스템을 적용했다. 출발 수하물은 15분 이내, 환승 수하물은 10분 이내 처리되며, 도착 수하물은 항공기 착륙 5분 이내에 리클레임 지역으로 이동돼 승객보다 수하물을 먼저 도착시켜 수하물을 신속히 찾을 수 있도록 했다. 수하물 처리시설에 대한 기본 설계를 완료한 이후 국제입찰로 사업자를 선정하는 절차를 거쳐 독일 등이 참여한 컨소시엄으로 최종 낙찰됐다. 수하물 처리 시스템의 현장 적용을 위해 항공사, 지상조업체 직원들은 여러 차례의 교육훈련과 시험훈련 현장 확인을 통해 시스템의 이해와 적응이 가능했다.

활주로, 유도로, 계류장, 간선 배수로, 제빙시설, 도로 및 주차장이 건설되고 민자사업이 추진됐다. 화물터미널, 항공 급유시설, 열병합발전소, 기내식 시설, 항공기 정비시설 등이 민자사업으로 건설됐다.

특히 민자사업 제1호로 신공항 고속도로의 건설이 추진됐다. 신공항고속도로는 인천광역시 중구 운서동(공항신도시 IC)에서 경기도 고양시 강매동(강변북로 IC)을 연결함으로써 서울 도심과 인천국제공항을 50분대에 연결하는 유일한 접근 노선이다. 신공항 고속도로는 우리나라 모든 사회간접자본시설 중 최초로 시공에서 운영까지 민간자본으로 건설됐다는 데 그 의미가 있다.

신공항 고속도로 건설의 민자사업의 법적 근거는 1994년 8월 3일 제정된 「사회간접자본시설에 대한 민간자본유치촉진법」이었다. 이에 근거해 건설교통부는 1995년에 민자유치기본계획을 고시하고 이어 신공항고속도로 시설사업 기본계획을 고시했다. 신공항 고속도로 건설 시행 주체로서의 민간사업 시행자인 신공항하이웨이(주)에는 11개 업체가 컨소시엄으로 참여했다. 삼성건설, 한진건설, 동아건설, 포스코개발, 코오롱건설, 금호건설, 극동건설, 롯데건설, 풍림건설, 풍림산업, 두산건설업체 등이 참여했다.

공항철도는 1단계(인천공항-김포공항, 2005년), 2단계(김포공항-서울역, 2008년)로 나눠 건설할 계획으로 2001년 4월 착공했다. 신공항 주변 지역의 난개발을 방지하고 공항도시로 육성하기 위한 공항 주변 지역 개발계획도 수립됐다. 인천공항 종사자 등의 편의를 위해 공항 동쪽 4km 지점에 총 60만 평 규모로 2만 명을 수용할 수 있도록 공항신도시 건설이 추진됐다. 이 사업은 인천광역시가 주체가 되고 부지 및 기반시설 조성은 인천공항공사가 수탁받아 2000년 10월에 완료됐다.

6. 첨단정보통신 시스템의 도입

최신의 정보통신망은 공항 운영에 가장 기초가 되는 시스템으로 공항의 경쟁력을 좌우하는 핵심 인프라다. 1990년대에 홍콩의 첵랍콕공항, 말레이시아의 세팡공항, 일본의 간사이공항은 최첨단의 정보통신 시스템을 우선적으로 설치했다. 정부는 인천국제공항이 미래 최고의 공항이 되기 위해서는 최신의 첨단정보통신 시스템의 우선적 도입을 중요하게 인식했다. 최신 시스템 도입을 위한 준비에 박차를 가했다. 인천국제공항은 완벽한 자동화시스템을 위한 설계로 추진됐으며, 가장 기초가 되는 배선은 통합배선(Permises Distribution System: PDS) 방식을 채택했다. 이는 본격적인 종합정보통신망(Integrated Service Digital Network: ISDN)에 힘입은 바 크다.

첨단텔레포트(Teleport)로서의 인천국제공항 역할은 종합정보 시스템에 힘입어 경쟁력과 차별화, 항공기 안전 운항 확보, 공항 운영의 효율성, 경제성 및 서비스 향상에 결정적인 역할을 하게 됐다. 종합정보시스템 구축사업은 1993년 12월부터 1994년 10월까지 기본 설계를 완료한 후 1997년 3월에는 삼성전자・미국 AT&T・HARRIS 컨소시엄을 사업자로 선정했다. 인천국제공항 종합정보시스템 사업은 1997년 3월부터 2001년 2월 말까지 총사업비 1,007억 원을 투입해 기간통신망, 하부 시스템 통합, 공항통합관리 시스템, 공항운영센터 등을 구축했다. 이러한 최첨단 정보통신기술을 이용해 공항 운영의 완전 자동화를 추진하고 공항 전반에 대한 신속 정확한 정보 공유를 통한 항공기의 안전 운항 확보, 통합감시 체제의 구축 및 여객과 화물의 서비스 품질을 최고도로 유지할 수 있게 됐다.

7. 인천국제공항의 개항 준비와 역사적 개항

정부 각 부처의 협업과 정부와 민간기업과의 파트너십을 통해 인천국제공항 건설은 순조롭게 추진돼 역사적인 개항을 준비하는 체제로 들어갔다.

먼저 공항의 순조로운 개항을 위해 관련 부처와 민간업체 간의 협력적인 노력과 조정이 중요했다. 이를 위해 1999년 9월에 국무총리 훈령으로 「인천국제공항 개항준비위원회의 구성 및 운영에 관한 규정」을 제정했다. 이 규정에 의해 인천국제공항 개항 관련 중요 사항을 심의 결정하기 위해 건설교통부 내에 '개항준비위원회'와 '실무위원회'를 각각 운용했다. 개항준비위원회는 건설교통부 차관을 위원장으로 하여 국가정보원, 법무부, 국방부, 농림부, 보건복지부, 건설교통부, 경찰청, 관세청, 병무청, 문화재청, 기상청, 인천국제공항공사, 한국공항공단, 대한항공, 아시아나항공 등 20인 내외의 위원으로 구성됐다. 실무위원회는 2000년 2월에 '인천국제공항 개항종합계획'을 확정하고 개항준비 전반에 관한 사항을 기관 간 협력 체계로 추진해 나갔다.

6개월 간에 걸쳐 실제 공항 운영 상황과 동일한 150여개의 시나리오에 의해 종합 시운전을 시행했다. 드디어 1992년 11월 기공식이 있은 지 거의 8년 반 만인 2001년 3월 29일에 인천국제공항의 역사적인 개항이 이뤄져 세계를 향해 그 위용을 드러냈다. 건설 당시에 싱가포르의 창이국제공항을 부러워하며 건설된 인천국제공항은 오늘날 창이공항의 수준을 훨씬 뛰어넘고 2005년부터 세계 제1의 공항이라는 평가를 계속 받아오고 있다.

8. 건설 과정에서의 찬반 논쟁과 갈등관리[3)]

인천국제공항 건설 계획 발표 후 그리고 건설 과정에서 시민단체와 여러 전문가로부터 공항 건설과 관련해 상당한 반대가 있었다. 주로 연약 지반 문제, 환경생태 문제, 소음문제 등이 집중 부각됐다.

먼저 연약 지반으로 인한 활주로 문제가 제기됐다. 신공항 부지가 갯벌 매립으로 이뤄지며, 갯벌의 퇴적층은 평균 24m 깊이로 이착륙 시 지반의 부등 침하가 우려된다는 주장이 제기됐다. 특히 공항의 활주로가 건설되는 매립 예정지는 퇴적물이 수십 미터나 쌓이는 갯벌지대로 시간이 흐르면서 부등침하(不等沈下) 현상이 일어나 땅이 울퉁불퉁

3) 주요 SOC 관련 국책사업 추진 과정에서의 갈등 사례를 분석하고 시사점을 제시한 국토해양부(2011) 등을 참조함.

해질 것으로 우려되기 때문에 활주로로서의 기능을 할 수 없을 것이라는 반대가 있었다. 그러나 일본의 간사이공항은 평균 수심 20m를 매립해 공항을 건설하는 것이나 영종도는 평균 수심 5m를 매립해 암반층 위에 건설하기 때문에 예상보다 침하작용이 적을 것으로 예상할 수 있고 정부는 모래말뚝 공법, 페이퍼 드레인 공법, 팩드레인 공법, 선행재하 공법 등의 첨단 매립공법을 활용해 침하작용을 최소화하면 이를 막을 수 있다고 반론을 제시했다.

환경문제의 경우 조류서식지 문제 등으로 반대가 제기됐다. 그러나 공항 일대의 갯벌에 도래하는 철새 도래 현황은 조사환경에 따라 연간 변동의 차이가 있으나, 도래 종수 및 개체 수에 큰 변화가 없는 것으로 조사됐다. 정부는 공항 주변 해상 5개 지점에서 동식물 플랑크톤, 어란 및 자치어, 밀물과 썰물 사이의 조간대 생물 등을 중점적으로 조사하고 있다. 인천국제공항 건설로 인해 직접적인 영향을 받을 것으로 예상되는 영종도, 상복도, 용유도 및 신불도에서 식물상 및 동물상에 대해서도 정기적으로 조사하고 있다. 소음문제도 제기됐으나, 운항 횟수 증대에도 불구하고 항로 변경, 소음 저감 방안 추진 등을 통해 연간 소음 수준을 법정 기준 이하로 유지하고 있다.

인천국제공항 건설 관련 여러 형태의 갈등을 정부는 다양한 소통으로 그 갈을 관리해나갔다. 특히 인천국제공항 건설의 필요성을 집중 부각해 나갔다. 무엇보다도 동북아 항공 운항 거점 확보의 타당성을 강조했다. 즉, 영종도는 광활한 부지 확보가 가능하며, 비행 시간 3시간 내에 인구 100만 명 이상 도시가 43개가 밀집해 향후 동북아 허브공항으로 부상 가능성이 크다는 것을 상기시켰다. 아울러 중국과의 수교를 계기로 인천국제공항 건설을 앞당겨 동북아시아의 항공 운항 거점으로 확보해야 할 필요성을 강조했다. 또한 아시아·태평양지역은 급격한 항공 수요 증가를 보이는 지역으로 이에 대비하기 위해 일본, 홍콩, 태국 등은 신공항 건설이나 기존 공항의 대대적인 확장을 계획하고 있음을 주지시켰다. 즉, 일본과 홍콩은 각각 간사이공항과 첵랍콕공항을 1994년과 1997년에 완공할 계획임을 알리고 이들 공항과의 경쟁 관계에서 뒤처지지 않도록 하기 위한 대책으로 신공항 건설을 강조했다. 만일 찬반 논쟁에 휘말려 신공항 건설이 늦어지면 동북아 항공기지의 거점을 일본이나 홍콩에 넘겨주게 될 것이며, 우리나라는 지선을 연결하는 소규모 항공 운송국가로 전락할 우려가 높다고 주장해 국가 간 경쟁심을 불러일으켰다.

나아가 중국과의 교류 대비의 필요성 강조했다. 영종도에 신공항을 건설하는 것이 지리적으로도 적합하고 경제적이며, 특히 중국과의 수교로 인적·물적 교류가 급증할

永宗島신공항 치열한 찬반논쟁

17개 환경단체 공청회

지반침하등 계획 모순덩어리 반대

국제교역·경제발전의 도약대 찬성

수도권 새국제공항이 건설되는 영종도. 영종도와 용유도간에 연육도로가 이어져있다.

그림 2-5-5 인천국제공항 건설 관련 찬반 논쟁

자료: 국토해양부(2011: 149).

것으로 예상되므로 앞당겨 건설해야 할 것을 강조했다. 즉, 한중 수교를 계기로 각국의 항공사들이 제3국과 서울-베이징을 잇는 새로운 항로 확보 경쟁에 돌입했기 때문에 이 같은 항공 수요를 감당할 신공항의 건설은 시급한데, 이러한 측면에서 영종도의 지리적 우월성을 부각시켰다.

또한 지역 균형 발전의 계기가 될 것임을 강조했다. 신공항이 서해안 개발을 촉진하는 거점으로 활용이 가능하며, 통일 후 북한지역과 연계가 용이해 남북한의 중심점이 될 것임을 강조했다. 아울러 포항, 김해, 광주, 울산 등의 지역 공항과 수도권 공항(신공항 및 김포)과의 연계를 강화해 나간다면 국토 균형 발전에도 크게 기여할 것임을 강조했다.

그리고 김포공항의 수요 한계에 대응할 필요성도 강조했다. 김포공항은 1990년대 중반 이전에 여객 · 화물 처리 능력이 모두 적정 수용 능력을 초과하므로 부족한 항공 수요를 충족시키기 위해서도 영종도 공항의 착공은 시급한 문제임을 강조했다. 또한 김포공항 주변은 주거지역이 밀집돼 있어 항공기 소음 피해가 심각하고, 확장이 불가능하다. 따라서 항공편의 증편이 어렵고, 연발착이 잦아질 것으로 예상돼 관광산업 등 경제활동에까지 심각한 타격을 줄 것임을 경고해 타개책의 추진이 절실함을 제기했다.

이러한 정부의 소통 노력은 환경문제, 연약 지반문제, 소음 문제 등에 대해서도 객관적인 과학적 자료를 제시하는 방식을 통해 여러 반대를 극복하고 인천국제공항의 개항이라는 역사적 연착륙을 이룩할 수 있었다.

9. 제2, 3단계 사업의 추진

1990년대 말에 발생한 외환위기 이후 국제선 여객 및 화물 수요가 급증했다. 당시 국제항공 수요가 향후 10년간 연 8.8%로 증가할 것으로 전망됨에 따라 인천국제공항의 각종 시설의 포화가 예상됐다. 여객계류장은 2002년, 화물터미널은 2004년, 여객터미널은 2005년, 활주로는 2008년에 적정 용량을 초과해 시설 부족문제로 서비스의 질적 저하가 우려됐다. 또한 국제선 취항 항공사의 증가로 말미암아 시설 확충문제가 제기됐다. 건설교통부는 공항시설 확장에 소요되는 절대 공기, 동북아 허브공항의 조기 구축 등을 종합적으로 검토해 2002년부터 2008년까지 제2단계 사업을 추진할 것을 확정 고시했다.

표 2-5-2 인천공항 단계별 건설계획

구분		1단계	2단계	3단계	최종 단계(누계)
활주로		2본	1본	-	5본
터미널	T1	49만 6,000㎡	-	-	49만 6,000㎡
	T2	-	-	38만 4,000㎡	65만㎡
탑승동		-	16만 6,000㎡	-	16만 6,000㎡
처리 능력 (연간)	운항	24만 회	17만 회	-	74만 회
	여객	3,000만 명	1,400만 명	1,800만 명	1억 명
	화물	270만 톤	180만 톤	130만 톤	1,000만 톤

자료: 국토교통부(2013).

공항 건설 2단계 사업에서는 2008년까지 총 4조 7,032억 원을 투자해 250만 평의 부지를 조성하고 활주로 1본, 탑승동 1동 계류장 36.5만 평과 기타 항행안전시설을 확충하도록 했다. 2단계 사업이 완료되면 항공기 운항 횟수가 24만 회에서 41만 회로, 여객처리 능력은 3천만 명에서 4천 4백만 명으로, 화물 처리 능력은 270만 톤에서 450만 톤으로 증가될 것으로 내다보았다.

나아가 최근 중국의 급속한 성장과 함께 동북아 지역의 항공자유화 추세로 아시아지역의 항공 수요는 꾸준히 안정적으로 증가할 것으로 전망된다. 이 같은 미래 추세를 활용해 주요 국가들은 국가 역량을 집중해 허브공항에 박차를 가하고 있다. 중국은 허브화 전략으로 상하이의 푸둥(浦東)공항을 비롯한 주요 국제공항의 인프라를 지속적으로 확충하고 있는가 하면, 일본은 인천공항에 빼앗긴 수요를 되찾기 우해 하네다공항을 허브공항으로 육성하기 위한 정책을 2009년 10월에 발표하는 등 미래 허브공항의 선점을 위한 경쟁이 치열하게 전개되고 있다. 이러한 허브공항 선점 경쟁에서 경쟁 우위를 점하기 위해서는 무엇보다도 적기 시설 확보가 가장 중요한 바, 2017년을 전후해 인천국제공항의 적정 처리용량의 포화가 예상되고 있어 여객터미널 및 계류장 등의 시설 확충과 레포츠 시설, 국제비즈니스센터 등의 공항 복합도시 개발을 서두를 필요가 있었다. 이에 정부는 2013년부터 2017년까지 인천국제공항 제3단계 사업을 추진하고 있다. 특히, 동북아 항공시장에서 주도적 위치를 굳히고 항공시장 변화에 대응하기 위해 2017년까지 첨단기술과 자연과 문화가 함께 융합하는 제2여객터미널을 완공함으로써 경쟁 공항과 대등한 시설 규모와 경쟁력을 확보할 계획이다.

제 4 절 성과 및 평가

1. 성과

1) 세계 공항 평가 9년 연속 1위 달성

인천공항은 개항 이후 비약적인 발전을 거듭해 이제 세계 최고의 공항으로 전 세계 1,000여개의 공항의 벤치마킹 대상으로 부상했다. 인천공항은 세계 공항 수준 종합 순위(Global Ranking)에서 지난 2005년부터 2013년까지 9년 연속 1위를 차지했다.

또한 평가 대상으로 포함된 '아시아-태평양 최고 공항', '중대형 공항(여객 2,500~4,000만 명)' 부문에서도 9년 연속 1위 자리를 지켰다. 이 평가는 전 세계 공항 이용객 35만 명을 대상으로 벌인 1:1 직접면접 설문조사를 토대로 이뤄져 공항에 대한 서비스 평가 가운데 최고의 권위와 신뢰도를 인정받고 있다. 공항 직원의 친절도와 시설의 청결도, 이용 용이성 등 서비스, 시설 및 운영 분야에 걸쳐 총 34개 평가 항목에 대해 평가한다.

2013년의 종합평가 결과에 따르면 인천공항은 5점 만점에 4.97점을 획득해 싱가포르와 베이징(北京)공항을 제치고 1위에 올랐다. 9년 동안 1위를 차지한 공항은 인천공항이 유

표 2-5-3 인천국제공항의 주요 수상 실적 종합 추이

구분	주요 수상 내역
2005~2013년	'국제공항협의회(ACI, Airport Council International)'로부터 세계 공항 서비스 평가(Airport Service Quality: ASQ)에서 '세계 최고 공항상'을 9년 연속 수상하여 명예의 전당에 등재, 아시아/태평양 최고공항상(2013)
2012년	GT Tested Award - 세계 최고 공항상 세계 BSC 전략실행 대상 - Hall of Fame Skytrax 세계 최고 공항상
2006~2010년	『글로벌 트레블지』 선정 4년 연속 '세계 최고 공항상' 수상
2008년	'국제항공운송협회(IATA)'에서 '2008 이글 어워드(세계 최우수 공항상)' 수상
2008년	미주지역 최대 항공화물 전문지인 『*Air Cargo World*』가 주관하는 제4회 항공화물 공항평가에서 최우수 화물공항으로 선정됐음 - 매년 전 세계 공항을 대상으로 신뢰성, 고객만족도, 처리시설, 운영 능력 등 4개 항목을 평가
2009년	영국 'Skytrax' 선정 세계 최우수 공항상 수상
	미국 『비즈니스 트레블』지 선정 세계 최고 공항상
	CAPA 올해의 공항도시상
	항행안전시설 7만 시간 무중단 운영을 달성함

자료: 국토해양부(2011).

표 2-5-4 세계 공항 서비스 평가 연도별 종합순위 비교

순위	2004년	2005년	2006년	2007년	2008년	2009년	2010년	2011년	2012년	2013년
1	홍콩	인천	인천	인천	인천	인천	인천	인천	인천	인천
2	인천	싱가포르	홍콩	쿠알라룸푸르	싱가포르	싱가포르	싱가포르	싱가포르	싱가포르	싱가포르
3	싱가포르	홍콩	쿠알라룸푸르	싱가포르	홍콩	홍콩	홍콩	베이징	베이징	베이징

자료: 인천국제공항(2014).

표 2-5-5 2013년도 세계 공항서비스 평가 결과(부문별)

부문	Global Ranking	아시아/태평양 최고 공항상	중대형 공항 중 최고 공항상
1위	인천	인천	인천
2위	싱가포르	싱가포르	델리
3위	베이징	베이징	타이베이

자료: 인천국제공항공사(2014.5.27).

표 2-5-6 세계 공항 서비스평가 결과: 인천공항의 평점(5점 만점) 추이

연도	2002	2003	2004	2005	2006	2007	2008	2009	2010	2011	2012	2013
순위	6	4	2	1	1	1	1	1	1	1	1	1
평점	3.92	3.98	4.16	4.47	4.66	4.78	4.91	4.99	4.96	4.95	4.95	4.97

자료: 인천국제공항(2014).

일하다.

그뿐만 아니라, 인천공항은 고객의 기대를 뛰어넘는 서비스를 위해 공항에 문화예술을 접목시킨 '컬처 포트(culture port)'로 거듭나고 있다.[4] 전통문화체험관과 한국문화박물관 등 11곳의 문화시설과 365일 펼쳐지는 다채로운 문화공연을 통해 차별화된 감성 서비스를 이용객들에게 제공하고, 공항업계에는 공항 운영의 새로운 패러다임을 제시했다는 평가를 받고 있다.

2) 공항시설의 질적·양적 확대의 적기 성취

중국과 일본을 비롯해 싱가포르와 홍콩 등 인근 국가와의 국제공항 경쟁에 대비해 공항 확충사업도 적기에 순조롭게 진행되고 있음도 공항 건설과 운영의 성공적 안착에 기여하고 있다. 공항시설의 수용 능력의 질적 제고와 양적 확대가 1, 2, 3단계 사업을 통해 효과적으로 이뤄지고 있다. 미래 최종 4단계 공사가 마무리되는 2020년 이후에는 활주로 5개로 증대되며, 여객 터미널 규모 131만 2,000m2, 여객 수 1억 명, 화물 1,000만 톤, 운항 횟수 74만 회(연)로 증대될 것으로 예상된다. 지난 2001년 개항한 인천공항은 연평균 6.4%의 가파른 성장세를 이어가, 개항 13년 만에 연간 4천만 명 이상이 이용하는 초우량 국제공항으로 성장했다. 전 세계 56개국 182개 도시를 연결(2014년 4월 기준)하는 폭넓은 항공 네트워크를 갖추고 동북아 지역의 대표적인 허브공항으로 자리매김하고 있다(2013년 여객 4,148만 명, 환승객 771만 명). 인천공항은 공항 간 경쟁이 갈수록 치열해지는 현실에 대응해 '글로벌 허브공항, 세계 일류 공기업'이라는 새로운 비전을 수립하고, 항공운송 경쟁력 강화와 시설 확충, 공항 운영 효율 고도화를 추진하고 있다.

4) 세계 최고의 빠르고 편리한 출입국 서비스의 성취

전 세계적으로 널리 알려진 빠르고 편리한 출입국 서비스는 인천국제공항의 차별화

4) 인천국제공항(2014.5.27).

표 2-5-7 인천국제공항 시설 현황

전체 부지	5,606만㎡	• 국제규격 축구장 7,800개 규모
활주로	3개	• A380기 등 초대형 항공기 동시 이착륙 가능 • (4,000m급 1개, 3,750m급 2개)
계류장	여객계류장 244만㎡ 화물계류장 74만㎡	• 144대 동시 주기 가능 • (여객기 108대, 화물기 36대)
여객터미널	50만㎡	• 게이트(여객터미널 44개소, 탑승동 33개소 동시 주기 가능) • 국제규격 축구장 60개 규모
탑승동 1동	17만㎡	• 탑승동 A380 3개소 동시 주기 가능
교통센터	25만㎡	• 인천공항철도 및 자기부상열차 역사 위치 • 주차면수 4,758대(장기주차 5,427대)
항행 안전시설	관제탑/레이더/항공통화	• 아시아 최초의 CAT-IIB 운영 • 7만 시간 무중단 운영
자유무역지역	화물터미널 23만㎡ 공항물류단지 99만㎡	• 2006년 3월 개장 • DHL, AMB, Schenker, KWE 등 세계적인 물류기업 입주 • (2단계 공항물류단지 92만㎡ 확장 예정)

자료: 인천국제공항공사.

된 세계적 서비스로 평가받고 있다. 국제민간항공 협약서에는 출입국 절차 간소화를 통해 출국 및 입국에 소요되는 시간을 각각 60분, 45분 이내로 할 것을 권고하고 있는데, 인천국제공항에서는 출국 19분, 입국 12분으로 국제 기준보다 3배 이상 빠른 출입국 서비스를 제공하고 있다. 자동 출입국 심사대를 비치하는 등 첨단 IT 기술을 잘 적용한 덕분이다. 특히 출입국 절차 간소화를 위해 관련 정부기관과 국적 항공사, 공항공사 등의 관련 기관으로 구성된 '출입국 절차 간소화위원회'(의장은 국토부 제2차관)를 구성 · 운영하고 있다. 이런 노력으로 인천국제공항은 세계 최고의 출입국 관리를 자랑한다.

표 2-5-8 인천공항 항공운송 현황

구분	2008년	2009년	2010년	2011년	2012년
운항(천 회)	211	199	215	230	254
여객(천 명)	29,974	28,550	33,479	35,062	38,971
화물(천 톤)	2,424	2,313	2,684	2,539	2,457
환승여객(천 명), (환승률)	4,421(15.0%)	5,200(18.5%)	5,193(15.8%)	5,663(16.4%)	6,856(17.6%)
환적화물(천 톤), (환적률)	1,193(49.2%)	1,090(47.2%)	1,176(43.8%)	1,158(45.6%)	1,097(44.6%)
취항 항공사	63	62	67	78	84

자료: 국토교통부(2012).

5) 국제허브공항의 기반이 되는 환승객의 증가와 국제적 항공 네트워크 구축

인천국제공항은 동북아의 허브공항이라는 비전을 갖고 있다. 오늘날 여객 환승률 18.5%, 화물 환적률 47.2%로 일본의 나리타(成田)와 상하이의 푸둥(浦東)공항을 제치고 동북아의 허브공항으로서의 역할이 증대되고 있다. 운영수익은 이미 2004년부터 흑자 전환을 달성하고 당기순이익의 지속적 증가하고 있다. 국제적 경제 불황에도 불구하고, 유럽의 핀 에어, 대양주 에어칼린 항공사 유치로 '캥거루 노선'이 구축돼 유럽, 대양주 환승객이 20~50%가량 증가했으며, 간선 및 지선망이 강화되고 있다. 항공사 유치 및 노선 확충이 지속적으로 이뤄지고 있고, 2005년 59개 항공사, 41개 국가 133개 도시에서 오늘날 70개 항공사, 53개 국가 176개 도시 취항으로 증가했다. 이에 따라 인천국제공항은 매출액이 매년 10% 이상 증가했으며 우리나라 전체 출입국 인원의 72%를 처리하고 우리나라 수출입 교역 금액의 24% 처리하는 국가 경제의 교두보로서 경제적 책임을 수행하고 있다고 평가된다.

그림 2-5-6 인천국제공항의 국제적 네트워크 현황(2012.12 기준)

자료: 인천국제공항(2014).

2. 주요 성공 요인

1) 인천국제공항의 '적소(適所)·적시(適時)' 건설: 지리적 입지와 시대적 상황이 맞아 떨어진 국책사업

먼저 인천국제공항 건설 사업 추진에서 장소와 시간이 잘 맞아떨어진 점이 성공 요인으로 강조할 수 있다. 국내외적으로 우수하고 적정한 지리적 입지로서의 적소(適所)라는 장점과 함께 시대적 상황에 잘 부응하고 미래 변화에 선제 대응하는 적시(適時)라는 시간적 장점이 절묘하게 융합된 국가 프로젝트로서 성공할 수 있었다.

인천국제공항은 경제지리적 관점에서 보면 한반도 서해안 벨트의 중심부에 위치하고 있으며, 우리나라 수도 서울에 초근접해 입지함으로써 국내의 일차적 배후지로는 인구 2,500만 명의 수도권, 2차적 배후지는 인구 5천만의 한국 전체다. 통일이 되면 한반도의 중심지에 입지하고 있어 통일 한국의 중심 공항이 잠재력을 보유하고 있다. 나아가 동북아의 중심지이자 전략적 관문 기능의 최적지로서의 특장을 지닌다. 인천공항 중심 반경 비행 거리 3시간 30분 거리에 인구 100만 명 이상의 대도시가 43개나 입지하고 있어 슈퍼 국제경제권의 거점지역의 잠재력을 보유하고 있다. 중국, 일본, 동남아, 미국, 유라시아로 통하는 중심지에 자리하고 있어 인천공항은 천혜의 국제지리적 적소에 자리하고 있다. 더욱이 시간적으로 보면 1980년대 중반부터 전개된 세계 경제의 급격한 변화, 이를테면 냉전의 종식, 개방화, 경제전쟁의 심화, 국가 간 인적·물적 교류의 증가, 해외여행 자유화, '86아시안게임, '88서울올림픽의 개최 등 국내외적 변혁이라는 시대적 도전과 기회에의 대응이 절실하던 시기에 추진됐다. 특히 동북아의 허브공항이 필요한 시기에 인천국제공항이 국책사업으로 추진돼 시기적으로 적시의 국책사업이었다.

이는 인천국제공항 건설 사업이 천혜의 경제지리적 입지와 시대적 변화라는 천시(天時)가 잘 맞아떨어져 성공할 수 있었음을 의미한다.

2) 정부의 효율적 역할과 '융합 리더십'의 발휘

인천국제공항 건설사업이 국정과제로 적기에 잘 선정되고 이를 효율적으로 추진하기 위한 정부의 역할이 중요한 성공 요인으로 지적할 수 있다. 노태우 정부 기간인 1988년 2월부터 1993년 2월까지 신북방 교류정책 등 중요한 국정과제가 추진됐다. 그 가운데서 인천국제공항 건설사업은 21세기 세계 속에서 한국이 경쟁 우위를 갖도록 하는 중추 국책 프로젝트였다. 이는 국제화와 개방화를 촉진하고 세계적 네트워크의 중핵을 한국이 담당하기 위한 글로벌 국책사업이었다. 이는 또한 국토의 효율적 활용과 해양화, 그리고 국민의 삶의 질을 선진화하고 국민의 경험과 시야를 글로벌화하는 핵심적 국책사업이었다. 이렇게 인천국제공항 건설사업은 노태우 정부를 대표하는 신북방 교류정책과 시너지 효과를 내면서 대한민국이 국제사회의 중심국가, 그리고 한반도가 세계화를 선도하는 중추공간으로서의 기틀을 만드는 장기적이고 세계를 내다보는 시야를 지니는 전략적 의미를 보유하는 국책사업으로서의 높은 위상을 지닌다고 할 수 있을 것이다.

인천국제공항의 건설 과정에서 정부의 역할은 다양했으며 이를 성공적으로 추진했다. 먼저 당시의 주무부처인 교통부는 대통령 업무보고에서 수도권 신공항의 시급성을 보고하고 건설 방침을 확정하는 데 주도적인 역할을 함으로써 인천국제공항 건설 프로젝트의 이니셔티브를 수행하는 선도자(initiator) 역할을 담당했다. 그뿐만 아니라 교통부는 예산부처와 예산 협의, 그리고 관련 법률 제정을 위한 국회와의 협의를 추진함으로써 정부간, 그리고 정부와 국회 간 협업의 주체가 됐다. 그리고 정부는 건설 실무를 촉진하고 감독하는 촉진자(facilitator)로서의 역할도 담당했다. 나아가 정부는 건설 과정에서 대두된 환경문제 등 갈등 요소를 원활하게 극복하기 위한 조정자(coordinator) 역할 등 다중의 역할을 수행해나가면서 시대적 '변화의 역군(agent of change)' 역할을 담당했다고 할 수 있다.

이렇게 정부의 역할이 원활하게 작동된 데는 인천국제공항건설사업의 기획에서 집행에 이르는 메커니즘 속에서 공공성을 지닌 뛰어난 리더십이 진가를 발휘했으며, 그 과정에서 건설 현장을 선도한 리더십이 두드러졌다. 결국 이 사업에서 보여준 공공의 리더십은 리더들에게 책임을 맡긴 용인(用人)의 성취가 주효했음을 의미한다. 더욱이 개인별 리더십에 더해 기획과 실천의 모든 과정에서 발휘된 리더들의 역할과 책임감이 잘 결합돼 나타난 '융합 리더십' 또는 '그룹 리더십'의 결과였으며, 나아가 건설 과정에서 리더들과 수많은 참여자의 결속과 집단적 의지가 발휘된 것도 사업의 성공에 기여했다고 볼 수 있다.

3) 정부기관 간 원활한 협력과 정부와 민간의 파트너십

인천국제공항 건설의 시작과 완성까지 관련 중앙정부 내의 기관 간의 원활한 협조체제가 사업의 순조로운 진행에 기여했다. 또한 정부와 지방자치단체 간의 원활한 업무집행도 기여를 했다. 동시에 정부와 민간부문, 특히 국내외 민간기업 간의 협력적 파트너십도 중요한 성공 요인으로 평가될 수 있다. 신공항 건설사업에는 다양한 기업체로부터의 민간자본 유치가 필수 있으므로 정부와 국내외 민간기업 간에, 인천공항 건설의 비전과 목표를 공유하면서 원활한 협조를 이뤄가는 관민 협업, 즉 공공-민간의 파트너십(Public-Private Partnership: PPP) 체제가 구축돼 성공의 중요 역할을 담당했다. "9년 연속 세계 1위 서비스의 성공 비결을 '협업'이다"라고 인천국제공항공사 자체에서 평가하고 있기도 하다. 인천공항이 세계 공항 서비스평가 9연패라는 유례없는 성과를 이뤄낸 배경에는 인천공항공사와 공항 내 상주기관, 업체들의 끈끈한 협업이 있었다. 인천공항의 23개 상주기관과 900여개 업체, 4만여 종사자들이 세계 최고의 서비스 제공이라는 공동의 목표로 소통위원회와 서비스 개선 위원회 같은 현장성 협업체 운영 등 유기적인 협력과 소통 체계의 구축과 활동이 주효했다.

4) 3위 일체의 행·재정적 메커니즘의 원활한 작동

또한 사업 추진 과정에서 행·재정적 메커니즘이 3위 일체로 잘 작동된 것도 사업 성공에 기여했다고 보여진다. 행정적 측면에서는 무엇보다도 초기에 전담조직인 정부 차원의 기획단이 선도하고 인천국제공항공사라는 전문적 공공기관이 비교적 적시에 작동했음을 들 수 있다. 관련 부처가 참여하는 위원회, 관련 기관의 실무자가 참여하는 실무위원회를 비롯해 정에 태스크포스인 신공항기획단이 구성돼 운영됐다. 개항 이후 운영 단계에서는 관련 정부기관, 협력사, 입주업체, 항공사 등 다양한 공항 관련 이해당사자들을 끌어안기 위한 각종 협의체, 위원회를 운영해 왔다. 또한 법률적 측면에서는 정부와 국회 간의 원활한 협조가 작용해 「수도권 신공항 건설 촉진법」 등의 법률적 기반이 만들어져 제도적 뒷받침이 이뤄졌다. 재원적 측면에서는 사업 전 과정에서 정부의 재정적 지원과 공공 민간의 합동 노력으로 재원 조달과 집행이 비교적 원활했다고 볼 수 있다. 특히 국고 지원, 채권 발행, 외자 유치, 토지 분양을 통한 자금 조달, 민간 투자 등을 통해 정부예산과 민간자본의 시너지 효과가 발휘됐다. 민간자본의 도입에는 민간자본 유치를 촉진한 관련법인 「사회간접자본시설에 대한 민간자본유치촉진법」이 중요한 역할을 했고 국내외 대기업들의 투자 컨소시엄도 중요한 기여를 했다. 행정-법률-재원이 3위 일체로 사업의 추진을 뒷받침한 것이다.

5) IT 기술을 활용한 안전하고 신속한 첨단 서비스 제공

나날이 변하는 국제 항공환경에 신속한 대처와 서비스 만족도의 제고는 IT 기술을 공항 운영에 잘 접목했기 때문이기도 하다. 건설 초기부터 IT와 융합하는 최신의 첨단 정보통신 시스템이 장착됐다. 삼성전자를 포함한 국내외 정보통신업체의 컨소시엄을 통한 IT 소프트웨어 개발과 장착이 성공 요인으로 지적할 수 있을 것이다. 한국에서 유례없는 초대형 사업인 인천국제공항의 주요 시설과 통합 시스템에 대한 T 기술의 접목을 통해 특히 국내의 IT업체의 지속적 도약에도 기여했다고 볼 수 있을 것이다. 인천공항은 공항 운영의 기본이 되는 안전과 신속, 편리에서 세계 최고 수준을 달성하고자 끊임없이 노력해 왔다. 인천국제공항은 IT를 활용한 빈틈없는 안전관리 체계와 안전문화를 구축함으로써 항행 안전시설 11만 시간 무중단 운영, 항공기 운항 무사고 2백만 회 달성을 비롯해 개항 이후 무사고 무재해 기록을 이어오고 있다. 또한, 세계에서 가장 신속하며 ICAO 권고 기준보다 세 배 이상 빠른 출입국 수속 시간을 유지하고 있기까지 최신의 첨단 정보통신기술의 융합이 큰 역할을 한 것이다.

6) 건설 과정에서의 변증법적 갈등관리

인천국제공항 건설 과정에서 발생한 다양한 갈등을 적절히 잘 관리해나간 것도 성공 요인으로 들 수 있다. 건설 초기에 언론과 환경단체의 반대 여론이 매우 비등했다. 공항의 규모나 환경문제, 그리고 수요문제 등이 부각됐다. 그러나 그 갈등이 상당 부분 해소됐다. 안개에 대해서는 각종 첨단시설과 장비와 조직적 운영으로 해결해 나가고 있다. 철새문제의 경우는 대체 서식지인 강화도로 이주시킴으로써 해결했다. 공항의 연약 지반으로 인한 지반 침하문제가 대두됐지만 예상보다 훨씬 안전한 것으로 판명됐다.

건설 당시에서는 여러가지 불신과 의심의 시각이 많았으나 문제를 피해가지 않고 소통과 객관성의 원칙 대응을 고수했음이 효과를 발휘한 것으로 보인다. 이에는 갈등의 변증법적 패러다임인 '정(正)-반(反)-합(合)-정(正)플러스(+) 구조'가 적용됐기 때문이라고 볼 수 있다. 즉, 정부의 발표-반대 논리의 등장-찬성 측과 반대 측의 소통 · 설득 · 과학적 대응 및 부족한 부분에 대한 보완-갈등 해소 및 사업의 성공적 추진으로 국가 발전의 중추적 역할 담당이라는 변증법적 패러다임에 기반한 갈등관리가 이뤄졌다.

正	정부의 국책사업 추진 발표로 正의 단계에 진입
反	사업에 대한 전문가시민단체 등의 반대 견해 표출로 反의 국면 전개
合	반대 의견에 대해 정부가 지속적으로 설득하고 반대 측의 타당한 일부 의견을 반영함으로써 국책사업의 순조로운 추진 기반을 조성하는 合의 단계로 전환
正⁺	국책사업이 연착륙해 성공적으로 추진되어 그 결과에 대한 국민 만족과 다양한 경제사회적 성과가 가시화됨으로써 미래 국가 발전의 중추적 기능을 하는 正+의 단계에 도달

그림 2-5-7 국책사업의 변증법적 패러다임

자료: 국토해양부(2011).

7) 수요 변화에 대비한 미래 지향적 계획 수립 및 실천

인천공항 건설 청사진을 만들 때 치밀한 계획을 수립하고 계획에 따라 실천함으로써 미래 확장에 미리 대비하는 방안을 미리 강구했음도 성공의 주요 요인으로 들 수 있다. 공항의 규모 문제와 관련해서 설계 당시 국내외 공항 전문가들의 자문이 있던 바, 전문가 대부분이 미래를 대비한 여유 부지를 충분히 확보하는 방향으로 계획해야 한다는 의견을 제시했다. 공항 전문가의 의견 중에는 인천공항이 지금은 대형 항공기 중심으로 이착륙을 하고 있지만 머지않아 소형 항공기 이착륙 횟수가 많아질 것으로 전망되는 바, 이에 대비한다는 주문도 있었다. 이를 종합해 활주로를 5개까지 건설할 수 있도록 충분한 확장 여유 부지를 확보하는 계획을 수립해 실천했다. 미래를 내다보는 실용적 계획에 따라 1단계 사업에 이어 다소의 지체가 있었지만 전반적으로 보면 일련의 공항 확충 사업이 순조롭게 진행됐다고 볼 수 있다.

3. 향후 과제

인천국제공항이 명실공히 동북아 최고의 허브공항으로 굳건히 자리잡기 위해서는 향후 과제가 만만찮게 놓여 있다.

첫째, 2017년 말까지의 3단계 사업의 효율적 추진이 요구된다. 인천국제공항은 3단계 사업 이후에는 국제선 여객 연 6천만 명 이상을 처리하는 초대형 국제공항으로 자리 잡을 것으로 예상된다. 전 세계적으로 국제선 여객 5천만 명 이상을 처리하는 국제공항은 영국의 히드로공항과 프랑스의 샤를드골 공항 2개뿐인 점을 감안하면 3단계 사업은 기존 개념과는 다른 개념의 운영 체계를 도입해 세계 공항과의 경쟁 우위를 확보하고 서비스의 최고 품질을 보장하는 The Best-The Only 스마트 국제공항으로서 세계시장을 향한 새로운 도약을 강구해 나가야 할 것이다.

둘째, 여객 수요 확대 및 국제환승률의 제고가 요구된다. 인천공항을 이용하는 여객 수는 오늘날 연간 4천만 명 정도 된다. 그러나 동북아 최고의 허브공항으로서의 위상을 더 높이고 명실상부한 최상의 글로벌 허브 관문공항이 되자면 여객 수요가 연간 1억 명의 장기 목표를 달성해 나가야 할 것이다. 런던 주변의 공항에서 1년에 1억 4천만 명의 여객 항공 수요가 발생하는데 그 요인 중에는 런던이 유럽의 관문도시로서의 지정학적인 입지가 크게 작용한 때문인 것으로 보인다. 인천국제공항이 동북아의 허브 관문공항으로 경제지리적 입지 장점을 보유하고 세계 경제에서 동북아의 역량이 날로 상승하는 점을 고려한다면 연간 1억 명의 여객 수요 달성이 불가능하지는 않다. 나아가 인천공항이 현재 18% 정도에 불과한 환승률을 최소한 25% 이상으로 높여야 하는 과제도 안고 있다. 그러자면 특단의 노력이 요구된다. 일본의 하네다(羽田)공항은 그동안 일본의 환승객이 인천공항으로 몰리자 최근 30년의 규제를 풀고 국제노선을 확대했으며 면세점과 식당을 24시간 여는 등 과감한 변신을 도모하고 있다(조선일보, 2014.9.19). 이런 결과로 일본 하네다공항의 국제선 승객이 2009년의 270만 명 규모에서 2014년에는 1,200만 명으로 급격히 증가할 것으로 보인다. 일본과 중국이 최근 국제 항공정책에 대한 과감한 변신을 도모하고 공격적인 경쟁정책을 통해 인천공항의 경쟁력을 추격하고 있는 상황에서는 인천공항의 국제 환승 기능을 획기적으로 높이기 위한 특단의 노력이 필요하다. 일본의 나리타공항, 하네다공항, 중국의 푸둥공항, 베이징공항보다 우월한 고지를 선점하고 지속하기 위해 노선 확보와 항공사 유치, 적극적 마케팅과 새로운 서비스 전략을 구사해 나가야 한다.

셋째, 인천공항시설과 인근지역을 연계하는 시설-공간 융합전략의 추진도 적극 요구된다. 국제허브 공항은 국내외 기업 입지에 유리한 조건을 제공하는 바, 인천국제공항 시설 자체와 공간전략을 결합하는 실리적 전략을 구사해 나가야 한다. 인천공항 인근에 개발되고 있는 경제자유지역과 수도권, 인천국제항만의 입지, 중국과 일본을 잇는 근거리의 글로벌 시장, 미주와 유라시아로 향하는 글로벌 교두보라는 장점을 살려 인천국제공항 일대를 광역적 차원에서 글로벌 비즈니스 슈퍼 중심지로의 변신을 유도해야 한다. 다국적 우량기업을 인천국제공항 도시권으로 대거 유치하는 글로벌 마케팅 노력을 활발히 전개해 나가야 할 것이다.

결국 한반도가 지니는 동북아의 전략적 십자로이자 글로벌 교류 중심지라는 천혜의 지정학적 입지 잠재력을 충분히 살리고 세계 최고의 공항이라는 명성을 지속하자면 향후 비상한 노력이 결집돼야 한다. 공항 서비스 시설에 첨단 신기술이 지속적으로 접목되고 공항 일대를 자유로운 글로벌 비즈니스의 중심체로 탈바꿈해야 한다. 추가적인 교통·물류 인프라의 확충과 자유로운 교역 여건 조성과 공항의 글로벌 마케팅이 함께 필요하다. '스마트 글로벌 허브공항'으로서의 재도약을 향한 새로운 비전을 정립해 ICT·에너지 및 환경기술·한류문화 콘텐츠를 접목한 최우량의 매력을 내뿜으며 세계를 선도하는 인천국제공항으로 자리매김해야 할 것이다.

참고 문헌

국가기록원(1991). 관보.

국제공항관리공단(1990). 세계의 공항.

국토교통부(1992-2013). 국토교통백서.

국토연구원(2008a). 상전벽해 국토60년: 국토60년사 정책편.

______(2008b). 상전벽해 국토60년: 국토60년사 사업편.

국토해양부(2011). 국책사업갈등사례: 분석 및 시사점.

박양호(2011. 4). 신공항개항과 서해안 시대의 개막: 환황해권시대의 인천국제공항의 위상, 월간국토, 국토연구원, 24.

인천국제공항공사(2001). 인천국제공항 건설사: 1단계 1992-2001.

______(2008). 홍보자료.

______(2014). 2013년 연차보고서

한국교통연구원(2006). 교통, 발전의 발자취 100선.

경향신문(2014.5.27). 인천국제공항, 9년 연속 공항서비스 세계 1위.

조선일보(2014.9.19.). "인천공항 배우자"던 하네다(羽田·日도쿄지역공항) …이젠 아시아 허브 꿈꾼다.

제 3 편

노태우 정부 정부개혁

제 1 장

정부개혁의 배경 및 방향

하태수
경기대학교

제 1 절 정부개혁의 배경

1. 정치적 배경

노태우 정권은 1988년 2월 25일에 출범했지만 이 정권기(1988~1992)에 추진된 정부개혁들을 이해하기 위해서는 최소한 1986년 국내 정치 상황부터 살펴볼 필요가 있다. 전두환 정권기 내내 대학생들을 중심으로 한 민주화 투쟁이 줄기차게 전개돼 왔지만 1986년부터는 전두환 정권의 임기 말이 다가오면서 개헌과 정권 교체 문제로 관심이 집중되기 시작했다. 당시 이민우 총재가 이끌던 신한민주당과 김영삼・김대중 씨가 이끌던 민주화추진협의회로 대표되던 제도권 야당 세력들은 재야 세력 및 대학생 운동권들이 개헌 및 정권 교체 문제를 넘어서 광주학살 책임자 처벌문제를 들고 나오자 과격하다며 일정한 선을 긋고 나섰다. 이에 분개한 재야 세력 및 운동권이 1986년 5월 3일 '신한민주당의 각성, 이원집정제 헌법 개정 반대, 국민헌법 제정과 헌법제정민중회의 소집' 등을 요구하는 시위를 벌였다. 이때 319명이 연행됐고 129명이 구속됐다. 또한 동년 10월 28일부터 31일까지 건국대학교에서 대학생들이 '반외세 자주화 · 반독재 민주화 · 조국 통일' 등을 내걸고 점거 농성을 전개했다. 경찰은 농성을 강제 해산시킨 후 1,525명을 연행하고 이 중 1,288명을 구속했다.

전두환 정권 임기 마지막 해인 1987년에는 민주화 투쟁이 더욱더 강렬해졌다. 1987년은 1월 14일 서울대생 박종철 군 고문치사 사건으로 시작됐다. 치안본부 대공분실 소속 경찰들이 전기고문, 물고문 등으로 대학생을 숨지게 한 후, 진실을 은폐하려 했던 사건이다. 이로 인해 2월과 3월에 전국 주요 도시에서 박종철 군 추모 시위가 열렸다. 그러나 전두환 대통령은 이런 상황을 무시한 채 4월 13일 모든 헌법 개정 논의 유보, 즉 호헌 조치를 발표해버리고 만다. 연이어 4월 20~24일 사이에는 통일민주당을 만들어 신한민주당에서 분당하려고 하던 김영삼 · 김대중 세력의 창당을 방해하기 위해 정치깡패(일명 용팔이)를 동원해 20여개 지구당의 창당을 방해하는 비열한 짓을 자행하기도 했다. 그러나 전두환 정권은 국민들의 도도한 저항의 추세를 막지 못했다. 5월 23일 '박종철 고문살인 은폐조작 규탄 범국민대회 준비위원회'가 결성됐고, 6월 10일에 규탄대회를 갖기로 결정됐다. 설상가상 격으로 연세대학교 이한열 군이 6월 9일 시위에서 최루탄에 맞아 부상을 당하는 일이 발생해 국민들의 반군사정권 시위를 더욱 격화시켰다. 용광로처럼 끓어오르던 국민의 분노는 급기야 6월 10일 민주정의당 대통령 후보 지명대회를 계기로 전국에서 활활 타오르기 시작했다. 민주헌법쟁취국민운동본부가 주도한 이 시위에는 그 전과는 달리 택시기사 · 버스기사 · 여고생 · 일반 회사원들까지 가세해 사실상 전 국민 저항운동으로 확대됐다. 사정이 이렇게 전개되자 노태우 민주정의당 대통령 후보는 6월 29일 국민들이 요구하던 대통령 국민직선제를 수용하는 담화문을 발표했다(6 · 29 선언). 7월부터 9월까지는 이른바 노동자 대투쟁으로 불리는 전국적 노동쟁의가 발생했다. 7월과 8월 두 달 동안 대략 3천여 건 이상의 노동쟁의가 발생했으며, 노동조합 조직화도 급속히 증대됐다. 국민들의 6월 대투쟁으로 얻어낸 국민직선제 개헌으로 인해 12월 19일 대통령 선거가 실시됐다. 노태우, 김영삼, 김대중, 김종필 4명의 주요 후보가 출마한 가운데 노태우 후보가 36.6%를 득표해 당선됐다.

1988년 2월 25일 노태우 대통령이 취임했지만, 전두환 정권은 국가원로자문회의를 통해 지속적으로 영향력을 행사했다. 노태우 정권은 출범하면서 초대 내각 장관 인사조차 자율적으로 하지 못했을 정도였다. 설상가상으로 4월 26일에 실시된 13대 국회의원 총선에서 여소야대 결과가 나왔다. 민주정의당은 전체 299석 중 125석을 획득하는 데 그친 반면 김대중이 이끄는 평화민주당은 70석, 김영삼이 이끄는 통일민주당은 59석, 김종필이 이끄는 신민주공화당은 35석을 얻었다. 선거 후 야당들은 바로 5공청산 청문회로 공세를 취했다. 국회에 7개의 특위가 설치됐는데, 평화민주당은 광주민주화운동을 파헤치는 광주특위를 주도하고, 통일민주당은 일해재단과 전경환 씨 문제 등을 다룬 5공비리특위를 주도했다. 청산 정국이 전개되면서 전경환 씨와 장세동 전 안기부장 등 47명의 5공 정권 인사들이 구속되자 전두환 대통령은 국가원로자문회의 의장직을 사퇴하고 정계 은퇴를 선언했다. 그리고 11월 23일에는 대국민 사과문을 발표하고 백담사 은둔생활을 시작했다.

1989년에도 정치권에서는 5공 청산 작업을 지속했다. 그러나 3월 초부터 민주정의당・통일민주당・신민주공화당이 3당 합당을 위한 물밑 교섭을 진지하게 시작했고, 노태우 대통령은 3월 20일 대선 때 공약했던 중간평가 유보 성명을 발표했다.[1] 이후에는 문익환 목사 방북(3월 25일~4월 3일) 사건, 서경원 의원 방북(1988년 8월) 자진 신고사건(1989년 6월 말)으로 인해 정국은 이른바 공안정국으로 냉각됐다. 여파로 김대중 총재가 기소되고 많은 야당 인사들도 불고지죄 대상이 됐다. 가을이 지나면서 3당 합당 협상이 무르익자 여야는 1989년 말까지 5공 청산 문제를 매듭짓기로 했고, 그 연장선상에서 정호용 의원이 공직을 사퇴하고 12월 31일에 전두환 대통령이 국회에서 증언을 했다.

1990년이 열리면서 1월 22일에 3당 합당이 발표됐다. 2월 9일에 통합 전당대회를 개최해 221석의 거대 민자당이 탄생했다. 이후 정부와 여당은 바로 일방적 독주를 시작했다. 「광주민주화운동관련보상법」을 단독 처리했고, 실시하기로 합의했던 지방자치제를 연기하려고 했다. 그러나 11월 4일 윤석양 이병이 국군보안사령부가 정치인・종교인・언론인・교수・재야인사 등 민간인 1,300여명을 대상으로 정치사찰과 동향 파악을 해왔다고 폭로하면서, 정국은 다시 한 번 요동쳤다. 국방 장관이 해임되고, 국군보안사령부는 국군기무사령부로 개명을 하는 등 한바탕 회오리가 불었다.

2. 경제적 배경

1985년까지 줄곧 적자를 기록하던 국제수지가 1986년에 처음으로 흑자로 돌아섰다. 국제적으로 저유가[2]・저금리・저달러[3] 3저 현상이 전개됐는데, 그에 힘입어 우리나라의 수

---

1) 3월 10일에 청와대에서 노태우-김대중 회담이 있었고, 이 자리에서 김대중 총재가 먼저 중간평가 연기를 제안했다.
2) 저유가 현상은 세계적 인플레이션 상황에서 자원 보유국이 경기 침체를 타개하기 위해 유가를 하락시킴으로써 나

출이 늘어나 국제수지가 흑자로 전환된 것이다. 그러나 3저 현상이 사라진 1989년부터는 국제수지 흑자폭이 대폭 감소했고, 급기야 1990년부터는 다시 적자로 전환되고 말았다.

표 3-1-1 연도별 국제수지 (단위: 백만 달러)

1981년	1982년	1983년	1984년	1985년	1986년
-6,421.90	-5,542.10	-3,505.60	-1,755.80	-2,079.30	2,762.20
1987년	1988년	1989년	1990년	1991년	1992년
8,827.70	13,055.30	4,154.50	-2,403.60	-7,604.60	-2,431.70

자료: 한국은행 경제통계시스템.

한국 경제는 잠시 동안이나마 누리던 국제수지 흑자를 국제경쟁력 강화에 사용하지 못한 우를 범했다. 대기업들은 국제수지 흑자에서 생긴 여유 자금을 설비투자 · 연구개발 등에 사용하지 않고, 부동산 투기와 주식 투자 등에 집중했다. 그 결과 1990년 이후 인플레이션 현상이 나타났고, 실질경제성장률도 다시 한 자릿수로 낮아지고 말았다.

표 3-1-2 연도별 소비자 물가지수(기준 2010년=100.00)

1981년	1982년	1983년	1984년	1985년	1986년
29.45	31.57	32.65	33.39	34.21	35.15
1987년	1988년	1989년	1990년	1991년	1992년
36.23	38.81	41.03	44.54	48.70	51.73

자료: 한국은행 경제통계시스템.

대기업들의 부동산 투기는 지가와 주택가격을 상승시켜 그렇지 않아도 사정이 좋지 않았던 서민들의 주거 사정을 더욱 악화시켰다. 전세 가격 폭등으로 서울에 살던 전세 주민들이 외곽으로 이사를 해야 했고, 외곽에 살던 전세 서민들은 월세로 밀려났으며, 변두리에서 월세로 살던 하층 영세민들은 오갈 곳이 없게 됐다. 일부 영세민들이 자살을 하는 등 사회적 난제로 부상하자 노태우 정권은 1989년 4월 서울 근교인 분당 · 일산 · 중동 · 평촌 · 산본 다섯 곳에 신도시를 건설한다는 계획을 발표했다. 이 계획에 따라 1991년까지 5개 신도시에 총 214만 호의 신규주택이 건설됐고, 주택보급률은 1987년 69.2%에서 1991년 74.2%로 상승됐다(〈표 3-1-4〉 참조).

타났다. 이에 따라 한국과 대만 등 신흥공업국들은 수출이 증가해 국제 수지 흑자를 이룩했다.

3) 저금리 · 저달러 현상은 미국의 레이거노믹스 정책 실패의 역기능으로 초래된 현상이었다.

표 3-1-3 연도별 실질GDP 성장률

1981년	1982년	1983년	1984년	1985년	1986년
7.4%	8.3%	12.2%	9.9%	7.5%	12.2%
1987년	1988년	1989년	1990년	1991년	1992년
12.3%	11.7%	6.8%	9.3%	9.7%	5.8%

자료: e-나라지표.

표 3-1-4 주택보급률 추이

연도	1987	1988	1989	1990	1991
주택보급률	69.2%	69.4%	70.9%	72.1%	74.2%

자료: 경제기획원(1992: 255); 박남훈 · 이근재(2009: 80) 재인용.

3. 사회적 배경

1) 노령화

국민들의 소득 수준이 향상, 의학 지식이 발달, 1980년대에 크게 낮아진 출산율 등의 이유로 인해 전체 인구 중에서 65세 이상 노령 인구가 차지하는 비중이 빠르게 상승했다. 국민 1인당 소득은 1987년 3,000달러 중반대에서 1992년 7,000달러 후반대로 급증했다. 출산율은 1980년대 초반까지 여성 1인당 3명에 가까웠으나 1985년 이후 1.5명대

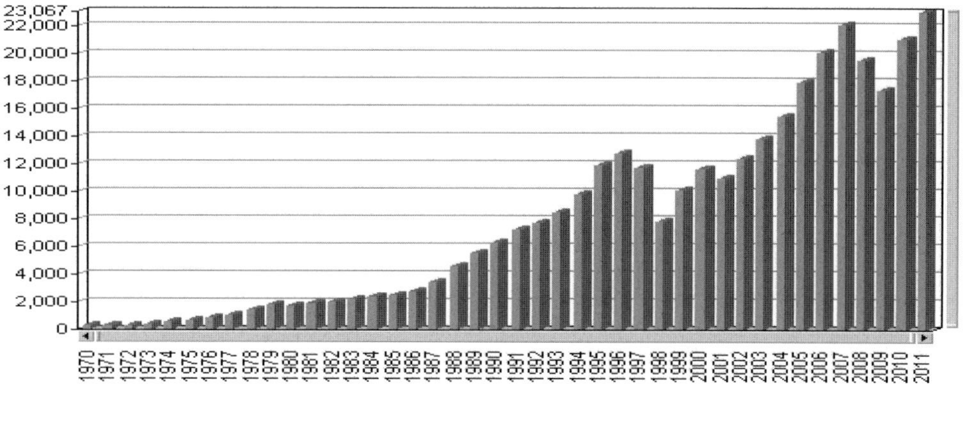

그림 3-1-1 국민 1인당 소득의 추이

자료: http://unstats.un.org/unsd/snaama/selbasicFast.asp

로 낮아졌다. 이런 현상들이 결합돼 65세 이상 인구 비율은 1985년에 4.3%이던 것이 10년 후인 1995년에는 5.9%로 올라갔다. 노태우 정권기에 노령화가 많이 진행됐음을 알 수 있다(〈표 3-1-5〉, 〈표 3-1-6〉 참조).

표 3-1-5 출산율 추이

연도	1970년	1975년	1980년	1985년	1986년	1987년
합계 출산율(명)	4.53명	3.43명	2.82명	1.66명	1.58명	1.53명
연도	1988년	1989년	1990년	1991년	1992년	1993년
합계 출산율(명)	1.55명	1.56명	1.57명	1.71명	1.76명	1.65명

자료: 국가통계포털.

표 3-1-6 노령화 추세

	1985년	1990년	1995년
총인구(A)	40,448,486명	43,410,899명	44,608,726명
65세 이상 노령인구(B)	1,749,549명	2,162,239명	2,640,205명
B/A	4.3%	4.9%	5.9%

자료: 국가통계포털.

2) 소득분배의 개선

1987년 하반기에 있었던 노동자 대투쟁으로 인해 노사분규가 크게 증가했다. 1986년 220건이던 노사분규가 6·29선언 이후 1990년까지 해마다 평균 2,400건씩 발생했다(하

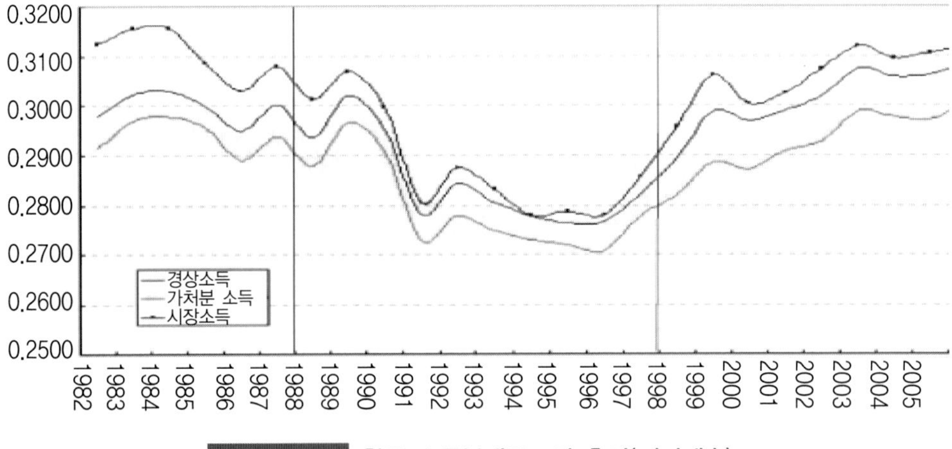

그림 3-1-2 한국 소득분배구조의 추이(지니계수)

자료: 통계청, 「도시가계조사자료」 & 「전국가계조사자료」 각 년도(http://sovidence.tistory.com/164)에서 재인용.

태수, 2011a: 5). 그동안 경제 안정이라는 구호 아래 억눌려 왔던 노동자들이 민주화 추세에 편승해 자기 몫 찾기에 나선 것이다. 그 결과 노태우 정권 초기에 실질임금상승률이 크게 올랐다. 1987년 10.1%이던 것이 1988년 15.5%, 1989년 21.2%로 올랐다(하태수, 2011a: 5-6). 그 결과 전반적인 소득분배구조도 개선됐다. 노태우 정권기에 가처분소득의 지니계수가 1987년 0.294 정도에서 1992년 0.278 정도로 낮아졌다(〈그림 3-1-2〉 참조).

3) 인구의 분포

경기도 다섯 곳에 신도시가 건설됨에 따라 우리나라 전체 인구 중에서 수도권에 거주하는 인구의 비율은 계속 높아졌지만, 전체 인구 대비 서울시 인구의 비율은 크게 낮아졌다. 인구의 수도권 집중률은 1985년 39.1%에서 1995년 45.2%로 상승했지만, 서울집중률은 1985년 23.8%에서 1995년 22.9%로 낮아졌다(〈표 3-1-7〉참조).

표 3-1-7 수도권 집중률

	1985년	1990년	1995년
총인구	40,448,486명	43,410,899명	44,608,726명
서울시	9,639,110명	10,612,577명	10,231,217명
경기도	4,794,135명	6,155,632명	7,649,741명
인천시	1,386,911명	1,817,919명	2,308,188명
수도권 집중률	39.1%	42.8%	45.2%
서울 집중률	23.8%	24.4%	22.9%

자료: 국가통계포털 각 연도 인구통계.

4) 지역감정

1987년 대통령 선거에서 집권 여당은 선거에 이기기 위해 야당 후보들을 분열시켰고, 야당 후보들은 그런 여당의 전략을 극복하지 못했다. 그래서 대구·경북지역을 기반으로 해서 노태우 후보가, 부산·경남지역을 기반으로 해서는 김영삼 후보가, 광주·호남지역을 기반으로 해서는 김대중 후보가, 충청지역을 기반으로 해서는 김종필 후보가 지역 맹주로 입후보했다. 그 결과 그동안 누적돼 왔던 지역감정이 극에 달해 폭발했다. 이런 지역적 균열은 노태우 정권이 출범한 직후인 1988년 4월 26일에 치러진 국회의원 총선거에서도 그대로 반복됐다. 김대중이 이끌던 평화민주당은 호남지방을 텃밭으로 해서 70석을 확보했고, 김종필이 이끌던 신민주공화당은 충청지방을 텃밭으로 해서 35석

을 확보했으며, 김영삼이 이끌던 통일민주당은 부산 · 경남지방을 텃밭으로 해서 59석을 획득했다.[4)]

한국의 지역감정, 특히 영호남 간의 반복은 하루아침에 형성된 것이 아니다. 길게 보면 삼국 시대부터 그 뿌리를 찾을 수 있으나, 대한민국 현대사에서는 1961년 5 · 16 이후 영남지역 위주의 편파적 개발, 1971년 대통령 선거에서 당시 국회의장이던 이효상 씨의 지역감정 조장 발언 등을 그 뿌리로 볼 수 있다.

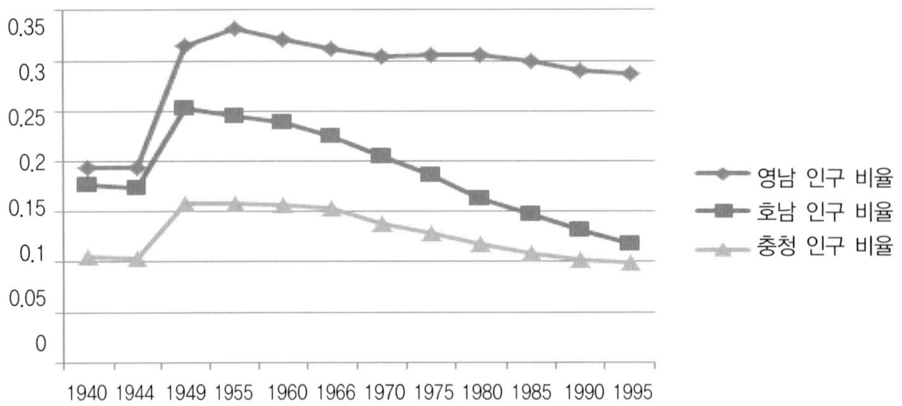

그림 3-1-3 전국 인구 대비 영남, 호남, 충청의 인구 비율

자료: 국가통계포털 각 연도.

전국 인구 대비 영남, 호남, 충청지역의 인구 비율 변화를 보면 일제 강점기에는 영호남의 비율이 비슷하다가 해방 후 두 지역 간 인구 격차가 발생하기 시작했고, 6 · 25전쟁 후인 1955년에 다시 영남 인구가 늘어났으며, 1960년대 후반부터 두 지역 간 격차가 더 더욱 벌어진다([그림 3-1-3] 참조). 공단이 발달하지 않은 호남에 비해 공단이 들어선 영남 지역에 타 지역 인구가 유입했을 것으로 추정해볼 수 있다. 지역내총생산 자료는 1985년 이후부터 이용 가능한데, 이 시점에서는 이미 영남의 지역 내 경제력이 호남의 3배에 가까움을 알 수 있다([그림 3-1-4] 참조). 과거 농업시대에는 농토가 더 많은 호남지역의 지역 내 총생산이 더 많았을 것으로 추정해 볼 때, 공업화 이후 영남의 경제력이 호남의 경제력을 추월했을 가능성이 높아 보인다.

---

4) http://www.assembly.go.kr/views/cms/assm/assembly/asshistory/asshistory0103.jsp

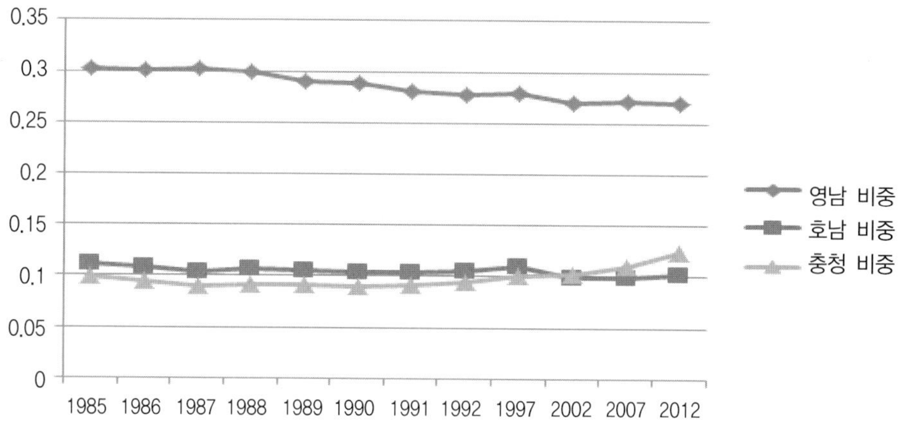

그림 3-1-4 국내총생산 대비 영남, 호남, 충청지역의 지역 내 총생산 비율

자료: 국가통계포털 각 연도.

4. 국제적 배경

1) 시장개방 압력

1986년 9월 우루과이 라운드 협상 시작, 무역수지 흑자, 올림픽 개최 등을 배경으로 미국을 비롯한 서방 선진국들이 한국에 대해 시장개방 압력을 가하기 시작했다. 자유주의 진영의 최일선에서 공산주의와 맞서기 때문에 도와주어야 한다는 시각에서 벗어나, 한국도 이제는 동등하게 어깨를 나란히 하는 나라로 성장했기 때문에 그에 걸맞은 부담을 감당해야 한다는 시각이 국제적으로 형성되기 시작했다. 특히 제2차 세계대전 이후 세계 자본주의 질서를 떠받쳐오던 미국은 국내적으로 제조업의 쇠퇴, 농업과 서비스업의 부상이라는 구조 전환을 맞이하자 타국들에 대해 농업 분야와 서비스업 분야의 시장개방을 강하게 요구했다. 이것이 우리나라에게는 쌀과 소고기 시장 개방과 금융서비스업시장 개방 압력으로 현실화됐다. 관세 · 비관세 · 농산물 · 긴급수입 제한 · 서비스 등 총 15개 분야에서 협상이 전개됐는데 교착 상태에 빠져 지지부진하다가, 1991년 12월부터 협상이 활기를 띠기 시작했고, 1994년 4월에 완전 타결됐다.

2) 서울올림픽 개최

1988년 9월 17일부터 10월 2일까지 16일 간 진행된 서울올림픽은 한국의 국제적 위상을 크게 제고하는 계기가 됐다. 이념 대결에 손상됐던 모스크바올림픽(미국 불참), LA 올림픽(소련 불참)과 달리 서울올림픽은 소련·중국·동독 등 대부분의 공산권 나라들이 참여한 명실상부한 세계인의 축제가 됐다. 159개국 8,391명이 선수가 23개 종목 237개 경기에 참여했다. 우리나라는 이 올림픽을 계기로 전 세계에 존재감과 발전상을 알릴 수 있었고, 나아가 전체 메달 순위에서도 4위를 차지해 스포츠 강국의 위상도 확보할 수 있었다. 또한 남북 간 대결에서도 우리가 확실히 북한보다 앞서가고 있음을 국제적으로 입증하는 계기도 됐다.

표 3-1-8 서울올림픽 국가별 메달 순위

순위	국가명	금	은	동	합계
1	소련	55	31	46	132
2	동독	37	35	30	102
3	미국	36	31	27	94
4	대한민국	12	10	11	33
5	독일	11	14	15	40
6	헝가리	11	6	6	23
7	불가리아	10	12	13	35
8	루마니아	7	11	6	24
9	프랑스	6	4	6	16
10	이탈리아	6	4	4	14
11	중국	5	11	12	28
12	영국	5	10	9	24
13	케냐	5	2	2	9
14	일본	4	3	7	14
15	호주	3	6	5	14
16	유고	3	4	5	12
17	체코	3	3	2	8
18	뉴질랜드	3	2	8	13
19	캐나다	3	2	5	10
20	폴란드	2	5	9	16
21	노르웨이	2	3	0	5
22	네덜란드	2	2	5	9
23	덴마크	2	1	1	4

24	브라질	1	2	3	6
25	스페인	1	1	2	4
25	핀란드	1	1	2	4
27	터키	1	1	0	2
28	모로코	1	0	2	3
29	수리남	1	0	0	1
29	오스트리아	1	0	0	1
29	포르투갈	1	0	0	1
32	스웨덴	0	4	7	11
33	스위스	0	2	2	4
34	자메이카	0	2	0	2
35	아르헨티나	0	1	1	2
36	버진 제도	0	1	0	1
36	세네갈	0	1	0	1
36	앤틸리스	0	1	0	1
36	이란	0	1	0	1
36	인도네시아	0	1	0	1
36	칠레	0	1	0	1
36	코스타리카	0	1	0	1
36	페루	0	1	0	1
44	멕시코	0	0	2	2
44	벨기에	0	0	2	2
46	그리스	0	0	1	1
46	몽골	0	0	1	1
46	지부티	0	0	1	1
46	콜롬비아	0	0	1	1
46	태국	0	0	1	1
46	파키스탄	0	0	1	1
46	필리핀	0	0	1	1

자료: http://www.sports.or.kr/meet/koc.sport

3) 공산권 붕괴

노태우 정권 동안 국제적 환경에서 일어난 가장 큰 변화는 공산권 나라들의 붕괴라고 볼 수 있다. 공산권 붕괴의 뿌리는 1970년대 후반에 시작된 미국의 하이 프론티어

계획에서 시작된다고 볼 수 있다. 이 계획은 미국으로 날아오는 대륙간탄도미사일을 우주공간에서 파괴시키는 것으로 1981년 레이건 대통령이 취임하면서 소위 스타워즈 계획(Star Wars Project)으로 채택됐다. 5년간 250억 달러라는 막대한 돈이 투입되는 큰 사업이었기 때문에 미국 내에서도 비용 대비 효과에 대해 의문을 가지고 반대하는 의견들이 많았다. 이 계획의 가장 큰 효과는 미소 간 군비경쟁에서 미국이 경제력을 바탕으로 소련을 따돌렸다는 사실이다. 소련은 미국의 양적 공세에 대응할 수 없게 되자 1985년 3월 고르바초프 서기장 취임 직후 개방(Glasnost)과 개혁(Perestroika) 정책을 채택하고, 미국에 먼저 손을 내밀어 군비 축소 협상을 시작했다. 동년 11월 미소정상회담이 열렸고, 두 나라는 군비 축소를 시작했다.

이런 소련의 움직임에 자극을 받아 그동안 숨죽여 왔던 동유럽 공산국가들도 변화를 꾀하기 시작했다. 먼저 폴란드에서는 1989년 6월 선거에서 바웬사(Lecg Walesa)가 이끌던 자유노조(솔리다르노스치)가 선거에서 승리해 가장 먼저 체제 변화를 이끌어냈다. 이후 1989년 9월 헝가리가 서방 측과의 국경을 개방하고, 동독인들이 이 루트를 통해 대거 서방으로 망명했으며, 동년 11월 9일에 독일 베를린 장벽이 붕괴됐다. 11월 10일에는 불가리아의 지도자 지프코프(Todor Zhivkov)가 사임했고, 이어 체코슬로바키아에서도 공산 정권이 퇴진했다. 12월 25일에는 루마니아의 차우셰스쿠(Nicolae Ceansescu) 부부가 공개 총살을 당해 동유럽 공산정권 붕괴의 대미를 장식했다. 민주화 열풍이 가장 늦게 불었던 알바니아에서도 1991년 3월에 최초의 자유선거가 실시돼 공산정권이 붕괴됐다. 유고슬라비아에서도 1989년 5월 밀로셰비치(Slobodan Milosevic)가 대통령으로 선출된 이후 1991년 6월 25일부터 1995년까지 세르비아와 크로아티아 · 슬로베이나 간 전쟁이 전개됐고, 이후 세르비아-보스니아 · 헤르체코비아 전쟁이 전개됐다. 인종 청소라는 끔찍한 단어까지 등장할 정도로 인명 피해가 많았는데, 이런 과정을 거치면서 과거 유고연방은 자연스럽게 해체됐고, 공산주의도 자연스럽게 퇴장했다. 소련도 1991년 8월에 발트 3국의 독립문제를 계기로 서서히 해체되기 시작했고, 8월 29일에는 공산당이 역사의 종지부를 찍었다. 그리고 12월 21일에는 소련에서 독립한 11개국이 모여 독립국가연합(CIS)을 구성했고, 고르바초프(Mikhail Gorbachev)는 12월 25일 소련 대통령직에서 물러났다. 이후에는 러시아 연방공화국의 옐친(Boris Yeltsin) 대통령이 구소련의 핵무기 통제권을 넘겨받았다.

제2절 정부개혁의 목표 및 추진 방향

1. 정부조직 개편

1988년 5월에 조직된 행정개혁위원회는 1989년 7월에 활동을 마치면서 모두 16개 정부기구에 대한 개편안을 제시했다(〈표 3-1-9〉 참조).

첫째, 대북관계에서 1980년대 초중반의 북한 경제력 추월과 군사력 대등화를 계기로 한반도 통일을 좀 더 적극적으로 추진하기 위해 국토통일원의 위상을 강화시키고자 했다.[5] 둘째, 한국 경제 규모의 확대와 자유화 추세에 맞춰 정부의 계획・규제 기능을 약화시키고 시장자율을 강화하기 위해 경제기획원 소속이던 통계・집행・공정거래 업무 등을 독립시키거나 다른 정부기관으로 이관시키고자 했다. 셋째, 정부의 민간 경제 지원 기능을 강화하기 위해 과기처가 수행하던 기능을 강화시키거나 다른 부처로 이관시키고자 했다. 중앙기상대를 기상청으로 승격시키고, 정부출연연구소들을 산업기술 관련 부처로 이관시키고자 했다. 넷째, 민주화 요구에 부응해 경찰의 정치적 중립화를 추진했다. 경찰의 예산과 인사를 심의할 경찰위원회를 신설하고, 내무부 소속이던 치안본부를 경찰청으로 독립시키고자 했다. 다섯째, 한국 경제 규모의 확대로 부(部) 수준으로 유지할 필요가 없어진 동력자원부를 폐지하고 상공부와 통합하고자 했다. 여섯째, 산림녹화 사업이 어느 정도 완료됐기 때문에 독립관청이던 산림청을 폐지하고 농림수산부 내부 기관화하려고 했다. 일곱째, 주택가격 상승 문제 등에 대처하기 위해 건설부를 건설주택부로 개칭하고, 주택국을 주택정책국과 주택건설진흥국으로 확대・분할하고자 했다. 여덟째, 소득 수준 향상에 따른 문화 수요 증가에 부응하고 민주화에 부응해 기존의 언론

---

5) 남한이 북한의 경제력을 추월한 것은 1970년대 중반이지만, 북한 경제는 1980년대까지도 꾸준히 6%대의 성장률을 유지했다(아시아경제, 2012.12.27일자). 군사력에서는 1980년대 중반까지 북한이 연간 전력투자비에서 남한을 앞섰지만, 1980년대 후반으로 넘어가면서 남한이 거의 근접한 수준까지 따라잡았다(http://news.kbs.co.kr/news/NewsView.do). 경제력과 군사력 양쪽에서 국력의 역전을 당면한 북한은 1980년대에도 끊임없이 크고 작은 도발들을 자행했다. 1981년 8월 26일에 미국 정찰기 SR-71기 미사일 공격, 1983년 10월 9일 버마 아웅산 묘소 폭파사건, 1987년 11월 29일 KAL기 폭파사건 등이 대표적이다. 북한의 계속적인 발악에도 불구하고 세계사의 대세는 자유주의 진영의 승리였다. 6・25전쟁 때 북한 지원, 1983년 9월 1일 KAL기 격추 등을 통해 우리에게 잔인하고도 무서운 존재였던 소련도 1985년 고르바초프의 취임 이후 사실상 자유주의 진영에 항복을 했고, 그 여파로 1989년부터는 동유럽에서 공산주의 정권들이 붕괴되기 시작했다. 이런 세계사적 전환기에 들어선 노태우 정권은 한반도에서 안정적인 평화통일을 추진해야 할 시대적 임무를 띠게 됐다.

통제를 개혁하고자 문화공보부를 문화부와 공보부로 분리하고자 했다. 이와 아울러 문교부의 명칭을 교육부로 바꾸려 했다. 아홉째, 경제 성장의 이면인 환경오염 문제에 대처하기 위해 차관급인 환경청을 장관급인 환경처로 격상하고자 했다. 열 번째, 급증한 노사갈등에 대처하기 위해 노동부에 노사정책·조정 기능을 담당할 차관보를 신설하고자 했다. 열한 번째, 올림픽이 끝났기 때문에 체육부를 폐지하려고 했다.

표 3-1-9 행정개혁위원회의 정부조직 개편 건의 내용

정부기구	- 건의안
국토통일원	- 장관을 부총리급으로 격상
경제기획원	- 조사통계국을 통계청으로 확대, 투자심사·통상교섭 등 집행 기능 해당 부처 이관, 심시평가국 폐지, 정부투자기관 감독 업무 소관 부처 이관, 공정거래위원회 독립 후 공정거래실을 위원회 사무국으로 전환
과기처	- 중앙기상대를 기상청으로 승격 - 산업기술 분야 정책 및 연구개발 지원 기능 산업 관련 부처 이관 - 산하 정부출연연구소 산업기술 관련 부처 이관
내무부	- 치안본부를 경찰청으로 독립 - 경찰의 예산과 인사 심의할 '경찰위원회' 신설
상공부	- 폐지 후 동력자원부와 통합해 산업통상부 신설
동력자원부	- 폐지 후 상공부와 통합해 산업통상부 신설
농림수산부	- 산림청 폐지 후 산림국으로 편입
건설부	- 건설주택부로 명칭 변경. - 주택국을 주택정책국과 주택건설진흥국으로 분리 - 수자원국의 공업항 업무 항만관리기구 이관
교통부	- 해운항만청을 폐지 후 교통부에 편입
문화공보부	- 문화체육부와 공보처로 분리
문교부	- 명칭을 교육부로 바꿈
보건사회부	- 차관급 환경청을 장관급 환경처로 격상
노동부	- 노사정책·조정 기능 담당 차관보 신설
체육부	- 학교체육·급식 업무는 교육부로 이관 - 폐지. 문화행정 분야와 통합해 문화체육부 신설
기타	- 국가원로자문회의, 사회정화위원회 폐지

자료: 하태수(2011a: 13-14).

2. 재정개혁

노태우 정권은 네 가지 재정개혁 기조를 추구했다. ① 경제의 자율화와 개방화 촉진, ② 경제의 균형 발전 도모, ③ 국민복지의 증진과 형평성 제고, ④ 산업구조 조정을 통한 성장잠재력의 배양이다(공보처, 1992: 550).

노태우 정권은 1980년대 경제 호황의 지속 및 관리를 위해 경제를 정부 주도에서 민간 자율로 전환시키고 한국 경제의 대외 개방을 더욱더 촉진시킬 필요가 있었다. 과거와 같은 정부의 시장 개입 및 국내 시장 보호 패러다임으로는 점점 더 증가되는 국내 경제 규모와 국제교역량을 감당할 수 없었다. 그에 따라 국가재정도 그런 필요를 충족시키는 방향으로 개혁될 필요가 있었다.

한편, 경제의 전반적인 성장도 중요하지만 1986~88년 사이에 나타난 각종 사회 불안, 대통령 선거, 국회 총선에서 볼 수 있듯이 산업 간·지역 간 균형 발전 욕구 충족도 중요했다. 노태우 정권은 균형 발전을 4대 국정목표 중 하나로 설정하고 산업시설의 지방 이전, 산업활동의 지방 분산, 낙후지역 개발 등을 추진했다. 그리고 이런 일들을 수행하기 위해 국가재정도 개혁할 필요가 있었다. 구체적으로는 지방재정을 확충하기 위한 국세의 지방세 전환, 지방자치단체 간 재정 격차를 해소하기 위한 지방양여금제도 개혁, 지방교육재정에 대한 지원 강화 등을 추진할 필요가 있었다.

또한, 부동산 가격 특히 집값 상승, 급증한 노사분규, 계층 간 소득분배 상황 악화 같은 문제들에 대처하기 위해서도 재정개혁이 요청됐다. 먼저 노태우 정권은 투기적 거래자와 중개업자들을 제재하는 조세적 조치를 강화할 필요가 있었다. 예를 들면, 공시지가 제도, 종합토지세 등을 도입할 필요가 있었다. 그리고 전국민의료보험제도,[6] 국민연금제도,[7] 최저임금제도 등 3대 복지제도가 조기에 정착될 수 있도록 재정 지원을 강화

6) 의료보험제도는 1977년에 생활보호대상자와 500명 이상 사업장 근로자를 대상으로 시작됐고, 1979년에는 공무원과 사립학교 교직원, 300명 이상 사업장 근로자에게로 확대됐다. 이후 전두환 정권이 점차 적용 대상을 확대시키기는 했지만 직원이 5명 이하인 소규모 사업장 근로자, 도시 주민들, 농어촌 지역 거주자들은 아직도 가입을 못하고 있었다. 5명 이상 사업장 근로자, 농어촌지역 거주자는 1988년에 의료보험에 가입할 수 있었고, 도시지역 일반 주민들은 1989년에 가입할 수 있게 된다. 한편 1987년에 한방에까지 확대한 의료보험이 1989년에는 약국에까지 확대 적용됐다(행정학용어표준화연구회, 2010).

7) 가입자가 퇴직 등으로 소득원을 잃을 경우 일정한 소득을 보장하는 제도로 1988년 1월 1일부로 실시됐다. 연금은 18세 이상 국민이 일정 기간 가입, 만 60세부터 혜택을 받는 것이 기본이며, 대표적인 연금급여 종류는 노령연금·장해연금·유족연금·반환일시금 등 네 가지가 있고, 연금액은 하후상박 구조로 되어 있어 소득이 많은 사람의 연금액 백분율이 소득이 적은 사람보다 낮으며, 평균액은 20년 가입 기준 최종 보수의 약 40% 수준이다(사회복지학사전, 2009.8.15, Blue Fish).

할 필요가 있었다.

3. 인사개혁

1986~87년의 민주화운동, 1988년 4월 국회 총선 이후 전개된 5공 비리 청산 및 광주 민주화운동 진상조사 등으로 표출된 국민들의 바람은 그동안 권위주의적이었던 정치 권력의 민주화였다. 또한 1987년 노동자 대투쟁에서는 저소득이나 기타 사회적 약자들의 처우 개선 바람이 표출됐다. 노태우 정권은 이런 시대적 분위기를 공무원 인사 분야에도 반영할 필요가 있었다.

첫째, 과거 박정희 정권이 군대의 인사 적체를 해소시켜 군 장교들의 불만을 해소하고 동시에 정권이 민간인 정부관료들을 장악하는 수단으로 도입한 유신사무관 제도를 폐지할 필요가 있었다.[8] 정부와 시민사회의 관계에서 민주화를 추진하는 것도 필요했지만, 정부 내부에서 정권과 공무원 관료제 간 역할과 책임을 정상화시킬 필요도 있었다.

둘째, 사회적 약자들을 공무원으로 채용하는 방법 등으로 이들을 배려할 필요가 있었다. 민간 기업이 사회적 약자들을 보듬어 안도록 규제하는 정책을 도입할 필요도 있었지만 그보다는 정부가 먼저 솔선수범해 사회적 약자들을 지원해줄 필요가 있었다.

셋째, 1979년 박정희 전 대통령 서거 후 전두환 정권이 들어서는 과도기에서 있었던 '공무원 숙정'에 대한 보상 조치가 필요했다.[9] 1980년 숙정 조치는 신군부의 정부관료제 장악을 위해 예외적으로 취해진 것이기 때문에 당시에 정당한 사유 없이 숙정된 사람들에 대해서는 일정한 보상이나 공무원 신분 회복 조치가 필요했다. 그밖에도 인플레 및 집값 상승이라는 당시 사회적 추세에 대응해 공무원의 보수 인상 등 처우 개선이 필요했다.

---

8) 유신사무관 제도는 1977년부터 사관학교 출신 장교들을 특채시험을 거쳐 사무관으로 임용했던 제도다(김병국, 1994; 노영기, 2006). 베트남 전쟁 종전으로 인해 초래된 군대의 진급적체 문제를 해소하기 위한 의도에서 시작됐다. 유신사무관들은 행정부로 진입한 다음에는 자기들만의 유대감을 바탕으로 부처 경계를 넘는 업무 조정 효과를 발휘해 정부관료제의 응집성을 제고했다. 또한, 주로 내무부 · 건설부 · 감사원 · 국가안전기획부 등에 배치되어 다른 공무원들을 감시하면서 공무원 사회의 기강을 제고하기도 했다(김미나, 2004: 99-100).

9) 전두환 정권은 1980년 7월부터 입법부 11명, 사법부 61명, 행정부 5,044명, 국영기업체 및 정부산하단체 등 127개 기관 임직원 3,111명 등 총 8,227명을 부패했다는 이유로 정당한 절차도 거치지 않고 해직시켰다(하태수, 2011b: 104).

4. 전자정부 추진

행정전산화사업은 1975년 8월에 행정전산화 추진위원회가 구성되고, 1978년 2월에 '제1차 행정전산화 기본계획'이 수립된 이래 꾸준히 진행돼 왔다. 전두환 정권은 1986년 5월에 「전산망 보급 확장 및 이용 촉진에 관한 법률」을 제정해 행정전산망사업[10]을 좀 더 안정적으로 추진하고자 했고, 1987년 4월에는 기존의 행정전산화 기본계획과 행정전산망 사업계획을 통합 일원화해 '제1차 행정전산망 기본계획'을 수립했다. 이런 추세를 볼 때 노태우 정권은 전자정부와 관련해 첫째, 주요 행정정보의 공동 활용 체제 구축을 통해 정책결정의 합리성과 능률성을 제고하고, 둘째, 전국적 종합전산망 구축을 통해 신속 정확한 대민 행정 서비스를 제공하며, 셋째, 인건비와 사무비 등 행정경비의 절감을 통해 작고 능률적인 정부를 구현하고, 넷째, 국내 정보산업 시장의 수요 창출을 통해 국내 정보산업을 육성 지원할 필요가 있었다. 특히 시작하는 단계에서 행정전산화의 여건 개선을 위해 관련 표준화 사업을 추진하고, 우수 전산요원을 확보하고, 전산교육을 체계적으로 실시하고, 각종 행정업무용 표준 소프트웨어를 선정하거나 개발해 각급 행정기관에 보급할 필요가 있었다.

5. 규제개혁

경제의 시장자율화 또한 노태우 정권이 실현해야 할 시대적 과제였다. 박정희 정권 18년 동안 운용돼 온 정부 주도 경제 성장 패러다임은 서서히 효과를 상실하기 시작했다. 정부 주도 패러다임은 후발주자로서 선진국들을 추격하는 데에는 적합한 패러다임이었지만 중진국이 선진국으로 도약하는 데 적합한 패러다임은 아니었다. 선진국으로 도약하기 위해서는 민간부문의 창의성 발휘가 불가피했고, 그러기 위해서는 민간부문이 자율적으로 굵직한 의사결정을 내릴 수 있게 해줄 필요가 있었다. 국내에서의 시장자율화와 더불어 국내 시장의 대외 개방도 더 이상 미룰 수 없는 과제였다. 무역수지 흑자 실현, 서울올림픽 개최 등으로 한국은 더 이상 도움만 받을 수 있는 후발주자가 아니었다. 미국을 비롯한 선진국들은 한국도 이제는 제고된 국제적 위상에 걸맞게 세계 자본주의 체제에 쌍방향적으로 연계되기를 요구했다. 더불어 미국과 일본에의 수출의존도를

10) 행정전산망은 금융전산망, 교육연구전산망, 국방전산망, 공안전산망과 더불어 국가기간전산망의 일부다.

낮추고 유럽 등 새로운 수출시장을 개척하기 위해서는 국내 시장을 개방하지 않을 수 없는 사정도 있었다. 비경제 분야에서도 민주화 시대에 걸맞은 새 질서 정립을 위해 규제 완화가 필요했다. 우선 국민 대다수가 불편을 느끼던 과거 군부정권 시절에 도입된 각종 훈련 및 검사제도를 과감하게 정비할 필요가 있었고, 불필요하거나 행정 낭비적인 제도·절차·관행 등 행정 내부의 비능률들도 제거할 필요도 있었다. 또한 대민 서비스 개선을 위한 민원서류 감축, 처리절차 간소화 등도 절실하게 요청됐다.

6. 공기업 개혁(민영화)

공기업은 우리 경제의 기초 체질이 약했던 1960~70년대에 대규모 투자비용이 소요되거나 고위험이 따르는 산업 영역에서 경제 성장에 큰 기여를 해왔다. 그러나 1970년대 말에 오면 정부의 과도한 규제로 인해 공기업은 경영의 경직성, 비효율성을 초래했다. 그래서 전두환 정권은 공기업을 정부투자기관으로 만들고, 여기에 자율적 책임경영체제를 도입했다. 그래서 공기업의 경영이 어느 정도 개선되는 효과를 거두기도 했다. 그러나 공기업의 비효율을 초래하던 본질적 요인들 즉 경쟁의 결여, 사회적 감시의 미흡, 정치적 영향, 소유권 불명 같은 문제점들을 해소시키지는 못했다. 그래서 전두환 정권은 1987년 이후부터 공기업 민영화를 본격적으로 추진하기 시작했는데, 후속 정권인 노태우 정권은 이런 공기업 민영화 정책을 급격히 중단시키기가 어려웠다. 이런 사정들이 노태우 정권으로 하여금 공기업 민영화를 추진하게 한 배출 요인(push factor)이었다면, 공기업 민영화를 견인한 요인(pull factor)도 있었다. 노태우 정권 출범 시기는 우리나라가 국제수지 흑자를 경험하던 시절이기 때문에 시중 유동자금이 확대됐고 결과적으로 증권시장이 급격히 활성화되고 있었다. 노태우 정권은 보유하고 있던 공기업 지분을 증권시장에서 매각함으로써 국민복지 증진사업에 소요될 재정수입을 확보하고, 공기업에 대한 추가 출자 부담을 줄이고, 나아가 새로 형성되는 중산층에게 공기업 주식을 매각해 가능하면 많은 수의 국민과 경제 성장의 과실을 공유할 필요도 있었다.

7. 반부패 개혁

1988년 4월 26일 국회 총선 이후 야당들은 5공 청산 공세를 취했다. 국회에 7개의 특위가 설치됐는데 그중 하나가 통일민주당이 주도한 5공 비리 특위였다. 이 특위는 전두환 전 대통령의 일해재단 문제와 전경환 씨의 새마을운동협회 비리문제에 초점을 맞췄다. 그러면서 전두환 정권 기간에 발생했던 정치적 추문성 비리 사건들이 다시 한 번 세간의 주목을 받았다(<표 3-1-10> 참조). 이런 시대적 상황 속에서 노태우 정권은 정권 차원의 부패를 범하지 않기 위해 특별히 노력할 필요가 있었고, 더불어 공무원들의 공직 기강을 확립해서 정부 영역의 부패를 감소시킬 필요가 있었다. 1983년부터 시작된 공직자 재산등록제를 좀 더 강화시키고, 퇴직 공직자들의 유관 기관 재취업을 일정 정도 제한하며, 공무원들의 자율적인 공직 기강 확립을 위해 공직자윤리관 및 가치관을 재정립할 필요가 있었다. 또한 국제수지 흑자로 인해 향락산업이 성장하고 인신매매가 횡행하는 등 사회 기강이 무너지고 질서가 해이해지는 조짐이 보였기 때문에 사회 전반에 걸쳐 부패 일소, 건전한 사회공동체를 건설하기 위한 모종의 정부정책이 요청됐다.

표 3-1-10 전두환 정권 시절의 주요 비리 및 사건

시기	내용
1981년~1987년	전경환 새마을운동협회 비리 문제
1981년~1988년 12월	새세대육영회
1982년	이철희·장영자 어음사기 사건
1983년	명성그룹 퇴출사건
1983년 12월~1988년	일해재단 문제
1985년	국제그룹 퇴출사건

8. 지방행정 개혁

우리나라의 지방자치는 1952년에 시작됐다가 1961년 5·16을 계기로 폐지됐다. 1980년에 개정된 제5공화국 헌법은 지방자치를 규정했지만, 지방의 재정자립도를 감안해 순차적으로 실시하되, 그 시기는 법률로 정하기로 해 사실상 지방자치를 계속 유보시켰다.

그러나 경제 성장에 따른 경제 규모의 확대, 국내시장 개방 압력 강화, 정부의 권위주의적 통제에 대한 시민들의 반발 등으로 인해 정부와 시장, 정부와 시민사회 사이에서 규제 완화·시장자율화·민주화 등이 요청됐는데, 정부 영역 내부에서도 상위 계층에서 하위 계층으로, 중앙정부에서 지방정부로의 권한 이양이 요청됐다. 공산권 붕괴에서 보듯이 국제적 환경의 변화가 심하고, 국내적으로도 경제 성장으로 인해 과거와 달리 사회가 좀 더 세분화·복잡화됐기 때문에 가능한 한 문제 발생 현장에 가까운 하위 계층, 그리고 지방정부가 의사결정 권한을 보유할 필요가 있었다. 과거처럼 중앙정부의 상층부에서 대부분의 중요한 결정을 내린다면 결정이 적절한 시기도 놓치고, 내용에서도 현장의 생생한 상황을 반영할 수 없게 됐다. 이런 문제를 방지할 수 있는 방법은 의사결정 권한을 하부로 그리고 지방으로 내려보내는 것밖에 없었다.

노태우 정권에서 국회는 지방자치 실시를 위한 노력을 시작했다. 1988년 4월 초에 「지방자치법」을 전면 개정했고, 이후 두 차례 더 개정했다. 그 결과 지방의원 선거는 1990년 6월 30일 이전에, 지방자치단체장 선거는 1991년 6월 30일 이전에 치르기로 했다. 그러나 실제로는 1991년에 지방의원 선거를 실시해 동년 4월에 기초자치단체 의회를, 7월에 광역자치단체 의회를 출범시켰다.

제 3 절 정부개혁의 추진체계

정부개혁 추진체계는 어떤 개혁안을 만드는 지에도 영향을 미치지만, 건의안 채택률에도 큰 영향을 미친다. 이하에서는 노태우 정권의 정부개혁 기조 및 방향을 살펴보고, 역대 정권들의 행정개혁 추진 임시조직들에 비춰본 노태우 정권 행정개혁위원회의 특성을 살펴보고자 한다.

1. 정부개혁의 기조 및 방향

노태우 정권은 네 가지의 국가발전 미래상을 상정하고 모두 여덟 가지 행정개혁을 추구했다. 먼저 국가발전 미래상을 살펴보면 ① 성숙된 민주사회로의 발전, ② 균형된 복지형평사회로의 발전, ③ 부강하고 풍요한 사회로의 지속적인 발전, ④ 민족의 통일 번영사회로의 발전이다(행정개혁위원회, 1989: 16).

이런 국가발전 미래상이라는 국가 목표를 달성하기 위해 총 여덟 가지의 행정개혁 기본 방향을 설정했다. 첫째, 민주화 추진과 인권 보장이다. 행정에서 민주주의 원리를 실천적으로 구현하기 위해 행정기관의 정책 수립 및 그 처리 과정과 행정기관이 보유하고 있는 각종 정보를 국민에게 공개해 행정에 대한 국민의 이해와 신뢰성을 제고하려고 했다. 몇 가지 예를 들면, 지나친 수사권 행사와 정치활동 관여로 국민들로부터 비난의 대상이 돼온 국가안전기획부의 기능을 조정해 국가정보기관으로서의 본연의 임무에 충실할 수 있도록 하고, 군의 수사정보기관은 어떤 명목으로도 민간 분야의 활동에 관여할 수 없도록 하려 했다. 또한 경찰의 민주화와 정치적 중립을 보장하기 위해 경찰위원회를 설치하는 등 경찰행정조직을 정비하고, 엄정하고 독립적인 검찰권 행사를 확보하려고 했다(행정개혁위원회, 1989: 17-18).

둘째, 민간의 자율성과 창의성 신장이다. 정부 영역과 민간 영역의 범위를 재설정하여 민간부문의 활력을 제고하고 그 기능을 최대한 발휘할 수 있게 하려고 했다. 또한 국민생활 편의를 위해 불필요하거나 부적절한 행정규제는 폐지·완화·간소화하려고 했다. 인·허가 제도를 포함해 자유경쟁 체제를 제약하는 정부 개입을 대폭 정비하고, 한국전기통신공사·한국전력공사·정부재투자기관 등 정부기업의 민영화를 통해 기업경영의 효율성을 제고하고, 경제력의 부당한 집중을 억제하며, 건전한 시장경제 질서를 확립하기 위해 공정거래에 관한 기능을 확대·개편하고자 했다(행정개혁위원회, 1989: 18).

셋째, 통일 이념의 실현이다. 고조되고 있던 통일 염원과 통일 논의를 수용해 남북간 적대적 긴장 관계를 공존적 평화 관계로 전환시킬 수 있는 실천적 방안을 강구하면서도, 통일정책의 일관성을 유지하고 통일 관련 행정기구 상호간에 연계성을 도모하며, 체계적이고 효율적인 통일정책의 추진을 위해 통일 관련 행정 체제를 정비하고자 했다(행정개혁위원회, 1989: 18-19).

넷째, 국제화 시대에 대응이다. 국제수지 흑자를 정착시키고, 한국 경제의 국제경쟁력 향상을 위해 선진 과학기술을 적극 육성하고 장려하는 한편, 적극적인 경제외교를 전개하며, 더욱 가중되고 있던 개방 압력과 통상 마찰을 극복하고, 개방경제 체제를 정착시키며, 정보화 및 산업구조의 고도화 추세에 부응할 수 있도록 대외 통상 협력 체제를 정비하고자 했다. 더불어 국제사회에서 새로운 외교적 지위의 확보, 중국과 소련을 비롯한 공산권 등과의 다각적 외교 교섭 노력 전개, 개도국들과의 협력 관계 증진을 위해 대외 교섭창구 기능, 북방 외교정책 기능, 교민 보호 및 지원 기능, 해외 홍보 기능을 포함한 행정 체제를 재정비하고, 국제 사회에서의 위상 변화에 걸맞은 역할 분담을 통해 국제사회에 적극 기여하고자 했다(행정개혁위원회, 1989: 19).

다섯째, 지방화 시대에 대비다. 지방자치제 실시에 대비해 전국적·광역적 규모로서 국가 전체적인 통일성이 필요한 업무는 중앙에서 담당하고, 지방자치단체가 수행하는 것이 효율적인 업무는 지방에 대폭 이관하며, 중앙행정기관의 특별지방행정기관과 지방자치단체와의 관계를 검토해 중앙과 지방정부의 관계를 재정립하고자 했다. 또한 지방행정의 골격을 형성하는 지방행정 계층구조와 행정구역을 재검토해, 주민의 생활권·행정권·경제권 등이 일치하도록 하여 주민의 편익과 지방행정의 효율성을 제고할 수 있는 방안을 마련하고, 광역행정과 수도권 행정의 개편을 위한 제도적 장치를 마련하고자 했다(행정개혁위원회, 1989: 19-20).

여섯째, 지속적인 경제 성장이다. 선진국으로 도약하기 위한 토대를 마련하기 위해 산업경제 구조를 고도화하고, 중소기업에 대한 지원을 강화해 고용 증대와 아울러 산업 발전을 도모하고 낙후된 지역에 대한 지역경제의 활성화 방안을 강구해 지역 간 발전 격차를 해소하고자 했다. 이를 위해 첨단과학기술 진흥 관련 행정 체제를 재정립하고, 산학 연계의 강화로 고도 산업사회에 필요한 기능 인력을 원활하게 공급하고, 다양한 전산망을 구축하는 등 정보통신 행정 체제를 재정립하고자 했다(행정개혁위원회, 1989: 20).

일곱째, 복지 형평의 구현이다. 경제 성장의 과실이 골고루 분배될 수 있도록 소득과 부의 분배 개선 노력을 강화하고, 낙후지역에 대한 공공투자를 확대하며, 국민 복지 향상과 사회 안정의 구축 차원에서 농민·도시영세민 등 저소득층에 대해 주택을 포함한 생활 기반시설에 대한 지원 체제를 강화하고자 했다. 특히 SOC 건설 위주였던 건설행정 기능에 주택정책 기능을 강화시키고, 식량 증산 위주였던 농수산 행정기구를 농어촌 개발 기능 위주로 전환시켜, 낙후 지역의 균형적 개발과 농업의 발전을 동시에 도모하고자 했다. 더불어 환경 파괴 문제, 노사갈등 문제에 슬기롭게 대처해, 쾌적하고 건강한 환경을 보전하고 산업 평화를 정착함으로써 근로자의 복지 향상과 더불어 우리 경제의 생산성을 높여 지속적인 경제 성장이 가능하도록 하고자 했다(행정개혁위원회, 1989: 20-21).

여덟째, 행정 체제의 효율성 증진이다. 적정 규모의 정부조직체 유지를 통해 행정경비를 절감하고, 행정의 능률적 수행을 도모하기 위해 작은 정부이면서도 효율적인 정부를 구현하고자 했다. 중앙행정기관과 그 하부 조직의 설치 기준을 합리적으로 정립하고, 정부조직 개편과 관련된 행정제도와 행정절차를 개선하는 등 행정 체제상의 미비점을 보완해 효율적인 행정 업무 수행 체제를 마련하고자 했다. 또한 공무원들이 의욕과 긍지를 가지고 근무할 수 있는 여건을 조성하기 위해 공무원의 직무 구조, 승진제도, 보수제도, 정년제도 등을 개편하고자 했다(행정개혁위원회, 1989: 21).

2. 과거 정권들의 행정개혁 추진 체계

1) 박정희 정권의 '행정개혁조사위원회'

이 위원회는 3공화국과 4공화국의 행정개혁 노력들을 대표하는 조직으로 1964년 4월 24일에 발족했다. 이 위원회는 대통령 직속으로 설치됐고, 위원장과 부위원장은 국무위원급이며, 부위원장 밑에 분야별로 10개 이내의 전문부회(專門部會)를 두고 부회장(部會長)은 차관급으로 위원 가운데에서 임명하고, 전문부회 밑의 전문위원들은 2갑 상당으로 했다. 그리고 전문위원 밑에는 조사위원을 두었다. 행정개혁 위원 수는 10인이었다. 총무처 차관이 간사, 총무처 행정관리국장은 부위원장 밑의 행정실장을 겸직했다. 1981년 5월에 폐지됐다. 초대 위원장이 1년 미만 재임하고, 그 후에는 총무처 장관이 위원장을 겸직했다. 그러나 1969년에 총무처 장관이 위원장 겸직을 중단했고, 1970년에는 총무처 차관, 행정관리국장 등이 완전히 철수해 위원회가 독자적으로 운영되기 시작했다. 김종필 씨가 국무총리로 취임한 1971년 명칭을 행정개혁위원회로 바꾸고, 소속을 대통령에서 국무총리로 옮겼다. 내부구조에서는 전문부회 제도를 없애고 제1, 2, 3, 4 조사연구실을 설치했다(조석준, 1990: 79-80).

청와대에 제출된 건의안은 거의 대통령의 관심을 끌지 못했고, 위원장들도 고위직급 공무원들 사이에서 한직(閒職)으로 인식됐다. 즉, 퇴직 직전에 오거나 타처로 가기 전에 임시로 머무는 자리로 인식됐다. 국무총리 소속으로 옮겨간 뒤에도 사정은 비슷했다. 전반적으로 이 위원회는 업적이 부진했다. 5·16 직후 정부 출범 직전에 대대적인 정부구조 개편이 있었기 때문에 정작 정부가 출범한 뒤에는 개혁할 일이 많지 않았고 개혁에 대한 열의도 식었기 때문이다(하태수, 2010; 조석준, 1990: 80). 청와대와의 관계에서는 업무 분담이 불분명하고 지원이 제도화되지도 않은 상태에서 운영됐다. 청와대비서실은 형식적·절차적 기능만 수행했다. 관계 부처들의 참여나 협조도 별로 없었다. 당시 조직개편의 문제가 주로 축소, 폐지, 통합이었기 때문에 이해당사자들의 참여는 제한적일 수밖에 없었다(조석준, 1990: 80-81).

2) 전두환 정권의 '성장발전을 위한 제도개선위원회'

전두환 정권은 1981년 4월에 성장 발전을 저해하는 요인들을 개선하기 위해 청와대 비서실에 '제도개선작업반'을 설치하고, 행정부에는 '성장발전저해요인개선심의위원회'를 설치했다. 이 위원회는 국무총리가 위원장, 경제기획원 장관이 부위원장, 10명 정도의 사회 각계 단체와 기관장이 위원으로 참여했다. 그러다가 1982년에 이 위원회를 '성장발전저해요인개선위원회'로 개칭하면서, 총무처 차관이 위원장을 맡았고, 사회 각계 단체나 기관의 차석 책임자들이 참석했고, 대통령비서실 제도개선담당관・총무처행정조사연구실장・법제처법제조정실장 등이 위원으로 참가했고, 총무처행정조사연구실장이 간사위원을 맡게 됐다. 변화의 핵심은 제도 개선 업무의 중심이 청와대에서 총무처 쪽으로 옮겨진 것이다. 또한 1983년 5월에 기구 명칭에서 부정적 요소를 제거하기 위해 '성장 발전을 위한 제도개선위원회'로 명칭을 변경했고, 민간위원도 확대시켰다. 이후 청와대비서실의 지원은 축소됐는데, 청와대 입장에서는 청와대의 관여가 줄어도 위원회가 이제 스스로 잘 운영될 것이라고 기대했기 때문이다(조석준, 1990: 83).

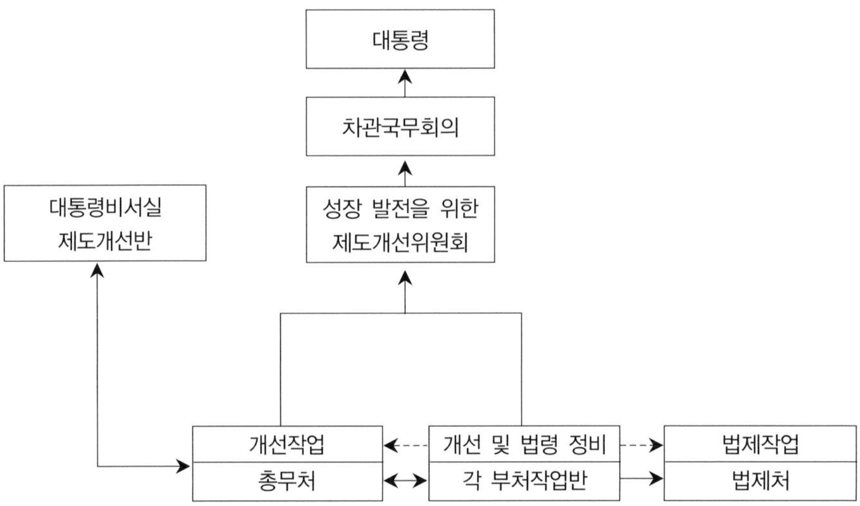

그림 3-1-5 성장발전을 위한 제도개선작업 추진체계도

자료: 조석준(1990: 84).

이 위원회는 비교적 많은 업적을 남겼다. 1981~87년 사이에 총 1,669건을 개선을 완료했고, 관계 법령 2,787건을 정비했다(〈표 3-1-11〉, 〈표 3-1-12〉 참조). 주요 정책과제를 분야별로 보면 봉사행정 기반 구축 22건, 재정・경제 분야 20건, 농림・상공・자원 분야 15건, 건설・교통・통신 분야 21건, 교육・사회・복지 분야 20건, 군사・보훈 분야 7건, 법률생활・권익 보호 분야 9건, 행정 능률 분야 18건 등이다(조석준, 1990: 87).

표 3-1-11 제도개선 연도별 실적 건수

연도 / 과제 구분	총계	1981	1982	1983	1984	1985	1986	1987
계	1,669	658	148	283	189	142	134	115
주요 정책과제	132	23	23	26	17	15	16	12
부처 일반과제	1,537	635	125	257	172	127	118	103

자료: 조석준(1990: 87).

표 3-1-12 제도 개선 관련 법령 정비 실적

구분	계	1981	1982	1983	1984	1985	1986	1987
계	2,787	65	1,364	295	323	277	268	195
법률	462	35	124	36	84	32	107	44
대통령령	559	16	275	45	67	61	43	52
부령	373	3	101	50	56	79	45	39
기타	1,393	11	864	164	116	105	73	60

자료: 조석준(1990: 87).

3. 노태우 정권의 행정개혁위원회

노태우 정권은 권위주의 청산과 민주화를 위해 정권 초기에 '민주화합추진위원회'라는 민간위원회를 설치했는데, 이 위원회가 대대적인 행정개혁을 위해 민관 합동의 '행정개혁위원회'를 설치할 필요가 있다고 건의했다. 그 결과 1988년 5월 13일 '행정개혁위원회'가 발족했다. 이 위원회는 총무처의 주도로 학계·언론계·법조계·경제계·노동계·여성계 등 민간의 각계 대표 21인으로 구성됐고, 총괄·일반 행정·경제과학·사회문화 4개 분과위원회로 조직됐다. 각 분과위마다 실무자 1인·학계 1인·전문위원 2인이 배치됐다. 그리고 그 밑에 다시 총 40명의 조사연구관 및 조사원을 두었다. 위원장 밑에는 행정실을 두었다. 총무처는 공무원 전문위원 4명 중 2명, 조사연구관과 조사원 중 35명을 공급했다. 이 위원회는 처음 시작 단계에서는 몇 개월 정도만 운영할의도였으나, 공식화 단계에서 1년으로 기한이 연장됐고, 운영 도중에서 시간이 더 필요해지자 2개월을 연장해 1989년 7월까지 운영이 연장됐다. 동월에 건의서를 제출하고 해산했다.

* 위원회	• 위원장	1	(경제인)
	• 교수	8	
	• 정부지원기관	3	
	• 언론인	4	
	• 경영인	2	
	• 사회단체	2	(대한노총 부회장, 대한변협 사무총장)
	• 공무원	1	(중앙공무원교육원장)
	• 계	21	(4개 분과위원회)
* 전문위원회	• 교수	4	
	• 공무원	4	
		8인	
* 조사연구관	• 이사관	1	
	• 서기관	10	
	• 사무관	13	
		24인	

그림 3-1-6 **행정개혁위원회 인적 구성**

자료: 안해균(1989: 5).

이 위원회의 특색은 첫째, 거의 순수한 민간위원회란 점이다. 이런 기구는 독립적으로 판단할 수 있는 장점이 있지만, 시행에는 관여하지 않는다는 의식이 강해 무책임해질 가능성도 있다는 단점도 있었다. 참고로 3·4공 때의 행정개혁조사위원회는 위원장 이하 상임위원 전원이 공무원이었고 한직에 왔다는 의식이 강해 사기가 낮았었다. 5공 시절의 제도개선위원회는 민관 합동의 위원회로 여기서의 결정은 의결로서 실질적 구속력을 가지고 있었다. 이처럼 행정개혁위원회가 민간위원회였던 관계로 자연스럽게 민의 내지 여론을 널리 취합할 필요성을 처음으로 인식하고, 그쪽으로 많은 노력을 기울였다. 특히 과제 선정 시나 대안평가 시에 그런 노력을 많이 했다(조석준, 1990: 88).

둘째, 대통령비서실과의 관계는 청와대비서실 정무수석실에서 일을 상황을 파악하고, 얼마에 한 번씩 대통령에게 보고하는 정도였다. 민간자문위원회였기 때문에 청와대가 적극적으로 개입할 수 없었다. 3·4공 시절의 행정개혁조사위원회의 경우에는 청와대비서실이 행정개혁위원회의 경우보다도 적은 관심을 보였고, 5공 때의 제도개선위원회의 경우는 정무2수석실이 추진체 역할을 하는 적극성을 보였었다(조석준, 1990: 88-89).

셋째, 관계 부처의 관계관과 전문가를 초치해 의견을 듣고, 판단은 행정개혁위원회 스스로 했다. 규정상으로는 전문위원과 조사위원을 관계 부처 파견받을 수 있었지만, 실제로는 총무처 공무원들만 파견돼 있었고, 총리실과 법제처에서만 각 1명씩 전문위원을 파견한 것이 전부였다. 3·4공 때의 행정개혁조사위원회는 위원들이 관계 기관들을 방문해 조사했고, 5공 때의 제도개선위원회는 각 부처가 동등자격으로 정식 참여해 당연한 권리로서 발언으로 심의했다(조석준, 1990: 89).

넷째, 총무처가 행정개혁위원회 창설 때부터 주도했다. 규정의 기초, 위원 인선 등도 모두 총무처가 담당했으며, 공무원 전문위원 4명 중 2명도 총무처가 차지했고, 조사연구관과 조사원 35명을 공급했다. 3·4공 때의 행정개혁조사위원회는 총무처와 분업이 불분명해 불편한 관계였고, 5공 때의 제도개선위원회는 처음에는 청와대비서실이 주도하다가 1983년 이후 총무처의 주도권이 강해졌다(조석준, 1990: 90).

다섯째, 행정개혁위원회는 정권 출범 직후 설치되어 신정부의 개혁 의지가 비교적 강한 시기라 환경이 유리했다고 볼 수 있다. 반면 3·4공 때의 행정개혁조사위원회는 5·16이 일어난 후 한참 뒤에 구성돼 개혁 의지가 한 풀 꺾인 상태였다. 5공 때의 제도개선위원회는 행정개혁위원회와 마찬가지로 정권 초에 구성돼 개혁에 필요한 환경이 유리했다고 볼 수 있다.

여섯째, 개혁안 채택률에서는 그리 높지 않은 편이다. 비교 관점에서 보면, 3·4공 때의 행정개혁조사위원회도 채택률은 낮은 편이었고, 5공 때의 제도개선위원회는 건의안 채택률이 비교적 높은 편이었다(조석준, 1990: 90).

표 3-1-13 행정개혁위원회 특징 비교

특징 \ 기구	행정개혁조사위원회	제도개선위원회	행정개혁위원회
구성원 성격	공무원	공무원과 민간인	민간인
청와대비서실	거의 무관심	적극적 지원	미약
관계부처	위원들이 관계기관 방문 조사	위원들과 동등한 자격으로 참여	조치 받아 의견 개진
총무처	사이 안 좋음	중간부터 주도	창설 때부터 주도
구성 시점	5·16 한참 후	정권 초	정권 초
건의안 채택률	낮음	높음	높지 않은 편

종합적으로 보면, 행정개혁위원회가 1989년 7월에 해산하면서 제출한 건의안은 우리나라 최초로 시도된 민주적이고 객관적인 조사의 결과물이라는 의의가 있었지만, 조사 기간이 너무 짧았고, 한꺼번에 너무 많은 대상을 개혁하려고 했으며,[11] 중립적이라기보다는 총무처에 의해 주도됐고, 관련 부처・이해관계 집단・전문가 집단・언론기관 등에 충분한 참여와 의사표시 기회를 제공하지 않았다는 문제점을 가지고 있었다(안해균, 1989: 1-5; 조석준, 1990: 87-89; 이장규 외, 1995: 94-112; 하태수, 2011a: 8).

참고 문헌

경제기획원(1992). 경제백서.

공보처(1992). 제6공화국 실록: 노태우 대통령정부 5년.

김미나(2004). 공무원 특별채용제도의 경로의존적 변화. 한국행정논집, 16(1): 81-106.

김병국(1994). 「분단과 혁명의 동학: 한국과 멕시코의 정치경제」. 서울: 문학과지성사.

노영기(2006). 박정희 시대의 군대와 군사문화. 네이버 지식iN.

박남훈・이근재(2009). 정치적 결정에 의한 정책학습 실패에 대한 연구: 노태우 정부 주택 200만호 건설정책을 중심으로. 국가정책연구, 23(2): 67-98.

안해균(1989). 제6공화국의 행정개혁안에 대한 반론과 제언. 행정논총, 27(2): 1-8.

이장규 외(1995). 실록6공경제: 흑자경제의 침몰. 서울: 중앙일보사.

조석준(1990). 행정개혁위원회의 조직방법과 성과에 관한 연구. 행정논총, 28(2): 75-93.

통계청. 각 연도. 도시가계조사자료.

______. 각 연도. 전국가계조사자료.

하태수(2010). 박정희 정권 출범 시기의 정부조직법 개정 분석: 발전국가 형성의 역사적 정치경제 배경을 중심으로. 한국사회와 행정연구, 21(1): 229-273.

______(2011a). 노태우 정권의 정부조직법 개정 분석. 한국사회와 행정연구, 22(1): 1-26.

______(2011b). 전두환 정권 출범 시기의 중앙정부조직 개편 분석. 한국정책연구, 11(1): 89-122.

행정개혁위원회(1989). 행정개혁에 관한 건의.

행정학용어표준화연구회(2010). 이해하기 쉽게 쓴 행정학용어사전.

Blue Fish(2009). 사회복지학사전.

11) 중앙정부조직에 대한 것뿐만 아니라 정치색 짙은 기구들에 대해서도 건의했다. 활동 초기에 '국정자문위원회'와 '사회정화위원회' 폐지를 건의해 실현시켰다. 또한 규제행정이나 인사행정 분야에서도 많은 건의를 했고, 상당 부분을 실현시켰다(조석준, 1990: 91).

국가통계포털 http://www.kosis.kr
통계청 e-나라지표 http://www.index.go.kr
한국은행 경제통계시스템 http://ecos.bok.or.kr
http://news.kbs.co.kr/news/NewsView.do?SEARCH_NEWS_CODE=2734094&ref=S
http://sovidence.tistory.com/164
http://unstats.un.org/unsd/snaama/selbasicFast.asp
http://www.assembly.go.kr/views/cms/assm/assembly/asshistory/asshistory0103.jsp
http://www.sports.or.kr/meet/koc.sport

제 2 장

정부개혁의 내용

김태룡
상지대학교

제 1 절 정부조직 개편

1. 개편의 기조

1988년 2월 25일 출범한 노태우 정부는 '보통사람들의 위대한 시대'라는 제목으로 행해진 대통령 취임사에서 민주주의, 국민 화합, 부(富)의 고른 분배를 역설했다. 이에 따라 노태우 정부는 국정지표로 민족자존, 민주 화합, 균형 발전, 통일 번영을 설정했다(김태룡 외, 2014: 389).

노태우 정부가 설정한 국정 목표에 따라 정부조직 개편의 기조는 과거 청산, 새로운 행정 수요의 팽창에 따른 대응, 민주화, 노폐한 기구의 정비 등에 놓여졌다(오석홍, 2008: 284-285).

2. 추진체계

노태우 정부는 행정개혁을 시도하기 위해 1988년 5월에 폐지됐던 '행정개혁위원회'를 1년간의 시한으로 다시 설치해 행정개혁의 추진체계로 삼았다.[1] 행정개혁위원회가 개혁 입안작업에서 기본방향으로 표방했던 명제들은 민주화 추진 및 인권 보장, 민간의 자율성과 창의성 신장, 국제화, 개방화 시대 대비, 지방화 시대 대응, 지속적 경제 성장, 복지행정의 구현, 그리고 행정 체제의 효율성 증진 등이었다. 이와 같은 기본 방향에 입각해 40여개 과제에 대한 개선 방안이 제시됐다.

개편안의 주요 내용을 보면 동력자원부와 상공부를 산업통상부로 통폐합하고, 문화공보부와 체육부를 문화체육부로 통폐합하도록 제안했다. 산림청과 해운항만청은 폐지하고, 통계청과 경찰청을 신설하도록 했다. 환경청은 환경처로, 기상대는 기상청으로 승격시키도록 했다. 국가안전기획부와 경제기획원의 기능은 축소・조정하고, 대신 통일원의 기능은 확장하고 장을 부총리급으로 격상시키도록 했다.[2]

행정개혁위원회는 이외에도 지방자치에 대비해 중앙의 행정 기능을 지방정부에 대폭 이양하도록 권고했으며, 3계층으로 돼 있는 지방행정 계층구조를 2계층으로 개편하는 방안도 제시했다(김태룡 외, 2014: 390; 오석홍, 2008: 289-294).

3. 개편의 내용

노태우 정부에서 단행된 정부조직 개편은 크게 두 차례에 걸쳐서 이뤄졌는데, 그 내용을 살펴보면 다음과 같다.

1) 제1차 개편 내용

대통령 소속기관에 대한 개편으로 국가안전기획부의 기능이 조정됐고, 1989년 2월에는 사회정화위원회와 국가원로자문회의가 폐지됐다.[3] 국무총리 소속기관에 대한 개편 내용으로는 총무처에 합의제 기관으로 인사위원회가 설치되고, 국무총리 행정조정실 안에 사정 업무를 담당할 제4조정관실이 신설됐다. 1989년 12월에는 환경청을 폐지하고

---

1) 행정개혁위원회, 행정개혁에 관한 건의(1989. 7).
2) 동 위원회의 건의안은 이후 김영삼 정부에 이르러 대체적으로 반영됐다.
3) 법률 제12630호.

국무총리 소속의 환경처를 신설했으며, 문화공보부를 문화부와 공보처로 분리・개편했다.[4)]

기능 조정의 경우는 대체로 국제화, 산업화, 도시화 등에 대처하고자 이뤄졌다. 체육부와 문교부의 일부 기능을 이관・조정하면서 체육부에 청소년국이 증설됐고, 외무부, 보사부, 노동부, 교통부의 일부 기능이 강화됐다. 특히 동력자원부에는 국제협력과가 증설됐다.

노태우 정부에서는 '21세기위원회'를 대통령자문기구로 설치했는데, 동 위원회는 장기적 국가발전 목표를 세우고 그 실현 방안을 모색해 권고하는 임무를 수행하기 위한 것이었다. 이와 함께 정부 부처에 설치된 각종 위원회를 대폭 정비했다. 398개의 위원회 가운데서 101개는 폐지했으며, 17개는 축소・조정했다. 그리고 이전에는 행정위원회의 설치를 대통령령에 위임했으나 이를 고쳐 다시 입법 사항으로 규정함으로써 위원회 설치에 대한 입법적 통제를 부활시켰다.

2) 제2차 개편 내용

제2차 조직개편은 동유럽의 급격한 변화에 부응하기 위해 시도됐다. 이에 따라 1990년 12월에는 국토통일원의 명칭을 통일원으로 바꾸고 통일원 장관의 지위를 부총리로 격상시켰다.[5)] 그리고 문교부를 교육부로, 체육부를 체육청소년부로 각각 개편했다. 이 과정에서 체육청소년부에서 정책조정관 등 2담당관이 폐지됐다. 통계조사국은 통계청(1급)으로, 중앙기상대는 기상청(1급)으로 개편됐다, 건설부, 농림수산부, 내무부 등의 일부 기능을 다른 부처에 이관하는 기능 조정도 있었다. 이후 1991년에는 내무부 치안본부를 경찰청으로 개편하고 경찰위원회를 설치했다.

4. 개편에 대한 평가

노태우 정부가 집권 5년 동안 조직개편을 수차례 단행함으로써 중앙행정기구는 출범할 당시 2원 16부 4처 13청 3외국 1위원회였으나, 임기가 종료될 시점에서는 2원 16부 6처 15청 2외국으로 구성돼 있었다(총무처, 1998: 130). 그리고 공무원은 16만여 명의 증원이 있었으며, 상위직의 증설 비율은 하위직의 경우보다 높아 1급 직위가 60여개나 증

4) 법률 제4183호.
5) 법률 제4268호.

설됐다. 이에 따라 공무원 수는 553,103명에 달했다.

이상에서 보듯이 노태우 정부의 정부조직 개편은 그 취지가 새로운 행정 수요에 대한 대응, 시대에 맞지 않는 기구의 정비 외에 과거 청산 및 행정의 민주화를 포함해 사회의 민주화를 반영하는 시대적 사명감을 띠고 있었다. 그러나 개편 취지와 결과는 상당히 유리되는 결과를 보여주었다(안문석, 1995: 44).

특히 개혁의 주체 세력으로 행정개혁위원회가 설립돼 정부기구의 축소를 권고했고, 정부 역시 이에 대한 화답으로 작은 정부를 지향한다고 언론에 홍보했지만, 노태우 정부에서 정부기구와 인력은 오히려 팽창하는 현상이 발생했다. 그리고 국제화나 민주화에 대한 대응으로 마련된 개편들도 그에 따른 효과를 창출해내지 못했을 뿐만 아니라, 빈번한 기능 조정에 정책적 혼란만 가중됐다.

표 3-2-1 노태우 정부조직의 변화

(단위: 개)

	차관보	실	국	과	담당관					
					1급	2급	3급	3,4급	4급	기타
1988년	12	35	173	742	1	124	45		350	64
1989년	12	39	185	182	1	128	45		373	67
1990년	14	39	187	812	1	135	47		360	65
1991년	14	45	187	864	1	150	44		352	59
1992년	14	45	190	882	1	152	47		107	64

자료: 행정안전부(2012).

제 2 절 재정개혁

1. 개혁의 기조

노태우 정부에서 제기된 민주화는 정치의 민주화에만 머물렀던 것은 아니었다. 그것은 성장 과실의 공평한 배분을 요구하는 분배의 민주화와 더 나은 삶을 위한 환경권에 대한 욕구로 표출되기 시작했다. 대내적으로는 소득분배의 형평성에 대한 욕구, 경제의 민주화와 자율화 요구의 증대, 생활 여건의 개선에 대한 요구 등이 폭발적으로 증대하기 시작했다. 이와 더불어 대외적으로는 세계 경제질서가 다극화로 변모되고, 경제 개방에 대한 압력이 증대하기 시작했다.

이에 노태우 정부는 재정개혁의 기조를 ① 산업 구조조정을 통한 성장잠재력의 배양, ② 경제의 자율화와 개방화 촉진, ③ 경제의 균형 발전 도모, ④ 국민복지의 증진과 형평성 제고에 두었다(공보처, 1992a: 550).

2. 추진체계

재정개혁의 경우 특별한 개혁 추진체계가 별도로 존재했다고 볼 수는 없다. 다만 토지개혁과 그에 따른 조세개혁과 관련해서 1988년 9월에 국토개발연구원장을 위원장으로 하는 '토지공개념연구위원회'가 구성된 것을 들 수 있다. 이와 함께 4대 국정목표의 하나였던 지역균형 발전을 추진하기 위해 대통령비서실에 '지역균형발전기획단'을 설치했다. 따라서 노태우 정부에서 재정개혁을 위한 개혁 추진체계는 사안별로 마련된 감을 준다.

3. 개혁의 내용

1) 소득분배의 형평을 강화하기 위한 개혁

소득분배의 형평을 위한 개혁은 안정 속의 복지 증진이라는 원칙에 따라 건전재정을 유지하는 가운데 전국민의료보험제, 국민연금제, 최저임금제도 등 3대 복지제도를 시행했다.

(1) 국민연금법과 의료보험제도

전두환 정부 때인 1986년 9월에 당정연석회의에서 '국민연금기본계획'이 발표되고, 1986년 12월에는 「국민연금법」이 통과됐다. 이후 노태우 정부의 출범과 동시에 1988년 1월부터 10인 이상 근로자 고용사업장부터 국민연금제도가 실시됐다.

의료보험제도의 경우는 박정희 정부 때인 1977년부터 500인 이상 대규모 사업근로자들을 대상으로 직장의료보험이 실시돼 왔다. 이의 연장선상에서 노태우 정부는 1989년 7월에 도시지역의료보험을 확대함으로써 전 국민의 의료보험제도가 실시됐다.

(2) 지방재정의 확충

노태우 정부는 종래부터 운용돼 오던 지방재정교부금과 국고보조금의 규모를 대폭 늘리는 한편, 별도의 특별회계를 운용하는 등 새로운 지방자치제에 맞게 지방재정 확충을 위한 재정제도의 개선을 추진했다.

그 결과 1987년 2조 2천여억 원에 불과하던 지방양여금은 1991년에는 담배소비세까지 포함해 총 7조 5천여억 원으로 증가해, 늘어나는 지방재정 수요를 어느 정도 감당할 수 있게 됐다. 또한 지방교육재정에 대한 지원도 강화해, 1991년 말로 시한이 종료된 교육세를 영구세화했다. 이와 함께 도서벽지와 특수학교에 대해 실시하고 있는 중학교 의무교육을 1992년부터 읍·면 지역까지 확대했다. 이에 지방교육재정에 대한 지원 규모는 1987년 2조 6천여억 원에서 1992년에는 7조 여억 원으로 늘어났다(공보처, 1992b: 45).

표 3-2-2 지방자치에 대한 재정 지원 추이

(단위: 10억 원, %)

	1988년	1989년	1990년	1991년	1992년
지방재정	2,833	3,942	4,969	5,946	7,043
지방교육재정	3,149	3,700	4,470	6,112	7,244
합계	5,982 (26.6%)	7,642 (28.35%)	9,439 (29.6%)	12,068 (30.7%)	14,287 (31.6%)

* 괄호안의 수치는 회계예산에서 차지하는 비중(%).
자료: 공보처(1992b).

(3) 토지제도 개혁

노태우 정부의 출범과 함께 지가 급등과 그에 따른 부동산 문제가 심각한 사회문제로 등장했다. 이에 노태우 정부는 ① 투기적 거래자와 중개업자들을 제재하는 사법적·조세적 조치의 강화, ② 신도시 건설, 토지 이용 규제 완화, 지방공기업의 토지 개발 등과 같은 공급 창출적인 장기적인 정책, ③ 공시지가 제도의 도입, 종합토지세의 시행 등과 같은 가수요 억제 측면의 조치를 강구했다. 그리고 이 같은 정책을 뒷받침하는 행정적 측면에서 정보관리의 전산화, 등기의무화 등 부동산 관련 행정제도를 확충하는 데 초점을 맞췄다.

구체적으로 공시지가제도는 1989년에 「지가공시 및 토지 등의 평가에 관한 법률」을 제정해, 1990년부터 실질적 원년으로 30만 표준지의 지가를 공시하고, 2천 4백만 개별

토지에 대해 가격조사를 실시했다. 그리고 1991년에는 추가 보완이 이뤄져 국세의 시행령을 개정해 양도소득세, 상속세, 증여세, 법인세, 특별부가세의 과표 계산을 공시지가로 하도록 했다.

이 밖에도 전두환 정부 때인 1986년에 '토지과다보유세'가 도입됐으나, 기존의 토지보유과세제도를 통합해 종합토지세로 일원화해 누진세율과 대토지 소유자의 과세 부담을 늘려 소유 편중 완화를 통한 가격 안정을 꾀했다.

(4) 지역균형발전의 추진

노태우 정부는 '균형 발전'을 4대 국정목표로 하여 설정하고, 이를 위해 대통령비서실에 지역균형발전기획단을 설치했다. 지역균형발전을 도모하기 위해 첫째, 수도권 지역에 대한 인구유입 억제 정책의 일환으로 1990년 9월에 '청 단위 중앙행정기관 지방이전계획'을 확정했다. 둘째, 산업시설의 지방 이전 및 산업활동의 지방분산과 낙후지역 개발에 정책적 주안점을 두었다. 셋째, 5개 신도시 200만 호 건설을 통해 부동산 가격의 안정을 통해 소득재분배를 시도했다.

2) 경제민주화와 자율화 요구의 증대

(1) 노사관계의 개선

1987년 6·29선언 이후 민주화의 진전에 따라 노사분규는 1987년에 3,749건이 발생해, 전년도인 1986년에 비해 14배가 증가했다. 이에 따라 노동자의 권익 보호와 합리적 노사관계의 정립이 불가피하게 되어, 1987년 11월과 1988년 4월 두 차례에 걸쳐 「노동조합법」 등 노동관계법과 시행령을 대폭 개정해 노동조합의 자유로운 설립을 보장하고 자주성을 강화했다. 그 결과 노태우 정부 말기에는 단위노조의 수는 2.9배, 조합원 수는 1.8배가 증가했고, 노사분규는 1991년 말에는 234건으로 급격하게 감소했다.

표 3-2-3 노동조합의 조직 추이

	1986	1987	1988	1989	1990	1991
노동조합원 수(천 명)	1,036	1,267	1,707	1,803	1,887	1,932
노조조직률(%)	15.5	17.3	22.0	23.4	21.7	19.8
단위 조직 수(개소)	2,658	4,086	6,142	7,861	7,676	7,634

자료: 노동부, 「노동통계연보」, 각 연도; 한국노동연구원(1991), 「임금 관련 통계자료집」.

(2) 금리자율화

노태우 정부는 1988년 12월 5일에 금리자율화를 실시했다. 주요 내용으로는 ① 여신금리의 자율화, ② 일부 수신금리의 자율화, ③ 규제수신 금리 체계의 조정, ④ 통화 관리 방식의 개편으로 이뤄졌다. 그러나 이 제도를 실시한 이후 부동산 가격의 폭등과 물가 불안이 야기되고, 설상가상으로 국제수지가 적자로 반전되는 등 기업환경이 악화되자 정부는 다시 금리를 규제했다. 이후 1991년 12월 21일에 금리자율화를 재시도했다. 이처럼 노태우 정부에서 금리자율화의 첫 번째 시도는 비록 실패로 끝났지만, 명목상의 자유화만이라도 시장금리의 변동에 민감하게 하는 등 금리자율화에 대비하는 결과를 유도했다는 측면에서 의미를 부여할 수 있다.

3) 경제개방 압력의 증대

(1) 외환 및 환율정책

1986년부터 경상수지가 흑자로 전환되자, 대외적으로 외환거래에 대한 자유화 압력이 증대하기 시작했다. 이에 따라 노태우 정부는 대외적으로 경상수지 흑자와 늘어난 대외준비자산의 적정관리를 위해 외환규제를 대폭 완화할 필요성이 증가해 1988년 11월에 IMF 8조국에 가입했다.

노태우 정부는 IMF 8조국 가입 이후에도 외환집중제도의 완화, 무역거래 관련 결제방법 제한 완화, 무역외 지급 제한 완화 등 경상외환거래 자율화를 계속 확대했다. 또한 1990년 3월부터는 1980년 2월부터 도입된 복수통화 바스켓제도를 폐지하고, 자유변동환율제도의 이행을 위한 과도기적 조치로 시장평균 환율제도를 도입했다. 그리고 1992년 7월에는 환율의 변동폭을 상한 0.8%로 확대하고 대고객 전산 환율을 완전히 자율적으로 결정하도록 했다(공보처, 1992b: 361-366).

(2) 개방화

노태우 정부는 국제시장의 개방화정책의 일환으로 1988년 8월에 기본관세율 개편계획(1989~93)과 1989년 6월에 3개년 수입자유화계획(1989~1991)을 통해 국내시장의 개방화를 가속화시켰다. 이에 따라 국내시장의 개방화 정도를 나타내는 수입자율화율이 1987년에는 95.4%였으나, 임기 말인 1991년에 이르러서는 97.2%에 이르렀다. 특히 공산품의 경우는 99.9%에 달했다.

표 3-2-4 국내 시장의 개방화 추이

(단위: %)

	1985	1987	1989	1990	1991	1992
수입자율화율	87.7 (90.1)	95.4 (96.4)	95.5 (99.5)	96.7 (99.7)	97.2 (99.9)	97.7 (99.9)
평균 관세율	21.3 (20.3)	19.3 (18.2)	12.7 (11.2)	11.4 (9.7)	10.1 (8.4)	8.9 (7.0)

주: ( ) 내는 공산품.
자료: 상공부, 재무부백서 각 연도.

4. 개혁에 대한 평가

노태우 정부가 추진한 재정개혁의 특성은 정부 통제를 줄이고, 민간부문의 자율성을 확대하는 데 초점을 두었다. 그러나 국제경제의 상황 악화, 노사분규의 확산과 근로 의욕의 감퇴, 생산성 하락, 일부 계층의 부동산 투기와 사치성 과소비 증대로 인해 사회적 위화감이 고조되면서 전반적으로 경기가 침체되는 결과를 낳았다. 그렇지만 경제부문에서 수출입 구조의 다변화, 경제구조의 안정성과 다양성 증대 등 비교적 좋은 평가를 받은 부분도 있었다.

그럼에도 불구하고, 결국 노태우 정부의 재정개혁은 지도자의 확고한 경제관 및 문제의식의 부재, 행정부의 경제정책의 일관성 결여로 인해 흑자경제에서 적자경제로 후퇴하는 결과를 초래했다. 이에 따라 노태우 정부 말에 이르러 국제수지가 수출은 76,631백만 달러, 수입은 81,775백만 달러를 기록했다. 당시의 실업률은 2.5%, 경제성장률은 5.9%, 조세부담률은 17.8%, 1인당 국민소득은 7,527달러로 나타났다(김태룡, 2014: 390-391).

제3절 인사개혁

1. 개혁의 기조

노태우 정부 시기에 이뤄진 인사개혁은 다른 분야에 비해 특징적인 면이 많지 않다.

오히려 광의의 맥락에서 인사개혁을 아우르는 행정관리 영역에 대한 관리개혁이 단행됐다. 예컨대 전두환 정부에서 사용됐던 '성장 발전을 위한 제도 개선'과 같은 명칭을 노태우 정부에서는 '민주 발전을 위한 제도 개선'으로 교체한데서 그 지향성을 엿볼 수 있다. 그리고 1989년부터는 다시 이 명칭을 '공정 · 균형 발전을 위한 제도 개선'으로 변경했다. 이에 따라 광의의 관리개혁의 기조는 국민 편익 증진, 행정규제 완화, 사회복지 확충, 행정능률 향상, 개방사회 대비에 놓였다.

그 결과 노태우 정부의 인사개혁의 기조는 민주화의 진행과 함께 광의의 행정관리 영역의 관리개혁을 효과적으로 수행하고자, 이전 정부와는 달리 보수 인상 등을 통한 공무원의 처우 개선이나, 특히 중하위급 관료들을 대상으로 인사상의 제도 개선을 통한 신분 보장이나 개선을 통해 공무원의 복지와 사기 진작에 주력한 전략이 주를 이루고 있다.

2. 개혁의 내용

1) 채용

노태우 정부에서 이뤄진 인사개혁에서 채용 면에서의 특성은 민주화의 추진에 영향을 받은 바 크다. 이에 따라 노태우 정부에서 이뤄진 채용 상의 가장 큰 개혁 내용은 1977년부터 시행해 오던 사관학교 출신 장교의 특별채용제도를 대통령 선거 공약사업의 일환으로 1988년 4월 1일에 폐지한 것을 들 수 있다. 이와 함께 남녀평등을 실현하기 위해 교정과 보도직 등을 제외하고, 남녀 구분 모집제를 폐지해 공무원 채용상의 성차별 개선을 도모했다. 그리고 심신장애자의 공직 취업 확대를 통한 복지 향상을 위해, 공무원 정원의 1%까지(약 3,770명) 직무 수행 능력이 있는 장애자를 의무적으로 채용하도록 했다. 특히 이의 실효성 확보를 위해 채용 과정에서 심신장애자만을 별도로 구분 · 모집할 수 있는 법적 근거를 마련했다.

2) 임용과 승진

노태우 정부에서 이뤄진 임용상의 주요 개편 내용으로는 인사 운영의 자율성을 제고하는 한편, 주무부 장관의 책임 하에 공정한 인사 운영이 이뤄질 수 있도록 하기 위해 정부산하기관 임원의 인사에서 사정비서실의 사전 협의를 받아오던 제도를 폐지했다.

승진상의 주요 개편 내용으로는 첫째 사무관 대우제를 확대 실시해 사기 진작을 도모했다. 둘째, 근속승진제를 시행해 실무 공무원의 사기를 앙양하고 조직의 활성화를 꾀했다. 이를 위해 10년 이상 장기 근속한 일반직 9급 공무원 및 기능직 10등급 공무원들을 대상으로 1계급 승진을 단행했다. 셋째, 구조적인 승진 정체 현상에 따른 공직사회의 불만을 해소하기 위해 계급별 대우제를 실시했다. 넷째, 평생봉직제도의 확립이라는 차원에서 고용직 공무원의 기능직화를 꾀했다. 끝으로 중앙승진임용심의위원회의 기능을 강화해 인사 운영의 전문성 및 공정성을 제고하고 보직과 승진 등 인사의 체계적인 관리를 도모했다.

3) 평가와 후생

평가상의 개편 내용도 민주화의 진행에 따라 공무원의 편의를 제공하는 방향으로 기조가 놓여졌다. 이에 따라 그간 공개되지 않아 구성원들의 불만 요인으로 작용해 왔던 인사평정 결과를 공개하도록 했다. 후생적 차원에서의 개편 내용으로는 첫째, 공로휴직제도를 도입했다. 장기 근속한 20년 이상 근속하고 정년을 앞둔 공무원을 대상으로 일정 기간 유급휴직을 부여했다. 둘째, 명예퇴직제도를 운영하고 공무 국외여행 심사제도를 개선해 복무상의 여건을 개선했다. 셋째, 신분보장제도의 강화를 통해 사기 진작을 도모했다. 직권면직과 직위해제의 사유를 축소하는 한편, 징계위원회의 사전동의제를 확대했다(대한민국정부, 1989: 510-514).

4) 복무

공무원의 복무와 관련된 강화된 내용이 노태우 정부 후반기에 강화됐다. 노태우 대통령은 1992년 8월에 대통령 선거를 앞두고 중립적 선거관리를 명분으로 민자당의 총재직을 사퇴하고 이어서 민자당을 탈당했다. 이에 따라 10월에 관권선거에 대한 시비를 막는다는 취지에서 공무원의 정치적 중립을 재삼 강조하는 복무지침이 마련됐다(오석홍, 2008).

3. 개혁에 대한 평가

노태우 정부에서 이뤄진 인사개혁의 기조는 민주화의 진전에 따라 공무원들의 신분보장과 복지 향상에 놓여졌다. 이에 따라 인사개혁의 주요 내용은 사기 진작을 위한 약

간의 보수 인상이나 신분과 승진 영역에서 사기 진작을 위한 개편으로 이뤄졌다. 다만 임기 말에 이르러 공무원의 정치적 중립과 관련된 복무지침이 강화됐다는 것을 제외한다면, 노태우 정부의 인사개혁의 초점은 이전 정부와는 달리 공무원의 복지와 사기 진작에 주안점이 놓여 있었다.

결론적으로 노태우 정부에서 단행된 인사개혁은 공무원의 복지와 사기 진작에는 일정한 효과가 있었던 반면, 공무원의 능력 제고라는 측면에서는 개편 내용이 전무했다. 이런 측면에서 노태우 정부의 인사개혁은 임용과 후생복지에는 상당 부분 진전이 있었으나, 공무원의 훈련과 능력 향상이라는 측면에서는 거의 성과가 없었다고 볼 수 있다.

제 4 절 전자정부

1. 전자정부의 기조

노태우 정부에서 추진된 전자정부 정책은 주로 행정전산망(PMIS Network) 구축을 위한 노력의 일환으로 이뤄졌다. 노태우 정부가 수립한 전자정부가 지향해야 할 기조는 다음과 같았다. 행정전산망사업을 통해 첫째, 주요 행정정보의 공동활용 체제 구축을 통한 정책결정의 합리성 및 능률성을 제고하고자 했다. 둘째, 전국적 종합전산망 구축을 통한 신속 정확한 대민 행정 서비스를 제공하는 데 역점을 두었다. 셋째, 인건비와 사무비 등 행정경비의 절감을 통한 작고 능률적인 정부 구현하고, 국내 정보산업 시장의 수요 창출을 통한 국내 정보산업을 육성 지원하는 데 초점을 맞췄다. 끝으로 나아가서는 달성의 결과로서 민주 발전과 선진 사회로의 진입이 가능하도록 여건을 조성하는 데 정책의 기조가 놓여 있었다.

2. 전자정부의 추진체계

노태우 정부가 추진한 전자정부 사업의 주요 추진체계로는 '전산망조정위원회'를 들 수 있다. 이 위원회는 1988년 5월 '국가사회 전산화중장기계획(안)'의 수립을 통해, 각계의 의견을 수렴해 동년 11월에 수정 보완해서 1989년 1월에 확정을 본 기본계획의 일부로서 추진됐다(김길조, 1987: 169-194).

3. 전자정부의 추진 내용

노태우 정부에서 수립한 '행정전산망 종합계획'에 따라 국가기간전산망은 행정전산망 이외에 금융전산망, 교육연구전산망, 국방전산망 그리고 공안전산망의 5대 전산망으로 구성됐다. 이 중 하나의 전산망인 행정전산망의 구축 목표는 크게 국민 편의 위주의 작은 정부 구현 촉진과 선진 화합 경제사회 실현의 지원에 두었다.

이를 좀 더 구체적으로 살펴보면 제1단계에서는 행정전산화의 여건 개선에 목표를 두었다. 즉, 관련 표준화 사업의 추진, 우수 전산요원의 확보, 전산교육의 체계적 실시 등을 통해 1단계의 목표를 달성하고자 했다.

제2단계에서는 국가기본 업무의 개발과 부처별 단위 업무의 전산화를 촉진했다. 이 중 국가 기본 업무의 개발과 관련해서는 대국민 봉사 효과가 큰 국가관리 업무를 주민, 부동산, 자동차, 통관, 고용, 경제 통계의 6대 분야로 선정해 추진했다. 이와 함께 부처별 단위 업무의 전산화를 위한 사업으로는 표준 다기능 사무기기의 보급 확대에 주력했다.[6)]

제3단계에서는 전국의 행정전산망을 구축하고 이어 최종 단계에서는 단일행정권을 형성하고자 하는 것이 노태우 정부가 추진한 행정전산망의 사업 내용이었다.

4. 전자정부 사업의 평가

노태우 정부에서 시행된 국가기간전산망 사업 중 행정전산망 사업의 주된 목표는 행정전산화의 촉진을 통해 작고 효율적인 정부를 구현하고, 산재된 행정정보를 종합적으로 이용할 수 있도록 하여 대국민 행정 서비스의 양과 질을 높이고자 하는 데 있었다(전산망조정위원회, 1989; 이윤식, 2011).

우선 추진 성과라는 측면에서 볼 때 많은 영역에서 목표를 달성했다. 첫째, 6개 우선 업무 분야에서 대국민 종합 서비스 제공이 실현됐다. 둘째, 행정 업무 수행의 효율성이

---

6) 다기능 사무기기 활용(행정전산망 워크스테이션)은 행정전산망을 각 부처별, 지역별로 산재된 행정 업무에서 전산기술을 이용해 종합적·집중적으로 업무를 관리할 수 있도록 단일의 정보통신망으로 각급 행정기관이 상호 연결됨으로써 각 기관간에 행정정보를 공동으로 활용하려는 목적으로 출발했다.

제고됐다. 즉, 행정정보의 범정부적 공동활용 기반을 구축하고 공무원의 전산 처리 능력의 확충으로 사무자동화 기반이 조성돼 행정 업무 처리의 효율화를 기할 수 있게 됐다. 셋째, 국내 정보산업의 육성 및 정보화 사회의 조기 실현에 기여하게 됐다.

그렇지만 노태우 정부의 전자정부 사업에 대한 문제로는 첫째, 표준 프로젝트 관리 기법의 활용이 미비로 프로젝트의 효율적인 관리 및 통제에 한계를 드러냈으며, 내부 감리를 통한 품질관리제도가 미비했다. 둘째, 시스템의 안전성과 신뢰성 확보가 미흡했다. 그로 인한 시스템의 장애로 대민 서비스 제공에 차질을 초래할 우려가 있었는데 그에 대한 감사제도가 미흡했다. 셋째, 업무 개발기관과 주관기관의 원활할 협조가 결여돼 개발 일정이 지연되는 사례가 많았다. 넷째, 표준화된 업무 개발의 방법론이 없었기 때문에 체계화된 계획 수립, 효율적인 업무 개발 수행, 조직적인 순기관리 및 품질 보장과 해석상의 개념 통일 등이 이뤄지지 않아 사업의 요청기관이나 전담 사업자에게 시행상 혼란이 초래됐다.

제 5 절 규제개혁

1. 개혁의 기조

노태우 정부의 규제개혁 정책은 기본적으로 1980년대 후반부터 강화되기 시작한 자율화, 자유화, 개방화에 바탕을 두고 그동안 민간부문에 부과됐던 과도한 규제를 개선하는 데 초점이 놓여졌다.

이를 위해 노태우 정부의 규제개혁은 일반행정과 경제행정 규제 분야로 대별해 두 개의 트랙으로 진행됐다. 이 중 경제행정 규제 분야는 종래의 거시적인 산업경쟁력 강화를 위한 경쟁도입정책이 특히 1989년부터 한계를 드러내기 시작하자, 이를 보완하기 위한 방안으로 추진됐다. 이에 따라 노태우 정부는 개별산업의 제도 개선을 통해, 밑바닥으로부터 규제를 완화해 나간다는 미시적 접근에 중점을 두게 됐다. 이에 반해 일반행정 규제 분야는 특히 1991년 10월 17일 '새질서 · 새생활 실천' 1주년을 맞이해, 우리 사회가 안고 있는 비능률과 낭비, 비합리적인 제도와 관행을 과감히 바로잡기 위한 '비능률 추방을 위한 행정쇄신대책'을 범정부적으로 추진함으로써 강화되기 시작했다. 각 부처별로 소관 행정제도 및 업무 관행을 전면 재검토해, 국민의 불편을 실질적으로 해소할 수 있는 대상과제를 발굴해 개선하는 것을 추진 목표로 설정했다(공정거래위원회, 1992: 28-31).

결론적으로 노태우 정부의 규제개혁은 일반행정의 경우 새질서의 확립 차원에서, 그리고 경제행정의 경우는 산업경쟁력 강화라는 목적에서 진행됐다고 할 수 있다.

2. 개혁의 추진체계

노태우 정부에서 규제개혁을 위한 노력은 이전 정부들에 비해 상당히 활발히 진행됐다. 규제개혁을 위한 노력이 이처럼 활성화되기 시작한 이유는 특히 1989년 이후 수출 경쟁력이 급속도로 약화되기 시작한 데서 연유한다. 그 결과 노태우 정부에서는 규제개혁을 위한 다양한 노력과 함께, 이를 추진할 추진체계를 시차별로 민간까지를 아우르는 다차원적인 조직으로 구축했다. 그 결과 노태우 정부에서의 규제개혁을 담당하는 추진체계의 특성은 초기에는 주로 경제규제 중심적인 기구에서, 점차 외연을 확장해 모든 행정규제를 담당하는 포괄적 기구로 변모하는 양상을 보여주고 있다.

첫째, 이전 정부부터 규제개혁을 담당해 온 추진체계로 '공정거래위원회'를 들 수 있다. 다만 공정거래위원회는 활동 범위가 경제정책에 국한돼 있어, 1989년부터는 또 다른 추진체계가 그 역할을 대행하게 됐다.

둘째, 노태우 정부는 1989년에 공정거래위원회의 역할 한계를 극복하고 경제 현안과제의 해결을 위해 부총리를 위원장으로 하는 '경제난국극복위원회'를 설치했다. 그리고 산하 12개 특별대책반의 하나로서 '경제자율화 및 경쟁촉진대책반'을 구성해 규제 완화를 위한 제도 개선 계획의 수립을 추진했다.

셋째, 노태우 정부는 1990년 4월 '경제활성화를 위한 종합대책'의 일환으로 국무총리를 위원장으로 하고 관계 부처장관 등을 위원으로 하는 '행정규제완화위원회'를 설치했다. 산하에는 경제행정 분야의 규제 완화를 담당하는 '경제행정규제 완화 실무위원회'(위원장: 경제기획원 차관)와 일반행정 분야의 규제 완화를 담당하는 '일반행정규제완화 실무위원회'(위원장; 총무처차관)를 구성했다.

넷째, 노태우 정부는 1991년 9월에는 정부 주도의 규제 완화의 한계를 극복하고 민간부문의 의견을 광범위하게 수렴하기 위해 국무총리의 자문기관으로 '행정규제 완화 민간자문위원회'(위원장; 유장순 전경련 회장)를 한시적으로 설치했다.

3. 개혁의 내용

1) 일반행정 규제개혁

노태우 정부에서 단행된 일반행정 규제개혁은 행정쇄신대책의 일환으로 진행됐다. 정부는 일반행정 규제개혁을 포함한 행정쇄신작업을 효과적으로 추진하기 위해 기존의 '행정규제완화위원회'를 추진본부로 하고, 각 중앙부처와 시도에 '행정쇄신대책반'을 설치·운영했다.

행정쇄신 대책의 일환으로 전개된 규제 완화 조치는 1991년 10월 이후 총 1,343건의 규제 완화 과제를 발굴했다. 그 중 각 부처 자체 발굴 과제가 610건이었으며, 다른 부처 및 시도의 건의에 의한 것이 340건이었다. 여기서 발굴된 950개 과제를 개선 대상으로 확정해 이의 개선을 추진했다.

표 3-2-5 규제 완화 개선 유형별 대상 과제

규제 완화	민간위탁	지방위임	지방이양	관행 개선	민원간소화	기타 개선	합계
156	21	171	29	60	134	379	950

자료: 공정거래위원회(1992).

한편, 관 주도의 행정규제완화위원회의 활동과는 별도로 1991년 9월 설치된 '행정규제완화 민간자문위원회'는 1992년 3월까지 행정규제 완화에 관한 보고서를 작성해 649건에 관한 행정규제 완화 사항을 정부에 건의했다. 정부는 이를 소관부처별로 검토한 결과 57%에 해당하는 총 370건을 수용하여 개선했다(공정거래위원회, 1992: 60-73).

2) 경제행정 규제 완화

노태우 정부의 경제행정 규제 완화는 크게 두 단계로 진행됐다. 임기 초기에는 공정거래위원회와 '경제난국극복위원회' 그리고 6개 공업입지 관련 법률을 통폐합해 「공업입지관련법」을 제정하는 등의 방식을 통해 규제 완화나 공장 설치의 절차를 간소화하는 등의 노력을 경주했다.

그러나 임기 후반부에 오면서 경제 전반에 걸쳐 광범위하게 존재하고 있는 경쟁제한적 정부규제인 진입규제, 가격규제, 영업활동의 제한 등을 좀 더 과감히 줄여 나가기 위해서는 규제 완화가 범정부적 차원에서 추진돼야만 그 효과성을 담보할 수 있다는 분위기가 확산됐다. 이에 더해 수출과 제조업 투자의 부진 등을 헤쳐 나가기 위해서는 근본적으로는 기업 활동에 제약을 주는 각종 경제규제를 완화를 시급히 추진해 나가야 한다는 요구에 직면했다.

1990년 4월 경제활성화 종합대책의 일환으로 국무총리를 위원장으로 하고 관계 부처 장관 등을 위원으로 하는 '행정규제완화위원회'를 설치하고, 그 산하에 경제행정 분야의 규제 완화를 담당하는 '경제행정규제완화 실무위원회'(위원장: 경제기획원 차관)를 구성함으로써 경제 행정과 관련된 규제 완화 시책이 범정부적인 차원에서 광범위하게 추진되기 시작했다.

이와 함께 민원인의 입장에서 절차간소화 및 지방위임의 확대가 필요한 과제도 적극 발굴해 제도를 개선하기로 했다. 이와 같은 규제완화 추진계획에 따라 '경제행정규제완화 실무위원회'는 총106개 과제의 구체적인 규제 완화 추진 방안을 수립했다. 다만, 당초 추진키로 했던 석유산업은 걸프사태의 발발로 추진이 보류됐다.

또한 1991년 6월에는 제7차 '경제행정규제 완화 실무위원회'에서 1991년도 경제행정규제완화 추진계획'을 확정했다. 이에 따라 중점 추진 대상 분야로서 대외 개방과 관련해 국내 산업의 대내 경쟁 체제의 확립이 시급한 분야, 시장 참가 제한 등 유효경쟁 제약으로 가격과 품질 및 서비스 경쟁이 이뤄지지 않아 소비자의 불만 소지가 있는 분야, 민간기업의 사업활동에 과도하게 개입 간섭하거나 행정절차의 중복 복잡화로 민간의 자율성을 저해하고 불필요하게 과중한 부담을 주는 분야, 지방자치제의 본격적 시행에 따라 지방자치단체에 권한을 위임하는 것이 바람직한 분야로 설정했다.

결과적으로 '경제행정규제 완화 실무위원회'에서 확정한 총 171개 과제의 규제 완화 추진 방안 가운데 1992년 현재 128개 과제에 대해 조치가 완료됐다. 다만 잔여 43개 과제에 대해서는 관련 법령 개정작업이 수반돼야 하는 것으로 완료되지 못했다(공정거래위원회, 1992: 40-42).

4. 개혁에 대한 평가

노태우 정부에서 이뤄진 규제개혁은 이전 정부의 그것과는 성격을 달리했다. 이전 정부가 주로 공정거래위원회를 중심으로 한 경제행정 개혁에 치중한 반면, 노태우 정부는 임기 중반기부터 종합적인 규제개혁 추진체계를 마련하고 규제의 대상을 일반 행정과 경제 행정으로 분리해 규제 완화에 접근했다는 측면에서 의미를 지닌다. 비록 수출

부진과 그에 따른 대응책의 일환이기는 했지만, 규제 추진체계를 마련해 체계적 시도를 했다는 점은 이후 규제개혁의 선도적 역할을 했다는 측면에서 의의를 찾을 수 있다. 이런 측면에서 노태우 정부의 규제개혁에 대한 평가를 요약하면 다음과 같다.

첫째, 특히 경제행정 규제 분야의 경우 산업별로 시행돼온 규제의 목적과 수단의 타당성을 국가 여건의 변화에 비춰 전면적으로 재검토했어야 했다. 지금까지의 규제 완화 노력이 일정 수준 성과가 있었지만, 분야에 따라서는 규제 존속 하의 절차 간소화라는 민원 처리 수준의 단편적이고 국부적 접근이 많았다. 따라서 규제 자체의 본질에 대한 전면적인 검토가 계속 이뤄졌어야 했다.

둘째, 규제의 부과나 해제는 기술혁신과의 관련 속에서 검토됐어야 하는데 이런 측면에서 다소 부진했다. 혁신 과정 속에서 기업의 활동 영역은 매우 신축적으로 변해야 한다. 따라서 이 같은 분야에 대해서는 규제 당국의 좀 더 유연한 자세가 요구되나 현실은 그렇지 못했다.

셋째, 규제 해제에 관한 의사결정을 할 때 정부의 관련 부서는 물론 이해당사자와 관심 있는 국외자들의 공개적인 의견 교환을 통해 최대한의 합의를 도출하도록 했어야 했다. 아울러 정부는 규제 해제가 결정되면 사회적 비용을 최소화하고 자원의 효율적 재배분을 기할 수 있도록 보완대책을 강구해야 하는데 이런 측면에서 불충분했다.

넷째, 건국 이후 규제를 통해 형성된 이익관계는 상당히 고착화돼 있어 이를 개선하는 데는 많은 저항이 야기된다. 따라서 무엇보다도 중요한 것은 규제 완화의 효과를 국민 개개인이 피부로 느낄 수 있도록 하는 것인데, 현실적으로 이런 부분에 대한 노력이 부족했다(공정거래위원회, 1992: 453-462).

제 6 절 공기업 개혁과 민영화

1. 개혁의 기조

노태우 정부에서 이뤄진 공기업 개혁은 이전 정부인 전두환 정부의 공기업정책의 연속선상에서 진행됐다고 평가할 수 있다. 이에 따라 경쟁 유인이 결여되고 경직화되기 쉬운 공기업의 경영에 새로운 활력을 부여하고 사회적 감시 기능을 강화하기 위해, 전두환 정부 말기인 1987년부터는 공기업의 민영화를 본격적으로 추진하게 됐다. 다시 말해 경영 효율의 증진과 사업 기능의 재조정이라는 공기업관리 체계에 대한 전환의 대안으로, 1987년부터 민영화정책을 본격적으로 추진하기 시작했다.

이와 함께 특히 노태우 정부에서 공기업 개혁정책의 주요 수단으로 민영화정책을 가속화한 또 다른 배경으로는 다음을 들 수 있다.

첫째, 당시 국제수지 흑자 지속에 따라 통화량 증가 등에 의한 시중 유동자금의 확대로 증권시장이 급격히 활성화되고 있었다. 따라서 공기업의 주식 매각은 우량주식 물량의 공급 확대를 통해 자본시장의 안정화에 기여하고, 시중 유동자금의 산업자금화로 통화의 안정적 관리에도 기여할 수 있으리라는 기대가 있었다.

둘째, 정부는 정부투자기관과 출자기관에 대해 정책 목적의 달성을 위해 매년 상당한 출자를 해왔다. 그러나 공기업의 민영화는 공기업으로 하여금 자본시장에서 민간기업과 경쟁 하에 자금을 조달함으로써 비용 의식을 제고하고 경제적인 투자를 유도해 정부출자 부담을 축소시킬 수 있는 기회가 됐다.

셋째, 노태우 정부는 1990년대 복지사회 건설을 위해 추진하고 있는 국민복지 증진사업에 많은 자금이 소요되는데, 정부 보유 주식의 매각에 의한 재정수입의 확보는 정부의 재원 부담을 완화시킬 수 있었다.

결론적으로 노태우 정부에서 추진된 공기업 개혁은 전두환 정부에서 구축된 공기업의 관리대책을 강화하는 데 역점을 두는 한편, 통화 안정이나 재정수입의 확보에 목적을 둔 민영화의 가속화라는 두 방향에서 전개됐다.

2. 개혁의 추진체계

노태우 정부에서 이뤄진 공기업 개혁과 이후 개혁의 주된 수단인 공기업 민영화를 추진하는 과정에서, 여타 부분의 개혁 과정에서 보는 바와는 달리 노태우 정부에서 독자적인 개혁의 추진체계를 설립하지는 않았다. 대신에 전두환 정부에서 구축한 공기업 개혁과 민영화를 위한 개혁의 추진체계들이 노태우 정부에서도 연속적으로 작동했다.

예컨대 전두환 정부에서 1983년에 정부투자기관의 경영자율성을 최대한 보장하고 사후 경영평가제도를 도입하는 것을 목표로 「정부투자기관관리기본법」이 제정됐는데, 동법은 노태우 정부에서도 정부투자기관의 자율적 책임경영 여건을 조성하는 데 핵심적 법제였다.

이와 함께 정부투자기관의 경영자율성을 제고하기 위해, 제도 개선과 함께 투자기관의 경영 성과를 평가하기 위해 '경영평가제도'가 도입됐다. 그리고 실제 경영평가제도의 운용을 위해 별도기구로서 '정부투자기관 경영평가위원회'와 '경영평가단'을 설치했다. 따라서 노태우 정부에서 공기업 개혁을 위한 독자적인 추진체계는 존재하지 않았고, 이전 정부의 추진체계를 그대로 활용했다는 점에서 의미를 찾을 수 있다.

한편 공기업에 대한 대대적인 개혁의 차원에서 민영화를 추진하기 위한 추진체계도 역시 노태우 정부는 이전 정부의 추진체계를 그대로 활용했다. 즉, 전두환 정부 때인 1987년 4월 경제기획원 차관을 위원장으로 관계 부처 1급 공무원 및 전문가 등 20인으로 구성된 '공기업민영화 추진위원회'가 그것이다. 이 위원회는 대상기관의 선정 기준, 추진 일정 등 민영화 추진의 기본 방향을 협의하는 것을 기본 역할로 상정했다.

3. 개혁의 내용

노태우 정부의 공기업 개혁정책의 내용은 크게 관리개선 차원과 민영화 차원으로 나눠 볼 수 있다.

1) 제도적 개선 내용

노태우 정부에서 진행된 공기업에 대한 관리 차원의 개선 내용은 이전 정부와 크게 달라진 것이 없다. 그 결과 노태우 정부에서 이뤄진 대부분의 공기업의 개혁은 민영화에 그 초점이 놓여졌다. 다만 공기업 민영화와 관련된 제도 개선 등은 노태우 정부에서 여러 차례 진행됐다. 이는 주로 공기업 민영화를 주도한 '공기업민영화 추진위원회'를 통해 추진돼 왔다.

첫째, 1989년 7월 동 위원회에서는 전기통신사업에의 경쟁 도입 확대, 국민은행의 경영자율성 확대를 위한 법 개정 추진 및 외환은행법 폐지 등을 통한 정부규제에 대한 완화 방침을 결정한 것을 들 수 있다.

둘째, 1990년 10월에는 동 위원회가 통신공사 및 데이터통신(주)의 업무 영역을 조정해 국제전화 사업에 경쟁 체제를 도입했다. 그리고 1991년 12월에는 전기통신기본법 및 전기통신사업법을 개정해 신규 사업자에게도 문호를 개방하는 등 경쟁 도입 및 규제 완화를 제도적으로 뒷받침했다.

셋째, 1992년부터는 '정부투자기관 출자회사 관리개선 방안'에 따라 투자기관 업무와 밀접한 관계가 없는 회사, 민간업계와 경쟁되는 회사, 설립 목적으로 달성한 출자회사에 대해 민영화계획을 수립해 원진레이온, 대한 중석 등 17개 출자회사의 지분 매각을 추진했다.

2) 공기업 민영화

노태우 정부에서 추진한 공기업 민영화는 전두환 정부에서 마련된 민영화 계획을 집행하는 데 주력했다. 상황의 변화에 따라 집행계획이 다소 변경되거나 연기된 것을 제외하면, 민영화와 관련된 새로운 개혁 내용은 크게 없는 실정이다. 따라서 노태우 정부의 공기업 민영화정책은 전두환 정부의 민영화정책의 지속적 집행에 초점이 놓였다고 할 수 있다.

'공기업민영화추진위원회'가 확정한 기본 방향에 따라 1987년 5월에 개최된 제2차 회의에서 표에서 보듯이 민영화 대상으로 10개 기관, 기능 조정 대상으로 7개 기관을 선정했다. 그리고 10개 민영화 대상 기관 중 7개 기관은 완전 민영화, 3개 기관은 부분 민영화 대상으로 선정했다.[7)]

표 3-2-6 민영화 대상 기관

완전 매각 대상	일부 매각 대상	기능 조정 대상
증권거래소, 국민은행 중소기업은행, 외환은행 한국감정원, 국정교과서 한국기술개발	한국전력 전기통신공사 포항제철	해외개발공사, 무역진흥공사 농수산물유통공사, 산업은행 주택은행, 산업기지개발공사 종합화학

자료: 경제기획원(1987) 내부자료.

이 계획에 따라 이뤄진 민영화의 내용을 정리하면 다음과 같다.

첫째, 1988년 2월 증권거래소의 정부 지분 68.1% 모두를 기존 주주인 25개 증권회사에 매각했으며, 1988년 6월에는 포항제철에 대한 정부 및 산업은행 지분 69.1% 중 34.1%를 322만 명에게 국민주로 보급했다. 또한 1989년 5월에는 한국전력의 정부 지분 가운데 21%를 655만 명에게 국민주 형태로 보급했다.

---

7) 이외에도 민정당은 1987년 11월 이미 선정된 민영화 대상기관 중 수익성 및 규모를 고려하여 포철, 한전, 국민은행, 기업은행, 외환은행, 통신공사의 6개 기관에 전매공사를 새로이 추가한 7개 기관의 정부 보유 주식 등 5조 원 상당을 국민주로 보급할 것을 발표했다.

둘째, 1990년에는 1989년 중 한전과 함께 민영화를 추진할 계획이었던 통신공사, 국민은행, 외환은행, 한국기술개발(주), 한국감정원의 민영화를 추진했다. 또한 통신공사와 국민은행은 민영화를 위한 법 개정이 늦어짐에 따라, 외환은행은 증시 침체를 야기할 우려가 있다는 주무부의 의견에 따라 이 해에 추진됐다.

셋째, 1990년에 추진 중에 있던 민영화계획이 부분적으로 유보되거나 중지됐다. 예컨대 국정교과서는 공모 요건 미달로 매각 방법을 재협의하기로 했으며, 한국기술개발은 중소투자 기업체들의 공공성 보장 요구로 지분 매각 비율을 재검토하기로 했다. 한국감정원은 토지공개념제도 확대 도입과 관련해 토지평가 업무의 공신력 유지 차원에서 주무부처의 재검토 요구가 있어 매각을 연기했다.

넷째, 여타 공기업이나 민간기업과 경합되거나 중복되는 일부 공기업의 기능 조정을 추진해 산업기지개발공사를 1988년 7월에 수자원공사로 개편해 단지개발사무를 토지개발공사로 이관했다. 그리고 해외개발공사는 1991년 4월에 한국국제협력단으로 개편하여 국제협력전담기구로 기능을 전환했다.

다섯째, 1986년 12월부터 진행된 정부투자기관 출자회사에 대한 민영화에 착수해 산업은행의 산하에 있던 한국광업제련, 유공(주), 한국전력공사 산하의 대호(주), 종합화학(주) 산하의 진해화학, 동해펄프(주), 한주(주), 영남화학(주), 관광공사 산하의 설악개발, 금오산관광개발, 대한여행사 등의 민영화를 완료했다.

여섯째, 1992년부터 '정부투자기관 출자회사 관리개선 방안'의 일환으로 투자기관 업

표 3-2-7 공기업 현황

형태	특징	기업체 수(개)	고용 인원(명)	예산 규모(억 원)
정부기업	정부부처 형태 (철도, 조달, 체신 등)	4	71,584	28,455
정부투자기관	정부출자 50% 이상 (산은, 한전 등)	23	170,824	343,986
정부출자기관	정부출자 50% 미만 (포철 등)	7	38,588	82,941
정부투자기관의 출자회사	정부투자기관을 통한 출자(한중 등)	90	93,096	167,346
합계		124	93,096	167,346

자료: 공정거래위원회(1992).

무와 밀접한 관계가 없는 회사, 민간업계와 경쟁되는 회사, 설립 목적으로 달성한 출자회사에 대해 민영화 계획을 수립해 원진레이온, 대한 중석 등 17개 출자회사의 지분 매각을 추진했다(공정거래위원회, 1992: 36-37, 131-145).

이상과 같은 노태우 정부의 공기업 민영화 추진으로 인해 임기 말인 1991년 12월 현재 공기업 현황은 다음과 같다. 이에 따라 우리나라 공기업 전체의 1991년도 예산 규모는 62조 2,728억 원으로 중앙정부 예산의 1.4배에 달했다.

4. 개혁에 대한 평가

노태우 정부에서 단행된 공기업 개혁이나 새로운 관리 차원에서 모색된 민영화는 긍정적 측면에서, 대체로 이전 정부에서 설정된 법령·제도나 계획에 따라 정책의 일관성이라는 면에서 추진된 성격이 강하다. 이런 측면에서 정책에 대한 순응성을 확보하고 정책의 비일관성에 따른 혼란을 막을 수 있었다는데서 의미를 찾을 수 있다. 다만 노태우 정부의 공기업정책은 이런 성격으로 인해, 여타 개혁정책과는 달리 독창성이나 개혁의 참신성은 거의 없었다.

첫째, 노태우 정부와 전두환 정부가 지닌 정권의 유사성으로 인해 공기업 정책의 경우 큰 차이를 발견할 수 없다. 이에 따라 이전 정부에서 설정한 계획에 따라 집행에 충실한 공기업정책이라 할 수 있다.

둘째, 민영화정책을 제외한 공기업 관리 개선의 차원에서 새로이 강화된 정책 내용이 거의 없다. 따라서 노태우 정부의 공기업정책에서는 제도적 개혁이 거의 이뤄진 것이 없다.

셋째, 민영화 과정에서 국내외의 경제환경에 대한 정확한 예측성의 부족으로 민영화 계획이 연기되거나 중단된 경우가 많았다. 따라서 노태우 정부의 열악한 경제관리 능력이 민영화 계획의 걸림돌이 됐다.

넷째, 재정 확충과 국민들의 소득 증가에 목적을 두었던 민영화 계획이 과연 바람직한 효과를 창출했는가에는 심각한 의문이 야기된다. 오히려 국민주의 보급으로 인해 대중주의적인 정치 행태에 대한 불신의 과중과 재정 확충에도 큰 도움이 되지 못했던 일부 민영화 계획은 이후 정치적 불신의 확대와 정치의 포퓰리즘에 문제를 제기하게 됐다.

다섯째, 노태우 정부가 공기업 개혁의 목표로 설정했던 비효율을 초래하는 본질적인 요인들이 실제로 해소되거나 개선된 것이 크게 없었다. 다시 말해 경쟁의 결여, 사회적 감시의 미흡, 정치적 영향, 소유권 불명 등이 공기업 개혁의 결과로 별로 해소된 것이 없을 뿐만 아니라 경영의 효율성 제고에도 큰 효과는 없었다.

제 7 절 반부패 개혁

1. 개혁의 기조

노태우 정부의 반부패 개혁은 다른 개혁과는 달리 정치적 상황과 밀접한 관련을 맺으면서 전개됐다. 노태우 정부 임기 초반은 여소야대의 상황과 전두환 전 대통령을 둘러싼 청문회 등으로 반부패 개혁의 방향이나 내용에서 특별한 기조나 방향성이 설정되지 못했다. 그러다가 임기 중반인 1990년에 3당 합당으로 인해 여대야소로 정치적 운신의 폭이 넓어지면서, 반부패 개혁은 하나의 사회개혁운동 차원으로 확장되기 시작했다.

이에 따라 임기 초반에는 반부패 개혁의 기조가 주로 공무원의 재량권 남용 소지가 있는 규정을 개정하거나 보완하고, 권한을 하부위임 또는 민간인에게 위탁하는 등 제도적 보완 장치 마련에 치중했다. 이에 반해 임기 중후반에는 '공직자 새정신운동'을 필두로, '새질서 · 새생활실천운동'과 같은 사회개혁운동을 전개하면서 자율적 기능을 강화하는 데 초점을 두었다. 따라서 임기 중후반부터 전개된 반부패 개혁의 기조는 이전과는 달리 사후 교정보다는 예방 사정에 초점을 두었으며, 이와 함께 하위직 공무원의 처우 개선 등 사기 진작과 근무 여건 개선으로 공직자를 보호하는 도와주는 사정에 개혁의 기조를 두었다.

2. 개혁의 추진체계

노태우 정부에서 반부패 개혁의 추진체계는 정치적 상황의 전개 과정에 따라 다양하게 분화했다. 다만 특징적인 면이라면 반부패 개혁의 추진체계가 다소 산만하고, 주체적 역할을 담당하는 기구를 발견하기 어렵다는 점과 사회개혁운동 차원으로 확장된 반부패 개혁의 성격으로 인해 추진체계의 범위가 넓어졌다는 것을 특징으로 들 수 있다. 언급한 바와 같이 노태우 정부의 반부패 개혁의 추진체계는 크게 대별된다.

첫째, 3당 합당 이전 시기까지인 1990년 초까지의 반부패 개혁의 추진체계다. 임기 초반에 해당하는 이 시기에 노태우 정부는 반부패 개혁기구로 이전 정부에서 주된 역할을 담당하던 대통령사정비서실과 사회정화위원회를 폐지하는 대신, 총리실에 '제4행정조정실'을 신설했다. 이와 함께 반부패정책의 방향을 결정하기 위해 '사정관계장관회의'를 구성했다. 또한 사정정책의 구체적인 실천과제를 토의 · 확정하기 위해 감사관회의를 두었으며, 사정정책에 대한 민의수렴을 위해 '사정정책자문단'을 운영했다. 끝으로 공직자의 의식개혁을 통한 새로운 공직윤리관의 재정립을 위해 기관별로 '행정쇄신자율실천위원회'를 운영했다.

둘째, 3당 합당 이후 시기부터인 노태우 대통령의 임기 중후반 시기의 반부패 개혁의 추진체계다. 1990년 5월부터 그해 말까지 대통령비서실에 '특명사정반'을 한시적으로 설치해 운영했다. 이듬해인 1991년 1월에는 폐지했던 대통령비서실에 사정비서실을 다시 신설해 사정 관련기관에 대한 감독 기능을 중점적으로 수행하게 했다. 1991년 이후에는 국무총리실에 '정부합동특감반'을 설치 운영했고, 필요한 경우에는 기관별 · 분야별로 자체 '기동전담반'을 편성해 운영했다. 그리고 1991년 4월에는 대검찰청 중앙수사부 4개 반 및 각 지청특별수사부 요원으로 공직 및 사회지도층 비리를 집중단속하기 위한 '특별수사부'를 설치했다.

셋째, 대통령의 주창으로 시작된 '새질서 · 새새활운동'을 실천하기 위한 추진체계로 정부에 '국무회의 소위원회'와 '새정신운동실천협의회'를 그리고 부 · 처 · 청에 '자율실천반'을 설치했다. 이 밖에도 민간과의 거버넌스 강화 차원에서 구성된 추진체계로는 1991년 2월에 '새생활운동 자원봉사단'이 발족된 것을 들 수 있다. 전국에서 14개 시 · 군 · 구(420명)에서 자원봉사단을 시범 운영한 후, 1991년 4월에는 전국적으로 자원봉사단 발대식을 통해 조직 구축이 이뤄졌다.

3. 개혁의 내용

1) 노태우 정부 전반기의 반부패 개혁 내용

노태우 정부에서 시도된 반부패 개혁정책의 내용은 임기 초반부에 해당하는 1990년 이전에는 노 정부가 추구한 민주화와 자율화의 지향과 함께 여소야대라는 정치적 상황과 맞물려, 혁신적이고 과감한 반부패 개혁이 시도되지 않았다. 다만 이 무렵에는 주로 제도의 정착과 자율적 공직 기강을 확립하는 수준에서 반부패 개혁이 진행됐다.

첫째, 자율적 공직 기강을 확립하는 데 주력했다. 이러한 맥락에서 민주적 공직자상을 정립하기 위해 자율공직기강 확립을 위한 지침을 수립했다. 또한 각 기관에 대한 복무실태 점검과 설문조사(2281명)를 통해 복무제도의 개선안을 마련했다.

둘째, 공직윤리의 제도 개선에 주력했다. 1983년부터 실시된 '공직자재산등록제'를 강화하기 위해 「공직자윤리법」 개정을 추진했다. 그리고 퇴직공직자의 취업제한제도를 강화했다.[8)]

셋째, 공직자의 의식개혁을 통한 새로운 공직윤리관의 재정립을 꾀했다. 이를 위해 기관별로 '행정쇄신자율실천위원회'를 운영해, 공무원 각자가 끊임없는 자기혁신을 통한 근무풍토를 쇄신하는 계기를 조성했다(대한민국정부 행정백서, 1989: 508-509).

2) 노태우 정부 중후반기의 반부패 개혁 내용

정권 출범 후 2년여 동안 과거에 발목 잡히고 온갖 문제와 혼란에 시달렸던 노 정부는 임기 중후반기의 시작이라고 할 수 있는 1990년에 접어들면서, 3당 합당이라는 커다란 정치적 국면 전환을 일으킨 후 내각을 대폭 개편하고, 3당 합당을 계기로 반전의 기회를 잡아야 한다는 압력에 대한 대응으로 '새질서 · 새생활운동'을 전개했다. 이 운동은 대통령이 제창해 추진한 사회개혁운동으로서, 공직자사회의 부패억제를 위한 사업은 이 운동의 핵심 내용 중의 하나였다.

'새질서 · 새생활운동'의 출범은 두 차례의 전주에 의해 이뤄졌다. 첫 번째 전주는 '공직자 새 정신운동'이었으며, 두 번째의 전주는 '범죄 · 폭력소탕 전쟁선포'였다. 노 대통령은 범죄와의 전쟁을 선포하는 특별선언에서 범죄의 두려움이 없는 사회, 질서 있는 사회, 일하는 사회의 구현을 강조했다. 이러한 특별선언의 취지에 따라 정부는 '새질서 · 새생활운동'을 기획했다(오석홍, 2008: 290-292). 노 대통령의 강력한 추진으로 선포된 '새질서 · 새생활운동'은 다음과 같이 전개됐다.

첫째, 공직자들을 대상으로 새정신운동을 추구하고자 했다. 다시 말해 공직사회에서부터 새로운 윤리관과 가치관을 정립하는 운동을 전개해, 자율적인 의식 전환 과정을

---

8) 이에 따라 1988년도부터는 자산 100억 원, 연간 외형거래액 300억 원 이상인 611개 영리사기업체를 취업제한 대상 기업체로 확정해 고시했다. 그리고 재무부 등 102개 기관의 1,658개의 직위를 취업제한 대상 직위로 결정했다.

통해 공직 기강을 쇄신해보자는 자율실천운동이었다. 이에 따라 1990년 3월부터 새정신운동이 전개됐다. 이의 실천 내용은 주로 일하는 정부를 구축하기 위해 공명정대한 대민 업무 수행, 민주적인 직장생활, 엄격한 공사 구분 등을 구체화하는 데 놓여졌다. 그리고 건전한 사회공동체를 형성하는 데 초점이 놓여졌다.

둘째, 사회 전반을 대상으로 한 새질서생활운동을 전개했다. 즉, 1990년 10월 13일 인간중심주의의 바탕 위에서, 민주 산업사회에 부합하는 새로운 가치관과 생활규범을 정립하기 위해 범국민적 새생활운동을 제창했다(공보처, 1992b: 545-566).

4. 개혁에 대한 평가

노태우 정부에서 이뤄진 반부패 개혁의 특징은 민주화에 따른 시대적 배경과 초기에는 여소야대에서 후기에는 여대야소로 전환된 정치적 상황에 따라, 개혁의 기조나 방향이 급선회했다는 점이다. 이와 함께 다른 정부들에 비해 다소 자율적이고 교화적인 성격을 상대적으로 많이 내포했으며, 사정의 부작용을 줄이기 위해 공무원에 대한 사기 진작을 강화했다는 점에서 의의를 찾을 수 있다. 특히 임기 후반부에 오면서 반부패 개혁을 사회개혁운동으로 승화시키고자 했다는 점에서 의미가 있다.

첫째, 노태우 정부의 반부패 개혁 과정에서 주된 추진체계가 없었다는 측면에서 개혁의 효과가 반감됐다.

둘째, 정치적 상황으로 인한 영향이기도 하지만 임기 초반에 반부패 개혁에 동력을 추동해야 했는데, 이 시기에 반부패 정책의 효과가 부진했다.

셋째, 새질서·새생활운동의 일환으로 강화된 부패 억제 시책이 사회개혁운동으로 승화되지 못하고, 정부 주도의 운동으로 끝남으로써 운동에 따른 효과가 미미했다.

넷째, 사정의 방향성이 사기 진작과 자율성에 두었다는 점에서 반부패 개혁 기조의 민주성을 엿볼 수 있다는 점에서 의미가 있었다.

제 8 절 지방행정 개혁

1. 개혁의 기조

노태우 정부의 지방행정 개혁의 기조나 방향은 지방자치제를 실시하기 위한 준비와 함께, 지방자치의 기반을 마련하기 위한 법제도 등의 개정에 놓여 있었다. 따라서 노태우 정부의 출범과 함께 전개된 지방자치제도의 복구계획은 노 정부의 지방행정 개혁사업의 중요한 국면이라 할 수 있다.

노태우 정부가 출범한 1988년 4월 6일에 전면 개정된 「지방자치법」은 이를 실천에 옮기기 위한 법적·정치적 준비작업이 복잡한 정치 상황과 얽히면서 우여곡절을 겪게 됐다. 이후 1989년 12월에 여소야대의 국회에서 지방자치법은 또 한 차례의 개정을 겪으면서, 지방의원선거와 단체장선거의 시한을 각각 1990년 6월 30일 이전과 1991년 6월 30일 이전으로 결정했으나, 끝내 이러한 시한은 지켜지지 않았다. 다만 지방의회만을 구성하고 지방자치단체장의 선거는 1995년으로 연기한 채 노태우 정부는 종료했다.

결론적으로 노태우 정부의 지방행정 개혁의 기조와 방향은 지방자치제의 기반을 구축하는 데 필요한 법적·행정적 기반을 조성하는 데 초점이 놓여졌다.

2. 개혁의 추진체계

노태우 정부에서 지방행정 개혁을 시도하기 위한 개혁의 추진체계로는 '행정개혁위원회'를 들 수 있다. 지방행정 개혁과 관련해서 이 위원회는 민주 발전과 지방자치제의 실시, 행정 여건의 변화에 효율적으로 대처하기 위한 행정조직의 개편과 행정제도 및 행정 행태의 개선에 관한 사항을 연구·검토해 대통령에게 건의하는 것을 그 임무로 하는 조직이었다.[9] 이 밖에도 지방행정 개혁의 주된 추진체계는 내무부였다.

9) 행정개혁위원회, 행정개혁에 관한 건의(1989. 7).

3. 개혁의 내용

노태우 정부에서 이뤄진 지방행정 개혁의 내용은 크게 지방자치법이 개정된 것과 그에 따라 지방자치를 위한 기반 조성으로 나눌 수 있다.

1) 지방자치와 관련된 법 개정

지방자치법의 개정은 본질적으로 국회의 권능이기는 하지만 지방행정 개혁과 밀접한 관련을 갖기에 간략히 그 내용을 언급하면 다음과 같다. 노태우 정부에서 단행된 지방자치법 개정 법률은 중요한 자치적 요소를 부활시키고, 지방자치단체의 역할과 권능을 강화하도록 규정했다는 점에서 의미가 크다. 동 법의 개정으로 지방자치단체의 종류는 서울특별시와 직할시(후에 광역시로 개칭) 및 도, 그리고 시·군·자치구(특별시와 직할시의 구에 해당)로 정했으며, 모든 자치단체의 장과 지방의회 의원의 선거제를 규정했다. 또한 지방자치단체의 사무 범위를 광범하게 규정함으로써 자치의 폭을 넓히려 했다. 지방자치단체의 인사권 및 조직권을 강화하는 규정들도 두었다.

그러나 지방자치제도를 부활시키는 법 개정을 한 뒤에도 이를 실천에 옮기기 위한 법적·정치적 준비작업은 복잡한 정치 상황과 이해관계에 얽혀 지체의 과정을 거치게 된다. 이후 동 법은 1989년 12월 여소야대의 국회에서 또 한 차례의 개정을 겪으면서, 지방의원 선거와 단체장 선거의 시한을 각각 1990년 6월 30일 이전과 1991년 6월 30일 이전에 실시하는 것으로 결정했다(오석홍, 2008).[10]

2) 지방자치를 위한 기반 조성

노태우 정부에서 지방행정 개혁과 관련한 성과는 지방자치를 위한 기반 조성에 주력한 것을 들 수 있다. 예컨대 법적 측면뿐만이 아니라 행·재정적으로 광범위한 개편이 진행됐다.

첫째, 지방자치를 앞두고 행정 권한의 하부기관 위임을 확대했다. 주민의 편익을 증진시키고 행정 능률 향상을 도모하기 위해 중앙 및 시·도 권한의 하부기관 위임을 추진해 권한위임 대상사무를 발굴해, 이 중 시도 권한 중 시·군·구 재위임이 적정한 사

10) 그러나 이러한 시한은 지켜지지 않은 채, 지방의회의원 선거는 1991년에 구·시·군의회의원 선거는 1991년 3월 26일에 실시됐고 개원 날짜는 4월 15일이었다. 광역자치단체인 시·도의 의회의원 선거는 1991년 6월 20일에 실시됐으며, 광역의회는 7월 8일에 개원됐다. 다만 지방자치단체장의 선거는 1995년으로 연기됐다.

무를 위임하도록 했다.

둘째, 지방자치제의 실시에 따라 지방행정기관의 자주조직권을 확대했다. 1988년 4월 6일 전면 개정된 지방자치법이 5월 1일부터 시행됨에 따라, 지방청의 조직과 정원관리권을 상당 부분 지방자치단체에 이양했다.

셋째, 지방행정 조직의 합리적 보강을 꾀했다. 지방자치제 실시와 관련해 지방행정의 여건 변화에 능동적으로 대처하기 위해 지역 단위 종합 행정 체제와 역량의 강화로 민주적 지방자치 행정기반을 구축했다.

넷째, 행정구역의 합리적 개편을 추진했다 광주직할시의 장기적인 발전과 기반 조성을 위해 전남 송정시와 광산군 일원을 편입해 광주직할시의 행정구역으로 확대했다. 급속한 산업화와 도시화로 인구가 급격히 팽창한 인구 50만 이상 시인 대전, 울산, 부천, 수원시에 6개 구를 신설했다(대한민국정부, 1989: 532-534).

4. 개혁에 대한 평가

노태우 정부에서 이뤄진 지방행정 개혁은 민주화로 이행하기 시작한 이정표의 역할을 했다. 지방자치제의 실시로 대표되는 노태우 정부의 지방행정 개혁은 비록 여러 한계를 안고 있었음에도, 분권이라는 민주화를 향한 결과였다. 따라서 노태우 정부에서 이뤄진 지방행정 개혁은 지방자치제를 실시하기 위한 법과 제도의 정비에 초점이 맞춰진 결과, 실질적인 지방행정의 역량을 제고하는 것과는 다소 거리가 있을 수밖에 없었다. 다시 말해 이 시기에 형식적인 지방분권을 위한 씨앗은 뿌려졌으나 행정 목표였던 실질적인 지방화나 균형 발전과는 거리가 있었다.

참고 문헌

건설부 (1991). 1991년도 지가공시에 관한 연차보고서.

공보처 (1992a). 제6공화국실록: 노태우대통령정부 5년.

_______(1992b). 자료 제6공화국: 노태우대통령정부 5년.

공정거래위원회 (1992). 한국의 정부규제 완화: 경제행정 분야를 중심으로. 정책자료.

김경환 · 서승환 (1991). 우리나라 부동산가격과 물가에 관한 실증분석. 금융경제연구, 한국은행.

김길조(1987). 지방행정 전산화의 확산 적용 방안. 한국행정학보, 21(1).
김태룡(2012). 새한국행정론. 서울: 대영문화사.
_______ 외(2014). 새한국정부론. 서울: 대영문화사.
노동부. 노동통계연보. 각 연도.
대한민국정부(1989). 행정백서.
_______(1990). 다기능 사무기기 활용편람: 행정전산망기기.
안문석(2005). 문민정부의 행정개혁. 한국정책학회보, 4(1).
오석홍(2008). 행정개혁론. 서울: 박영사.
이윤식(2011). 신행정정보체제론. 서울: 대영문화사.
전산망조정위원회(1989). 국가사회 전산망 추진계획.
총무처(1998). 대한민국 정부조직편람.
총무처 정부전자계산소(1990). 행정전산망 공통행정코드집.
토지공개념연구위원회(1989). 토지공개념연구위원회보고서.
한국노동연구원(1991). 임금관련 통계자료집.
행정개혁위원회(1989). 행정개혁에 관한 건의.
행정안전부(2012). 대한민국 정부조직변천사.

제 3 장

정부개혁에 대한 성과 및 평가

하태수
경기대학교

제 1 절 정부조직 개편

노태우 정권은 국내·외적으로 여러가지 정부조직 개편 압력을 받았으나, 그에 조응하는 조직개편을 단행했다고 보기는 어렵다. 대개 정권이 출범하는 시기에 정부조직 개편이 있는데, 노태우 정권은 정권이 출범하는 1988년 초에 아무런 정부조직 개편도 하지 않았다. 5공 세력의 막대한 영향력 때문에 노태우 정권이 의도적으로 정부조직법 개정을 지연시킨 측면도 있고, 5공 청산 정국 때문에 자연스럽게 정치권 의제로 설정되지 못한 측면도 있다.

1989년에는 행정개혁위원회의 개편안 제시로 비교적 중폭의 개편이 기대됐으나 소폭의 개편만 있었다. 여소야대라는 국회 상황에서 정부·여당이 자신들의 의지를 관철시키기보다는 야당들의 주장을 일부 수용하는 선에서 개편을 마무리했었다. 1990년 3당 합당 이후 여당이 국회 절대 다수를 차지하게 되자 중폭의 개편이 있었다. 그러나 이때에도 개편 방향은 신설·확대·승격이었다. 민주화 분위기와 이해관계인들 특히 직업

관료들의 저항으로 인해 기구 폐지·축소는 강행되지 못했다. 당시 민주화 열풍에 편승하여 장관들과 관료들마저도 자기들의 부처이기주의적 주장을 내세우면서 정부조직 개편에 반대했다. 심지어는 정부 외곽의 이익단체들과 자기 부처에 우호적인 교수들까지 끌어들여 개혁 저지를 위한 사실상의 실력 행사를 했다(하태수, 2011: 22-23).

정부조직은 출범할 당시 2원 16부 4처 13청 3외국 1위원회였으나, 임기가 종료될 시점에서는 2원 16부 15청 2외국이 됐다(각 연도 정부조직법). 그리고 공무원은 16만여 명의 증원이 있었으며, 상위직의 증설 비율은 하위직의 경우보다 높아 1급 직위가 60여개나 증설됐다. 이에 따라 공무원 수는 553,103명에 달했다.

표 3-3-1 노태우 정부조직의 변화

	차관보	실	국	과	담당관					
					1급	2급	3급	3·4급	4급	기타
1988년	12	35	173	742	1	124	45	0	350	64
1989년	12	39	185	782	1	128	45	0	373	67
1990년	14	39	187	812	1	135	47	0	360	65
1991년	14	45	187	864	1	150	44	0	352	59
1992년	14	45	190	882	1	152	47	0	107	64

자료: 행정안전부(2012).

1. 재정개혁

노태우 정부가 추진한 재정개혁은 정부통제를 줄이고, 민간부문의 자율성을 확대하는 데 초점을 두었다. 그러나 국제 경제 상황의 악화, 노사 분규의 확산과 근로 의욕의 감퇴, 생산성 하락, 일부 계층의 부동산 투기와 사치성 과소비 증대로 인해 사회적 위기감이 고조되면서 전반적으로 경기가 침체되는 결과를 낳았다. 그렇지만 경제부문에서 수출입 구조의 다변화, 경제구조의 안정성과 다양성 증대 등 비교적 좋은 평가를 받은 부분도 있었다.

그럼에도 불구하고, 결국 노태우 정부의 재정개혁은 지도자의 확고한 경제관 및 문제의식 부재, 행정부의 경제정책의 일관성 결여로 인해 흑자경제에서 적자경제로 후퇴하는 결과를 초래했다. 이에 따라 노태우 정부 말에 이르러 국제수지가 수출은 76,631백만 달러, 수입은 81,775백만 달러를 기록했다. 당시의 실업률은 2.5%, 경제성장률은

5.9%, 조세부담률은 17.8%, 1인당 국민소득은 7,527 달러로 나타났다(김태룡 외, 2014: 390-391).

2. 인사개혁

노태우 정부에서 이뤄진 인사개혁의 기조는 민주화의 진전에 따라 유신사무관 제도 폐지, 공무원들의 신분 보장 및 복지 향상이었다. 이에 따라 인사개혁의 주요 내용은 사기 진작을 위해 약간의 보수 인상이나 신분과 승진 영역에서 사기 진작을 위한 개편으로 이뤄졌다.

다만 임기 말에 이르러 공무원의 정치적 중립과 관련된 복무지침이 강화됐다는 것을 제외한다면, 노태우 정부의 인사개혁의 초점은 이전 정부와는 달리 공무원의 복지와 사기 진작에 주안점이 놓여 있었다. 결론적으로 노태우 정부에서 단행된 인사개혁은 공무원의 복지와 사기 진작에는 일정한 효과가 있었던 반면, 공무원의 능력 제고라는 측면에서는 개편 내용이 전무했다. 이런 측면에서 노태우 정부의 인사개혁은 임용과 후생복지에는 상당 부분 진전이 있었으나, 공무원의 훈련과 능력 향상이라는 측면에서는 거의 성과가 없었다.

3. 전자정부 추진

노태우 정부에서 시행된 국가기간전산망 사업 중 행정전산망 사업의 주된 목표는 행정전산화의 촉진을 통해 작고 효율적인 정부를 구현하고, 산재된 행정정보를 종합적으로 이용할 수 있도록 하여 대국민 행정 서비스의 양과 질을 높이고자 하는 데 있었다(전산망조정위원회, 1989; 이윤식, 2011).

우선 추진 성과라는 측면에서 볼 때 많은 영역에서 목표를 달성했다. 첫째, 6개 우선 업무 분야에서 대국민 종합 서비스 제공이 실현됐다. 둘째, 행정 업무 수행의 효율성이 제고됐다. 즉, 행정정보의 범정부적 공동활용 기반을 구축하고 공무원의 전산처리 능력의 확충으로 사무자동화 기반이 조성돼 행정 업무 처리의 효율화를 기할 수 있게 됐다. 셋째, 국내 정보산업의 육성 및 정보화 사회의 조기 실현에 기여하게 됐다. 그렇지만 노태우 정부의 전자정부 사업에 대한 문제는 다음과 같다.

첫째, 표준 프로젝트 관리 기법 활용의 미비로 프로젝트의 효율적인 관리 및 통제에 한계를 드러냈으며, 내부 감리를 통한 품질관리제도가 미비했다.

둘째, 시스템의 안전성과 신뢰성 확보가 미흡했다. 그로 인한 시스템의 장애로 대민 서비스 제공에 차질을 초래할 우려가 있었는데 그에 대한 감사제도가 미흡했다.

셋째, 업무 개발기관과 주관 기관의 원활한 협조가 결여돼 개발 일정이 지연되는 사례가 많았다.

넷째, 표준화된 업무 개발의 방법론이 없었기 때문에 체계화된 계획 수립, 효율적인 업무 개발 수행, 조직적인 순기관리 및 품질 보장과 해석상의 개념 통일 등이 이뤄지지 않아 사업의 요청 기관이나 전담 사업자에게 시행상 혼란이 초래됐다.

4. 규제개혁

노태우 정부에서 이뤄진 규제개혁은 이전 정부의 그것과는 성격이 달랐다. 이전 정부가 주로 공정거래위원회를 중심으로 한 경제행정 개혁에 치중한 반면, 노태우 정부는 임기 중반기부터 종합적인 규제개혁 추진체계를 마련하고 규제의 대상을 일반행정과 경제 행정으로 분리해 규제 완화에 접근했다는 측면에서 의미를 지닌다. 비록 수출 부진과 그에 따른 대응책의 일환이기는 했지만, 규제 추진체계를 마련해 체계적 시도를 했다는 점은 이후 규제개혁의 선도적 역할을 했다는 측면에서 의의를 찾을 수 있다. 이런 측면에서 노태우 정부의 규제개혁에 대한 평가를 요약하면 다음과 같다.

첫째, 경제행정 규제 분야의 경우 산업별로 시행돼온 규제의 목적과 수단의 타당성을 국가 여건의 변화에 비춰 전면적으로 재검토했어야 했다. 지금까지의 규제 완화 노력이 일정 수준 성과가 있었지만, 분야에 따라서는 규제 존속 하의 절차 간소화라는 민원 처리 수준의 단편적이고 국부적 접근이 많았다. 따라서 규제 자체의 본질에 대한 전면적인 검토가 계속 이뤄졌어야 했다.

둘째, 규제의 부과나 해제는 기술 혁신과의 관련 속에서 검토됐어야 하는데 이런 측면에서 다소 부진했다. 혁신 과정 속에서 기업의 활동 영역은 매우 신축적으로 변해야 한다. 따라서 이 같은 분야에 대해서는 규제당국의 좀 더 유연한 자세가 요구되나 현실은 그렇지 못했다.

셋째, 규제 해제에 관한 의사결정을 할 때 정부의 관련 부서는 물론 이해당사자와 관심 있는 국외자들의 공개적인 의견 교환을 통해 최대한의 합의를 도출하도록 했어야 했다. 아울러 정부는 규제 해제가 결정되면 사회적 비용을 최소화하고 자원의 효율적 재배분을 기할 수 있도록 보완대책을 강구해야 하는데 이런 측면에서 불충분했다.

넷째, 건국 이후 규제를 통해 형성된 이익관계는 상당히 고착돼 있어 이를 개선하는 데는 많은 저항이 야기된다. 따라서 무엇보다 중요한 것은 규제 완화의 효과를 국민 개개인이 피부로 느낄 수 있도록 하는 것인데, 현실적으로 이런 부분에 대한 노력이 부족했다(공정거래위원회, 1992: 453-462).

5. 공기업 개혁(민영화)

노태우 정부에서 단행된 공기업 개혁이나 새로운 관리 차원에서 모색된 민영화는 긍정적 측면에서, 대체로 이전 정부에서 설정된 법령·제도나 계획에 따라 정책의 일관성이라는 측면에서 추진된 성격이 강하다. 이런 측면에서 정책에 대한 순응성을 확보하고 정책의 비일관성에 따른 혼란을 막을 수 있었다는데서 의미를 찾을 수 있다. 다만 노태우 정부의 공기업정책은 이런 성격으로 인해, 여타 개혁정책과는 달리 독창성이나 개혁의 참신성은 거의 없었다.

첫째, 노태우 정부와 전두환 정부가 지닌 정권의 유사성으로 인해 공기업정책의 경우 큰 차이를 발견할 수 없다. 이에 따라 이전 정부에서 설정한 계획에 따라 집행에 충실한 공기업정책이라 할 수 있다.

둘째, 민영화정책을 제외한 공기업 관리 개선의 차원에서 새로이 강화된 정책 내용이 거의 없다. 따라서 노태우 정부의 공기업정책에서는 제도적 개혁이 거의 이뤄진 것이 없다.

셋째, 민영화 과정에서 국내·외의 경제환경에 대한 정확한 예측의 부족으로 민영화 계획이 연기되거나 중단된 경우가 많았다. 따라서 노태우 정부의 열악한 경제 관리 능력이 민영화 계획의 걸림돌이 됐다.

넷째, 재정 확충과 국민들의 소득 증가에 목적을 두었던 민영화 계획이 과연 바람직한 효과를 창출했는지에 대해서는 심각한 의문이 든다. 오히려 국민주의 보급으로 인해 대중주의적인 정치 행태에 대한 불신의 가중과 재정 확충에도 큰 도움이 되지 못했던 일부 민영화 계획은 이후 정치적 불신의 확대와 정치의 인기영합주의 문제를 야기하게 됐다.

다섯째, 노태우 정부가 공기업 개혁의 목표로 설정했던 비효율을 초래하는 본질적인 요인들이 실제로 해소되거나 개선된 것이 크게 없었다. 다시 말해 경쟁의 결여, 사회적 감시의 미흡, 정치적 영향, 소유권 불명 등이 공기업 개혁의 결과로 별로 해소된 것이 없을 뿐만 아니라 경영의 효율성 제고에도 큰 효과는 없었다.

6. 반부패 개혁

노태우 정부에서 이뤄진 반부패 개혁의 특징은 민주화에 따른 시대적 배경과 초기에는 여소야대에서 후기에는 여대야소로 전환된 정치적 상황에 따라, 개혁의 기조나 방향이 급선회했다는 점이다. 이와 함께 다른 정부들에 비해 다소 자율적이고 교화적인 성격을 상대적으로 많이 내포했으며, 사정의 부작용을 줄이기 위해 공무원에 대한 사기진작을 강화했다는 점에서 의의를 찾을 수 있다. 특히 임기 후반부에 오면서 반부패 개혁을 사회개혁운동으로 승화시키고자 했다는 점에서 의미가 있다.

첫째, 노태우 정부의 반부패 개혁 과정에서 주된 추진체계가 없었다는 측면에서 개혁의 효과가 반감됐다.

둘째, 정치적 상황으로 인한 영향이기도 하지만, 임기 초반에 반부패 개혁에 동력을 추동해야 했는데, 이 시기에 반부패 정책의 효과가 부진했다.

셋째, 새질서·새생활운동의 일환으로 강화된 부패 억제 시책이 사회개혁운동으로 승화되지 못하고, 정부 주도 운동으로 끝남으로써 운동에 따른 효과가 미미했다.

넷째, 사정의 방향성이 사기 진작과 자율성에 두었다는 점에서 반부패 개혁의 기조의 민주성을 엿볼 수 있다는 점에서 의미가 있었다.

7. 지방행정 개혁

노태우 정부에서 이뤄진 지방행정 개혁은 민주화로 이행하기 시작한 이정표 역할을 했다. 지방자치제의 실시로 대표되는 노태우 정부의 지방행정 개혁은 비록 여러 한계를 안고 있었음에도 불구하고, 분권이라는 민주화를 향한 결과였다. 따라서 노태우 정부에서 이뤄진 지방행정 개혁은 지방자치제를 실시하기 위한 법과 제도의 정비에 초점이 맞춰진 결과, 실질적인 지방행정의 역량을 제고하는 것과는 다소 거리가 있을 수밖에 없었다. 다시 말해 이 시기에 형식적인 지방분권을 위한 씨앗은 뿌려졌으나 행정 목표였던 실질적인 지방화나 균형 발전과는 거리가 있었다.

참고 문헌

공정거래위원회 (1992). 한국의 정부규제 완화: 경제행정 분야를 중심으로. 정책자료.
김태룡 외 (2014). 새한국정부론. 서울: 대영문화사.
이윤식 (2011). 신행정정보체계론. 서울: 대영문화사.
전산망조정위원회 (1989). 국가사회 전산망 추진계획.
하태수 (2011). 노태우 정권의 정부조직법 개정 분석. 한국사회와 행정연구, 22(1): 1-26.
행정안전부 (2012). 대한민국 정부조직변천사.

법제처. www.moleg.go.kr/현행법령DB.

찾아보기

[ㅎ]

『대한민국 역대 정부 주요 정책과 국정운영』 편찬위원 및 참여 인력

발행인: **이은재**(한국행정연구원 원장)

자문위원(가나다순)

김석준(안양대 총장)
박영희(건국대 명예교수)
안병만(전 교육과학기술부 장관)
윤정길(건국대 명예교수)
이달곤(가천대 교수)
정정길(울산대학교 재단이사장, 전 대통령 실장)
정형근(전 국회의원)

편집위원(가나다순)

김성배(숭실대 교수)
박양호(홍익대 교수)
이대희(광운대 교수)
주재현(명지대 교수)
최흥석(고려대 교수)
하미승(건국대 교수)
한표환(충남대 교수)

집필위원

서론: **안병만**(전 교육과학기술부 장관)

이승만 정부

김종철 연세대학교 법학전문대학원 교수(jkim386@yonsei.ac.kr)
남정옥 군사편찬연구소 책임연구원(yalu5812@hanmail.net)
박태균 서울대학교 국제대학원 교수(tgpark3@gmail.com)
박희봉 중앙대학교 행정학과 교수(hbpark@cau.ac.kr)
신윤창 강원대학교 공공행정학과 교수(ycshin@kangwon.ac.kr)

이대희 광운대학교 행정학과 교수(nulbo@hanafos.com)
이서행 한국학중앙연구원 명예교수(leeslow@aks.ac.kr)
이주천 원광대학교 사학과 교수(jucheon@wonkwang.ac.kr)
최신융 숙명여자대학교 행정학과 교수(shinyung@sookmyung.ac.kr)

장면 정부
김정렬 대구대학교 도시행정학과 교수(jykim@daegu.ac.kr)
백학순 세종연구소 수석연구위원(hspaik@sejong.org)

박정희 정부
강 욱 경찰대학교 행정학과 교수(kangmsu@gmail.com)
김재훈 서울과학기술대학교 행정학과 교수(jhkim@snut.ac.kr)
배용수 공주대학교 행정학과 교수(ysbae@kongju.ac.kr)
소순창 건국대학교 행정학과 교수(sosoon74@kku.ac.kr)
소진광 가천대학교 행정학과 교수(sojk514@gachon.ac.kr)
이원희 한경대학교 행정학과 교수(wonheeldaum@daum.net)
이종수 한성대학교 명예교수(jlee@hansung.ac.kr)
임도빈 서울대학교 행정대학원 교수(tobin@snu.ac.kr)
임동진 순천향대학교 행정학과 교수(djlim@sch.ac.kr)
하미승 건국대학교 행정학과 교수(hms5555@konkuk.ac.kr)

전두환 정부
강일규 한국직업능력개발원 선임연구위원(kangig@krivet.re.kr)
권용수 건국대학교 행정학과 교수(yskwon@konkuk.ac.kr)
김현준 고려대학교 행정학과 교수(joonk@korea.ac.kr)
박진근 연세대학교 명예교수(pck@yonsei.ac.kr)
박치성 중앙대학교 행정학과 교수(csp7111@gmail.com)
오재록 전주대학교 행정학과 교수(jaerokoh@gmail.com)
임태성 한양대학교 예체능대학 생활스포츠학부 교수(limts@hanyang.ac.kr)
임혁백 고려대학교 정치외교학과 교수(hyugim@korea.ac.kr)
홍성걸 국민대학교 행정학과 교수(sghong@kookmin.ac.kr)

노태우 정부
김규륜 한국통일연구원 선임연구위원(krkim@kinu.or.kr)
김근세 성균관대학교 행정학과 교수(seogam@skku.edu)
김태룡 상지대학교 행정학과 교수(trkim@sangji.ac.kr)
박양호 홍익대학교 스마트도시과학경영대학원 교수(yhpark@gri.re.kr)

변병설 인하대학교 행정학과 교수(byun@inha.ac.kr)
심상용 국방대학교 교수(sysim60@hanmail.net)
서순탁 서울시립대학교 도시행정학과 교수(stsuh@uos.ac.kr)
이 송 서울시립대학교 명예교수(scugeo@uos.ac.kr)
하태수 경기대학교 행정학과 교수(taesooha@hanmail.net)

김영삼 정부

김병문 안동대 행정학과 교수(byungmk@andong.ac.kr)
금창호 한국지방행정연구원 선임연구위원(gch@krila.re.kr)
심익섭 동국대 행정학과 교수(shim@dongguk.edu)
이남국 부경대학교 행정학과 교수(namkuk@pknu.ac.kr)
이상록 국사편찬위원회 편사연구사(rok@mest.go.kr)
이창원 한성대 행정학과 교수(gosoo717@daum.net)
최진욱 고려대학교 행정학과 교수(jinchoi@korea.ac.kr)
한표환 충남대학교 국가정책대학원 교수(hph1234@cnu.ac.kr)
황지환 서울시립대학교 국제관계학과 교수(whang38@gmail.com)

김대중 정부

김병숙 건국대학교 행정대학원 교수(mishell572@hanmail.net)
김성재 연세대학교 김대중도서관 석좌교수(mooksan11@gmail.com)
문정인 연세대학교 정치외교학과 교수(cimoon@yonsei.ac.kr)
박종철 한국통일연구원 선임연구위원(pjc@kinu.or.kr)
서원석 한국행정연구원 선임연구위원(swonseok@kipa.re.kr)
송하중 경희대학교 행정학과 교수(hahzoong@khu.ac.kr)
이인실 서강대학교 경제학과 교수(insill723@sogang.ac.kr)
이주헌 서울시립대학교 행정학과 교수(jules529@uos.ac.kr)
최흥석 고려대학교 행정학과 교수(hschoi@korea.ac.kr)

노무현 정부

류석진 서강대학교 정치외교학과 교수(sjlew@sogang.ac.kr)
주재현 명지대학교 행정학과 교수(jhjoo61@mju.ac.kr)
변창흠 세종대학교 행정학과 교수(changbyeon@sejong.ac.kr)
성경륭 한림대학교 사회학과 교수(cosmos201@gmail.com)
안성호 대전대학교 행정학부 교수(shahn@dju.ac.kr)
이수훈 경남대학교 극동문제연구소 교수(leesh@kyungnam.ac.kr)
장지호 한국외국어대학교 행정학과 교수(jhufs@hufs.ac.kr)
장혜경 한국여성정책연구원 선임연구위원(hkchang@kwdimail.re.kr)

황혜신 한국행정연구원 선임연구위원(hwanghs@kipa.re.kr)

이명박 정부

김관보 가톨릭대학교 행정학과 교수(kwanbo@catholic.ac.kr)

김동욱 서울대학교 행정대학원 교수(dong@snu.ac.kr)

김상협 KAIST 경영대학원 교수(conanstory@gmail.com)

김성배 숭실대학교 행정학과 교수(graal@ssu.ac.kr)

김영한 성균관대학교 경제학과 교수(kimyh@skku.edu)

박정수 이화여대학교 행정학과 교수(parkj@ewha.ac.kr)

박천오 명지대학교 행정학과 교수(chpark@mju.ac.kr)

안형기 건국대학교 행정학과 교수(hkahn01@kku.edu)

윤창현 한국금융연구원 원장(jisun@kif.re.kr)

하혜수 경북대학교 행정학과 교수(hasoo@knu.ac.kr)

결론: **김석준**(안양대 총장)

사업총괄 책임

양현모 한국행정연구원 선임연구위원

정부별 간사

이승만/장면 정부: 조세현 한국행정연구원 부연구위원

박정희 정부: 황혜신 한국행정연구원 선임연구위원

전두환 정부: 김영록 한국행정연구원 부연구위원

노태우 정부: 윤종설 한국행정연구원 부연구위원

김영삼 정부: 임성근 한국행정연구원 부연구위원

김대중 정부: 오윤경 한국행정연구원 부연구위원

노무현 정부: 허준영 한국행정연구원 부연구위원

이명박 정부: 최순영 한국행정연구원 연구위원

사업총괄 지원

장지원 한국행정연구원 전문연구원

행정 지원

김두진 한국행정연구원 행정원

김유진 한국행정연구원 위촉연구원

대한민국 역대 정부 주요 정책과 국정운영

제4권: 노태우 정부

펴낸날: 제1판 제1쇄 2014년 12월 31일
엮은이: 한국행정연구원
펴낸이: 임춘환
펴낸곳: 도서출판 대영문화사
주소: 서울특별시 용산구 청파로 61길 5 (청파동 1가) 제일빌딩 2층
등록: 1975년 12월 26일 제3-16호
전화: (02)716-3883, (02)714-3062
FAX: (02)703-3839
홈페이지: http://www.dymbook.co.kr

ISBN 978-89-7644-508-7
ISBN 978-89-7644-513-1(세트)

[값 18,000원]